낯설고 아름다운 새길 여행

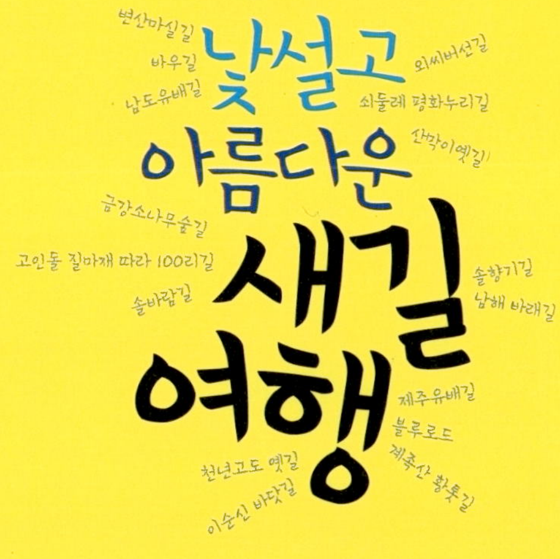

김성중 외 지음

황금시간
Golden Time

길 따라 발길 따라 **9**

낯설고 아름다운 새길 여행
꼭 한번 걸어봐야 할 보석 같은 32코스

지은이 김성중 노진수 정규찬
펴낸이 정규도
펴낸곳 황금시간

초판발행 2012년 4월 15일

편집 권명희 노진수 정규찬 김성중
디자인 정현석 김희정
지도 김주현

공급처 (주)다락원 (02)736-2031

주소 경기도 파주시 문발로 211
전화 (031)955-7272(대)
팩스 (031)955-7273
출판등록 제406-2007-00002호

값 16,000원
ISBN 978-89-92533-39-3 13690

http://www.darakwon.co.kr

- 다락원 홈페이지를 통해서 인터넷 주문을 하시면 자세한 정보와 함께 다양한
  혜택을 받으실 수 있습니다.
- 기타 문의사항은 황금시간 편집부로 연락 주십시오.

꼭 한번 걸어봐야 할
보석 같은 32코스

낯설고 아름다운 새길 여행

황금시간
Golden Time

여기저기, 길이 참 많습니다. '걷기여행'의 열풍 덕에 산책하기 좋은 길도 전국 곳곳에 생겼습니다. 알려진 길이라곤 제주 올레, 지리산 둘레길 정도이던 몇 해 전과 달리, 하루가 멀다 하고 걷기여행자들을 위한 새길 소식이 들려옵니다.

훌쩍 떠나
걷기 좋은 새길을 만나는 기쁨

걷기여행자를 위해 짜놓은 코스들이라고 해도 걷기 좋은 길만 있는 것은 아닙니다. 뜻있는 이들이나 전국 지자체가 한번 걸어보시라고 단장해 내놓는 길들 중에는 기대치에 못 미치는 것도 있습니다. '걷기여행'이라는 관광 상품을 유치하기 위해 급하게 코스를 만들어 놓았지만 복잡한 갈림길에 표지판 하나 세워 놓지 않은 무성의가 보이는가 하면, 여름 장마나 겨울 폭설에 길이 유실되었는데 계절이 바뀌도록 방치해 놓은 곳도 있습니다. 홍보 내용만 믿고 답사를 떠났다가 제대로 걸어보지 못한 채 그냥 돌아온 적도 더러 있답니다.

여기에 소개한 길들은 저마다 '공식이름'을 가진, 거리와 테마가 정해져 있는 정식 걷기여행 코스들입니다. 그 중에서도 최근 몇 년 사이에 단장하여 '새길'이라고 부를 만한 곳들을 실었습니다. 전국의 이름난 새길들을 샅샅이 찾아보고, 후보 중에 좋은 길들만 뽑아냈습니다. 현장 답사를 통해 이정표가 너무 부실하거나 높낮이가 심한 코스들을 제외해 누구나 부담 없이 찾아가 두려움 없이 걸어볼 수 있도록 했습니다.

책을 펼치면 길의 주제와 특징, 코스의 거리와 소요시간, 주의해야 할 갈림길, 난이도 등 실제 걷기여행을 위한 정보들이 가득합니다. GPS로 측정한 고도표를 살펴 길의 높낮이도 가늠해 볼 수 있습니다. 걷기코스 주변의 들를 만한 관광지, 맛집, 편의시설은 물론 교통편까지 자세히 소개해, 든든하고 풍성한 걷기+여행이 되도록 했습니다. 특히 별책으로 마련한 〈코스 가이드북〉에는 실제로 걸을 때 필요한 정보만 알차게 담아 여행 때 간편하게 휴대할 수 있도록 했습니다.

이 책이 새로운 걷기여행, 다시 시작하는 걷기여행을 꿈꾸는 이들에게 조금이나마 도움이 되길 바랍니다. 길의 이름이 저마다 다른 것처럼, 각각의 길에는 그 길만이 들려줄 수 있는 새로운 이야기가 적어도 하나씩은 있답니다.

길의 이름을 부르는 순간, 길이 말을 걸어올 겁니다. 그런 다음 걷기 시작하세요. 고요한 숲길을 걸으며 마음의 평온을 느껴 보고, 가끔은 현지 사람들의 일상을 보며 희망이나 다짐도 가져 보세요. 바다 너머 가라앉는 붉은 해처럼, 저녁 무렵 길가 해변에 앉아서 마음의 짐 하나쯤 살짝 내려놓는 것도 괜찮습니다.

이 책을 통해, 길이 좋은 친구가 되고 선물이 되는, 행복한 순간과 마주하시길 바랍니다.

2012년 4월
김성중 · 노진수 · 정규찬

목차

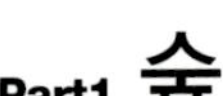

Part1 숲

Part4 역사 · 문화

Part5 마을

알고 보면 좋아요

● 지도

본문에 수록한 코스 지도는 도보로 현장을 직접 답사하며 GPS에 저장한 디지털 정보를 실제 지도 위에 옮긴 것이다.

지도 속의 숫자는 분기점 또는 갈림길을 진행 순서대로 표기한 것으로, 특정 지점을 나타내는 이 숫자는 본문과 별책부록에도 같은 용도로 쓰였다.

괄호 속의 숫자가 추가로 표기되어 있는 경우, 예를 들어 [5(15)]는 걷기코스에서 5번과 15번 지점이 겹친다는 표시로, 한 지점을 두 번 지난다는 의미다.

●코스 개요

걷는 거리는 출발점에서 종착점까지의 총거리를 의미한다. 걷는 시간은 평지를 걷는 성인의 평균속도 '시속 4km'를 기준으로 하되, 경우에 따라 길의 경사도를 감안해 대략적인 시간을 기록했다. 휴식시간이나 관람시간은 포함하지 않았다. 출발점과 종착점은 걷기를 시작하고 끝내는 장소다. 난이도는 길의 경사도, 거리, 소요시간 등을 고려한 것이고, 추천테마를 보면 길의 특징과 분위기를 한눈에 파악할 수 있을 것이다.

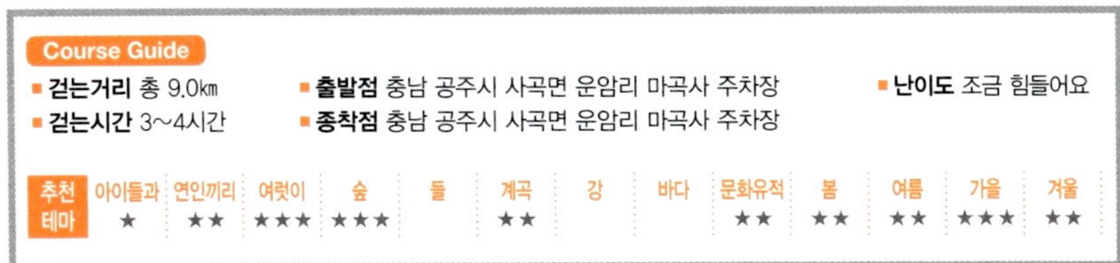

●고도표

고도 그래프는 걷는 거리(가로축)가 해발 고도(세로축)에 비해 상대적으로 많이 짧아 실제보다 가파르게 표기되었으므로 오르막과 내리막 비율을 참고하는 용도로만 사용.

평지 같은 구간도 기준고도가 현저히 낮을 경우 가파르게 표시되므로 항상 왼쪽의 기준고도가 몇 m인지 확인해야 한다.

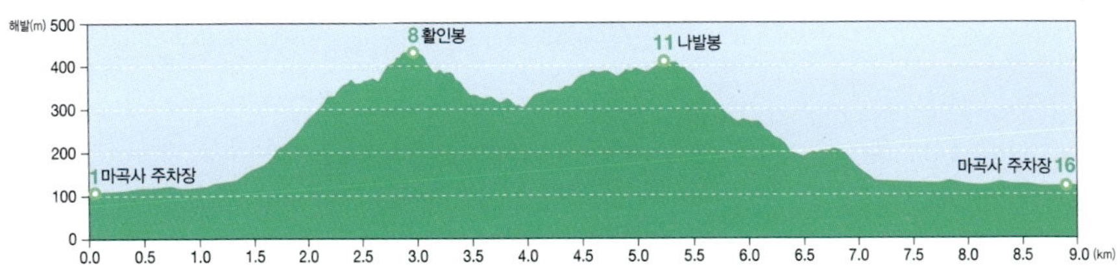

봉우리를 넘어간 길은
면 무덤 있는 공터[12]다.
온 길목에서 오른쪽으
정표[13]가 보이면 좌회전
질러 가는 길은 금방 산

●본문 지점 표기

본문 중 붉은색으로 조그맣게 붙은 숫자는 갈림길이나 주요 지점을 뜻하는 것으로, 이 표기는 지도와 별책부록에도 같은 용도로 사용되었다.

속초
철원 20
32
21
8 파주 6 강릉 1
강화 23 고양 의정부 춘천 27 강원도
9 28 남양주
서울 25 동해
인천 경기도 평창
31 시흥 남양주
원주
울릉도
독도
15 충주 단양 봉화 29 5 울진
서산 괴산 영주
태안 16
2 청주 청송
충청남도 17 충청북도 상주 영덕 14
공주 4 18
대전 경상북도
3 김천 포항
군산 무주 대구 경주
7 전주 거창 고령
부안 전라북도 울산
12 정읍 함양
24 고창 남원 경상남도 11
구례 19 진주 부산
광주 30 사천
전라남도 13
목포 여수 남해 통영 거제
강진 10
22 고흥
진도
완도
제주도
26
N
0 25km

PART 1

숲

강원 평창

바우길

1코스 선자령 풍차길

하얀 기갑병이 사는 바람의 나라

거리 11.6km, 4시간 30분~5시간 소요

맑은 계곡물이 흐르고 낯선 꽃이 핀 비밀 같은 숲을 지나 바람의 나라로 간다. 트레킹 코스로 잘 알려진 백두대간 선자령, 새 이름으로 부르면 바우길 1코스 선자령 풍차길이다. 한여름에도 거센 바람이 부는 언덕에는 수십 기의 풍력발전기가 기갑병처럼 서 있다.

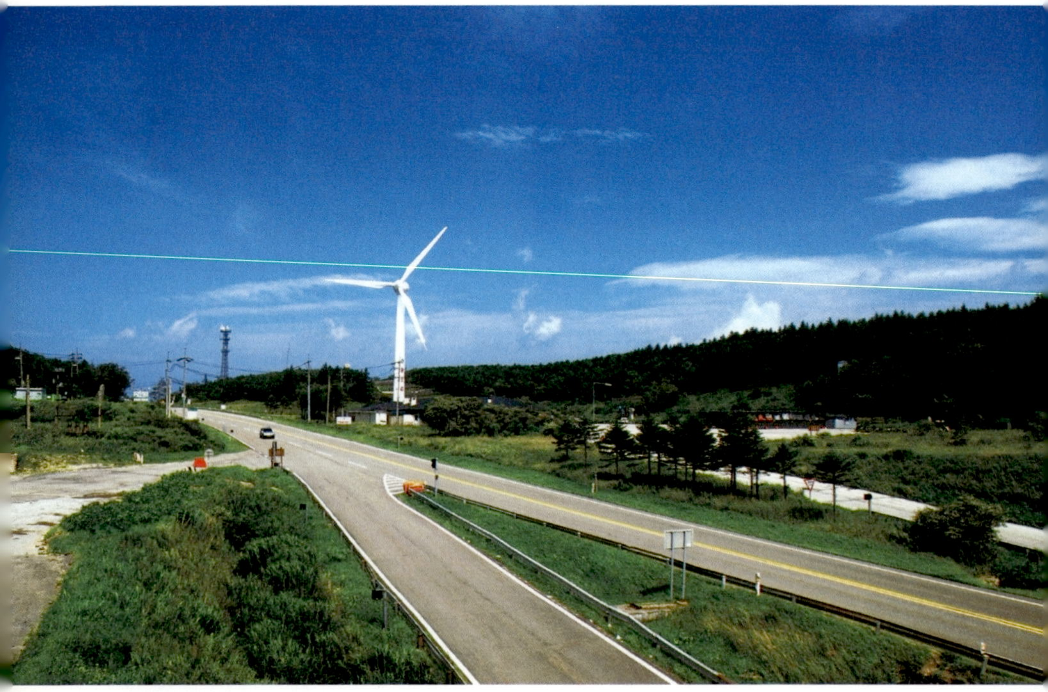

대관령휴게소에서 바라본 456번 국도. 한때는 영동고속도로였다(1지점).

바람에 상처 난 숲 (구)대관령휴게소~순환임도[1~5]

　　바우길은 강원도를 대표하는 길이라고 할 만하다. 백두대간과 동해에 있는 아름답고 역사적으로 의미 있는 길들에 '바우길'(바위길)이라는 이름이 새로 붙었고 그 안에 모두 16구간이 들어 있다.

　　바우길의 첫째 코스인 '선자령 풍차길'은 오래전부터 잘 알려진 트레킹 명소다. 풍력발전기가 서 있는 고원 풍경이 워낙 이국적인데다 해발 1천m가 넘는 고산지대를 넘나든다는 사실이 믿기지 않을 정도로 길이 편하기 때문이다.

　　선자령 풍차길이 시작되는 장소는 (구)대관령휴게소[1]. 상행(서울 방향)휴게소에만 편의시설이 들어서 있고 하행(강릉 방향)휴게소에는 신·재생 에너지 전시관이 있다. 도로를 건너지 않아도 되는 상행휴게소에서 출발하면 편리하

선자령 가는 길에 만발한 노루오줌. 뿌리에서 노루의 오줌 냄새가 난다는 이유로 이름 붙었다(2~3지점).

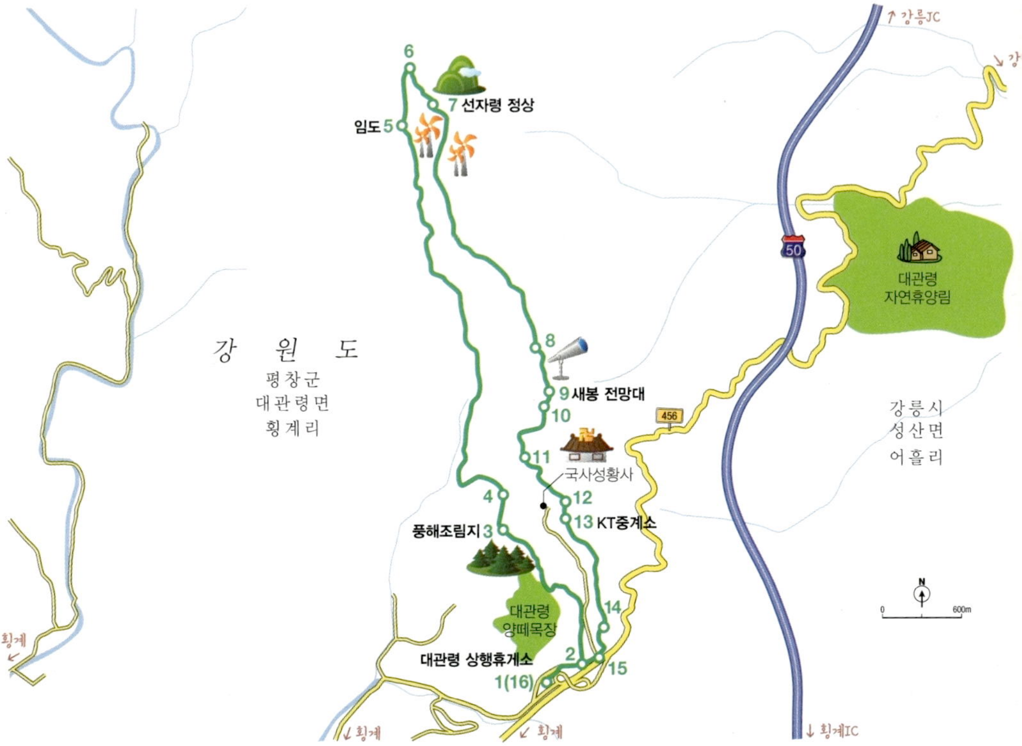

↗ 강릉JC
↘ 강
6
7 선자령 정상
임도 5
50
대관령
자연휴양림
강 원 도
평창군
대관령면
횡계리
8
9 새봉 전망대
10
456
강릉시
성산면
어흘리
11
국사성황사
4
12
13 KT중계소
풍해조림지 3
N
0
600m
14
대관령
양떼목장
횡계
2
대관령 상행휴게소
15
1(16)
↙ 횡계
↙ 횡계
↓ 횡계IC

해발(m)
1200
1100
1000
900
800
700
7 선자령 정상
9 새봉 전망대
대관령 상행휴게소
3 풍해조림지
대관령 상행휴게소
1
16
0.0
1.0
2.0
3.0
4.0
5.0
6.0
7.0
8.0
9.0
10.0
11.0
11.6 (km)

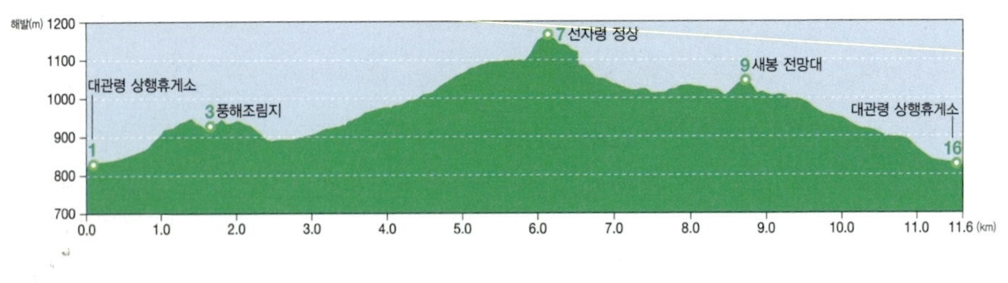

Course Guide

- **걷는거리** 총 11.6㎞
- **걷는시간** 4시간 30분~5시간
- **출발점** 강원도 평창군 대관령면 횡계리 (구)대관령휴게소
- **종착점** 강원도 평창군 대관령면 횡계리 (구)대관령휴게소
- **난이도** 무난해요

추천 테마	아이들과	연인끼리	여럿이	숲	들	계곡	강	바다	문화유적	봄	여름	가을	겨울
	★★	★★	★★	★★★		★★★			★★	★★	★★	★★★	★★

바우길 이정표와 선자령 계곡(2~3지점).　　　양떼목장(2~3지점).

다. 양떼목장 입구를 지나쳐 포장도로를 따라 조금만 오르면 선자령 순환등산로를 알리는 이정표[2]가 보이고 그 옆 전봇대에 솟대 모양의 바우길 심벌이 그려져 있다. 이곳에서 방향을 돌려 포장도로를 벗어난다. 하늘을 가릴 만큼 나무가 울창하고 길을 덮을 만큼 풀이 무성한 숲이다. 조금 걷다보면 규모는 작지만 맑은 물이 흘러 선녀가 아들을 데리고 내려와 목욕을 했다는 전설을 가진, 선자(仙子)라는 이름의 유래가 된 계곡이 나온다.

울타리 너머 양떼목장이 보이는 곳에서 하늘이 잠깐 트였다가 길은 다시 짙은 숲으로 든다.

어느 순간 수목원처럼 나무들이 잘 정돈된 숲이 나오고 좁았던 길이 꽤 넓어진다. 2002년과 2003년에 불어온 태풍 루사와 매미로 훼손된 숲을 인공적으로 복원하는 풍해조림지[3]다. 잠깐의 풍해조림지를 지나면 바우길 1코스(선자령 풍차길)와 2코스(대관령 옛길)로 나뉘는 삼거리[4]. 선자령을 가리키는 이정표를 따른다.

숲은 같은데 어딘가 맑다. 길 왼쪽 아래 계곡에서 들려오는 물소리가 청량하고 비탈을 빼곡하게 덮은 산죽무리가 눈길을 끈다. 키 큰 나무가 하늘을 덮어 만든 지붕과 길 사이의 공간이 시원하게 넓다. 그리고 길에 완만한 경사가 시작된다. 1시간 가까이 걸어 숲을 빠져나가면 대관령삼양목장 둘레로 난 순환임도[5]다.

선자령 정상이 가까워진 초원. 풍력발전기가 모습을 드러낸다(7~8지점).

선자령은 산이다 순환임도~포장임도[6~11]

순환임도로 나서면 제일 먼저 사방에서 불어오는 바람을 느낀다. 주위를 둘러보면 광활하게 펼쳐진 초지 위에 하얀 풍력발전기가 가깝게 또는 저 멀리 군데군데 서 있다. 이정표를 따라(1시 방향) 걸으면 이곳에서 선자령 정상까지 500m가 채 되지 않는 거리. 선자령 0.3km라고 적힌 이정표[6]가 나오면 방향을 틀어 비탈을 오른다. 그리고 곧 '백두대간 선자령'이라는 글씨가 선명한 정상석이 나온다. 강원도 평창군과 강릉시의 경계며 백두대간 능선에 솟은 산인 선자령 정상[7]이다. 산이나 봉 대신 고개 령(嶺)자를 쓴 것이 특이한데, 일제강점기 때 붙은 잘못된 표현으로 추측할 뿐 정확한 이유는 알려지지 않았다.

정상을 지나서는 순환하는 길을 따라 대관령휴게소로 향한다. 양탄자 같은 초원에 분필로 슥 그은 것처럼 길이 이어져 있다. 끊임없이 부는 바람이 풀밭을 이리저리 흔들고 그때마다 초원에 가득한 햇살이 보석처럼 반짝인다.

고원을 지나면 바람이 잦아드는 숲으로 든다. 1시간 동안 걸어가면 눈여겨봐야 할 삼거리[8]가 나온다. 이곳에서 양쪽으로 갈라지는 길은 500m 전방에서

풍해조림지(3지점).　　산악회 리본이 가득 달린 중계소 철망(13지점).

합류하는데 편한 길을 원하면 오른쪽을, 새봉 전망대에 들러보려면 왼쪽을 택한다. 새봉 전망대[9]는 10분 정도 걸으면 된다. 별다른 안내문 없이 데크만 깔린 곳으로 첩첩산중으로 뻗어나간 영동고속도로가 한눈에 보인다. 8번 지점에서 갈라졌던 길이 다시 합류하는 지점[10]을 지나고 산중에 닦아 놓은 시멘트포장임도[11]로 나가면 숲이 끝난다.

바우길

바우길은 제주올레나 지리산 둘레길처럼 강원도를 대표하는 걷기 좋은 길이다. 2009년 9월, 대관령의 선자령 풍차길에서부터 동해를 접하며 걷는 신사임당길까지 11개 코스로 개장 후 5개 코스를 추가해 16개 코스로 구성되어 있다. 제주올레처럼 관이 아닌 민간이 주도해 만든 것이 특징. 강릉이 고향인 소설가 이순원 씨와 산악인 이기호 씨가 강원도의 산과 바다를 접하며 걷는 기존의 길을 발굴하거나 개척해, 인공구조물 설치를 최소화한 자연친화적 트레킹 코스로 만들었다. (사)바우길 홈페이지를 방문하면 각 코스별로 위성지도, 교통편 등 자세한 정보를 얻을 수 있다.

문의 전화 (사)바우길 (033)645-0990 / **홈페이지** www.baugil.org

바람에 나부끼는 한국 룽다 갈림길~(구)대관령휴게소[12~16]

　포장임도에 서자 숲에서는 느낄 수 없던 바람이 다시 분다. 내려가야 할 길을 따라 시선을 옮기자 멀지 않은 곳에 커다란 철탑이 서 있다. 바우길 2코스인 대관령 옛길과 국사성황사로 빠지는 갈림길[12]을 지나면 만나는 KT중계소[13]이다. 담벼락 철망에는 형형색색의 산악회 리본이 가득 붙었다. 낯선 풍경 속에 있으니 익숙한 것도 새롭게 보인다. 흔하디흔한 산악회 리본이지만 한곳에 모여 바람에 날리는 모습이 히말라야 산중에 있는 룽다(안전을 기원하며 불교 경전을 적어 놓은 화려한 색상의 천) 같다.

　포장임도가 끝나는 곳은 헬기장으로 길이 막힌 곳. 비밀 같은 숲을 지나고 바람 가득한 초원을 볼 수 있었던 바우길 1코스가 거의 끝났다. 오른쪽 나무계단[14]을 따라 내려가면 선자령 등산로 출구[15]를 지나 길을 시작했던 (구)대관령휴게소[16]로 돌아간다.

강한 바람이 부는 선자령의 고원. 풀들이 모두 누웠다(7~8지점).

황태덕장 '황태구이 정식'

대관령의 기후를 잘 이용한 먹을거리가 황태다. 바람이 강하고 기온이 낮은 장소에 명태를 널어놓으면 얼었다 녹기를 반복하며 살이 쫄깃해지는 황태가 된다. 대관령의 기후는 황태를 만들기에 최적의 조건. 횡계로터리 근방의 식당 '황태덕장'에서 대관령 황태를 맛볼 수 있다. 양념해 구운 황태와 네댓 가지 밑반찬이 함께 나오는 황태구이 정식이 인기다. 황태구이는 약간 매콤한 편.

위치 강원도 평창군 대관령면 횡계리 348-7 / **전화** (033)335-5942 / **홈페이지** www.whangtae.co.kr
영업시간 07:30~23:00 / **주차** 가능 / **가격** 황태구이 정식 1만2천 원, 황태찜 3만~4만 원

🚗 교통편

》 찾아가기

대중교통 서울 동서울터미널과 상봉터미널에서 횡계시외버스정류장(033-335-5289)으로 가는 고속버스가 있다.
동서울터미널 → 횡계시외버스정류장 06:32~20:05(수시 운행)
상봉터미널 → 횡계시외버스정류장 07:50(1회 운행)
횡계시외버스정류장에서 (구)대관령휴게소까지는 택시(033-335-6263)를 이용한다. 요금 7천~8천 원
승용차 (구)대관령휴게소 주차장(무료) 이용

》 돌아오기

택시를 이용해 횡계시외버스정류장으로 돌아간다.
횡계시외버스정류장 → 동서울터미널 06:50~20:20(수시 운행)
횡계시외버스정류장 → 상봉터미널 06:40 14:35 16:40(3회 운행)

🖋 알아두기

숙박 횡계리 일대 민박, 강릉 교동 일대 모텔 / **식당 · 매점** (구)대관령휴게소(1지점)
식수 미리 준비 / **화장실** (구)대관령휴게소(1지점)

📷 들를 만한 곳

양떼목장

대관령양떼목장은 목가적인 풍경으로 잘 알려졌다. 1988년 풍전목장이라는 이름으로 문을 열어 2000년 겨울부터 현재의 '양떼목장'이라는 이름을 사용하고 있다. 축구장 3개를 합쳐놓은 크기의 목장에는 산책로가 나 있어 아이들이나 연인들이 가볍게 걷기에 좋다. 건초를 구입해 양들에게 먹이를 주는 체험은 아이들이 특히 좋아한다. 상행 방향의 (구)대관령휴게소 뒤편에 위치.

위치 강원도 평창군 대관령면 횡계리 14-104
전화 (033)335-1966 / **홈페이지** www.yangtte.co.kr
먹이주기 체험료 성인 3천500원, 아이 3천 원 / **주차** 가능, 무료

충남 공주 솔바람길

마곡사 솔바람길

젊은 백범의 한숨 같은 바람이 분다

거리 9.0km, 3~4시간 소요

춘마곡 추갑사라는 말처럼 봄에 아름답다는 마곡사를 초겨울에 찾았다. 마곡사에서 출발해 태화산으로 이어진 '마곡사 솔바람길'은 승려 신분으로 마곡사에 머물던 청년 김구가 식민지 조국을 걱정하며 걸었다는 길이다. 빽빽한 소나무 숲과 굴곡진 언덕, 어째 백범의 인생을 닮았다.

초겨울까지 마곡사를 붉게 물들인 단풍(15지점).

겨울 문턱의 춘(春)마곡 마곡사 주차장~활인샘 삼거리[1~7]

봄이면 벚꽃과 흰 철쭉이 사찰과 마곡천 주변으로 흐드러지게 피어 향기가 진동한다는 충남 공주의 마곡사. '춘마곡 추갑사'라는 말대로 봄에 찾았으면 더 아름다웠겠지만 지금은 초겨울 문턱이다. 절정의 아름다움이 오래 전 지난 자리에는 고즈넉한 멋이 남았다.

넓은 마곡사 주차장[1]에 도착하면 주변으로 원색 간판을 달고 있는 식당들, 숙박업소, 사찰로 걸어갈 수 있는 포장도로 등 찾는 이가 많은 사찰 주변의 정형화된 풍경들이 보인다. 사곡농협 방향으로 걷기 시작해 식당가를 지나치면 한문으로 '태화산마곡사'라고 적힌 마곡사 일주문[2]이 나온다. 제법 공원 분위기가 나더니 매표소[3]를 지나고부터는 계곡이 바로 길옆으로 붙어 '좋은 길' 모양새를 갖춘다. 나뭇가지 앙상한 벚나무로 둘러싸여 어둑어둑한 길과는 달리 초겨울 햇살이 흩뿌려진 계곡은 눈이 따가울 정도다.

영은암 표석이 있는 삼거리[4]를 지나쳐 조금 더 가면 '등산로·은적암'이라는 이정표가 세워진 마곡사 입구[5]다. '마곡사 솔바람길'은 이곳에서 태화산(등산로)으로 올랐다가 두 개의 봉우리(활인봉·나발봉)를 넘고 계곡으로 내려와 다시 마곡사 입구로 돌아오게 되어있다.

'마곡사 솔바람길'의 또 다른 이름은 '백범 명상길'이다. 이는 청년 김구가 일본군 장교를 죽인 죄로 체포되었다가 탈옥해 마곡사에서 원종이라는 법명으로 잠시 승려생활을 했던 데 기인한다.

마곡사를 등지고 오른 초겨울의 태화산은 나라를 걱정했던 젊은 승려 백범의 마음처럼 온통 짙은 갈색이다. 오르막이 계속되는, 생각보다 만만하지 않은 길이 1시간 가까이 계속되다 활인봉 1코스와 백련암 3코스로 길이 나뉘는 삼거리[6]에 도착하면 비로소 능선이 한숨을 돌린다. 작은 공터이기도 한 이곳에는 지난여름 잠시 영업이라도 했었는지 주인 없는 허름한 천막에 막걸리, 생수라는 글씨가 쓰여 있다. 가야할 방향은 태화산 정상인 활인봉. 평평한 능선은 5분 정도 계속되다 활인샘으로 길이 나뉘는 삼거리[7]에서 다시 오르막으로 바뀐다.

보일 듯 말 듯 안타까운 정상 활인봉~나발봉[8~11]

짧지만 꽤 길게 느껴진 오르막의 끝에는 넓지 않은 공터에 단층 정자가 서 있다. 태화산 정상인 활인봉[8]이다. 어지럽게 자란 나뭇가지가 시야를 가려 정상이라는 이름이 무색할 정도로 전망이 좋지 않다.

활인봉에서 태화산의 또 다른 주요 봉우리인 나발봉으로 향한다. 조용한 겨울 숲, 등 뒤로 넘어간 초겨울 해가 두텁게 쌓인 낙엽 위에 붉은 기운을 드리웠다. 나무들이 하나 같이 앙상해 그 사이로 난 길이 신기할 정도로 선명하다. 약간의 내리막과 평지 같은 오솔길이 반복되는 능선이 걷기 편하다.

생골 2코스를 알리는 삼거리[9]를 지나면 꽤 울창한 소나무 숲이다. 길 중간에서 소나무 기둥에 '송림욕 등산로 가는 길'이라고 적힌 이름표[10]가 보이면 나발봉이 멀지 않다. 이곳에서 짧지만 힘이 꽤 드는 오르막을 10분쯤 걸으면 나발봉[11]에 도착한다. 작은 공터, 단층 정자, 나뭇가지가 가린 전망까지 지나온 활인봉과 거의 같은 모습이다.

◀ 태화산으로 들어가는 길목. 낙엽이 두텁게 깔린 길 위로 오전 햇살이 스며든다(5지점).
▼ 나발봉 가는 길에 있는 소나무 숲(10지점).

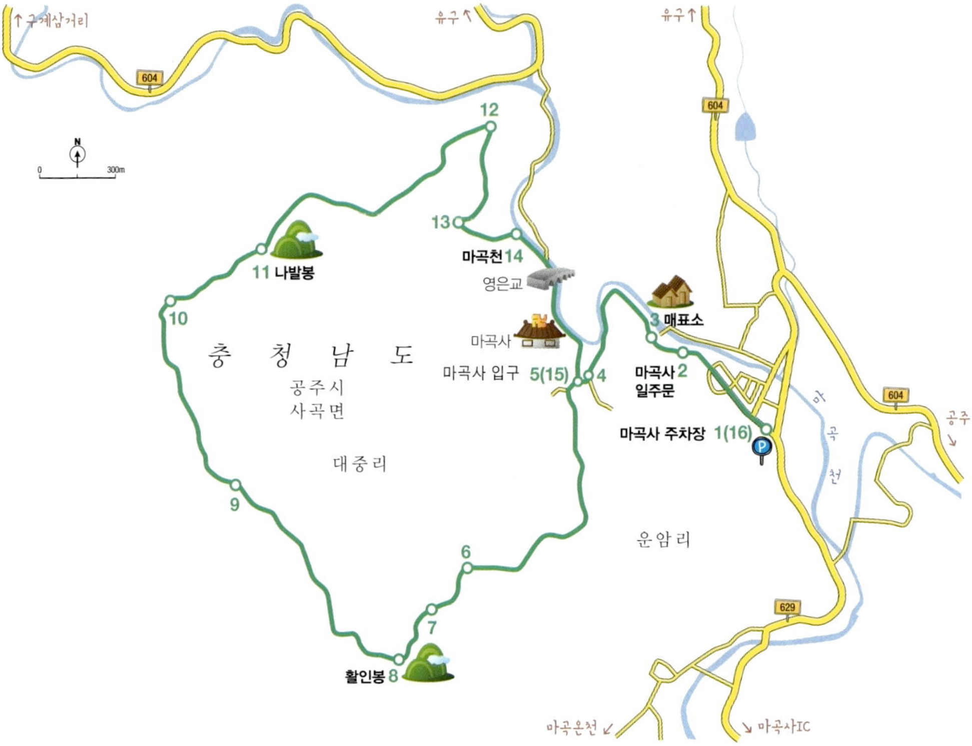

↑ 구계삼거리   유구 ↑   유구 ↑

604   604   604

12
13
마곡천 14
영은교
마곡사
마곡사 입구 5(15) 4
11 나발봉
10

충 청 남 도
공주시
사곡면

대중리

9

6

7

활인봉 8

3 매표소
마곡사 2
일주문
마곡사 주차장 1(16)

운암리

629

마곡온천 ↙   ↘ 마곡사IC

N
0   300m

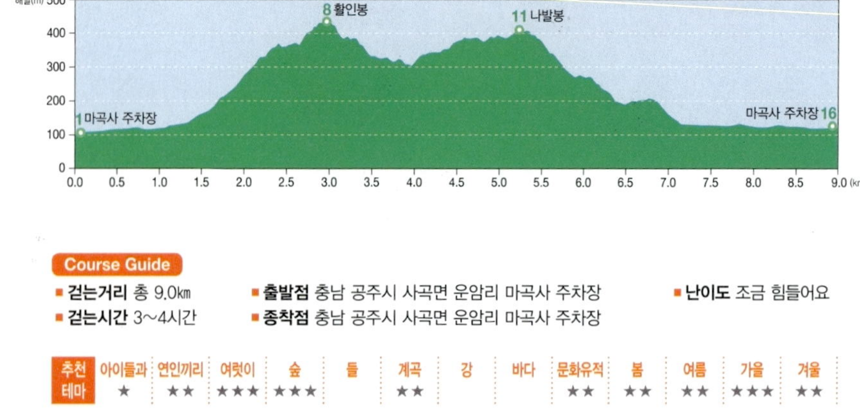

Course Guide

- **걷는거리** 총 9.0km
- **걷는시간** 3~4시간
- **출발점** 충남 공주시 사곡면 운암리 마곡사 주차장
- **종착점** 충남 공주시 사곡면 운암리 마곡사 주차장
- **난이도** 조금 힘들어요

추천 테마	아이들과	연인끼리	여럿이	숲	들	계곡	강	바다	문화유적	봄	여름	가을	겨울
	★	★★	★★★	★★★		★★			★★	★★	★★	★★★	★★

태화산에서 마곡천으로 내려가는 길에 있는 백범 명상길 이정표
(13~14지점).

마곡사 앞을 흐르는 마곡천(14~15지점).

마곡사 경내(15지점).

떠나지 못한 가을이 붉다 공터~마곡사 주차장[12~16]

두 개의 봉우리를 넘어간 길은 완만한 내리막으로 바뀐다. 소나무 숲을 30분쯤 걸으면 무덤 있는 공터[12]다. 이정표가 없어 자칫 길을 잃을 수도 있다. 숲을 빠져나온 길목에서 오른쪽으로 유턴하듯 가면 오솔길이 나 있다. '대웅전 700m' 이정표[13]가 보이면 좌회전하듯 산을 내려간다. 계단처럼 바위가 박힌 비탈을 가로질러 가는 길은 금방 산을 벗어나 계곡[14]으로 이어진다.

오른쪽으로 보이는 다리(영은교) 쪽으로 걸어가면 마곡사 근방에 이르러 청년 김구가 승려가 되기 위해 머리를 깎았다는 삭발 터, 마곡사성보박물관이 차례로 모습을 보인다. 마곡천을 따라 걷던 길 끝에서 극락교를 건너면 마곡사 경내다. 명부전 앞 단풍나무가 붉게 타오르고 그 모습이 마곡천에 고스란히 담겼다. 겨울이 벌써 찾아온 태화산과 달리 마곡사에는 여전히 가을이 머무르고 있다.

| 잔잔한 마곡천에 주변 풍경이 녹아있다(15지점). | 고려시대의 유물인 보물 제799호 마곡사 오층석탑(15지점). |

돌아가는 길은 처음 왔던 길과 같다. 마곡사를 둘러본 후 태화산으로 올랐던 마곡사 입구[15]로 나가 마곡사 주차장[16]으로 되돌아간다.

솔바람길

2010년 5월 개통한 '마곡사 솔바람길'은 충청남도가 16개의 모든 시군에 계획 중인 스토리텔링 걷기코스 '솔바람길'의 하나다. 천안, 서산 등 6개 시군이 코스 후보지로 선정되었고 나머지 9개 시군은 후보지 선정을 한 후 점진적으로 개통할 예정이다. 2011년 11월에 천안 '태조산 솔바람길(5.2km)'이 열렸고 서산의 '아라메길(239km)'은 일부 구간이 개통되었다. 그 외 논산의 '계백의 혼이 살아 숨 쉬는 솔바람길(6.0km)', 부여의 '성흥산성 솔바람길(5.8km)', 홍성의 '거북이마을 솔바람길(5.8km)', 예산의 '온천과 함께하는 솔바람길(5.5km)' 등도 개통을 기다리고 있다.

솔바람길들 중에 가장 처음 만들어진 '마곡사 솔바람길(백범 명상길)'은 다시 세 개의 코스로 나뉜다. 마곡사에서 군왕대, 삭발바위를 거쳐 마곡사로 되돌아오는 1코스 백범길(3km), 활인봉에서 산비탈을 가로질러 마곡사로 돌아오는 2코스 명상산책길(5km), 마곡사~태화산 순환 구간에 1코스 백범길을 덧붙여 만든 3코스 송림숲길(11km)이다.

문제는 세 개의 코스를 구별하는 이정표가 단 하나도 없어 현지에서 길을 구분하는 것이 사실상 불가능하다는 점이다. 또한 마곡사와 태화산을 순환하는 구간에 1구간을 섞어 3코스로 지정한 것도 억지스럽다.

이 책에는 3코스 송림숲길에서 1코스 백범길의 마곡사~군왕대 구간을 제외해 자연스럽게 한 바퀴를 돌아볼 수 있도록 소개했다.

문의 전화 충남도청 문화관광과 (042)251-2367

☕ 추천음식

바람처럼 구름처럼 '산채정식'

마곡사 주차장에서 마곡사로 향하는 길에는 수많은 산채정식 식당들이 있다. 그 중에 '바람처럼 구름처럼'의 산채정식에는 먹음직스러운 해물파전이 포함되어 있다. 도토리가루로 만든 반죽에 오징어와 새우를 넣어 만든 해물파전의 두께는 일반적인 파전의 3배에 달할 정도로 두툼하다. 산채정식(2인분 기준)을 주문하면 밥과 청국장, 해물파전, 새송이버섯 · 더덕구이, 묵무침을 비롯해 취나물 말린 것, 고사리, 냉이 등 9가지 정도의 반찬이 함께 나온다.

위치 충남 공주시 마곡면 운암리 726-5 / **전화** (041)841-9959 / **영업시간** 09:00~19:30 / **주차** 가능
가격 산채정식 1만2천 원(2인분 이상), 해물파전 1만 원

🚗 교통편

〉〉 찾아가기
대중교통 서울 강남고속버스터미널, 동서울터미널, 남부터미널에서 공주종합버스터미널(041-855-8114)로 가는 고속버스가 있다.
서울 강남고속버스터미널 → 공주종합버스터미널 06:05~23:05(수시 운행)
동서울터미널 → 공주종합버스터미널 07:10~18:50(1시간 간격)
남부터미널 → 공주종합버스터미널 06:30~20:30(수시 운행)
공주종합버스터미널에서 마곡사까지는 7번 시내버스(1시간 간격)를 이용한다.
승용차 마곡사 주차장(무료) 이용

〉〉 돌아오기
마곡사에서 공주종합버스터미널로 가는 7번 시내버스를 이용한다.
공주종합버스터미널 → 서울 강남 고속버스터미널 06:00~20:40(수시 운행)
공주종합버스터미널 → 동서울터미널 08:05~19:20(1시간 간격)
공주종합버스터미널 → 남부터미널 06:20~20:45(수시 운행)

✒ 알아두기

숙박 마곡사 템플스테이(1박2일 5만 원 www.magoksa.or.kr) 공주종합터미널 일대 숙박시설
식당 · 매점 마곡사 주차장 일대(1지점) / **식수** 미리 준비
화장실 마곡사 주차장(1지점), 마곡사(5지점) / **입장료** 성인 2천 원, 어린이 1천500원

📷 들를 만한 곳

무령왕릉

무령왕릉은 백제 제25대 왕인 무령왕과 그의 왕비가 합장된 능으로 1971년 7월 5일에 처음 발굴되었다. 삼국시대 왕릉 중에서 유일하게 안장된 왕을 알 수 있었고 4천 687점에 이르는 백제 유물이 쏟아져 나와 20세기 한국 고고학 최대의 발굴 성과로 평가된다. 전형적인 중국식 무덤 형태이고 중국이나 일본에서 수입된 물품들이 대거 출토되어 6세기 백제의 활발했던 대외 교류를 짐작할 수 있다. 무령왕릉은 보존을 위해 폐쇄해 놓은 상태. 실제 관람 가능한 곳은 무령왕릉을 그대로 재현해 동일한 크기로 만든 송산리 고분군 모형관이다.

위치 충남 공주시 웅진동 57 / **전화** (041)856-3151 / **입장료** 성인 1천500원, 청소년 1천 원, 어린이 700원
주차 가능, 무료

모티길

1코스 직지문화 모티길

숲길 모퉁이 끝
하늘 가는 길

거리 11.3km, 4시간~4시간 30분 소요

포도농사가 한창인 산골마을을 굽이굽이 돌아가면 넓은 숲길이 반긴다. 하늘을 향해 뻗은 길은 어느새 산골마을을 저만치 발아래로 밀어놓는다. 꿈에서 깨어나듯 급한 내리막을 따라 지상으로 내려오면 돌모마을을 지나 직지문화공원이 비몽사몽 마중 나온다.

임도(林道)란 원래 산을 관리하고 숲을 가꾸기 위해 작업장비와 인부들이 드나들 수 있도록 만든 간이도로다. 폭우로 유실될 위험이 있는 커브 구간 등을 제외하면 대부분 비포장인데다, 차량이 다닐 수 있도록 가파른 오르내림 없이 완만한 경사도를 지니기 때문에 근래 들어 산악 마라토너와 자전거·걷기 동호인들의 발길이 잦다.

정상으로 향하는 좁고 가파른 등산로들과 달리 길이 넓고 편안한데도 산길 걷기의 호젓함과 깊은 산의 아름다움을 만끽할 수 있다는 것이 임도의 매력. 이러한 추세에 맞춰 산림청과 각 지자체들도 기존 작업용 임도를 지역의 대표적인 레저·관광 코스로 키우는 작업에 열을 올리고 있다.

마지막 공주가 자라난 마을 직지초등학교~방하치교[1~5]

경북 김천의 '직지문화 모티길'도 기존 임도를 활용해 다듬은 길이다. 황악산

방하치마을을 벗어나면 돌모마을까지 멋진 임도가 펼쳐진다(6~7지점). ▶

과 동구지산 임도를 중심으로 정겨운 산골마을과 직지문화공원 등을 둘러볼 수 있도록 했다.

코스의 시작은 김천 서쪽 산자락 아래 자리한 직지초등학교[1] 앞이다. 동쪽을 바라보는 옛 교사(校舍) 오른편으로 말끔한 새 교사의 신축공사가 한창이다. 학생 수가 줄어 문을 닫는 시골 학교가 드물지 않은 시대에 소도시 작은 학교의 새 단장이 마냥 반갑다.

교문을 오른편에, 개천을 왼편에 끼고 시멘트길을 따라 걷다, 늘어선 비닐하우스를 등지고 작은 다리[2]를 건넌다. 허름한 농가와 비닐하우스, 채소밭이 나지막한 산줄기 사이 계곡을 따라 듬성듬성 펼쳐진다. 여름 끄트머리와 가을 초입에 걸친 계절. 한물 간 매미소리, 귀뚜라미, 찌르레기 소리가 한데 섞인다. 적적함을 달래려는 듯 길가 비닐하우스마다 켜져 있는 라디오와 낯선 이방인을 경계하듯 멀찌감치 들리는 개 짖는 소리가 풍경을 한층 더 시골답게 만든다. 어쩌면 늦여름 햇살에 농작물이 무럭무럭 익어가는 소리도 섞여 있을지 모르겠다.

출발한 지 30분 정도 지났을까, 개천을 낀 작은 산골마을이 나타난다. 바로 1660년 김씨, 이씨, 임씨, 정씨 성을 가진 네 선비가 터를 닦고 마을을 개척했다고 전해지는 방하치마을이다. 방하치라는 이름은 방아재라는 남쪽 고개 아래에 마을이 자리 잡고 있어 붙은 것이라고. 350여 년 전 인적 없는 깊은 산골에 함께 들어와 터를 닦고 살았다니, 어지간히 뜻이 맞지 않고 우애가 뒷받침되지

황녀 테마마을 안내센터 '황녀관'(5~6지점).

황녀의 마을을 만들며 함께 정비한 아스팔트 도로(4~5지점).

않으면 어려운 일이었을 듯싶다. 옛사람들의 깊은 사귐이 부럽다.

방하치교[5] 앞에서 다리를 건너 직진해도 되지만, 우회전 후 이정표를 따라 곧바로 좌회전해야 마을을 차분히 둘러볼 수 있다. 마을로 들어서니 70년대 시골풍경이 고스란히 박제되어 있다. 마당 안쪽이 훤히 들여다보이는 낮은 담장을 따라 마을을 빠져나오자 언뜻 봐도 수백 년은 되어 보이는 느티나무가 널찍한 그늘을 품고 섰다. 안내판에는 1982년 기준으로 수령이 338년이라고 적혀 있으니 지금은 370년에 가깝다. 우애 깊은 네 선비가 방하치마을을 개척하던 광경이 이 나무의 나이테 어디쯤 새겨져 있을지도 모른다.

느티나무 아래 벤치에 앉아 잠시 열기를 식힌 후 다시 길을 나선다. 산골마을에 깨끗하게 포장된 너른 아스팔트길이 심상찮다 했더니 마을 윗목에 '황녀의 마을' 안내판이 서있다. 안내판 뒤편에는 근래 신축한 듯한 아담한 황녀관 건물도 자리 잡았다.

이 산골에 웬 황녀마을? 알고 보니 고종의 딸이자, 기구한 삶의 주인공이었던 조선왕조의 마지막 황녀(皇女) 이문용(1900~1987)이 권력을 둘러싼 왕실의 암투를 피해 방하치마을에 숨겨져 자랐다고 한다. 김천시는 2012년 4월경 황녀 테마마을을 개장하고 관광객을 위한 다양한 프로그램을 운영할 계획이다.

모티길

경북 김천이 자랑하는 모티길은 2010년 3월 조성되었다. '모티'란 모퉁이의 경상도 방언으로, '아기자기한 모퉁이를 돌고 돌아가는 지루하지 않은 길'이란 의미를 담고 있다. 편안한 숲길 걷기의 즐거움을 맛볼 수 있는 임도에 관광지를 접목시킨 '직지문화 모티길', 임도걷기와 오지마을 탐방을 테마로 조성한 '수도녹색숲 모티길'로 이뤄져 있다. 직지문화 모티길에서는 황악산 자락을 둘러가며 방하치마을과 직지문화공원 등을 살펴볼 수 있고, 수도녹색숲 모티길은 수도리에서 시작해 자작나무숲과 낙엽송 보존림 등을 지나 황점리 오지마을에 이르는 코스다.

1코스 직지문화 모티길 : 직지초등학교~방하치마을~돌모마을~직지문화공원 / 11.3km, 4시간 소요

2코스 수도녹색숲 모티길 : 수도리~단지봉 중턱~낙엽송 보존림~황점리 / 15.0km, 4시간 소요

문의 전화 김천시청 산림녹지과 (054)420-6615

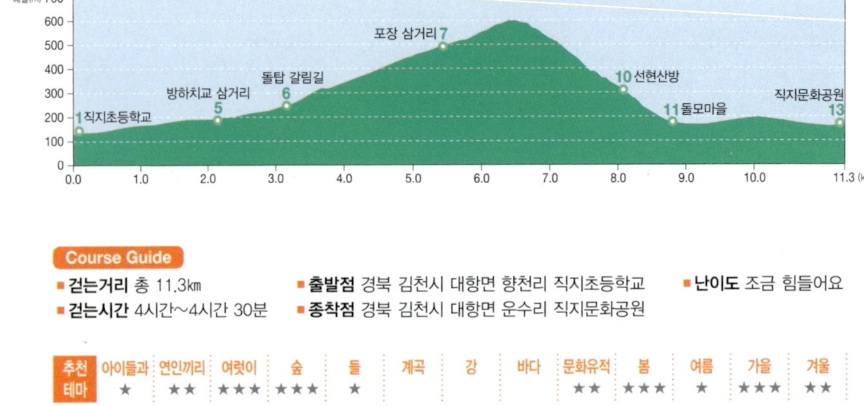

Course Guide

- **걷는거리** 총 11.3km
- **걷는시간** 4시간~4시간 30분
- **출발점** 경북 김천시 대항면 향천리 직지초등학교
- **종착점** 경북 김천시 대항면 운수리 직지문화공원
- **난이도** 조금 힘들어요

추천 테마	아이들과	연인끼리	여럿이	숲	돌	계곡	강	바다	문화유적	봄	여름	가을	겨울
	★	★★	★★★	★★★	★				★★	★★★	★	★★★	★★

모퉁이 돌아 만나는 하늘 돌탑 갈림길~직지문화공원[6~13]

  황녀의 마을을 지나 두개의 돌탑이 서있는 갈림길[6]에서 오른편 산길 오르막으로 방향을 잡는다. 오르막 경사가 가팔라지면서 방아재를 넘어가는 산길이자 임도가 시작됨을 알린다. 출발 직후 줄곧 남쪽으로 구불구불 이어지던 길이 임도에 들어서고 얼마 후 남서쪽으로, 그리고 다시 포장 삼거리[7]에서 우회전해 서북쪽으로 방향을 틀며 고도를 높여간다.

  힘든 와중에도 산길에서 둘러보는 경치가 장관이다. 가을을 목전에 둔 숲은 지난여름 볕에 넉넉히 그을린 듯 깊고 진한 녹색으로 물들어 있다. 여름 볕에 잘 그을린 숲은 단풍도 예쁜 법. 활엽수와 낙엽송 우거진 숲이 가을 풍경에 대한 기대를 키운다. 긴 오르막에 지친 다리는 수시로 늑장을 부리지만, 하늘을 향해 걷는 길은 눈 가는 곳마다 절경이다.

  임도 주변에는 지역민들의 소득 증대를 위해 호두나무와 감나무 묘목을 심어 놓은 곳들이 꽤 많다. 임도는 해발 600m 정도에서 최고점을 찍을 때까지 그

동구지산 임도에서 바라 본 대항면 향천리 풍경(6~7지점).

포도는 방하치마을의 주요 소득원 중 하나다(5~6지점).

대로 하늘을 향해 뻗는다. 임도치곤 제법 숨이 가쁜 축에 든다.

거대한 산줄기를 시계방향으로 돌아가자 어느새 돌모마을로 뻗은 삼거리[8] 앞이다. 이곳에서 그대로 직진한 후 마을로 내려가도 되지만, 자동차의 출입을 막아놓은 오른편길이 애초에 지정된 코스다. 포장길로 이어진 급경사 내리막이 처음에는 다소 부담스럽지만 좁은 다리[9]를 지나 계곡을 건넌 후 오른쪽 비탈길로 내려가면 호두농장 주인이 아담한 한옥으로 꾸며놓은 쉼터인 신현산방[10]에 닿는다. 산방을 내려오다 갈래 길에서 왼편으로 방향을 잡아야 돌모마을[11]이다.

돌모마을은 200여 년 전 마을을 개척할 당시 땅에 돌이 많아 붙은 이름으로 주민들 중 상당수가 뜻을 이루기 위해 직지사를 찾아왔다 이곳에 정착한 사람들이라고 한다. 지금은 관광객을 대상으로 계절마다 다양한 농촌활동을 체험할 수 있는 '녹색농촌체험' 프로그램도 운영 중이다. 돌모마을을 방문하면 이 지역 특산물인 호두와 표고버섯, 포도도 직접 수확해 맛볼 수 있다.

마을 앞 903번 지방도로 빠져나온 후 우회전해 도로를 따라간다. 보행자를 위한 길이 따로 없어 차가 쌩쌩 달리는 와중에 갓길 위의 걸음이 다소 위태롭다. 도보 여행자들의 안전을 위해 개선해야할 부분 중 하나다. 25분 남짓 걷다보면 식당가 삼거리[12]가 나온다. 좌회전하면 직지문화공원[13] 앞. 도보여행은 이곳에서 막을 내린다.

국도를 벗어나면 나타나는 코스의 종착점, 직지문화공원(13지점).

송학식당 '산채비빔밥'

송학식당의 산채비빔밥과 산채정식에는 황악산 일대에서 채취한 취나물과 더덕, 도라지, 두릅 등 온갖 산나물과 김천 특산물인 표고버섯 등이 주재료로 쓰인다. 산나물 고유의 향과 맛을 살려 데치고 무쳐내어 채식의 즐거움을 만끽할 수 있다.

위치 경북 김천시 대항면 향천리 318-6 / **전화** (054)436-6403
영업시간 10:30~22:00 / **주차** 가능 / **가격** 산채비빔밥 6천 원, 산채정식 1만 원, 더덕구이 1만 원

 교통편

》 찾아가기

대중교통 서울 동서울터미널과 강남고속터미널에서 김천행 고속버스를 이용한다. 김천공용버스터미널(054-432-7600) 앞 버스정류장에서 11번, 11-9번, 100-1번 시내버스를 타고 대항면사무소 버스정류장에 내린 후 80m 앞 사거리에서 좌회전하면 시작점인 직지초등학교 정문이다.
강남고속터미널 → 김천공용버스터미널 07:10~19:00(13회 운행)
동서울종합터미널 → 김천공용버스터미널 10:10, 14:10, 18:10(3회 운행)
김천공용버스터미널 → 대항면사무소 버스정류장 11번 시내버스(06:10~22:40, 10분 간격), 11번, 11-9번(06:10~22:40, 10분 간격), 100-1번(06:00~22:40, 10~15분 간격)
승용차 직지문화공원 주차장에 주차(무료) 후 직지초등학교까지 도보 10분

》 돌아오기

직지사 버스정류장에서 11번, 111번, 100-1번 버스를 타고 김천공용버스터미널로 간다.
김천공용버스터미널 → 동서울종합터미널 10:00, 14:00, 18:00(3회 운행)
김천공용버스터미널 → 강남고속터미널 07:00~19:40(14회 운행)

 알아두기

숙박 직지문화공원 주변, 김천 시내, 돌모마을(12지점)
식당 · 매점 직지초등학교(1지점) 주변, 직지문화공원(14지점)
식수 미리 준비
화장실 방하치마을(5~6지점), 돌모마을(12지점), 직지문화공원(14지점)

들를 만한 곳

직지사

직지사는 신라 눌지왕 2년(418년)에 창건되어 약 1천600년 역사를 자랑하는 유서 깊은 절이다. 고려와 조선시대를 거쳐 현재에 이르기까지 경북지역의 대표적인 사찰로 자리매김하고 있다. 경내에는 비로전 삼층석탑(보물 제607호) 등 여러 점의 보물이 있다.

이름 때문에 세계에서 가장 오래된 금속활자본인 '직지심경'과 연관된 곳으로 생각하기 쉽지만 직지심경은 청주 흥덕사에서 인쇄한 것으로 현재 프랑스 국립박물관이 소장하고 있다.

위치 경북 김천시 대항면 대성리 216 / **홈페이지** www.jikjisa.or.kr / **입장료** 성인 2천500원, 중고생 1천500원, 초등학생 1천 원 / **주차** 가능, 무료

계족산 황톳길

발바닥에 닿는 황토의 기분 좋은 감촉

신발은 손에 들고
맨발로 걸어요

거리 15.9km, 5시간~5시간 30분 소요

계족산 황톳길은 임도에 황토를 깔아서 맨발로 걸을 수 있도록 꾸민 지역 명소다. 가파른 구간 없이 완만한 등성이를 맨발로 오르내리다 보면 황토의 좋은 기운이 스며들어 저절로 건강해질 것 같다. 산자락 아래 마을들을 조망하는 재미도 쏠쏠하다.

계족산 황톳길은 전국에서도 찾아보기 힘든 본격적인 맨발 걷기 코스다(6~7지점).

'발은 신체의 오장육부와 연결되어 있어 고르게 자극하면 신진대사가 활발해져 건강에 도움된다.'는 건강 상식을 굳이 들먹이지 않아도, 맨발로 흙을 밟는 것은 도시 사람들에게는 색다른 경험이자 도전이다. 건강을 위해서, 또는 색다른 경험을 위해 맨발 걷기를 하는 사람에게 추천할 만한 곳이 바로 대전 계족산 황톳길이다.

계족산 황톳길은 산허리를 감도는 약 16km의 임도에 황토를 깔아 맨발로 걸을 수 있도록 만들어 놓았다. 대전 시내에서 가까워 평일에도 적지 않은 사람이 찾는 지역의 명소다.

맨발로 걸어야 제맛 장동산림욕장 입구~원점 삼거리[1~4]

가을 문턱으로 접어든 9월 초, 장동산림욕장을 찾았다. 계족산 황톳길은 대전광역시 대덕구 장동 계족산 자락에 있는 장동산림욕장 입구[1]에서 시작된다. 넓고 편편한 오르막길에는 적갈색 황토가 깔려 있다. 여름 폭우와 사람들의 발길을 견디지 못하고 여기저기 패이고 쓸려나간 곳이 보인다.

조금 걷다 보면 설치예술 작품을 심심찮게 볼 수 있다. 나무와 길섶의 수풀 등 자연물을 활용해 설치한 작품들은 긴 오르막길을 걸을 때 지루함을 덜어준다. 황톳길은 점점 좁아지다 원점 삼거리[3]를 지나 본격적인 임도로 들어서면 노면의 절반 정도로 줄어든다.

삼거리에서는 왼편으로 진입해 시계방향으로 걷기로 한다. 산을 크게 한 바퀴 돌아서 다시 원점 삼거리에 도착하게 되므로 어느 쪽으로 가도 상관없다. 정자를 지나 독일가문비나무가 줄지어 선 '2.3km' 표지판 앞 갈래길[4]에서 오른편으로 접어들면 흙길이 좁아지며 본격적인 임도가 펼쳐진다.

작은 언덕을 넘어가듯이 내리막이 이어지는가 싶더니 이내 오르막으로 바뀐다. 임도 주변은 짙은 녹음이 드리웠다. 잠시 뚝 끊어졌던 매미소리가 앰프 스위치를 켜듯 다시 쨍하고 울려 퍼진다. 정오가 가까워 오면서 기온이 빠르게 올라

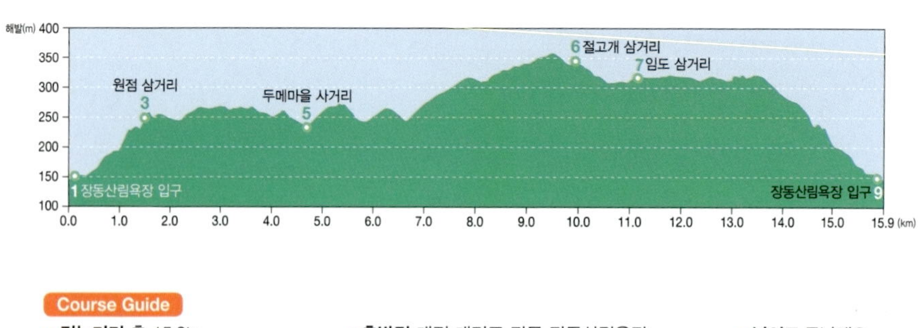

Course Guide

- **걷는거리** 총 15.9km
- **걷는시간** 5시간~5시간 30분
- **출발점** 대전 대덕구 장동 장동산림욕장
- **종착점** 대전 대덕구 장동 장동산림욕장
- **난이도** 무난해요

추천 테마	아이들과	연인끼리	여럿이	숲	들	계곡	강	바다	문화유적	봄	여름	가을	겨울
	★	★★	★★★	★★★	★				★	★★★	★	★★★	★★

가지만 나뭇가지가 그늘을 만들어 주어 그리 힘들지 않다. 이틀 전 내린 많은 비로 노면 상태가 좋지 않지만 오가는 사람들의 3분의 1가량은 맨발이다.

신발을 벗고 황토를 밟아보니 서늘하면서도 부드러운 감촉이 느껴진다. 고르지 않은 노면은 걸음을 옮길 때마다 발바닥을 쿡쿡 누른다. 기분 좋은 자극에 나도 모르게 발을 움찔댄다. 서늘한 쾌감을 느끼며 걷다 보니 '진작 신발을 벗을 걸.' 하는 후회가 밀려온다. 코스 곳곳에는 맨발로 걷는 사람들이 발을 씻을 수 있는 세족장이 있다.

황토 한 스푼에는 약 2억 마리의 미생물이 살고 있는데, 그 미생물에 포함된 효소들이 몸의 순환 작용을 돕는다고 한다. 또한 황토에서 나오는 원적외선은 세포를 활성화시켜 혈액순환 및 신진대사를 돕는 효과도 있는 것으로 알려져 있다.

황톳길은 계족산의 능선을 돌아 동쪽을 향해 구불구불 이어진다. 얼마쯤 갔을까, 저 앞에서 기계 소리가 들린다. 소형 포크레인이 길가에 쌓여 있는 황토를 퍼서 노면에 드문드문 부려 놓으면, 인부들이 삽으로 고루 펴서 다진다. 코스가 16km나 되니 보수 작업도 만만치 않을 듯. 작업이 언제쯤 마무리되는지 물었더니 연말까지는 갈 것이라고 한다. 황톳길을 관리하는 데만 연간 5억 원 정도가 든다고.

황톳길은 공사현장에서 끝나고, 이후부터는 황토가 거의 쓸려나간 평범한 임도가 펼쳐진다.

계족산 황톳길

2009년 대전 대덕구 장동의 계족산 임도에 황토를 깔아서 만든 걷기 코스다. 지역 주류업체의 지원으로 조성된 황톳길은 '닭발'처럼 생긴 계족산을 크게 한 바퀴 도는 코스로, 개인 신발장과 세족장 등 맨발로 걷는 사람들을 위한 시설을 잘 갖추고 있다.

심곡, 갓점골, 산디마을 등 계족산 자락에 들어앉은 마을들은 황톳길을 걷는 재미를 더해준다. 매년 5월 마사이 마라톤대회와 맨발 황톳길 걷기대회 그리고 국제설치미술대회가 이곳에서 열린다.

계족산 황톳길 : 장동산림욕장 입구~원점삼거리~절고개 삼거리~원점삼거리~장동산림욕장 입구 / 15.9㎞, 5시간 소요

문의 전화 대전 관광문화재과 (042)600-2352

기존 임도를 활용해 만든 황톳길은 숲 그늘이 짙다(4~5지점).

발아래 펼쳐지는 산골마을 두메마을 사거리~장동산림욕장 입구[5~9]

동쪽으로 돌아서 처음 만나는 두메마을 사거리[5]에서 직진한다. 오른편 등산로는 계족산성 방향이다. 계족산 동쪽 능선 아래로는 대덕구 이현동에 있는 심골과 동구 효평동 갓점골이 멀찌감치 보인다.

애초에 임도로 만들어진 길이어서 초입을 빼면 가파른 구간이 거의 없다. 덕분에 계족산 허리를 돌아가는 발걸음이 그리 힘들지 않다. 잘 가꿔진 숲은 걷기에 활력을 불어넣는다. 누구든 부담 없이 걸을 수 있지만 어린이를 동반한 경우에는 아이의 체력을 감안해 걷는 시간을 조절하는 것이 좋다.

동쪽 능선을 끼고 한참 걷다 보니 절고개 삼거리[6]에 닿는다. 운동기구와 화장실까지 갖춰 제대로 만든 쉼터다. 삼거리 왼쪽 길은 바래사 방향이다. 벤치에 앉아 목을 축이고 땀을 식힌다. 날씨가 더워지면서 쉼터를 찾는 사람들이 하나 둘 늘어간다. 삼삼오오 모여 도시락을 먹는 사람들도 눈에 띈다.

일정 거리마다 구간 표시가 되어 있어 편리하다(5~6지점).

주기적인 보수가 필요한 황톳길(4~5지점).

절고개 삼거리를 뒤로 하고 남쪽 자락을 돌아간다. 얼마 안 가 나타나는 넓은 쉼터는 임도 삼거리[7]. 절고개 삼거리와 마찬가지로 운동기구와 화장실, 벤치 등이 있다. 임도 삼거리를 지나면서 길은 원점 삼거리가 있는 북쪽으로 이어진다.

완만한 내리막과 오르막을 수시로 교차하다가 몇 개의 쉼터를 지나자 서서히 내리막의 비율이 높아진다. 북쪽으로 구불구불 뻗어가던 임도는 산디마을 삼거리를 지난다. 산디마을은 계족산 뒤편에 있는 마을이라는 뜻. 음력 대보름에 주민의 안녕과 풍년을 기원하기 위해 지내는 산디마을의 '탑제'는 대전시 무형문화제로 지정되어 있다.

삼거리에서 직진하면 길이 조금씩 넓어지다가 널찍한 삼거리를 만난다. 임도의 시작점이었던 원점 삼거리[8]다. 왼쪽으로 접어들어 넓은 내리막길을 걸으면 출발지점인 장동산림욕장 입구[9]에 닿는다. 짧지 않은 거리를 걸었지만 황토를 밟아서 그런지 몸이 가뿐하다.

장동 게스트하우스 '열무국수'

장동 게스트하우스의 열무국수는 삶은 소면에 다시마, 무, 마늘, 홍고추, 대파로 만든 차가운 육수를 붓고 잘 익은 열무김치를 얹어 내는 여름철 별미다. 새콤하고 시원한 맛이 더위와 갈증을 싹 가시게 한다. 장동마을에서 재배한 채소로 만들어 더욱 신선하고 맛있다.

위치 대전 대덕구 장동 336 / **전화** 070-4158-3360
영업시간 10:00~20:00(매주 월요일 휴무) / **주차** 가능
가격 열무국수 6천 원, 연잎밥 6천 원, 백반 6천 원

 교통편

》 찾아가기
대중교통 서울강남고속터미널에서 대전행 고속버스를 이용한다. 대전고속버스터미널(042-625-8792) 정류장에서 2번 혹은 701번 시내버스를 타고 와동현대아파트 정류장에서 74번 시내버스로 갈아 탄 뒤 장동지구산림욕장 정류장에 하차
강남고속터미널 → 대전고속버스터미널 06:00~24:10(수시 운행)
동서울종합터미널 → 대전고속버스터미널 06:10~21:30(수시 운행)
대전고속버스터미널 → 와동현대아파트 버스정류장 2번 시내버스(05:45~22:30, 10분 간격), 701번 시내버스(05:45~22:30, 15분 간격)
와동현대아파트 버스정류장 → 장동지구산림욕장 버스정류장 74번 시내버스(06:00~22:30, 40분 간격)
승용차 장동산림욕장 주차장에 주차(무료)

》 돌아오기
장동지구산림욕장 버스정류장에서 73번 버스를 타고 신대주공아파트 버스정류장에서 2번 시내버스로 갈아 탄 뒤 대전역 버스정류장에 하차
대전고속버스터미널 → 강남고속터미널 06:10~24:00(수시 운행)
대전고속버스터미널 → 동서울종합터미널 06:00~22:00(수시 운행)

 알아두기

숙박 신탄진역 주변, 대전 시내 / **식수** 주차장 입구(1지점), 쉼터(2~3지점)
화장실 주차장 입구(1지점), 삼거리 쉼터(2~3지점) 등

 들를 만한 곳

계족산성

계족산(해발 420m) 정상에 능선을 따라 축조된 산성이다. 이 성은 백제가 쌓은 것으로 알려져 왔으나, 1998~1999년 발굴을 통해 6세기 중반 신라에서 쌓았다는 주장이 설득력을 얻고 있다. 성안에서 발견된 토기 조각을 조사한 결과 대다수가 신라 것이고, 백제의 토기는 몇 개 안 되어 신라가 성을 쌓아 오랫동안 점유했고, 백제가 짧은 기간 동안 점령했다고 보는 것이다.
산성의 높이는 7~10m, 성안에는 큰 우물터가 있다. 성내 건물터에서 고려의 기와 조각, 조선의 도자기 조각 등이 발견된 것으로 보아 조선시대까지 군사 주둔지로 이용했음을 알 수 있다. 사적 제355호이다.

위치 대전 대덕구 장동 / **입장료** 없음 / **주차** 불가능

◀ 임도 초입에 늘어선 독일가문비나무(3~4지점).

금강소나무숲길

솔향기 맡으며 걷는 1구간
그 시절 '대한민국 차마고도'

거리 14.2km, 6~7시간 소요

금강소나무 최대 자생지를 지나는 경북 울진의 금강소나무숲길은 옛날 물건을 팔기 위해 울진에서 봉화를 오가던 보부상들이 넘던 길이다. 멸종위기동물인 산양의 서식지이기도 하다. 예약을 해야만 걸어볼 수 있는 이 길에는 잘 보존된 자연과 옛이야기가 가득하다.

금강소나무숲길을 걷고 있는 탐방객들. 계곡 너머에 울진의 보부상들을 도와준 두 접장의 은덕을 기린 철비가 세워져 있다(2지점).

금강소나무는 선비의 기개를 닮았다. 엄동설한에도 죽지 않고 곧게 뻗으며 자란다. 대춧빛 기둥은 용비늘 갑옷을 두른 백전노장 같다. 고고한 기품, 큰 바람에도 흔들리지 않는 강직한 이미지. 소나무 중의 으뜸이 금강소나무다.

선조들은 이런 금강소나무를 아꼈다. 조선시대에는 질 좋은 금강소나무를 함부로 벌목할 수 없도록 나라의 나무로 지정해 금강소나무 자생지를 관리했다. 금강소나무는 전쟁 때도 여느 장수 못지않은 역할을 해냈다. 임진왜란 때 이순신 장군의 전설적인 성과는 완벽한 전략과 튼튼한 금강소나무가 있어 가능했다. 금강소나무로 만든 거북선과 판옥선은 적진에서 거침없었다. 포위된 적들은 눈으로 뻔히 보면서도 당했다. 왜군들의 배는 거북선과 판옥선의 돌진에 속수무책 부서졌다.

일제강점기 때는 무분별한 벌목으로 인해 금강소나무의 수가 급격히 줄어들기도 했다. 금강소나무에 관심이 많았던 일본인들은 베어낸 금강소나무를 자국으로 가져가 건축물을 지었고, 어린 묘목을 가져가 키웠다. 안타까운 일이지만 금강소나무의 학명은 일제강점기 때 지어졌는데, '일본의 붉은 소나무'란 뜻을 지닌 'Japanese red pine'이다.

탐방객들이 숲해설사로부터 철비의 내력을 듣고 있다(2지점).

보부상들이 넘던 열두 고개 두천리~금강소나무숲길[1~3]

　수천 년 우리의 역사와 함께 해온 금강소나무는 현재 강원도 양양, 경북 봉화와 울진 등에서 군락을 이루며 자라고 있다. 그중에 울진 서면의 소광리 일대는 우리나라에서 금강소나무가 가장 많이 자라는 곳이다. 이 나무들은 산림청에서 체계적으로 관리 보호하고 있다.

　이곳의 금강소나무 군락지를 중심으로 금강소나무숲길이 나 있다. 울진에 36번 국도가 놓이기 전까지 이 길은 내륙으로 갈 수 있는 유일한 통로였다. 예전에는 울진의 보부상들이 물건을 팔러 가던 길이라 하여 '보부상길', 봉화까지 가는데 열두 고개를 넘는다 하여 '십이령길'이라고도 불렀다. 오지여행을 즐기는 이들 중심으로 알음알음 알려졌던 이 길은 이제 아늑한 자연 속에서 옛 문화와 삶을 살펴볼 수 있는 탐방로로 새롭게 태어났다.

　"자연 환경이 잘 보존되어 있어 멸종위기동물 1급으로 지정된 산양도 살고 있어요. 선조들의 삶과 문화가 깃든 '대한민국 차마고도'인 셈이지요."

　금강소나무숲길에서는 숲해설사가 함께 걸으며 길의 의미와 역사, 문화 이야기를 들려준다. 예약한 사람만 이 길을 걸을 수 있는데, 한 달 전이면 예약이 마감될 정도로 인기다. 그만큼 탐방 절차가 까다롭고 주의해야 할 사항도 많다. 하루 80명만 걸을 수 있고, 코스에는 식당과 매점은 물론 처음과 끝 지점을 제외하면 화장실도 없다. 조금 불편하더라도 인위적인 자연 훼손을 최대한 줄여보자는 의도다.

　금강소나무숲길은 거리(약 14km)가 그리 길지 않고 길도 대체로 평탄하지만 중간 중간 숲해설사가 길에 얽힌 이야기를 들려주면서 이동하기 때문에 다 걷는 데는 7시간 정도 걸린다.

　출발지인 원두막 쉼터[1]에서 마을길을 잠시 걷다가 계곡을 건너면 울진내성행상불망비(蔚珍乃城行商不忘碑)[2]가 보인다. 돌로 만든 일반적인 비석과 달리 붕

탐방로로 들어서면 곧게 뻗은 금강소나무들을 볼 수 있다(2~3지점). ▶

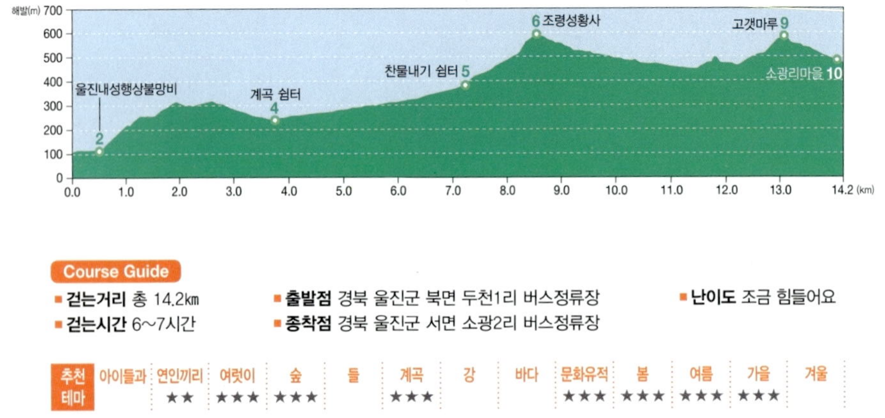

Course Guide

- **걷는거리** 총 14.2km
- **걷는시간** 6~7시간
- **출발점** 경북 울진군 북면 두천1리 버스정류장
- **종착점** 경북 울진군 서면 소광2리 버스정류장
- **난이도** 조금 힘들어요

추천 테마	아이들과	연인끼리	여럿이	숲	들	계곡	강	바다	문화유적	봄	여름	가을	겨울
	★★	★★★	★★★			★★★			★★★	★★★	★★★	★★★	

어빵 만들듯이 나무틀에 쇳물을 부어 찍어낸 철비다. 보부상들이 넘던 곳이었음을 증명하는 중요한 민속자료이기도 하다. 이 비는 접장(보부상 조직의 우두머리)이였던 정한조와 권재민의 은덕을 기리기 위해 1890년에 보부상들이 힘을 모아 세웠다. 내성은 지금의 봉화를 말함이니, '울진과 내성을 오가는 행상들이 그 은혜를 잊지 않겠다.'는 뜻을 담고 있다.

예전에는 봉화의 춘양장터에 가려면 꼬박 나흘이 걸렸다. 막상 장터에 도착해도 물건을 제대로 팔 수 없었다. 그 지역 상인들의 텃새가 심했기 때문이다. 힘을 못 쓰는 울진 행상들을 본 두 접장은 "다 같이 힘들게 장사하는 처지이니 저들도 먹고 살 수 있도록 길을 열어줘라."라고 지시했다. 이후 편하게 장사를 할 수 있게 된 보부상들이 고마운 마음을 담아 비를 세운 것이다.

일제강점기 때는 철비가 사라질 위험에 처하기도 했다. 철로 만든 거라면 농기구부터 수저까지 싹 쓸어가던 일본인들을 피해 당시 마을 사람들은 한동안 철비를 땅 속에 묻어 두었다고 한다. 그러다가 해방 이후에 다시 발굴해 이곳에 세웠다. 언뜻 하찮아 보이지만, 철비를 두고 오간 선조들의 마음은 사뭇 감동적이다.

효자각을 지나면서 야트막한 고개를 하나 넘는다. 십이령의 첫 고개다. 설렁설렁 걷기 좋은 길이지만 보부상들은 바지게에 소금과 미역, 생선을 가득 싣고 이 고개를 넘었다. 서해에 비해 밀물과 썰물의 차가 적은 동해에서도 소금을 만들었던 걸까?

"백사장에 황토로 가마를 만든 후 그 안에 바닷물을 넣고서 찜질방처럼 밑에서 불을 지펴 소금을 만들었습니다. 얼마나 고된 작업이었는지 10분만 일해도 못 견딜 정도였다고 해요. 그렇게 해서 만든 소금은 서해의 소금에 비해 품질이 좀 떨어졌지만 울진 보부상들이 파는 물건 중 가장 비싸게 거래됐지요."

보부상들은 소금을 조그맣게 따로따로 포장하여 그 위에 도롱이를 씌웠다. 도롱이는 물에 젖지 않는 새의 깃털을 모방해 짚이나 띠로 만든 우비인데, 안쪽의 습기는 배출하고 비는 한 방울도 스미지 않아 고어텍스 재킷이 부럽지 않을 정도의 성능을 보였다고 한다.

짐의 무게는 만만치 않았다. 한 사람당 적게는 30kg, 많게는 80kg의 짐을 싣

지금은 걷기 좋은 임도로 바뀌었지만 예전에는 보부상들이 무거운 짐을 지고 넘던 고갯길이었다(3~4지점).

고 움직여야 했다. 짐이 무거운 건 둘째 치고 문제는 보부상들이 고개를 넘을 때 생겼다. 물건을 탐내는 산적들이 도처에 숨어 있었기 때문이다. 보부상들은 물건을 빼앗기지 않기 위해 5~30명이 함께 지나다녔다. 그래도 불안했기에 모두들 하나씩 뾰족한 촉이 달린, 지금의 등산용 지팡이 같은 촉작대를 들고 다녔다. 평소에는 지팡이로, 위험할 때는 무기로 사용한 것이다.

고개를 넘으면 넓은 임도[3]가 나오고 울창한 금강소나무숲이 펼쳐진다. 초입부터 솔내음이 온몸을 감싼다. 알싸하고 싱그러운 기운이다.

"금강소나무는 다양한 이름을 갖고 있어요. 단단하기가 금강석 같아서 강송, '죽어서 천년, 살아서 천년을 산다.' 하여 천년송, 기둥이 붉은색을 띠고 목심이 누렇다고 하여 황장목이라고 합니다. 울진과 인접한 봉화의 춘양면에서는 춘양목이라 불러요."

적재적소에서 숲해설사의 이야기보따리가 풀린다. 그냥 걷는 것보다, 걸으며 알고 배우는 기쁨이 크다.

멸종위기동물 산양이 산다 계곡 쉼터~소광리[4~10]

잠시 후 나오는 계곡 쉼터[4] 일대는 산양 서식지다. 산양은 설악산, 오대산 등의 인적 드문 산골짜기에 산다. 멸종위기동물 1급으로 200만 년 전 이 땅에 와서

맑은 물이 흐르는 계곡 쉼터. 산양이 내려와 물을 마시는 곳이기도 하다(4지점).

지금까지 그 모습을 유지하고 있는 화석동물인데, 최근에는 이상기온 등으로 인해 점점 개체수가 줄고 있다. 특히 울진에 70년만의 기록적인 폭설이 내린 2010년에는 수많은 산양들이 죽어나갔다. 폭설에 고립되거나 먹이활동을 못해 죽은 것이다. 당시 이 계곡 일대에서 발견한 사체만 23마리나 됐다고 한다.

넓은 흙길 양 옆으로 금강소나무들이 시원시원하게 뻗어 있다. 새들이 지저귀는 소리를 들으며 걷다가 맑은 물이 흐르는 쉼터에 닿는다. 여름에는 차고 겨울에는 따뜻한 계곡수가 흐른다는 '찬물내기 쉼터[5]'다. 여기서 오른쪽 산기슭으로 들어서면 울창한 활엽수림이 펼쳐진다. 조금 가파른 오르막이 이어지지만 골을 타고 시원한 바람이 불어와 더없이 상쾌하다.

고개에 닿자 기와를 얹은 낡은 건물이 있다. 탐방로 초입에서 본 울진내성행상불망비처럼 보부상들의 자취를 살펴볼 수 있는 조령성황사(鳥嶺城隍祠)[6]다. 1819년 이 일대에서 활동하던 보부상들이 건립한 성황사로, 선배들을 추모하고 결속을 다지던 곳이다. 안에는 빼곡하게 이름이 적힌 여러 개의 현판이 놓여 있는데, 중수를 하거나 제사를 지내는 등 중요한 행사가 있을 때마다 이곳에 기부한 사람들의 이름을 기록해 놓았다.

조령성황사 옆에는 400~500년은 되었을 아름드리 금강소나무들이 서 있다. 기둥에 노란색 페인트가 칠해져 있는 것은 국보급 금강소나무다. 노란 띠는 나라에서 '찜했다'는 표시로, 문화재를 복원하거나 보수할 때 이 나무들을 가져다 쓴다.

노란색 띠를 두른 금강소나무는 국보급 문화재의 복원이나
보수에 쓰인다(5지점).

적재적소에서 숲해설사의 이야기보따리가 풀린다. 걸으면서 이해
하고 배우는 기쁨이 크다(6~7지점).

노랑망태버섯. 노란 망태 부분에 독이 있다(8~9지점).

길가에 속새가 가득 자라고 있다(8~9지점).

성황사부터는 계곡을 끼고 걷기 좋은 내리막길이 이어진다. 잠시 후 길손들이 애용했던 주막의 터가 나온다. 주막은 1968년경 이 일대의 화전민마을과 함께 철거되어 지금은 흔적이 남아 있지 않다. 주막 터 아래에는 바위에 구멍을 뚫고 세워놓은 석비가 있다. 1842년 당시 지역 발전에 힘쓴 울진 현령을 기려 세운 추모비다. 이어 마귀할멈의 전설이 전해오는 말[馬] 무덤도 지난다.

울창한 숲길을 걷다 보면 넓은 임도[7]다. 옆으로 시원한 소광천과 대광천이 흐르고, 수십m 높이로 쑥쑥 자란 낙엽송이 서 있다. 관리사무소를 지나 조금 가파른 숲길[8]로 들어선다. 20분쯤 걸어 고갯마루[9]에 닿으면 종착점인 소광리마을까지 울창한 숲길이다.

소광리마을[10]에 도착해서 버스를 기다리는 동안 시원하게 막걸리 한 사발을 들이켰다. 피로가 싹 사라지는 기분이다. 길 위에서 보낸 하루를 마무리하는 시간. 그 옛날 주막에 앉아 쉬던 보부상에게도 행복한 시간이었을까. 뺨을 스치는 바람이 기분 좋게 서늘하다.

금강소나무숲길

2010년 7월 선보인 이 길은 총 5개 구간, 전체 길이 70km에 이른다. 남부지방산림청이 길을 단장했고 (사)울진숲길이 관리해 오고 있다. 현재 두천1리에서 소광2리까지 걷는 1구간과 소광2리에서 금강송 군락지를 둘러본 후 원점으로 돌아오는 3구간이 개방되었으며 2, 4, 5구간은 2012년 내 조성될 예정이다. 홈페이지에서 예약한 사람에 한해 1구간은 하루 80명, 3구간은 100명까지 걸을 수 있다. 탐방 예약을 하면서 도시락(5천 원)과 숙박(1인 1만 원)도 신청할 수 있다. 매주 화요일은 휴식일이고, 날씨에 따라 변동이 있긴 하지만 11월 중순에서 4월초까지는 탐방이 금지된다.

1구간 : 두천1리~내성행상불망비~조령성황사~소광2리 / 14.2km, 6시간 소요
2구간 : 소광2리~한나무재~원곡마을~구암사~광회리 / 16.7km, 7시간 소요
3구간 : 소광2리~너삼밭~금강송 군락지~소광2리 / 18.7km, 7시간 30분 소요
4구간 : 소광2리~소광천~덕거리~통고산자연휴양림 / 15km, 6시간 소요
5구간 : 통고산자연휴양림~통고산 임도~박달재 / 16.7km, 7시간 소요

문의 전화 (사)울진숲길 (054)781-7118 / **홈페이지** www.uljintrail.or.kr

》 찾아가기

대중교통 동서울터미널에서 경북 울진군 울진읍 울진시외버스터미널(054-782-2971)로 가는 시외버스를 탄다. 터미널 앞 버스정류장에서 하루 4회 운행하는 두천리행 시내버스(울진여객 054-783-4141)를 타면 시작점인 두천1리로 갈 수 있다. 단, 오전 9시부터 탐방이 시작되므로 대중교통을 이용할 경우 오전 6시 35분에 출발하는 버스(약 30분 소요)를 타야 시간에 맞춰 갈 수 있다.

동서울터미널 → 울진시외버스터미널 07:10~20:05(18회 운행)
울진시외버스터미널 → 두천1리 06:35, 13:20, 16:25, 16:10
승용차 두천1리 버스정류장 옆 주차장(무료) 이용

》 돌아오기

종착점인 소광2리에서 울진시외버스터미널로 가는 버스가 하루 2회 있다. 탐방이 끝나는 시간에 맞춰 오후 4시 40분에 출발하는 버스는 탐방객의 편의를 위해 울진시외버스터미널을 경유한 후 시작점인 두천1리까지 간다.

소광2리 → 울진시외버스터미널 09:05, 16:40
소광2리(울진시외버스터미널 경유) → 두천1리 16:40
울진시외버스터미널 → 동서울터미널 06:25~18:40(17회 운행)

알아두기

숙박 울진시외버스터미널 주변, 두천리 민박집, 소광리 금강송펜션(10지점)
식당 십이령주막(10지점)
매점 십이령주막(10지점)
식수 미리 준비
화장실 두천리마을(1지점), 소광리 관리사무소(7지점), 소광리마을(10지점)

들를 만한 곳

불영계곡

울진의 드라이브 코스로 유명한 36번 국도를 따라가면 기암과 어우러진 아름다운 계곡을 만난다. 근남면 행곡리부터 서면 하원리까지 약 15km에 걸쳐 흐르는 불영계곡(명승 제6호)이다. 도로 중간 중간에 전망대가 설치돼 있어 계곡 풍경을 감상하기 좋다.

위치 경북 울진군 근남면 행곡리, 하원리 일대
입장료 없음 / **주차** 가능, 무료

불영사

불영사는 651년 의상대사가 창건한 유서 깊은 사찰이다. 사찰 뒤편 능선에 솟아 있는 뾰족한 바위가 연못에 비친 모습이 부처의 그림자처럼 보인다고 해서 불영사(佛影寺)라고 이름 지었다고 한다. 매표소부터 사찰까지 길게 이어진 산책로가 유명하며, 경내에서 대웅보전(보물 제1201호), 응진전(보물 제730호) 등 많은 문화유적을 볼 수 있다.

위치 울진군 서면 하원리 120 / **전화** (054)783-5004
입장료 성인 2천 원, 청소년 1천500원, 어린이 1천 원
주차 가능, 무료

성류굴

천연기념물 제155호로 등록된 석회암동굴로 약 2억5천만 년 전에 형성된 것으로 추정하고 있다. 전체 길이가 800m에 이르고, 다양한 모양의 종유석과 석순, 석주 등이 빼곡하다. 최대 깊이가 8m에 이르는 '마의 심연' 동굴호에서는 대규모의 종유석들이 수면에 잠기는 절경을 감상할 수 있다.

위치 울진군 근남면 구산리 산30 / **전화** (054)789-5409
개장 09:00~18:00(동절기 17:00까지)
입장료 성인 3천 원, 청소년 2천 원, 어린이 1천500원
주차 가능, 소형차 기준 1천 원

울진엑스포공원

2005년과 2009년 울진세계친환경농업엑스포가 열린 곳을 공원으로 꾸몄다. 1천 그루가 자생하는 금강소나무 숲을 비롯해 야생화 정원, 친환경농업관, 자연예술동산, 허브체험관 등 다양한 전시시설과 부대시설을 갖추고 있다.

위치 울진군 근남면 수산리 346
전화 (054)789-5500 / **홈페이지** expo.uljin.go.kr
개장 08:00~22:00(동절기 20:00까지) / **입장료** 없음,
전시관 통합관람요금은 성인 8천 원, 청소년 6천 원,
어린이 4천500원 / **주차** 가능, 무료

민물고기생태체험관

강과 계곡에 사는 민물고기의 생태를 한눈에 살펴볼 수 있는 국내 최대 규모의 민물고기 전시관이다. 천연기념물, 열대어 등 120여 종의 민물고기를 관찰할 수 있다. 잉어, 향어 등 대형 어류의 부화와 월동 과정 등을 살펴볼 수 있는 야외학습장도 아이들에게 인기다.

위치 울진군 근남면 행곡리 228
전화 (054)783-9413 / **홈페이지** www.fish.go.kr
개장 09:00~18:00(동절기 17:00까지), 매주 월요일 휴관
입장료 성인 3천 원, 청소년 2천 원, 어린이 1천500원 / **주차** 가능, 무료

경기 의정부

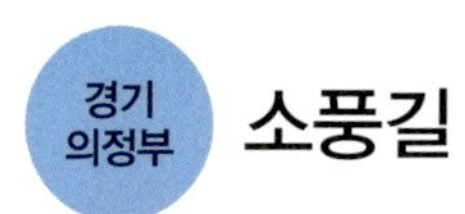

소풍길

3코스 불로장생길

시인과 함께 소풍 가는 날

거리 9.6km, 4시간 소요

경기도 의정부 '소풍길'의 이름은 고 천상병 시인이 쓴 시 〈귀천〉의 한 구절에서 따왔다. 내·외부코스 70여km로 2011년 10월 개장했다. 3코스 불로장생길에는 소나무 빼곡한 숲이 있어 여름에도 걷기 좋다. 길은 내내 편하고, 마음은 어릴 적 소풍 가는 날처럼 설렌다.

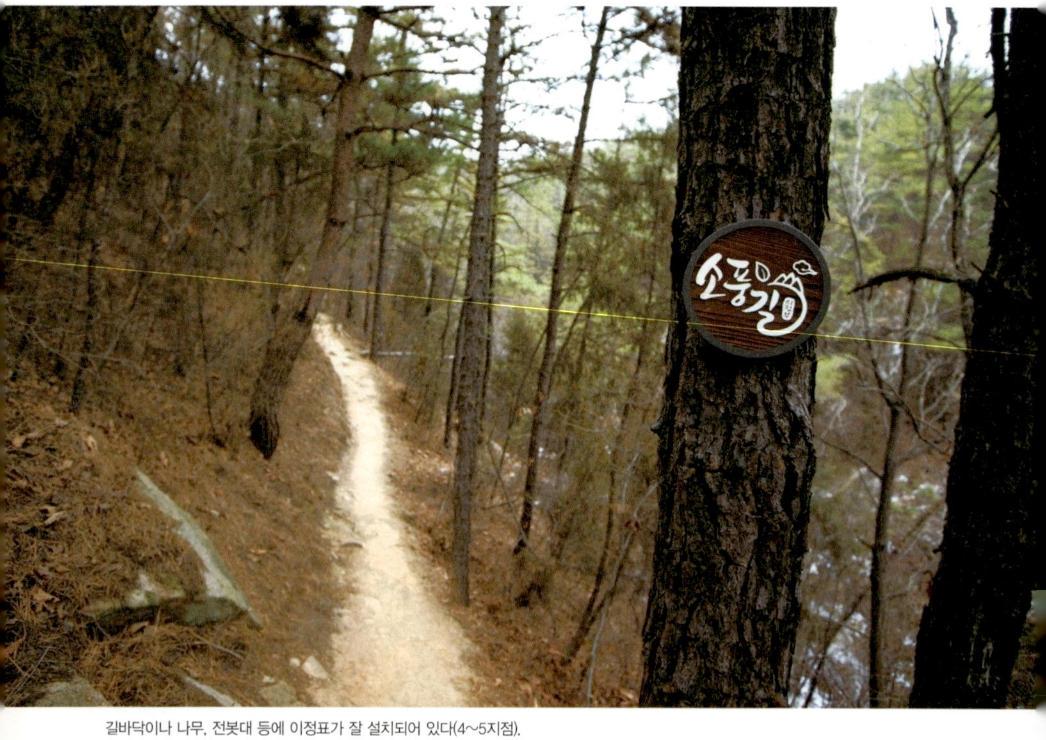

길바닥이나 나무, 전봇대 등에 이정표가 잘 설치되어 있다(4~5지점).

걸음마다 초록 발자국 녹양역~송림약수터[1~5]

나 하늘로 돌아가리라
아름다운 이 세상 소풍 끝내는 날
가서 아름다웠더라고 말하리라

고 천상병(1930~1993) 시인이 쓴 〈귀천〉의 한 구절이다. 경기도 의정부시는 우리의 삶을 비유한 '소풍'이란 단어를 이 시에서 가져와 길의 이름으로 썼다. 어린아이 같은 마음으로 세상을 바라봤던 천상병 시인처럼 소풍길을 걸으며 이 세상의 아름다움을 보자는 의미를 담았다. 어릴 적 소풍 때처럼 즐거운 마음으로 산책하자는 뜻도 있다. 의정부는 천상병 시인이 거주했으며 아내와 함께 잠들어 있는 곳이다.

불로장생길의 하동교~가금교 구간에서는 고방오리, 쇠오리(사진), 왜가리 등 다양한 철새들을 볼 수 있다(2~3지점).

Course Guide

- **걷는거리** 총 9.6km
- **걷는시간** 4시간
- **출발점** 경기도 의정부시 녹양동 녹양역(지하철 1호선)
- **종착점** 경기도 의정부시 자일동 현충탑
- **난이도** 무난해요

추천 테마	아이들과	연인끼리	여럿이	숲	들	계곡	강	바다	문화유적	봄	여름	가을	겨울
	★★	★★	★★★	★★★			★		★★	★★★	★★★	★★★	★★

소풍길에는 아홉 개 코스가 있는데, 그 가운데 천보산의 숲을 거닐 수 있는 대구간 3코스 불로장생길로 향한다. 녹양역 2번 출구[1]로 나오면 불로장생길의 주 무대인 천보산(337m)이 정면으로 보인다. 천보산은 서울의 남산처럼 평소에도 인근 주민들이 자주 찾는 산이다. 역에서 맞은편에 위치한 의정부 의류타운으로 건너간다. 길은 의류타운 앞 사거리에서 중랑천을 가로지르는 하동교[2]를 지나 성모병원 방향으로 이어진다.

불로장생길의 주 무대인 천보산 숲길(4지점).

도로변을 걸어도 되지만 자동차 소리가 귀에 거슬려 하동교 아래쪽으로 연결된 중랑천 산책로로 들어선다. 어느 길로 가든 가금교에서 만난다. 중랑천 물길을 따라 산책로가 잘 정비되어 있다. 맑은 상류를 지나는 길이라 쇠오리, 고방오리 등 다양한 철새들도 보인다.

중랑천 산책로를 20분쯤 걸어 가금교[3]에 닿는다. 여기서 큰 사거리로 올라선 후 길을 건너면 천보산 산책로 입구다. 잠깐의 오르막을 올라 커다란 안내판이 서 있는 삼거리[4]에서 '현충탑 9.1km' 이정표 방향의 오솔길로 들어서면 이 길의 주인공인 천보산의 소나무들이 반갑게 인사한다.

불로장생길은 '현충탑' 이정표 방향만 잘 따르면 수월하게 진행할 수 있다. 바닥, 나무기둥, 갈림길 곳곳에 삼색리본과 표지판 등 방향 표시가 있어 별 어려움 없이 걸을 수 있다. 가끔 흰색 리본도 보이는데, 소풍길을 개통하기 전 임시

로 달아두었던 이정표다. 삼색리본이나 표지판이 안 보이더라도 이 흰색 리본
을 따라가면 된다.

불암약수터에서 수통에 물을 채우고 숲길로 들어선다. 연이어 나오는 송림
약수터[5]는 벤치와 탁자 등이 마련되어 있어 쉬었다 가기 좋다. 주변은 예비군
훈련장으로 활용되는 곳이어서 여러 개의 군 시설물이 눈에 띈다. 약수터를 지
나면서 소나무 수는 더 많아진다. 천보산은 소나무들이 감싸고 있는 산이다.
전체가 소나무 산림욕장이라고 해도 손색이 없다. 길은 신기할 만큼 편안하다.
소풍 나온 기분이다.

아픈 역사가 말을 걸다 **영화사~현충탑**[6~15]

숲길을 내려와 조그만 계곡을 건너기 전 커다란 묘 하나가 눈에 띈다. 조선
효종의 양녀로 청나라에 공녀로 보내졌던 의순공주(?~1662)의 묘다. 정확히
는 의순공주의 '족두리'가 안치된 묘로, 이에 얽힌 이야기가 안타깝다.

한가로운 시간을 보내고 있는 동자승 인형(6지점).　쭉쭉 뻗은 소나무 숲이 이어진다(5~6지점).

병자호란 이후 쇠약해진 조선은 청나라에 온갖 조공을 바치게 된다. 서민은 물론 왕족의 여인들까지 청나라로 보내야 하는 지경에 이른다. 당시 청나라는 새로운 왕위에 오른 효종을 시험하기 위해 '왕의 누이나 딸 중 재색을 겸비한 자를 뽑아 보내라.'고 요구했다. 이에 효종은 어쩔 수 없이 의순공주를 양녀로 삼아 보낸다. 의순공주는 왕족 이개윤의 딸이었다. 강제로 청나라로 가게 된 의순공주는 압록강을 건너는 도중 오랑캐에게 욕을 보느니 죽는 편이 낫다 하여 남쪽을 향해 큰절을 올리고 강물에 투신하고 만다. 시신은 찾지 못하였고, 강물에 떠내려 온 그녀의 족두리만 건져낼 수 있었다. 그 족두리를 이곳 천보산 자락에 묻은 것이다. 사람들은 이 묘를 '족두리 산소'라고 불렀다.

계곡을 건너 아담한 암자인 영화사[6]에 들어선다. 석탑 난간에 나란히 앉아 있는 동자승 인형들의 표정이 익살스럽다. 영화사에서 큰길로 내려와 아파트 뒤편 숲길로 들어서면 지나온 길과 비슷한 소나무 숲이 펼쳐진다.

천보산 자락의 야트막한 곳이지만 산 정상에 올라 바라보는 것처럼 풍경이 시원시원하다. 의정부 시내 너머로 기암을 두른 수락산과 거칠게 하늘로 솟은

조선 선조의 일곱째 서자였던 인성군의 묘. 이 길에서는 의순공주묘, 인성군묘, 화창군묘 등 많은 유적을 볼 수 있다(9지점).

도봉산의 위용이 한눈에 들어온다. 조망 명소에서 오솔길을 따라 내려오면 큰 삼거리[7]가 나오는데, 이곳에서 다시 아파트 뒤편으로 돌아가면 숲길로 이어진다.

숲길을 따라 해원군의 아들로 태어나 47세에 생을 마감한 화창군(1640~1686)의 묘와 광해군 때 인목대비의 폐위를 주장하다 유배를 당하기도 했던 인성군(1588~1628)의 묘[9]를 차례로 지난다. 돌계단으로 내려가 족구장 등 체육시설이 있는 쉼터부터는 불로장생길에서 가장 경사가 심한 구간이다. 20분쯤 걸어 천보산의 정상으로 가는 길과 나뉘는 삼거리[10]에 닿으면, 이후부터는 다시 완만한 내리막길이다.

설렁설렁 주변을 둘러보며 내려오다 아스팔트도로와 만나는 삼거리[11]에 이르렀다. 이곳에서 길이 헷갈리기 쉬운데, 왼쪽 아스팔트도로로 들어서면 차들이 고속질주하는 터널로 연결되니 주의해야 한다. 반드시 도로 아래쪽의 굴다리를 통과하도록 한다. 굴다리를 지나 큰 사거리에서 11시 방향의 금곡마을로 들어서면 된다.

마을 앞 삼거리[12]에서 오른쪽으로 난 오솔길로 향한다. 불로장생길에서 마지막으로 지나는 숲이지만 거리가 길지 않아 아쉽다. 20분쯤 걸으면 마을 앞 큰길[13]로 연결된다. 잠시 후 나오는 아스팔트도로 건널목[14]을 건넌 후 다시 20분쯤 걸어가면 종착점인 현충탑[15]이다. 한국전쟁 당시 전사한 호국영령을 기리기 위해 세운 것이다. 15m 정도 되는 커다란 탑 주변 순국선열상과 장병상 등 8개의 청동군상이 인상적이다. 현충탑에서 소풍길 4코스인 '산림욕길'을 연이어 걷고 싶으면 계속해서 직진하면 된다. 되돌아가려면 14번 지점에 있는 버스정류장까지 걸어간다.

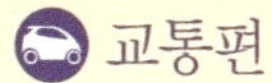

교통편

>> 찾아가기

대중교통 지하철 1호선 녹양역 2번 출구로 나오면 소풍길 3코스 시작점이다.
서울역(1호선) → 녹양역 05:31~23:08(수시 운행)
승용차 녹양역이나 맞은편 의정부 의류타운 주차장(무료) 이용

>> 돌아오기

현충탑에서 축석고개 입구에 위치한 자일동 버스정류장까지 걸어간다(15분 소요). 의정부 방면 시내버스를 타고 의정부역에서 내려 양주 방면 지하철 1호선이나 버스로 갈아타면 녹양역으로 갈 수 있다.
자일동 → 의정부역 33, 38, 88, 138번(수시 운행)
의정부역 → 녹양역 22, 25, 30, 31번(수시 운행)
의정부역(1호선) → 녹양역 05:31~23:06(수시 운행)
의정부역(1호선) → 서울역 05:07~23:08(수시 운행)

알아두기

숙박 의정부 시내
식당 녹양역(1지점), 자일동(14지점)
매점 녹양역(1지점)
식수 불암약수터(4~5지점), 송림약수터(5지점)
화장실 녹양역(1지점), 인성군묘 입구(9지점)

소풍길

2011년 10월 개장한 따끈따끈한 새 길로 경기도 의정부시에서 단장, 관리해오고 있다. 의정부시를 크게 한 바퀴 돌 수 있는 대구간(약 49km, 6개 코스)과 공원 및 하천 산책로를 연결한 소구간(약 21km, 3개 코스)이 있다. 두 구간 모두 험하지 않고 길도 잘 정비해 놓아 걷기 편하다. 대구간은 주로 숲길이고, 소구간은 중랑천 등 물길이 많다.

〈대구간〉
1코스_명상길 : 망월사역~의정부시청~직동공원~원도봉 입구 / 7.6km, 3시간 소요
2코스_하늘전망대길 : 의정부시청~녹양역~해오름공원~입석마을 / 9.8km, 5시간 소요
3코스_불로장생길 : 녹양역~천보산 산책로~인성군묘~현충탑 / 9.6km, 4시간 소요
4코스_산림욕길 : 현충탑~용암산~무지랭이계곡~부용산 입구 / 7.5km, 3시간 30분 소요
5코스_부용길 : 부용산~신숙주 선생 묘~부용산~306보충대 입구 / 6.5km, 3시간 소요
6코스_장재울길 : 306보충대 입구~수락산~박세당 고택~망월사역 / 8km, 4시간 소요

〈소구간〉
1코스_행복길 : 의정부시청~양지공원~추동공원~306보충대 입구 / 8.1km, 4시간 소요
2코스_쌍둥이길 : 망월사역~중랑천~양지공원~중랑천~녹양역 / 7.2km, 2시간 30분 소요
3코스_맑은물길 : 중랑천~부용천~탑석역 / 6.5km, 2시간 소요

문의 전화 의정부시청 문화관광과 (031)828-2114

천년고도 옛길

1코스 건지산 옛길

싱그러운 숲과 바람, 잔잔한 호수의 협연

거리 9.8km, 4시간 소요

'연꽃 호수' 덕진공원을 지나 단풍나무가 우거진 혼불문학공원을 걷는다. 숲길을 지나 생태 습지 오송제에 닿으면 갈대밭을 끼고 운치 있는 산책로가 펼쳐진다. 건지산은 아이를 데리고 걸을 수 있을 만큼 완만하고, 길 끝에서 만나는 편백나무숲은 사색을 즐기기에 좋다.

여름에 걸어도 좋은 길 덕진공원~오송제[1~6]

'천년고도 옛길'은 전북 전주시의 걷기 좋은 산책로를 한데 엮어서 만든 길이다. 모두 12개의 코스로 이루어져 있는데 제일 먼저 '건지산 옛길'로 발길을 옮긴다. 출발지는 전주의 데이트 명소인 덕진공원이다. 정문인 연지문[1]을 통과하면 커다란 호수가 눈에 가득 들어오고, 호수 위로 공원의 상징인 연화교가 놓여 있다.

덕진공원은 전국적으로 알려진 연꽃 명소다. 여름이면 호수의 절반가량을 채우고 있는 푸른 연밭에 흰색과 연분홍 꽃들이 피어나 은은한 향기를 풍긴다. 가을 끝자락에 찾은 탓에 앙상한 줄기만 남아 있지만 연화교를 건너며 바라보는 호수의 풍경은 더없이 아름답다.

발을 뗄 때마다 출렁이는 연화교를 건너 덕진공원 후문[2]에 닿는다. 이정표가 없어서 헷갈릴 수 있는 곳인데, 길은 오른쪽 전북대학교 생활관 앞, 플라타

◀ 여름에는 시원한 그늘을 드리우고, 가을에는 아름다운 단풍 길을 보여준다(4~5지점).

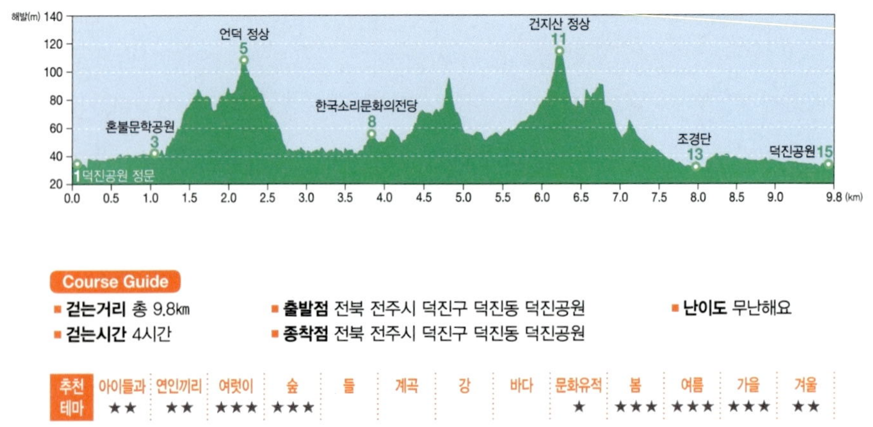

Course Guide

- **걷는거리** 총 9.8㎞
- **걷는시간** 4시간
- **출발점** 전북 전주시 덕진구 덕진동 덕진공원
- **종착점** 전북 전주시 덕진구 덕진동 덕진공원
- **난이도** 무난해요

추천 테마	아이들과	연인끼리	여럿이	숲	들	계곡	강	바다	문화유적	봄	여름	가을	겨울
	★★	★★	★★★	★★★					★	★★★	★★★	★★★	★★

혼불문학공원 내에 있는 소설가 최명희 선생 묘소(4지점).

전주대학교 학술시험림이기도 한 혼불문학공원에는 다양한 나무들
이 자란다(4~5지점).

너스가 늘어선 가로수 방향으로 이어진다. 10분쯤 걸어 혼불문학공원 입구 사거리[3]에 닿으면 나뭇가지에 매달려 있는 '천년고도 옛길' 이정표가 반긴다.

혼불문학공원은 조용한 숲 산책로 같다. 숲속 오솔길로 들어서면 빼곡한 단풍나무가 시야에 가득 들어온다. 가을 동안 울긋불긋 화려한 색상을 뽐냈을 단풍잎들은 바싹 말라 땅으로 내려앉았다. 날씬한 나뭇가지들 사이로 시원한 하늘을 바라보며 걷는다. 걸음에 맞춰 사각거리는 낙엽 소리가 운치 있다.

길 오른쪽에 묘 하나가 보인다. 전주 출신의 작가 최명희(1947~1998)의 묘소[4]다. 공원의 이름은 그의 대표작 〈혼불〉에서 빌려온 것이다.

묘소를 지나고도 한동안 숲길이 이어진다. 이 일대는 전북대학교의 학술림이어서 단풍나무, 서어나무, 참나무 등이 잘 가꾸어져 있다. 운동기구가 놓여 있는 정자 쉼터를 거쳐 야트막한 언덕[5]에 오른다. 빼곡하게 자란 나무들 사이로 간간이 전주 시내가 보인다. 참나무와 서어나무가 뒤엉켜 자라고 있는 숲길을 얼마나 걸었을까, 갑자기 시야가 확 트이면서 넓은 복숭아밭이 펼쳐진다. 건지산 자락은 햇볕이 잘 들어 복숭아 농사가 잘된다고 한다.

복숭아밭에서 내려가면 작은 연못 같은 오송제[6]가 나온다. 오송제는 자연식생이 잘 보존된 도심 속 생태습지로, 갈대와 오리나무가 군락을 이루고 다양한 희귀 곤충이 서식하고 있다. 갈대밭을 끼고 산책로를 걸으면서 서걱거리는 바람의 이야기를 듣는다.

잔잔한 오송제. 아담한 연못 둘레를 따라 산책로가 놓여있다(7지점).

오송제를 지나면 싱그러운 편백나무 숲이 펼쳐진다(7~8지점).

붐비는 천막 쉼터 건지산~편백나무 숲[7~15]

오송제를 크게 한 바퀴 돌아 길 끄트머리에 세워진 오두막 쉼터로 간다. 건지산 옛길은 이곳 앞 사거리[7]에서 임도처럼 넓은 왼쪽 편백나무 숲길로 이어진다. 한국소리문화의전당[8]에 도착해 다시 왼쪽 편백나무숲으로 들어서면 낙엽이 두툼하게 깔린 산책로가 열린다.

전망 좋은 언덕[9]에 올라 잠시 눈 호강을 하고 내려가면 돌부리 하나 없는 걷기 좋은 숲길이 반긴다. 중간쯤 조심해야 할 구간이 있는데, 묘지 앞 갈림길에서 왼쪽 오솔길로 접어들어야 올바른 코스로 가게 된다. 100m쯤 가서 큰 도로와 만나는 삼거리[10]가 보이면 제대로 온 것이다. 여기서 길을 건너 동물원 울타리 옆으로 뻗어 있는 산책로로 들어선다.

숲길은 완만하게 이어지다가 건지산 정상을 앞두고 잠시 오르막으로 바뀐다. 5분쯤 다리품을 팔면 힘들지 않게 정상에 오를 수 있다. 건지산 정상[11]에는 정자와 천막 쉼터가 있어 어르신들의 놀이터 구실을 한다. 이날도 장기를 두거나 윷놀이를 하는 어르신들로 천막 쉼터 안이 붐비고 있다.

여럿이 걷기에 좋은 숲 산책로(8~9지점).

건지산 옛길의 끝. 편백나무가 빼곡하게 자라고 있다(12지점).

서울에 남산이 있다면 전주에는 건지산이 있다. 건지산은 전주 시민들이 가장 많이 찾는 산으로 아이와 함께 걸어도 될 만큼 완만한 길이 여러 갈래로 뻗어 있다.

정상에 있는 운동기구 쉼터를 지나 내리막으로 향한다. 갈림길마다 세워져 있는 안내판에서 '조경단' 방향만 따르면 된다. 산을 내려가면 아름드리 편백나무가 빼곡하게 자라고 있는 숲 산책로가 펼쳐진다[12]. 건지산 옛길에는 유독 편백나무가 많은데, 이곳에 가장 많이 모여 있다.

피톤치드 가득한 편백나무숲을 나가면 길 오른쪽으로 조경단[13]이 있다. 문이 잠겨 있어 들어갈 수 없지만 담장 너머로 몇 기의 묘가 보인다. 조경단에는 전주 이씨의 시조인 이한의 묘소도 있다. 예전 건지산 일대는 전주 이씨 문중 땅이었으나 해방 이후 조경단을 제외하고 모두 전북대학교에 기증했다고 한다. 이후 전북대학교에서 학술림을 조성해 지금의 모습을 갖추게 되었다.

조경단을 지나면 낯익은 거리가 나온다. 덕진공원을 지나 혼불문학공원으로 가기 전에 스쳤던 사거리[14]다. 이곳에서 길을 건너 왼쪽 큰길로 들어서면 출발점인 덕진공원[15]으로 바로 갈 수 있다.

☕ 추천음식

성미당 '전주전통비빔밥'

전주는 우리나라의 대표음식인 비빔밥의 본고장이다. 전주비빔밥으로 유명한 식당이 몇 있지만 그중 성미당이 제일 유명하다. 문을 연 지 50년 가까이 된 성미당의 비빔밥은 미리 비벼져서 나오기 때문에 양념장을 따로 넣을 필요가 없다. 위에 올려진 쇠고기, 계란, 나물을 잘 섞어 비비기만 하면 군침이 절로 도는 전주비빔밥을 맛볼 수 있다.

위치 전북 전주시 완산구 서신동 261 / **전화** (063)273-0029 / **영업시간** 10:00~20:00
주차 가능 / **가격** 전주전통비빔밥 1만1천 원, 전주전통육회비빔밥 1만3천 원, 불고기전골 1만2천 원

 교통편

》 찾아가기

대중교통 동서울터미널, 센트럴시티터미널, 서울남부터미널에서 전주로 가는 버스가 있다. 전주시외버스터미널(063-270-1700)에서 내린 후 전주대학교 방향으로 10분 정도 걸어가면 시작점인 덕진공원이 나온다.
동서울터미널 → 전주시외버스터미널 06:00~20:30(30분 간격)
센트럴시티터미널 → 전주시외버스터미널 05:30~21:40(수시 운행)
서울남부터미널 → 전주시외버스터미널 06:00~21:30(20~30분 간격)
승용차 덕진공원, 혼불문학공원 주차장(무료) 이용

》 돌아오기

전주시외버스터미널 → 동서울터미널 06:00~20:30(30분 간격)
전주시외버스터미널 → 센트럴시티터미널 05:00~21:40(수시 운행)
전주시외버스터미널 → 서울남부터미널 05:45~21:15(20~30분 간격)

✒ 알아두기

숙박 · 식당 덕진공원(1지점), 전주시외버스터미널 주변 / **매점 · 식수** 덕진공원(1~2지점) 내
화장실 덕진공원(1~2지점), 건지산 정상(11지점), 조경단(13지점)

 들를 만한 곳

전주한옥마을

우리의 옛 전통문화를 살펴볼 수 있는 한옥마을은 전주에서 빼놓을 수 없는 여행 일번지다. 일제강점기 때 일본인들의 세력 확장에 반발해 형성되기 시작해 현재 한옥 700여 채가 들어서 있다. 이곳에서는 다도, 한지공예, 목판 제작 등 다양한 전통문화도 체험해 볼 수 있다.

위치 전북 전주시 완산구 풍남동, 교동 일대
전화 (063)282-1330 / **입장료** 없음 / **주차** 가능, 무료

경기전

사적 제339호인 경기전은 조선 태종이 태조 이성계의 신위를 모시기 위해 세운 왕실사당이다. 태종은 전주, 경주, 평양에 건물을 짓고 태조의 초상화를 모셨는데 그중 한 곳이 경기전이다. 임진왜란 때 화재로 소실됐다가 1614년(광해군 6)에 새로 지어져 지금에 이르고 있다.

위치 전주시 완산구 풍남동 102
전화 (063)281-2891 / **관람시간** : 09:00~18:00
입장료 없음 / **주차** 가능, 30분 600원

전주전동성당

전주전동성당(사적 제288호)은 천주교 신자들을 사형했던 풍남문 옆에 있다. 1908년에 공사를 시작해 23년 만인 1931년에 완공했다. 서울의 명동성당(사적 제258호), 대구의 계산동성당(사적 제290호)과 함께 우리나라의 3대 성당 건축물로 꼽힌다.

위치 전주시 완산구 전동 200-1
전화 (063)284-3222 / **입장료** 없음 / **주차** 가능, 무료

천년고도 옛길

2011년 6월 1, 2코스를 개통하며 길의 탄생을 알린 전북 전주의 '천년고도 옛길'은 총 12개의 코스를 목표로 하고 있다. 사단법인 '우리 땅 걷기'에서 단장 및 관리 중이다. 천년고도 옛길에는 건강산책로로 인기인 '건지산 옛길', 사적지인 남고산성을 둘러보는 '흑석골과 남고산성 옛길', 전통문화를 체험할 수 있는 '한옥마을 길' 등 한가롭게 산책하며 역사와 문화도 접할 수 있는 다양한 테마의 코스들이 마련돼 있다. 현재 1~3코스에는 쉽게 길을 찾아갈 수 있도록 곳곳에 노란색의 안내 리본이 설치돼 있고, 앞으로 전 구간에 걸쳐 지속적으로 정비해 나갈 예정이다.

1코스_건지산 옛길 : 덕진공원~건지산~편백나무 숲~덕진공원 / 9.8km, 4시간 소요
2코스_완산칠봉과 다가산 옛길 : 경기전~풍남문~완산공원~서신동 / 10km, 3시간 소요
3코스_학산길 : 코오롱아파트~학산~탑사~흑석골 / 10km, 3시간 소요
4코스_흑석골과 남고산성 옛길 : 흑석골~보광재~경복사지~남고산성 / 11km, 4시간 소요
5코스_기린봉 옛길 : 오목대~승암사~동고산성~기린봉~아중저수지 / 8km, 4시간 소요
6코스_만경강 길 : 호성동~소양교~화전동~강흥동 / 18km, 8시간 소요
7코스_추천대와 서고사 옛길 : 추천대~황방산~서고사 / 8km, 3시간 30분 소요
8코스_삼천천 옛길 : 추천대~삼천천~모악산 자락 / 15km, 5시간 소요
9코스_귀신사와 금산사 옛길 : 모악산 자락~귀신사~금산사~구릿골 / 15km, 6시간 소요
10코스_전주천 옛길 : 한벽당~다가공원~전주천~만경강 / 18km, 6시간 소요
11코스_한옥마을 길 : 한벽당~전주향교~경기전~풍남문~전주 객사 / 6km, 2시간 소요
12코스_통영대로 길 : 비비정~떡전거리~오목대~정여립 집터 / 20km, 8시간 소요

인터넷 카페 cafe.daum.net/Yetgil

살래길

마을 뒷산 같은 1~2구간
파주의 명소들을
구슬 꿰듯
거리 4.7km, 1시간 30분~2시간 소요

경기도 파주시에 있는 살래길은 지역 주민들이 즐겨 찾던 오두산 주변 산책로를 새롭게 단장한 걷기코스다. 첼시프리미엄아울렛과 NFC, 오두산 통일전망대, 헤이리 등 주변 명소들을 두루 내려다 보며 지난다. 코스가 짧고 길이 힘들지 않아 가볍게 걸을 수 있다.

자유로를 중심으로 좌우로 파주 평야와 임진강이 펼쳐진다(2~3지점).

　　한강과 임진강 줄기가 만나 서해로 흘러드는 길목. 남북으로 뻗은 자유로를 끼고 오른편에 펼쳐진 드넓은 땅이 경기도 파주시 탄현면 법흥리와 성동리다. 지명만 보면 잘 알려진 곳이 아니지만, 여행자를 유혹하는 명소들이 즐비한 동네다. 국내는 물론 외국인 관광객들 사이에도 인기 높은 헤이리예술마을과 프로방스마을을 비롯해 경기영어마을 파주캠프, 오두산통일전망대, 통일동산, 고려역사관 그리고 첼시프리미엄아울렛까지 반경 2.5km 안에 모여 있다. 한마디로 볼거리와 즐길 거리, 먹거리, 쇼핑을 아우르는 종합관광단지다. 여기에 더해 통일전망대 아래 자리 잡은 축구국가대표팀 트레이닝센터(NFC)는 축구광이라면 그냥 지나칠 수 없는 '성지'다.

오두산 통일전망대 아래 자리 잡은 NFC(5~6지점).

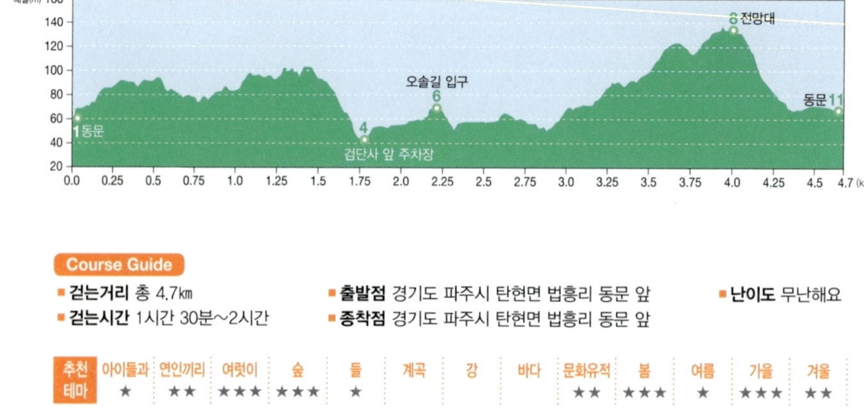

Course Guide

- **걷는거리** 총 4.7㎞
- **걷는시간** 1시간 30분~2시간
- **출발점** 경기도 파주시 탄현면 법흥리 동문 앞
- **종착점** 경기도 파주시 탄현면 법흥리 동문 앞
- **난이도** 무난해요

추천 테마	아이들과	연인끼리	여럿이	숲	둘	계곡	강	바다	문화유적	봄	여름	가을	겨울
	★	★★	★★★	★★★	★				★★	★★★	★	★★★	★★

길가 들국화 위를 평화롭게 노니는 네발나비(5~6지점).

발아래 펼쳐지는 파주의 명소들 동문~갈래길[1~5]

파주시가 2011년 가을 개장한 '살래길'은 법흥리 첼시프리미엄아울렛 뒤편 나지막한 오두산에 있다. 동네 뒷산 같은 아담한 규모지만 주위에 들어선 굵직 굵직한 명소 덕분에 지역주민은 물론 주말이면 멀리서 찾아와 이 길을 걷는 사람들이 빠르게 늘고 있는 추세다.

살래길로 들어서는 입구는 모두 세 개다. 큰 도로를 접하고 있는 동문과 코스 중간 검단사를 잇는 주차장길 그리고 중앙공원 근처로 이어진 북문이다. 버스정류장에서 가장 가까운 아파트 맞은편 동문[1]을 출발점으로 삼아 길을 나선다. 인근 주민은 물론 대중교통 이용자들도 가장 많이 찾는 길이다.

살래길은 초입부터 짧은 오르막과 내리막이 반복되며 조금씩 고도를 높여간다. 걷기코스를 조성하며 인공적인 시설을 줄인 덕에 호젓한 산속 오솔길을 걷

억새밭 뒤편 언덕에 고려역사관이 당당히 서있다(5~6지점).

는 느낌이 좋다. 다만 흙으로만 길을 다듬어 놓아 집중호우나 장마 때는 보수해
야 할 곳이 늘어날까봐 걱정스럽다. 남동쪽 사면을 따라 이어진 오솔길 아래로
첼시프리미엄아울렛이 보인다. 아울렛 뒤편으로 리조트와 다양한 휴양시설 공
사가 한창이다. 완만한 오르막을 따라 가다보니 능선길 삼거리[2]다. 여기서 통
나무 난간이 설치된 왼편으로 방향을 잡는다. 오른편은 능선을 따라 정상으로
향하는 등산로다. 작은 바위 하나를 타넘고 소나무 숲 사잇길을 따라가면 숲 그
늘이 걷히면서 서서히 트인 전망이 시작된다. 발아래 수직으로 시원하게 뻗은
자유로를 경계로 왼편으로는 알곡이 영글어 가는 넓은 평야가, 오른편으로는
굵은 강줄기가 펼쳐지는데, 그곳이 바로 한강과 임진강이 만나 서해로 흘러드
는 길목이다. 강 너머로 보이는 땅은 경기도 김포시.

벤치에 앉아 잠시 풍경을 감상하며 땀을 식힌 후 다시 길을 나선다. 산허리
를 오른쪽으로 돌아 숲길로 들어선 후 얼마 안 가 만나는 삼거리[3]에서 왼편 길
을 따라 내려가면 검단사 주차장 옆으로 오르막 포장길[4]이 코스를 가로막는다.
포장길은 검단사로 이어지지만 살래길로 다시 접어들려면 건너편 산길로 방향
을 잡아야 한다.

너른 흙길을 밟으며 걷다 마주치는 갈래길[5]에서 오른편 오르막으로 접어들면
방금 전과는 또 다른 풍경이 눈앞에 다가온다. 시야를 수평으로 가로지르는 자유
로를 경계로 위쪽으로 오두산 통일전망대가 있고, 아래쪽으로는 녹색잔디가 선
명한 축구장이 여럿 모여 있다. 국가대표 축구선수들의 전용 훈련장인 NFC다.

길에서 마주친 주민의 말에 의하면, 월드컵이나 올림픽 등 중요한 경기를 앞
두고 있을 때 살래길을 걷다보면 국가대표 선수들의 훈련 모습을 직접 보는 행
운도 누릴 수 있단다. 그래서 집에서 나올 때 배낭 속에 조그만 망원경을 챙기
기도 한다고.

NFC를 지나 들길 같은 산허리를 걷다 문득 시선을 들면 언덕 위에 길게 누
운 거대한 기와건물이 눈에 들어오는데, 바로 고려역사관이다. 마무리 공사를
앞두고 예산문제로 완공이 지연되고 있지만 역사관이 문을 열면 이 지역에 또
다른 명소 하나가 생기는 셈이니 살래길을 찾는 발길이 더 늘어날 것 같다.

임진강 너머로 보이는 황량한 땅이 바로 북한 개성지역이다(8지점).

북한 땅이 보이는 전망대 시범지구 포장길~동문[6~11]

고려역사관 아래를 돌아 억새 군락을 지나면 모텔과 식당이 늘어선 통일동산 시범지구가 나타난다. 소나무 숲길을 따라 시범지구 뒤편을 걷다 포장길[6]을 가로질러 맞은편 숲길로 다시 진입한다. 전망대로 이어진 삼거리[7]는 그늘 짙은 서북쪽 사면을 따라 한참 진행한 후에야 닿을 수 있다. 삼거리에서 왼편으로 나가 군사용 참호를 건너면 헤이리와 프로방스마을, 경기영어마을이 한눈에 들어오는 전망대[8]다.

가슴까지 시원하게 트이는 듯한 전망대에서는 프로방스마을 뒤편 임진강 너머로 북한 개성 땅이 보인다. 그곳에는 녹음이 무성한 남쪽 땅과 달리 황갈색 벌거숭이 민둥산이 울퉁불퉁 드러누워 있다. 같은 땅에 사는 같은 민족끼리, 무엇 때문에 이렇게 오래 단절된 채 다른 세상을 가꾸고 있는 걸까. 지평선 너머로 시선이 머무는 내내 마음이 무겁다.

전망대를 돌아 나와 다시 왼편 살래길로 합류한다. 조용한 숲길을 지나 북문 사거리[9]에서 다시 왼편 내리막으로 곧장 가면 살래길 북문[10]이다. 북문 앞 내리막 포장길을 따라 큰길까지 나온 후 오른쪽으로 방향을 틀면 얼마 안 가 처음 출발했던 동문[11] 앞에 다다른다.

살래길

원래 지역 주민의 산책길이었던 오두산 중앙공원과 주변 산길을 2011년 첼시프리미엄아울렛 개관에 맞춰 경기도 파주시가 새롭게 단장하였다. 길을 넓히고 곳곳에 벤치와 난간을 설치했으며 초행자들도 쉽게 길을 찾을 수 있도록 안내판과 방향 표지판 등을 신설했다. 산허리를 크게 돌며 주변 경관을 만끽할 수 있는 살래길 1~2코스 외에도 능선을 가로질러 정상으로 이어지는 능선코스가 조성되어 있다. 코스가 길지 않아 탐방객 대부분 동문이나 북문에서 출발해 1~2코스를 함께 걷는 경우가 많다. 정상으로 이어진 능선코스 역시 난이도가 높지 않아 가볍게 걸을 수 있다.

1코스 : 북문~검단사 주차장 / 2.6km, 1시간 소요
2코스 : 동문~검단사 주차장 / 1.6km, 30분 소요
능선코스 : 북문 사거리~검단사 / 1.2km 30분 소요

문의 전화 파주시 문화관광과 (031)940-4362

통일동산 두부마을 '청국장'

장단콩은 밥을 지으면 감청색이 도는 임진강 쌀과 함께 파주를 대표하는 농산물이다. 통일동산 식당가에 자리잡은 '통일동산 두부마을'에서 바로 이 파주 장단콩으로 만든 요리를 내놓는다. 청국장이든 된장정식이든 2인분 이상 주문하면 콩비지와 순두부는 물론, 잘 무쳐낸 나물 반찬들을 맛볼 수 있어 인기가 높다. 식사를 마치고 식당을 나서기 전 입구의 냉장고 속 콩비지는 무료이므로 잊지 말고 꼭 챙기도록.

위치 경기도 파주시 탄현면 성동리 664-2 / **전화** (031)945-2114 / **영업시간** 연중무휴 / **주차** 가능
가격 청국장 1만 원, 된장정식 1만 원, 콩비지 1만 원

교통편

》 찾아가기
대중교통 서울 지하철 2호선 합정역 1번 출구 앞 버스정류장에서 맥금동행 2200번 직행버스를 타고 유승앙브와즈 109동 버스정류장에 내리면 횡단보도 건너편에 파주 살래길 동문이 있음. 혹은 서울 지하철 2호선 합정역 1번 출구 앞 버스정류장에서 맥금동행 200번 직행버스를 타고 유승앙브와즈 109동 버스정류장에 내리면 횡단보도 앞에 파주 살래길 동문이 있음.
지하철 2호선 합정역 → 유승앙브와즈 109동 버스정류장 2200번 버스(05:30~22:10, 10~15분 간격)
지하철 2호선 합정역 → 유승앙브와즈 109동 버스정류장 200번 버스(05:00~21:10, 20분 간격)
승용차 경기영어마을 앞 주차장(무료) 이용

》 돌아오기
동문 앞 유승앙브와즈 109동 버스정류장에서 합정역행 2200번 직행버스를 타고 지하철 2호선 합정역 버스정류장에 내린 후 2호선 지하철 이용. 혹은 도로 건너편 유승앙브와즈 109동 버스정류장에서 합정역행 200번 직행버스를 타고 지하철 2호선 합정역 버스정류장에 내린 후 2호선 지하철 이용.
유승앙브와즈 109동 버스정류장 → 지하철 2호선 홍대입구역 버스정류장 2200번 직행버스
(05:30~22:10, 10~15분 간격)
유승앙브와즈 109동 버스정류장 → 지하철 2호선 홍대입구역 버스정류장 2200번 직행버스
(05:00~21:10, 20분 간격)

알아두기

숙박 통일동산 주변 / **식당 · 매점 · 식수** 미리 준비, 첼시프리미엄아울렛, 유승앙브와즈 아파트 116동 옆 매점 이용 / **화장실** 파주 첼시프리미엄아울렛 내

들를 만한 곳

헤이리예술마을

우리나라 예술인 마을 중 가장 큰 규모를 자랑한다. 370여 명의 문화예술인들이 뜻을 모아 1997년 조성을 시작했으며 지금의 모습을 갖춘 건 2000년 대 초반이다. '헤이리'라는 이름은 오랜 세월 파주 지역 농민들이 즐겨 부르던 노동요 '헤이리 소리'에서 비롯되었다.
다양한 갤러리와 테마 박물관, 전시관, 공연장, 소극장을 비롯해 카페와 서점, 아트숍, 게스트 하우스 등이 들어서 있다. 예술인들의 창작 주거

공간으로 지어진 헤이리 내 주택들은 개성 넘치고 아름다워 우리나라에 전원주택 붐을 일으키기도 했다.

위치 경기도 파주시 탄현면 법흥리 1652 / **전화** 1588-7387 / **홈페이지** www.heyri.net
입장료 없음(개별 시설 이용요금 별도) / **주차** 가능, 무료

프로방스마을

기후 좋기로 이름난 프랑스 남부지방의 지명에서 따온 '프로방스' 마을은 헤이리예술마을과 함께 연인들의 데이트 코스로 인기다. 이름 그대로 프로방스 풍의 아기자기하고 매력적인 카페들과 옷가게, 베이커리, 레스토랑 등이 이국적인 분위기를 낸다.
2011년 현재 37개의 카페와 숍들이 프로방스 마을에 문을 열고 있으며 매년 11월부터 이듬해 4월까지 '프로방스 빛 축제'를 여는 등 연중 다양한 행사를 진행한다.

위치 파주시 탄현면 성동리 82-1 / **전화** (031)1644-1088 / **홈페이지** www.provence.co.kr / **입장료** 없음 (개별 시설 이용요금 별도) / **주차** 가능(평일 무료, 주말 · 공휴일 30분당 1천 원(3만 원 이상 구매시 무료)

경기영어마을 파주캠프

경기영어마을 파주캠프는 TV CF와 각종 드라마, 영화, 뮤직비디오 등의 배경으로 자주 등장할 만큼 세련되고 이국적인 분위기를 자랑한다. 어린이와 청소년들을 위한 영어교육 프로그램은 물론 가족을 위한 요리교실과 연극, 음악회 등 다양한 문화공연을 마련해 놓고 있다. 레스토랑과 서점, 카페, 선물가게를 이용할 수 있고 수영장과 레일바이크, 오토캠핑장 등 레저시설도 갖추었다.

위치 파주시 탄현면 법흥리 1779 / **전화** 1588-0554 / **홈페이지** www.english-village.or.kr
입장료 입장권 2천 원, 공연합동권 5천 원(입장+공연관람) / **주차** 가능, 무료

오두산 통일전망대

북한 개성 지역을 조망할 수 있는 오두산 통일전망대는 1992년 개관이래 1천800만 명 가량의 방문객이 다녀갔고, 그중 40%가 외국인일 정도로 국제적으로도 많은 관심을 받는 곳이다. 화창한 날에는 개성의 송악산까지 볼 수 있고 비무장 지대 주변의 잘 보존된 생태계의 희귀 동물 등도 관찰할 수 있다. 전망대 내 안보교육장에서 통일을 주제로 한 다양한 교육프로그램을 실시하고 있어 어린이와 청소년들의 단체 방문도 많다.

위치 파주시 탄현면 성동리 659 / **전화** 1666-3171 / **홈페이지** www.jmd.co.kr
입장료 어른 3천 원, 군경 · 청소년 1천600원, 노인 · 어린이 1천 원 / **주차** 가능, 무료

첼시프리미엄아울렛

2011년 봄 문을 연 첼시프리미엄아울렛은 약 3만1천113㎡의 터에 승용차 1천720대를 수용할 수 있는 대형 주차장을 갖춘 쇼핑몰이다. 모두 165개 브랜드가 입점했고 특히 질 샌더와 캘빈클라인 컬렉션, 토리버치, 엘리타하리, 보스 등 20여 명품브랜드가 국내 프리미엄 아울렛으로는 최초로 입점해 눈길을 모았다. 명품관 외에 카페와 레스토랑, 어린이 놀이터 등 편의시설도 마련해 놓았다.

위치 파주시 탄현면 법흥리 1790-8 / **전화** 1644-4001 / **홈페이지** www.premiumoutlets.co.krpaju
입장료 없음 / **주차** 가능, 무료

PART 2
바다

강화나들길

7코스 갯벌 보러 가는 길

아담한 숲과
광활한 갯벌의 숨바꼭질

거리 16.5km, 5시간 30분 소요

강화나들길 7코스는 해안 방조제를 따라 걸으면서 광활하게 펼쳐진 갯벌을 감상할 수 있는 길이다. 마니산 자락의 호젓한 숲길을 지나고, 겨울에 찾으면 떼 지어 날아다니는 철새의 군무를 볼 수 있다. 해질 무렵 수평선을 붉게 물들이는 노을도 놓칠 수 없는 볼거리다.

한겨울 눈 쌓인 갯벌 풍경은 갯벌이 보여줄 수 있는 가장 아름다운 이미지 중 하나다(9~10지점).

호젓한 숲길 지나 해안으로 화도버스터미널~숲 산책로[1~5]

　12개의 코스로 이루어진 인천 강화군의 '강화나들길'은 역사, 유적, 문화, 바다 등 강화도가 품고 있는 다양한 이야깃거리를 풀어낸다. 그중에서 7코스 '갯벌 보러 가는 길'은 썰물 때 찾아가면 끝이 보이지 않을 정도로 광활하게 펼쳐져 있는 갯벌을 구경할 수 있는 것이 특징이다. 마니산 자락의 호젓한 숲길도 걷고, 떼 지어 날아다니는 철새의 군무도 감상할 수 있다. 강화도 본섬에서 유일하게 출발지로 다시 돌아오도록 짜인 코스이기도 하다.

　화도버스터미널[1]에서 큰길로 나가면 화도초교 앞에 강화나들길 안내판이 서 있다. 7코스와 가짓길인 7−1코스는 이곳이 출발점이다. 7코스는 갯벌센터를 지나 갈림길에서 마니산청소년수련원으로 향하고, 7−1코스는 해안 방조제를 지나 동막해수욕장으로 이어진다. 논밭과 마을, 아담한 숲이 아기자기하게 어우러진 풍경을 감상하고 싶다면 7코스를, 해안을 따라서 더 많이 걷고 싶으면 7−1코스를 선택하면 된다.

　화도초교에서 '내리성당' 이정표 방향으로 걷는다. 도로를 따라 직진해도 내리성당에 갈 수 있지만 이정표가 가리키는 방향은 도로 옆으로 난 논둑길이다. 봄에는 아지랑이 피고, 여름에는 짙푸른 초록색, 가을에는 황금빛으로 물드는 모습을, 겨울에는 볏짚을 싼 마시멜로 같은 흰색 덩어리들이 여기저기 놓여 있는 빈 들을 보면서 걷게 된다.

　논둑을 따라 10분쯤 걸어 야트막한 고갯길을 넘으면 내리성당[2]에 닿는다. 성당 앞 삼거리는 출발지로 돌아올 때도 지나는 지점이다. 여기서 '1만보길' 이정표를 따라 직진하면 내리마을로 가게 된다.

　마을 골목은 꽤나 복잡한 것 같지만 갈림길마다 이정

길 찾기를 돕는 강화나들길 이정표(1~2지점)

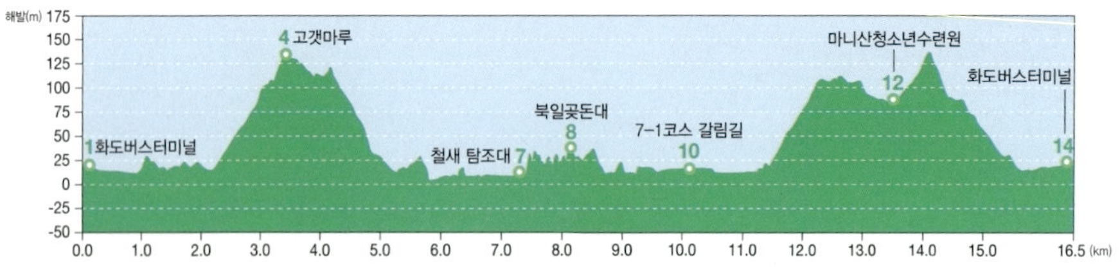

Course Guide

- **걷는거리** 총 16.5㎞
- **걷는시간** 5시간 30분
- **출발점** 인천 강화군 화도면 상방리 화도초교(화도버스터미널)
- **종착점** 인천 강화군 화도면 상방리 화도초교(화도버스터미널)
- **난이도** 무난해요

추천 테마	아이들과	연인끼리	여럿이	숲	들	계곡	강	바다	문화유적	봄	여름	가을	겨울
	★	★★	★★★★	★★★★	★			★★★	★	★★★	★★	★★★	★★

표가 설치되어 있어 어렵지 않게 지날 수 있다. 내리마을에는 감나무가 많아 집집마다 담 너머로, 또는 지붕 위로 감나무 가지가 늘어져 있다. 가장 큰 감나무에는 한겨울인데도 붉은 감이 주렁주렁 열려 있다. 새들을 위해 남겨 놓은 까치밥일까? 감이 익는 늦가을에 찾으면 붉은 등불을 켜놓은 듯 온 동네가 환할 듯하다.

마을 골목으로 들어서니 여기저기서 개들이 짖어대는 통에 저절로 걸음이 빨라진다. 녀석들에게는 낯선 사람의 발길이 탐탁지 않을 터다. 금방이라도 달려들듯 송곳니를 드러내고 노려보는 눈길이 평생의 원수를 대하는 것처럼 드세덜컥 겁이 난다.

종종걸음으로 골목을 빠져나가 마을 뒤편 고갯길로 접어든다. 갑자기 사방이 고요해지더니 사그락사그락 낙엽 밟는 소리만 들리는 아늑한 숲길이다. 대부분의 구간에서 바다를 보면서 걷게 될 것이라는 예상과 달리, 해안 방조제를 만날 때까지 한참동안 숲길이 이어진다.

강화도는 철새 도래지로 유명하다(6~7지점).

일몰 조망지까지 한적한 숲길이 이어진다(4~5지점). 논밭에 줄지어 앉은 쇠기러기들(6~7지점).

울창한 나무 사이로 들어오는 햇빛이 포근하다. 낙엽 쌓인 오솔길은 언제 걸어도 기분이 좋다. 낙엽길은 처음에는 콧노래가 나올 듯이 마음이 달뜨지만 잠시 후 골똘히 생각에 잠기게 하는 매력이 있다. 고갯마루 삼거리[4]에서 '일몰 조망지 1.42km' 이정표를 따라 내려간다. 20분쯤 걸으면 시야가 뻥 뚫리며 시원한 바다가 눈앞에 펼쳐진다.

도로와 만나는 사거리[5]에서 길을 건너 야트막한 고개 하나를 넘으면 본격적으로 바다를 끼고 걷게 된다. 기다란 해안 방조제를 따라 왼쪽에는 마을과 논밭이, 오른쪽에는 망망대해 같은 갯벌이 펼쳐진다. 눈이 쌓인 갯벌은 모든 생명 활동이 멈춘 듯 고요하기만 하다.

철새가 주인이 된 갯벌 일몰 조망지~화도버스터미널[6~14]

땅과 바다의 경계에 놓인 해안 방조제 길로 들어서면 푸른 바다와 회색 갯벌이 시야를 가득 채운다. 국내에서 가장 큰 강화도의 갯벌은 천연기념물 419호로 지정되어 있다. 일제강점기 때는 농토로 개간되고, 현대에는 이러저러한 개

'1만보길'에서 바라본 내리마을 전경(2~3지점).

숲길과 해안길이 잘 어우러져 있다(8~9지점).

발로 몸살을 앓아온 강화도 갯벌은 많이 오염되고 크기도 줄었다. 뒤늦게나마 갯벌의 가치를 알고 보호하려는 움직임이 활발해지고 있어 다행이다. '갯벌국립공원'으로 지정하자는 목소리도 나오고 있다.

벤치가 놓여 있는 일몰 조망지[6] 주변은 갯벌생태학습장으로 활용되는 곳이다. 해안 방조제 길 왼편 논밭에는 초겨울에 찾아오는 쇠기러기 수백 마리가 먹이를 찾아 돌아다니고 있었다. 강화도는 철원평야, 천수만과 함께 우리나라의 대표적인 철새 도래지다.

갯벌과 철새들을 관찰할 수 있는 탐조대[7]를 지나 언덕을 넘으면 북일곶돈대[8]에 닿는다. 강화도의 해안 곳곳에 설치되어 있는 돈대는 적의 침입을 감시하기 위해 만들어놓은 조선 시대의 해안 초소이다. 북일곶돈대에서 오른쪽의 오솔길로 내려가면 다시 해안 방조제 길로 연결된다. 강화나들길은 전체적으로 그늘이 없는 편인데, 7코스는 숲과 해변이 적당히 섞여 있어 그리 힘들지 않게 걸을 수 있다.

갯벌센터 아래쪽 해안 산책로에서는 잘 꾸며 놓은 철새 탐조대[9] 두 곳을 지난다. 다시 일직선으로 뻗은 방조제 길이 이어지고, 7-1코스와 나뉘는 갈림길[10]

에 닿는다. 여기서 동막해수욕장 방향으로 직진하면 7-1코스이고, '마니산청소년수련원' 이정표를 따라 논두렁 사이로 돌아가면 7코스를 걷게 된다.

논밭을 지나 여차리마을[11]에 도착하면 길은 예쁜 집들이 옹기종기 모여 있는 펜션촌으로 뻗어 있다. 이후부터는 찻길을 따라 조금 지루한 길이 이어진다. 주위에 펜션들만 보일 뿐, 풍경은 그리 좋지 않다. 출발점으로 돌아가지 않아도 된다면 여차리마을 앞 버스정류장에서 걷기를 마무리하는 게 좋겠다.

마니산청소년수련원[12]을 지나 가파른 언덕을 오르면 이후부터 내리성당까지 완만한 내리막이다. 바다를 터전 삼아 살아가는 내리마을 전경이 눈앞으로 다가올 즈음 다시 내리성당 앞 삼거리[13]와 만나고, 이후부터 화도버스터미널[14]까지는 지나온 길을 되짚어가면 된다.

썰물이 한 차례 지나가면 갯벌에는 고요만 남는다(7~8지점).

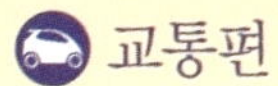

교통편

〉〉 찾아가기

대중교통 서울 지하철 2호선 신촌역, 합정역, 염창역, 송정역에서 3000번과 3100번 버스가 7코스 시작점인 화도버스터미널까지 바로 간다. 인천, 김포, 일산에서 출발할 경우 강화버스터미널에서 내린 후 화도 방면 군내버스로 갈아탄다.

신촌역, 합정역(지하철 2호선) → 강화버스터미널 3000번 05:40〜23:20(수시 운행)
신촌역, 합정역(지하철 2호선) → 화도버스터미널 3100번 06:00〜22:50(25회 운행)
강화버스터미널 → 화도버스터미널 1, 4, 40, 42, 43, 44번
승용차 화도버스터미널 공용주차장(무료) 이용

〉〉 돌아오기

강화버스터미널 → 신촌역, 합정역(지하철 2호선) 3000번 04:40〜22:00(수시 운행)
화도버스터미널 → 신촌역, 합정역(지하철 2호선) 3100번 04:40〜21:00(25회 운행)
화도버스터미널 → 강화버스터미널 1, 4, 40, 42, 43, 44번

알아두기

숙박 화도버스터미널(1지점), 장화리(4〜6지점), 여차리(11지점)
식당 화도버스터미널(1지점), 여차리(11지점)
매점 화도버스터미널(1지점), 장화리(5지점), 여차리(11지점)
식수 미리 준비
화장실 화도버스터미널(1지점)

Walking Tip

강화나들길

강화나들길은 강화도 출신의 선비 화남 고재형(1846〜1916)이 말년에 강화도를 여행하며 쓴 기행문집 〈심도기행〉에 바탕을 두고 있다. 사단법인 '강화나들길'이 2008년부터 인천 강화군청의 지원을 받아 100년 전 선생이 걸었던 길을 잇고 되살려 조성하고 있다.
2012년 초까지 강화도 본섬에 9개, 부속섬인 석모도에 1개, 교동도에 2개의 코스가 열렸고, 앞으로 강화 본섬에 강화산성길과 첫사랑길, 부속섬인 볼음도에 '장술 가는 길'과 '볼음길' 등이 추가될 예정이다.
강화나들길 여행자들을 위해 각 코스의 출발점에 위치한 관광 안내소와 매점 등에서 도보여권과 코스 지도를 무료로 나눠 준다. 이곳에서 코스 완주 스탬프도 찍을 수 있다. 걷기 코스에 있는 유료 관람시설은 안내소에서 일괄 패스를 구입하면 싸게 둘러볼 수 있다.
문의 전화 (사)강화나들길 (032)934-1906 / **홈페이지** www.trekking.go.kr

남해 바래길

1코스 다랭이 지겟길

일 나간 엄마를 기다리던
아이의 바다

거리 14.4km, 6~7시간 소요

남해 바래길은 남해 아낙들이 집과 갯벌을 오갈 때 걷던 길이다. 가파른 산비탈을 지나면 보기에는 아름답지만 고단한 일터였을 다랑논과 밭들이 나온다. 길고 긴 해안 뒤로는 갯벌에 나간 엄마를 기다리던 아이가 하루 종일 바라봤을 바다가 먹먹하게 펼쳐져 있다.

남해 바래길 1코스 출발지인 평산항. 검푸른 구름이 앞바다를 뒤덮었다(1지점).

독특하고 아름다운 풍경 평산항~민가[1~8]

경남 남해는 소백산맥이 남해안까지 이어져 솟아난 섬이다. 제주, 거제, 진도, 강화에 이어 국내 섬들 중 다섯 번째로 크다. 1973년 남해대교를 통해 육지와 연결되었지만 섬 특유의 풍경은 여전히 남아있다. 가파른 산악지형이 주를 이룬 남해는 농사짓기 좋은 평야가 부족해 사람들은 산비탈마다 다랑논과 조그만 밭을 일궜다. 이런 고된 일상의 흔적은 아이러니하게도 남해의 독특하고 아름다운 풍경이 되었다.

바닷가 아낙들은 논밭만으로는 부족한 양식을 구하기 위해 갯벌로 나서야 했다. 그들이 걷던 길이 바로 지금의 '남해 바래길'이다. 이 길은 평산항이 있는 남쪽 해안을 시작으로 창선도(남해와 연결된 섬) 북쪽 해안까지 약 120km, 8개 코스(3코스 구운몽길과 8코스 진지리길은 2012년 말 개통)로 구성되어 있다. 다듬어지지 않은 해안길과 산비탈을 걸으며 접하는 남해의 풍경이 인상 깊다.

남해 바래길 1코스 '다랭이 지겟길'의 시작은 남해 남면의 작은 항구 평산항[1]이다. 항구라는 이름과 달리 조용하고 자그마한 포구의 모습을 한 이곳에는 보건소, 숙박시설, 바래길을 상호로 쓴 횟집 몇 곳이 보인다. 차를 포구 앞에 세워두고 큰길로 나가는 쪽을 보면 골목길 입구에 '남해 바래길 1코스 다랭이 지겟길' 안내판이 서 있다. 야트막한 지붕을 얹은 낡은 집들을 지나 언덕을 오른다. 고추, 늙은 호박, 고구마를 심은 텃밭 사이를 지나는 길, 주변은 온통 섬을 둘러싼 바다다.

◀ (위) 평산항 뒷동산 텃밭에서 바라본 바다(1~2지점).
(아래) 갈림길 바닥에 그려진 화살표(2지점).

다랑논 옆 마을과 바래길 이정표(4～5지점).

사촌마을로 들어서면 넓은 백사장이 펼쳐진다(12～13지점).

처음으로 나온 삼거리[2]에는 제주올레를 연상하게 하는 화살표가 길바닥에 그려져 있다. 언덕을 넘어간 곳은 평산항보다 더 작은 포구인 평산2항[3]이다. '남해 바래길'을 알리는 표식이 군데군데 눈에 띄고 해안을 따라 벤치가 늘어서 있다. 5분 정도 걸으면 해안 쪽으로는 길이 막혀 우회하는 숲[4]으로 방향을 돌려야 한다.

야트막한 언덕을 오르면 다랑논을 끼고 있는 유구마을이 보인다. 집이 스무 채도 되지 않을 것 같은 이 작은 마을을 금세 지나면 시멘트로 포장된 삼거리[5]가 나온다. 이정표가 없는 이곳에서 가야할 방향은 바다가 보이는 오른쪽이다. 헷갈리기 쉬운 갈림길에 이정표가 서 있지 않은 경우가 많은데 바래길에서 꽤 아쉬운 점이다.

이번에는 다행히 화살표가 제대로 그려진 삼거리[6]다. 화살표가 알려주는 대로 걸어가자 잎이 무성한 고구마 밭으로 뒤덮인 언덕. 색 바랜 노란색 화살표가 언덕 아래로 보이는 민가를 가리킨다. 포장도로 대신 흙길[7]로 곧장 내려가자 민가 주변은 바다와 절벽으로 막혔다. 이곳에서는 민가 맞은편에 있는 숲[8]으로 가야한다. 무턱대고 포장도로만 따라가기 쉬우니 주의한다.

바닷가 마을은 변신중 시멘트포장도로~항촌마을[9~19]

인적이 드문 숲은 길이 좁고 어른 키 높이로 어지럽게 자란 나뭇가지가 불편하다. 20분 정도 걷자 사방을 어둡게 덮고 있던 나무들이 사라지더니 산중에 시멘트포장도로[9]가 닦여있다. 여기서 왼쪽으로 방향을 돌렸다가 반사경 뒤로 난 숲길로 걸음을 옮기면 된다. 지나온 숲과 달리 길과 주변이 깨끗하다.

바닷가 바위지대로 나와서는 왼쪽으로 보이는 해안으로 간다. 컨테이너 건물 옆을 지나면 제방에서 해안가로 내려가는 계단이 나오는데 이곳에 그려진 화살표를 따라가면 길을 잃기 십상이다. 화살표를 무시하고 제방 위로 계속 가다가 정면으로 길이 막힌 곳에서 왼쪽 대나무 숲[10]으로 가면 된다. 잠깐의 대숲 뒤에는 몽돌해안[11]이 기다린다. 모래 대신 검고 반질반질한 돌멩이가 해안을

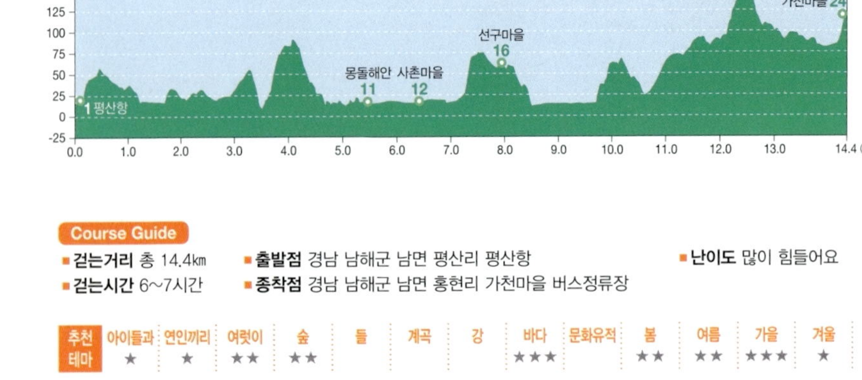

Course Guide

- **걷는거리** 총 14.4km
- **걷는시간** 6~7시간
- **출발점** 경남 남해군 남면 평산리 평산항
- **종착점** 경남 남해군 남면 홍현리 가천마을 버스정류장
- **난이도** 많이 힘들어요

추천 테마	아이들과	연인끼리	여럿이	숲	들	계곡	강	바다	문화유적	봄	여름	가을	겨울
	★	★	★★	★★				★★★	★★	★★	★★	★★★	★

덮은 이곳은 보기는 좋지만 걸어가기에는 힘이 배로 드는 난코스다. 몽돌해안이 끝나면 다랭이 지겟길에서 가장 번화한 마을인 사촌마을[12]에 도착한다. 둥그렇게 휘어진 해수욕장을 따라가자 화장실, 슈퍼마켓, 민박집 등 편의시설이 곳곳에 있다.

마을, 잠시의 포장도로, 숲, 바닷가 그리고 다음 마을. 다랭이 지겟길은 같은 패턴으로 계속된다. 처음과 다르다고 느끼는 것은 선구마을[16]에서 항촌마을[19]까지 가는 동안 본 펜션들이다. 바다를 한눈에 내려다볼 수 있는 산중턱의 집들은 펜션으로 완전히 바뀌었거나 바뀌고 있는 중이다.

영화촬영지 가천마을 큰길~가천마을 버스정류장[20~24]

항촌마을을 뒤로 하고 언덕을 오르면 큰길[20]이다. 바래길 깃발이 보이는 길 건너편으로 넘어가면 산허리에 닦인 시멘트도로와 숲을 지나 코스 종착지인 가천마을로 향한다.

다랭이 지겟길이 끝나는 가천마을. 영화 〈맨발의 기봉이〉를 이곳에서 찍었다(22~23지점).

오르락내리락했던 언덕과 걷기 불편했던 숲을 반복하며 걸어온 거리가 이미 상당해 몸은 지쳤지만 시원한 바다와 그 너머로 희미하게 보이는 여수 돌산도의 실루엣이 위안이 된다. 길 양쪽으로 풀이 자라 좁게 보이는 시멘트도로는 10분 정도 계속되더니 가파른 숲길로 바뀐다. 막막한 기분이 들 정도로 힘들었던 숲은 느닷없이 등장한 펜션을 지나면서 끝난다.

아스팔트포장도로[21]에서 왼쪽으로 방향을 잡아 조금만 가면 가천마을 입구[22]다. 내리막길에서 내려다보는 가천마을의 모습은 다랑논 사이에 마을이 들어앉은 것인지 마을 주위로 다랑논이 개간된 것인지 구분이 안 될 정도로 독특하다.

붉은색 포장도로가 깔린 사거리[23]에서 '가천슈퍼' 방향으로 가면 이 작은 바닷가 마을에 관광객이 많다는 사실에 놀란다. 가천마을은 영화 〈맨발의 기봉이〉의 촬영지였다. 마을을 돌아보면 집 담벼락에 그려진 그림이나 모퉁이에 세워진 이정표가 지나왔던 마을과는 사뭇 다르다. 마을에서 다시 차도 쪽으로 오르면 코스의 종착지인 가천마을 버스정류장[24]이다.

남해 바래길

남해안에서는 아낙들이 갯벌에 나가 해산물을 채취하는 것을 '바래한다'고 했다. 남해 바래길은 예전 아낙들이 바래하기 위해 산비탈 집에서 갯벌로 나서던 길을 걷기코스로 만든 것이다. 길에 서린 옛 아낙들의 고된 삶처럼 바래길을 걷는 것은 녹록치 않다. 평야가 드물어 언덕을 수시로 오르내려야 하고 해안은 길고 길다. 남해 바래길 정보를 담은 공식 인터넷카페에서는 바래길을 '남해섬의 정서와 남해사람들의 애환이 담긴 길'이라고 소개하고 있다.

남해의 남서쪽 해안에서부터 남해와 연결된 창선도 북쪽까지 총 8코스, 약 120km로 구성되어 있다. 3코스 구운몽길과 8코스 진지리길은 이정표를 보수하고 안전한 길로 코스를 수정해 2012년 말에 공식적으로 개통한다.

1코스 다랭이 지겟길 : 평산항~몽돌해안~사촌마을~가천마을 / 14.4㎞(GPS 실측), 7시간 소요

2코스 앵강다숲길 : 가천마을~월포해수욕장~미국마을~신전숲~벽련마을 / 18㎞, 6시간 소요

4코스 섬노래길 : 천하몽돌해수욕장~설리전망대~무민사~송정솔바람해변 / 15㎞, 5~6시간 소요

5코스 화전별곡길 : 천하마을~편백휴양림~독일마을~물건방조어부림 / 17㎞, 6시간 소요

6코스 말발굽길 : 삼동면지족 어촌체험마을~추섬공원~장포항~적량성 / 15㎞, 5시간 소요

7코스 고사리밭길 : 적량성~공룡발자국화석~동대만 갯벌~동대만 휴게소 / 14㎞, 5시간 소요

전화 (055)860-8601 **공식 인터넷카페** cafe.daum.net/baraeroad

만영식당 '멸치쌈밥'

남해군 삼동면으로 가면 근래 들어 남해의 대표 음식으로 자리 잡은 멸치쌈밥을 맛볼 수 있다. 수많은 식당들의 맛과 메뉴는 대동소이. 그 중 바래길 6코스 말발굽길이 시작되는 삼동면지족 어촌체험마을과 가까운 만영식당은 분위기가 깔끔하다.

멸치쌈밥은 얼큰한 국물에 조린 통멸치를 밥, 장아찌와 함께 상추에 싸서 먹는 음식이다. 흔히 먹는 멸치와는 사뭇 다른 맛과 크기가 씹는 동안 잘 느껴진다. 막걸리와 함께 먹는 멸치회무침도 별미다.

위치 경남 남해군 삼동면 지족리 543-1 / **전화** (055)867-4767 / **영업시간** 11:00~21:00
주차 가능 / **가격** 멸치쌈밥 1인분 8천 원(2인 이상), 멸치회무침 2만~3만 원

 교통편

》 찾아가기
대중교통 서울 남부터미널, 동서울터미널에서 남해공용터미널(055-864-7102)로 가는 고속버스가 있다.
서울 남부터미널 → 남해공용터미널 07:10~21:50(수시 운행)
동서울터미널 → 남해공용터미널 09:00(1회 운행)
남해공용터미널에서 평산항을 경유하는 군내버스(9회 운행)를 이용한다.
07:00 07:45 09:30 10:40 12:25 14:55 16:35 18:35 20:15
승용차 평산항에 주차(무료)

》 돌아오기
가천마을에서 남해공용터미널로 가는 군내버스를 이용한다.
08:10 08:50 10:30 11:40 13:40 14:40 17:45 19:30
남해공용터미널 → 서울 남부터미널 07:00~19:00(1시간 간격)
남해공용터미널 → 동서울터미널 16:20(1회 운행)

 알아두기

숙박 독일마을, 평산항(1지점), 남해공용터미널 일대 / **식당 · 매점** 평산항 · 사촌마을(1, 12지점)
식수 미리 준비 / **화장실** 평산2항(3지점), 가천마을(22~23지점)

📷 들를 만한 곳

독일마을

드라마 〈환상의 커플〉의 촬영지로도 잘 알려진 이곳은 1960년대 독일로 파견되었던 한국인 광부 · 간호사 교포들이 귀국해 거주할 목적으로 만들었다. 2001년 10만㎡(약 3만 평)의 부지를 남해군이 제공하고 집은 교포들이 독일에서 수입한 자재로 만들었다. 29개 동에 독일교포가 생활하고 있으며 관광객을 위해 민박도 운영 중이다. 가족 단위 투숙객만 이용할 수 있으며 '독일마을' 홈페이지나 인터넷으로 예약 가능하다.

위치 경남 남해군 삼동면 물건리 독일마을 1133 / **전화** (055)867-1337
홈페이지 www.germanvillage.co.kr / **숙박요금** 14만3천~22만 원(성수기 주말 기준) / **주차** 가능, 무료

부산 해운대

갈맷길

갈맷길의 정수, 동백섬에서 구덕포까지

세월 변해도 추억의 바다는 그대로

거리 8.2km, 3시간~3시간 30분 소요

부산 '갈맷길'은 전체 길이 263km에 코스가 9개나 되지만, 2코스 중간쯤인 동백섬에서 1코스 끝 부분인 구덕포까지, 갈맷길에서도 가장 걷기 좋다는 구간을 붙여 걸었다. '서너 시간 오후 산책'감으로 다섯 손가락 안에 꼽을 수 있을 만큼 편안하고 아름다운 길이다.

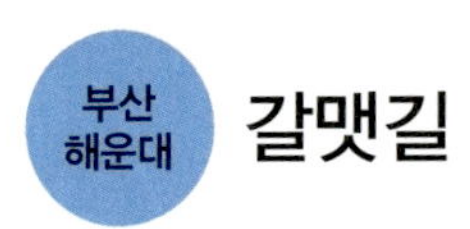

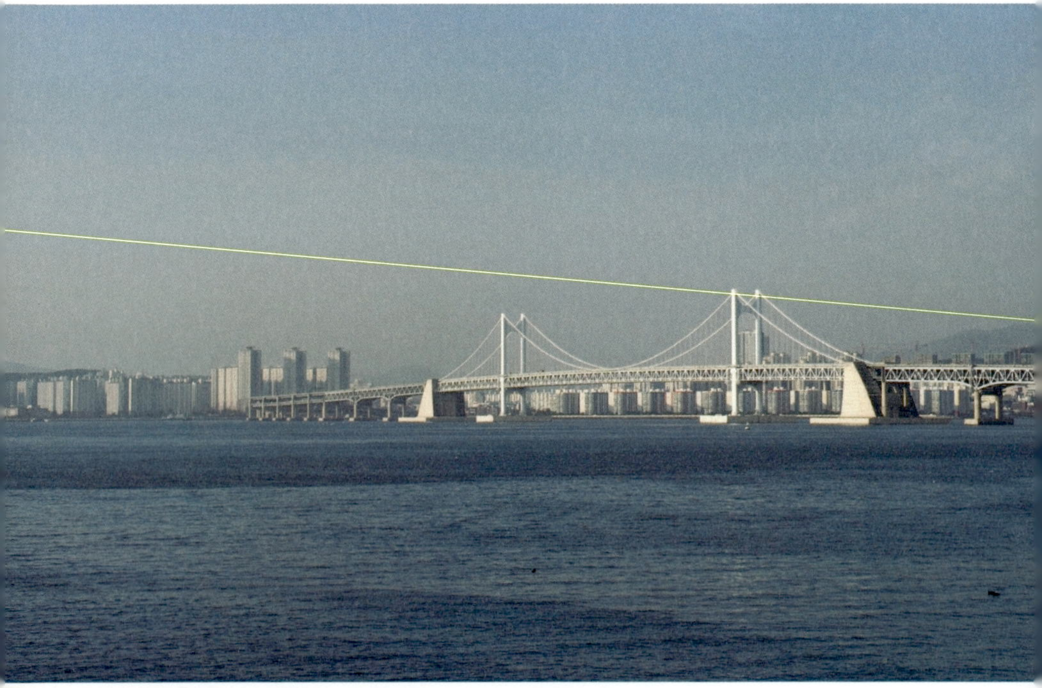

해운대 개발의 상징과도 같은 광안대교. 바다만큼은 예전 그대로다(1~2지점).

마천루 즐비한 해운대 동백섬 입구~미포[1~4]

　부산의 걷기여행 코스인 '갈맷길'은 2010년에 처음 21개 코스로 선보였다. 지금의 9개 코스, 20구간은 처음 선보였던 갈맷길의 문제점을 보완해 축소한 것이다. 단절되었던 각 코스를 모두 연결하고, 걷기 불편하거나 위험한 코스를 삭제해 300km가 넘던 코스의 총 거리가 263km로 줄었다.

　하루 반나절쯤 걸을 만한 코스, 그 중에서도 가장 걷기 좋은 구간을 찾아 2코스 중간쯤인 동백섬에서 1코스 끝 부분인 구덕포까지 붙여 걸었다. '한가로운 오후 산책'감으로 다섯 손가락 안에 꼽을 수 있을 만큼 편안하고 아름다운 길이다.

　출발지점인 동백섬은 '용필 오빠'가 일찍이 '돌아와요 부산항에'를 부르며 전국적으로 존재감을 알린 곳이다. 오랜 세월 동안 퇴적작용으로 육지와 한 몸이 되기 전까지, 동백섬은 해운대해수욕장 서쪽 앞바다 바로 앞에 있는 작은 섬이

동백섬 맞은편 마린시티에 있는 고층건물들(1~2지점).

미포에서 바라본 해운대해수욕장. 그 뒤로 마천루가 즐비하다(4지점).

문탠로드(6~7지점).

었다. '동백'이라는 이름은 예로부터 동백나무가 많이 자라고 있었기 때문이다.

웨스틴조선호텔이 있는 동백섬 입구[1]에서 산책로를 따라 섬을 한 바퀴 돌아보는 시간은 15분 내외다. 걷는 내내 바다가 보이고, 숲은 울창하고, 강추위를 알리는 일기예보가 나오는 계절에도 동백꽃이 피는 산책로에는 사람이 많다. 길 중간에 2005년 아시아태평양경제협력체(APEC) 정상회의가 열렸던 건물인 '누리마루 APEC하우스[2]가 나오면 맞은편에 있는 언덕에 올라보자. 날이 맑은 오전이라면 티끌 하나 없는 바다가 햇살을 머금고 있을 것이다.

산책로만 따라서 돌면 동백섬 입구[3]로 되돌아오게 된다. 웨스틴조선호텔 옆길을 따라 바다 쪽으로 나서면 바로 해운대해수욕장이다. 부산의 번화가인 남포동이나 서면과 달리 한적한 휴양지였던 해운대는 2000년 후반부터 큰 변화를 겪었다. 으리으리한 주상복합빌딩이 곳곳에 들어서고 거리에는 수입차전시장이 즐비한 이른바 '잘 나가는 동네'가 됐다.

추억과 달리 마천루로 둘러싸인 해안을 보고 있자니 변해버린 옛 인연을 보듯 뜨악하고 마음이 불편하다. 애완견을 데리고 느긋하게 걷는 사람부터, 정장 차림으로 바쁘게 걸음을 옮기는 사람, 그냥 멍하니 바다를 보는 사람까지, 해

해운대역~송정역 구간의 동해남부선은 바닷가 옆으로 이어진다(5~6지점). 문탠로드에 만발한 한겨울의 동백꽃(8~9구간).

수욕장 산책로를 오가는 사람들의 모습도 예전과 비교하면 훨씬 다양해졌다. 약 1.5㎞의 해수욕장 산책로가 끝나면 거리에 횟집이 즐비한 미포[4]다.

은은한 빛으로 물든 숲 영빈횟집~문탠로드 출구[5~9]

미포에 접어들어서는 나비호텔(어빈횟집) 앞 사거리에서 해안도로를 따라 걷다가 영빈횟집[5] 간판이 나오면 왼쪽 언덕을 오른다. 작은 횟집 주차장이 나오고 그 뒤 철문을 통과해 철길을 건너면 된다. 실제로도 열차가 다니는 이곳은 부산과 포항 사이에 놓인 동해남부선. 2014년 이후로는 폐선될 운명이지만 바닷가 바로 옆으로 철도가 놓인 해운대역~송정역 구간은 레일바이크나 관광열차를 통해 아름다운 풍경을 계속 볼 수 있을 것이다.

철길을 건너 텃밭 사이를 가로지르면 뜻밖의 풍경이 기다린다. 고층빌딩숲 이면의 응달 같은 곳. 판잣집 사이로 어지러운 골목길을 지나는 동안 방금 전까지 본 화려한 해운대해수욕장이 아득해진다.

Course Guide

- **걷는거리** 총 8.2km
- **걷는시간** 3시간~3시간 30분
- **출발점** 부산 해운대구 우동 동백섬 입구
- **종착점** 부산 해운대구 송정동 구덕포 입구
- **난이도** 무난해요

추천 테마	아이들과	연인끼리	여럿이	숲	들	계곡	강	바다	문화유적	봄	여름	가을	겨울
	★★	★★★	★★	★★★				★★★		★★	★★	★★★	★★

짧은 골목길을 빠져나와 미포와 청사포 사이에 있는 달맞이 언덕(와우산)에 조성된 문탠로드로 간다. 2.2㎞의 순환형 길로 원래는 '달맞이 길'이라는 이름이 따로 있었다. 억지스럽기는 하지만 한여름에 즐기는 '선탠'처럼 은은한 달빛을 즐

기며 걷는다는 뜻으로 '문탠'이라는 영문 이름을 새로 달았다. 숲에는 실제 밤에도 걸을 수 있도록 일정한 간격으로 조명(일몰~23:00, 05:00~일출)이 설치되어 있다.

한낮의 문탠로드도 나쁘지 않다. 문탠로드 입구[6]를 지나 숲 안으로 들어가자 '둘레길'을 연상하게 하는 편한 길이 빽빽한 소나무 숲 사이로 이어진다. 바다 쪽에서 밀려온 오후 햇살이 은은하고 아늑하다. 문탠로드는 순환형으로 되어 있지만 갈맷길 코스에서는 직선으로 숲을 빠져나간다. 바다 쪽으로 데크와 정자가 놓인 바다전망대[7], 배드민턴장이 있는 체육공원[8]을 차례로 지나고 문탠로드 출구[9]로 나오면 숲이 끝난다.

갈맷길

갈맷길은 부산을 대표하는 새인 '갈매기'와 짙은 초록빛을 뜻하는 순우리말 '갈맷빛'에서 음과 뜻을 가져온 것이다. 원래는 21개 코스로 선보였으나 좋지 않은 길을 삭제하고 유기적으로 연결되지 않았던 구간들을 제대로 이어 2011년 12월 9개 코스 20개 구간으로 조정했다.
갈맷길은 태종대, 해운대, 가덕도, 이기대, 낙동강, 백양산, 자갈치시장 등 부산 전역에 있는 관광명소를 지나면서 부산의 오늘과 옛 모습을 모두 보여준다. 각 코스는 짧게는 6km 내외, 길게는 23km에 이르며 총 거리는 263km다.

※주요코스
1코스 : 임랑해수욕장~기장역~해동용궁사~문탠로드 / 33.6km, 10시간 소요
2코스 : 문탠로드~해운대해수욕장~동백섬~광안리해수욕장~오륙도 / 18.3km, 7시간 소요
3코스 : 오륙도~부산진시장~증산공원~자갈치시장~태종대 / 37.3km, 12시간 소요
6코스 : 낙동강하구둑~구포역~백양대~성지곡수원지 / 36.2km, 11시간 소요
9코스 : 상현마을~보람교~어곡마을~동백길~기장역 / 20.5km, 5시간 소요
문의 전화 부산광역시청 문화관광과 (051)749-4971

언덕에서 본 하늘빛 바다 해송교 밑~구덕포 입구[10~12]

　주택가 이면도로와 연결되는 문탠로드 출구에서 오른쪽 내리막길로 가면 갈맷길의 초기코스였던 '해운대 삼포길'의 삼포(미포 · 청사포 · 구덕포) 중 하나인 청사포다. 그러나 청사포로 내려가면 길이 막혀 다시 문탠로드 출구로 돌아와서 걸어야 한다.

　문탠로드 출구로 나와 왼쪽 오르막 주택가 이면도로를 몇 분 걸으면 큰길이다. 횡단보도 건너편에 서 있는 이정표를 따라 '구덕포' 방향으로 가면 해송교 밑[10]에서 다시 숲길이 시작된다. 역시 남쪽 기후는 온화하다. 숲에는 12월이라는 계절이 무색하게도 곳곳에 단풍이 남았다.

　자주 나오는 갈림길에서는 나뭇가지 등에 걸려 있는 리본들을 살펴 길잡이로 삼는다. 길은 문탠로드 못지않게 편안해 쉽게 걸음을 옮길 수 있다. 한참을 걸으면 언덕 아래로 송정 앞바다가 시원하게 트인 고두밖 바위[11]다. 이곳에서 길이 복잡하게 나뉘는 것처럼 보이지만 맨 왼쪽 길로 가면 된다.

　번화했던 해운대 중심가에서 시작했던 길이 어느새 시골 어촌 같은 구덕포를 코앞에 두고 있다. 능선에서 구덕포로 가는 내리막길 시작 지점에 있는 체육공원에서는 송정해수욕장과 그 일대의 풍경이 가슴 벅차오를 만큼 장쾌하게 펼쳐진다. 숲이 끝나면 철길(동해남부선)이 바로 옆에 있는 구덕포 입구[12]. 부산의 남쪽 바다를 접하며 걸었던 갈맷길의 '정수 구간' 산책을 이곳에서 끝낸다.

◀ 구덕포로 가는 숲길(10지점).

송정해수욕장이 한눈에 들어오는 체육공원(11~12지점).

 추천음식

신흥관 '사천짜장면'

신흥관은 6.25 전쟁 때부터 해운대시장 입구에서 60년 동안 영업해온 중화요리 식당이다. 적당한 규모에 화려하지도 초라하지도 않은 가게가 마음을 편안하게 한다. 이 집의 독특한 메뉴는 '붉은색 짜장면', 바로 사천짜장면이다. 냄새보다 색이 민저 마음을 끈다. 적당한 두께의 뽀얀 면에 초록색 완두콩 스무 개 정도가 고명으로 올랐고, 밝은 주황빛 짜장은 간짜장처럼 별도의 그릇에 담겼다. 맵다기보다 매콤하고, 면에 비비면 궁합이 잘 맞는 점도의 짜장은 별로 자극적이지 않아 씹을수록 구수한 면발의 맛을 잘 살려준다.

위치 부산 해운대구 중1동 1394-32 / **전화** (051)746-0062 / **영업시간** 09:30~21:30 / **주차** 불가
가격 사천짜장면 6천 원, 짜장면 4천 원, 탕수육 2만~3만 원

 교통편

〉〉 찾아가기

대중교통 서울역에서 부산역(1544-7788)으로 가는 열차, 서울 강남고속버스터미널과 동서울터미널에서 부산종합버스터미널(1577-9956)로 가는 고속버스를 이용할 수 있다.
서울역 → 부산역 05:30~23:00(수시 운행)
서울 강남고속버스터미널 → 부산종합버스터미널 06:00~02:00(20~40분 간격)
동서울터미널 → 부산종합버스터미널 06:30~23:50(1시간 30분 간격)
부산역에서 해운대 방면 버스(1003번, 139번 등)가, 부산종합버스터미널에서는 지하철(노포역-연산역-수영역-해운대역)을 이용해 해운대로 가면 편리하다.
승용차 동백공원 주차장 이용(무료)

〉〉 돌아오기

송정해수욕장에서 부산역으로 갈 때는 버스(1003번)를 이용하고 부산종합버스터미널로 갈 때는 버스(100번)를 타고 장전역에서 내린 후 지하철로 환승해 노포역까지 간다.
부산역 → 서울역 04:45~22:50(수시 운행)
부산종합버스터미널 → 서울 강남고속버스터미널 06:00~02:00(30분 간격)
부산종합버스터미널 → 동서울터미널 06:30~23:50(1시간 30분 간격)

알아두기

숙박 해운대 일대 숙박업소(1~4지점)
식당 · 매점 해운대 일대(1~4지점)
식수 미리 준비
화장실 동백섬(1지점), 해운대(3~4지점)

해동용궁사

송정해수욕장에서 기장군으로 가는 해안에 위치한 사찰로, 고려 공민왕의 왕사(왕의 스승 역할을 하는 스님)였던 혜근이 창건한 것으로 알려졌다. 원래 절의 이름은 보문사였으나 1974년 주지스님이 백일기도 중 꿈에서 용을 탄 관세음보살을 보았다고 해서 지금의 해동용궁사로 개칭했다. 바닷가 가까이 있어 주변 풍경이 아름다운데, 기도를 하는 사람의 소원 한 가지는 꼭 들어준다는 해수관음상과 석상의 배를 만지면 아들을 얻는다는 득남불 등이 있어 사람들이 많이 찾는다.

위치 부산 기장군 기장읍 시랑리 416-3 / **전화** (051)722-7744 / **관람시간** 04:00~일몰 / **입장료** 없음
주차 가능, 유료(하루 2천 원)

자갈치시장 · 용두산 공원

부산의 대표적 번화가인 남포동으로 가면 볼거리가 많다. 가보지 않은 사람이라도 이름은 들어봤을 자갈치시장과 영화 〈친구〉의 촬영지였던 용두산공원, 국제시장 등이다. 자갈치시장은 일제강점기인 1930년에 현재 위치인 부산항 서쪽 남항에 자리를 잡고 한국과 부산을 대표하는 어시장으로 성장했다. 자갈치라는 이름은 시장 주변의 도로에 깔린 자갈에서 유래되었다. 시장 내 회센터는 1층에서 생선을 구입하고 2층에서 자리 값을 내고 회를 먹는 방식이다. 광어나 우럭 같은 횟감은 2인 기준 3만 원선.

높이 50m가 채 되지 않는 낮은 언덕이지만 용두산 공원은 부산과 남포동 상권을 상징하는 장소다. 일제강점기 때 일본인들이 본격적으로 공원화했다. 정상으로 올라가는 길에 심은 은행나무가 운치 있고, 꼭대기에 있는 부산타워에서는 부산항의 황홀한 야경을 감상할 수 있다.

자갈치시장
위치 중구 남포동4가 37-1 / **전화** (051)245-2594
주차 가능, 유료(10분 300원, 하루 2만 원)

용두산 공원
위치 중구 광복동2가 1-2 / **전화** (051)860-7820
관람시간 08:30~22:00(여름), 09:00~22:00(겨울)
부산타워 입장료 4천 원 / **주차** 가능, 유료(1시간 2천 원)

전북 부안

변산마실길

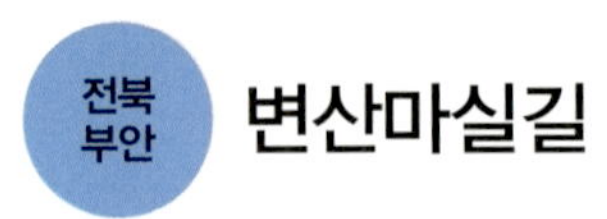

1구간 노을길 1~2코스

바다와 육지의 경계를 따르라

거리 9.2km, 3시간~3시간 30분 소요

전북 부안군이 조성한 '변산마실길'은 새만금방조제 입구에서 시작해 변산반도의 해안선을 따라 놓인 걷기코스다. 언제 어느 때 찾아가도 변산반도국립공원의 아름다운 풍광을 볼 수 있는 것이 매력이다. 특히 물때를 잘 맞추면 끝없이 이어지는 갯벌을 따라 걸어볼 수 있다.

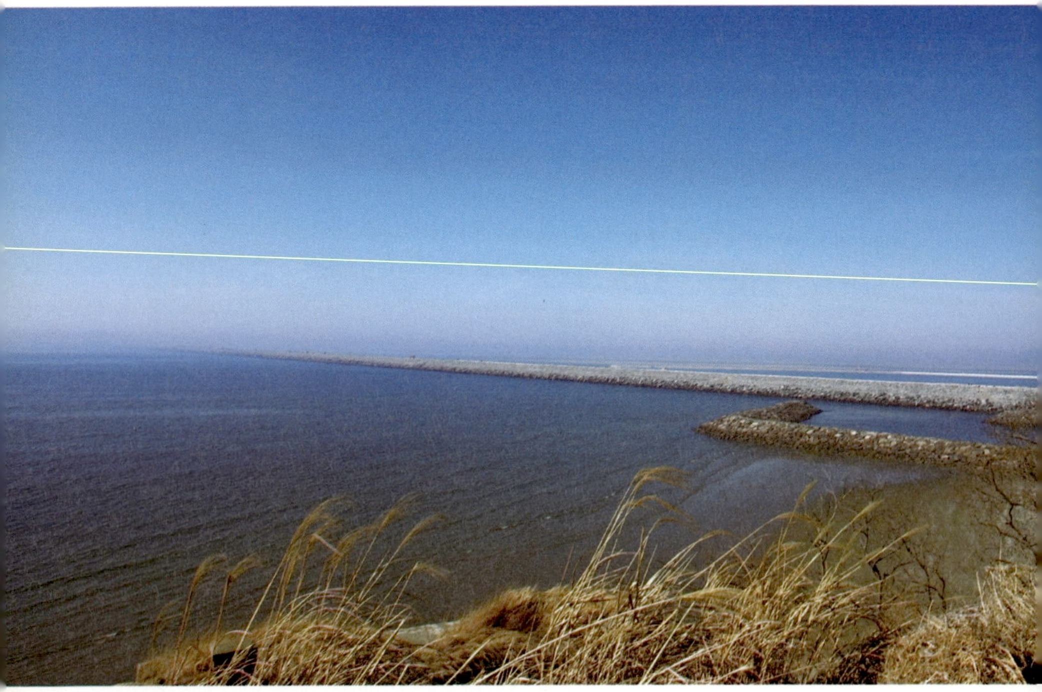

출발점에 서면 수평선을 향해 뻗은 새만금방조제를 볼 수 있다(1~2지점).

바닷가 따라 걷는 방법 새만금방조제 입구~팔각정 휴게소[1~11]

　변산반도의 기다란 해안선을 따라 남쪽으로 이어진 변산마실길은 변산반도국립공원의 명성만큼이나 아름다운 서해안의 풍광을 만끽할 수 있는 걷기 코스다. 사시사철 그 계절의 매력을 담아내는 길이지만 한 가지 염두에 둬야할 것이 있으니 바로 '물때'다.

　해안 굴곡을 따라 조성된 마실길은 밀물과 썰물 때 걸을 수 있는 길이 다르다. 이를 반영하듯 코스 안내판에도 구불거리는 해안 오솔길을 따라가는 밀물 코스와 해변을 따라 거의 직선으로 그어진 썰물 코스 두 가지가 표시되어 있다. 즉, 물이 완전히 빠지는 간조(썰물) 때는 코스 안내도를 볼 것도 없이, 그저 광활하게 드러난 단단한 모래층을 밟으며 종점까지 걸어가면 된다. 바다와 육지의 경계선이 곧 방향표지다.

주민들이 드나들던 오솔길을 산책로로 꾸몄다(5~6지점).

하지만 물이 어느 정도 차기 시작하는 시점부터는 바닷가 모래펄이 잠겨 걸을 수 없으므로 안내판에 표시된 밀물 코스를 택해야 한다. 이 코스는 해안가 둔덕 오솔길을 따라 주로 바다를 내려다보며 걷게 되는데, 평지로 이뤄진 썰물 코스보다 거리가 길고 오르막이 적지 않아 체력 소모가 큰 편이다. 따라서 바닷가를 걷고 싶다면 출발 전 국립해양조사원 사이트 등을 방문해 물때를 반드시 확인하도록 한다. 모래 위를 걷다가 도중에 물이 차올라 길이 사라지거나 위험에 처할 수 있으므로 사전 물때 확인은 필수다. '경험자'의 얘기다.

시작점의 이정표(1지점).

햇살 좋은 낮에만 잠깐 봄기운을 느낄 수 있는 4월 초. 변산마실길을 찾았다. 새만금방조제 입구[1]가 변산마실길 1구간의 시작점이다. 커다란 안내판에는 이곳에서 출발해 변산해수욕장과 고사포해수욕장을 지나 성천마을로 이어지는 1구간 코스가 앞서 말한 대로 두 갈래로 그려져 있다. 그저 바닷가를 따라 걷기만 하면 되는 썰물코스가 아니라 길 안내가 필요한 밀물 코스를 중심으로 걸을 계획이지만, 일단은 꽤 넓게 드러나 있는 코스 초입의 모래펄 쪽으로 향한다.

역광에 번들거리는 젖은 모래는 적당히 단단하고 알맞게 물러 걷는 느낌이 나쁘지 않다. 등 뒤로 긴 발자국을 남기며 30분 쯤 걸었을까, 모래밭을 삼키며 느리게 다가오던 바닷물이 어느 순간 발밑까지 차올랐다. 사진 찍느라 늑장을 부린 게 화근이지만, 사방이 물에 잠기고 있어 일단 마땅한 연결 루트도 없는 바위 사이를 기어올라 애당초 계획했던 둔덕 오솔길로 합류한다. 가슴을 쓸어내리며 이미 물에 잠긴 모래밭으로 시선을 돌린다. 물이 느리게 차오르는 줄만 알았는데, 생각보다 빠른 속도에 놀라고 또 감탄한다.

아쉬움을 뒤로하고 합구마을 부근에서 둔덕으로 난 오솔길을 걷는다. 밭고랑 위로 초록색 마늘 싹이 고개를 내밀었다. 원래 인근 주민들이 해산물을 채취하거나 농사를 위해 드나들던 좁은 흙길을 걷기코스로 꾸민 듯 길 주변으로 자그마한 밭이 줄지어 있다.

파란 싹을 내민 마늘밭(2~3지점).

봄 가뭄에 바싹 마른 흙길은 신발에 뽀얀 먼지를 뿌려대고, 새우깡이라도 기대하는지 갈매기 몇 마리가 힐끗거리며 머리 위를 맴돈다. 카메라 파인더를 연신 들여다보며 푸르른 기운을 찾아보지만, 4월 초의 풍경에는 삭막한 겨울의 흔적만 잔뜩 남아있다. 백제성 모텔 앞 해변 끝 쇄석 깔린 주차장[2]에서 밭길로 접어든 오솔길은 군산대 해양연구원[9]을 지나 팔각정 휴게소[11] 앞으로 이어진다.

절경 지나 고사포 솔숲으로 변산해수욕장 계단 입구~성천마을[12~26]

팔각정 뒤편 계단을 내려가니 700~800m쯤 되는 기다란 모래밭이 눈앞에 펼쳐진다. 바로 대천, 만리포와 함께 서해안 3대 해수욕장으로 꼽히는 변산해수욕장[12~13]이다. 해수욕장 남쪽 내륙지대로 내소사와 직소폭포 등이 자리한 내변산이 이어지는데, 이 지역은 변산반도국립공원의 중심부이자, 전국 8대 명승지로 꼽히는 서해안의 자랑거리다.

물이 차오르는 해변으로 날아든 괭이갈매기(12~13지점).

솔숲이 아름다운 고사포해수욕장(22~23지점).

Course Guide

- **걷는거리** 총 9.2㎞
- **걷는시간** 3시간~3시간 30분
- **출발점** 전북 부안군 변산면 대항리 새만금방조제
- **종착점** 전북 부안군 변산면 마포리 성천마을
- **난이도** 무난해요

추천 테마	아이들과	연인끼리	여럿이	숲	들	계곡	강	바다	문화유적	봄	여름	가을	겨울
	★	★★	★★★	★	★			★★★		★	★★	★★	★★

푹푹 꺼지는 모래톱을 디디며 변산해수욕장을 통과하자 작은 어촌 포구가 나타난다. 안내판은 이곳이 1코스 종점이자 2코스 시작점인 송포마을[14]이라고 알려준다. 잠시 숨을 고른 후 오르막 등산로 같은 해안 언덕길로 들어선다. 사망(士望)마을 나무계단[16]을 거쳐 두 개의 자그마한 모래톱을 연이어 지나니 바닷가 언덕길 너머 고사포해수욕장[22~23]이 모습을 드러낸다.

고사포해수욕장은 너른 솔숲으로 유명하다. 수십 년 전 인근 주민들이 거센 바닷바람을 막기 위해 방풍림으로 조성한 것이다. 덕분에 해수욕장 뒤편은 여름 휴가철 피서객들의 휴식공간이자 야영지로 인기다. 해수욕장 뒤편을 돌아 솔숲 사이로 난 길을 따라 걷는다. 낙조를 보기 위해 모여든 자동차만 띄엄띄엄 보일 뿐 이른 봄이라 그런지 야영객은 눈에 띄지 않는다. 뉘엿뉘엿 해가 넘어갈 무렵 솔숲을 빠져나와 해병대 훈련장[25]을 지나자 낙조에 물든 아담한 성천마을[26]이다. 이곳에서 변산마실길 1구간 2코스를 마무리한다.

성천마을 이정표(26지점).

변산마실길

변산반도국립공원의 아름다운 해안을 알리기 위해 전북 부안군이 2011년 4월 개통한 총 길이 66km의 걷기코스다. 새만금방조제 입구에서 시작하는 1구간 노을길은 3개 코스로 이뤄져있고, 2구간 체험길과 3구간 문화재길은 각각 2개 코스, 4구간 자연생태길은 1개 코스로 구성되어 있다. 갯벌과 해안바위지대 등 서해안의 비경을 즐기며 걸을 수 있어 찾는 이의 발길이 꾸준히 늘고 있다.

1구간 노을길
1-1코스 : 새만금방조제~송포마을 / 5.0km, 1시간 30분 소요
1-2코스 : 송포마을~성천마을 / 6.0km, 1시간 30분 소요
1-3코스 : 성천마을~격포항 / 7.0km, 2시간 소요

2구간 체험길
2-1코스 : 격포항~솔섬 / 5.0km, 1시간 30분 소요
2-2코스 : 솔섬~갯벌체험장 / 6.4km, 1시간 30분 소요

3구간 문화재길
3-1코스 : 갯벌체험장~왕포마을 / 11.0km, 3시간 소요
3-2코스 : 왕포마을~곰소염전 / 12.0km, 3시간 소요

4구간 자연생태길
4-1코스 : 구진마을~자연생태공원 / 7.5km, 2시간 소요
문의 전화 부안군청 문화관광과 (063)580-4434

원조 바지락죽 식당 '바지락죽'

변산해수욕장 앞 식당거리에서 20년째 영업 중인 원조 바지락죽 식당은 바지락과 백합, 모시조개 등 지역에서 나는 해산물을 넣은 다양한 죽과 칼국수를 선보이고 있다. 이 집의 바지락죽은 자연산 바지락을 넣고 푹 끓여 낸 육수에 조갯살을 듬뿍 넣어 시원하고 담백한 맛을 낸다. 여기에 뽕잎을 추가한 바지락뽕죽은 특히 여성들에게 인기가 좋다.

위치 전북 부안군 변산면 대항리 90-12
전화 (063)583-9763 / **영업시간** 08:00~21:00
주차 가능, 무료 / **가격** 바지락죽 6천 원, 바지락뽕죽 7천 원, 바지락뽕회무침(중) 2만5천 원

교통편

》 찾아가기

대중교통 서울에서 전북 부안을 잇는 고속버스는 센트럴시티터미널에서 이용할 수 있다. 부안버스터미널에서는 사거리 맞은편 파리바게트 앞 부안터미널정류장에서 1코스 출발점인 새만금방조제 입구로 운행하는 격포행 100번 좌석버스를 타면 된다. 좌석버스를 타고 합구버스정류장에서 내린 후 새만금방조제 입구 방향으로 15분 정도 걸어간다.
센트럴시티터미널 → 부안버스터미널 07:30, 09:30, 11:30, 13:30, 15:30, 17:40
부안버스터미널 → 합구버스정류장 100번 좌석버스(6:25~19:30, 30~60분 간격)
승용차 새만금전시관 주차장 이용(무료)

》 돌아오기

코스가 끝나는 지점인 성천마을에서 부안버스터미널까지는 마을 뒤편 30번 국도에 위치한 성천마을버스정류장에서 부안행 100번 좌석버스를 타면 된다. 부안버스터미널에서 서울(강남)행 고속버스를 타면 센트럴시티터미널에 도착한다.
성천마을버스정류장 → 부안버스터미널 100번 좌석버스(7:05~20:20, 30~60분 간격)
부안버스터미널 → 센트럴시티터미널 07:30, 09:30, 11:00, 13:30, 15:30, 17:30

알아두기

숙박 · 식당 · 매점 합구마을(2지점)주변, 변산 및 고사포해수욕장(12, 22~23지점)주변, 고사포야영장(캠핑) 등
식수 미리 준비. 합구마을(2지점) 주변, 변산 및 고사포해수욕장(12, 22~23지점)주변 등 매점 이용
화장실 변산해수욕장(12지점)내, 고사포해수욕장(22~23지점)내

부안영상테마파크

영화 〈왕의 남자〉와 드라마 〈불멸의 이순신〉 등의 촬영지로 이름 난 부안영상테마파크는 우리나라 사극 촬영의 중심이 되는 종합영상단지다. 약 9만㎡의 터에 조선시대 성곽과 궁전, 기와집, 저잣거리 등을 고증에 맞춰 꾸며 놓았다. 테마파크 한쪽에 자리한 닥종이박물관과 부채박물관, 공예명품관도 들러볼 만하다.

위치 전북 부안군 변산면 격포리 375
전화 (063)583-0975 / **홈페이지** www.buanpark.com
개장 09:00~18:30 / **입장료** 성인 4천 원, 경로 · 청소년 3천500원, 어린이 3천 원 / **주차** 가능, 무료

하섬

고사포해수욕장에서 손에 잡힐 듯 가까운 거리에 떠 있는 섬으로 현재 원불교 재단이 소유하고 있다. 섬 안에는 원불교의 해상수련원이 자리 잡고 있는데, 평소에는 배를 이용해 드나들어야 하지만 매월 음력 1일과 15일 바닷물이 빠져나가면 해수욕장과 하섬을 이어주는 바닷길이 드러나므로 걸어서 갈 수 있다.

위치 부안군 변산면 운산리 / **전화** (063)582-8932

고사포야영장

수십 년 전 인근 주민들이 거센 바닷바람을 막기 위해 고사포해수욕장 뒤편에 방풍림으로 심었던 소나무가 자라 울창한 숲을 이룬 곳이다. 마른 솔잎이 깔린 모래바닥은 적당하게 단단해 펙이 잘 박히고 물이 잘 빠져 야영지로 안성맞춤이다. 입구 부근 화장실과 개수대 주변으로 오토캠핑장이, 솔숲 안쪽으로 일반 야영장이 들어서 있다.

위치 부안군 변산면 운산리 441-11
전화 (063)583-2054 / **야영료** 오토캠핑장 1만1천 원,
일반 야영장 2천 원(비수기 평일에는 무료) / **주차** 가능, 무료

이순신 바닷길

4코스 실안노을길

삼천포로 빠졌더니
더 즐겁다

거리 8.1km, 3시간~3시간 30분 소요

차를 타고 달리면 충분히 감상하기도 전에 사라져버릴 풍경이 그대로 멈춰 서 있다. 한국의 대표적인 일몰 장소인 사천시의 실안해안과 바다의 작은 섬을 징검다리 삼은 삼천포대교를 걷는 '실안노을길'이다. 시간이 안 맞아 노을을 놓쳐도 삼천포로 가는 길은 늘 유쾌하다.

바다에서 시작해 바다로 모충공원~영복마을 쉼터[1~4]

'잘 나가다가 삼천포로 빠진다.'라는 말이 있다. 원래 의도하지 않은 방향으로 일이나 말이 진행될 때 쓰는데, 죄 없이 억울했을 삼천포는 활기 넘치고 아름다운 항구일 뿐이다.

'이순신 바닷길'의 대표적인 코스인 '실안노을길'은 의도적으로 삼천포로 빠진다. 바다가 내려다보이는 모충공원에서 시작해 낙조가 아름다운 실안해안을 걸어서 삼천포까지 간다. 삼천포에 도착하면 특별한 경험을 한다. 열이면 열 모두 자동차를 타고 스치듯 지났을 삼천포대교를 걸어서 건너본다. 휙~ 지나가버렸던 풍경이 당연히 느려진다. 바로 실안노을길을 걷는 미덕이다.

삼천포에서 차로 5분 거리에 있는 모충공원[1]은 바다를 내려다보는 언덕에 조성된 작은 공원이다. 삼천포로 가려면 주차장에서 도로로 나와 실안노을길 이정표에 적힌 '삼천포 마리나'와 '모충사' 중 삼천포 마리나 방향으로 가면 된다.

◀ 전국에서 가장 아름다운 일몰 중 하나인 실안낙조(6~7지점). ⓒ사천시청

도로를 따라 가는 것이 아
쉽지만 걷는 내내 시선을 끄
는 바다가 손에 잡힐 듯 가깝
다. 드문드문 식당들이 보이
더니 작은 포구에 도착한다.
매해 여름마다 스쿠버다이
빙, 수상스키, 요트 등 해양

스포츠를 즐기려는 사람들로 북적이는 삼천포 마리나[2]다.

오르막이 생겨나는 도로를 따라 조금 더 가면 영복마을[3]이다. 마을로 접어들
어야할 것 같지만 삼천포로 가려면 계속 해안도로를 따라 걸어야한다. 영복마을
을 지나 10분 정도 가면 고맙게도 쉬어갈 수 있는 작은 공원이 나타난다. 실안노
을길을 걸으며 쉬어갔던 사람들의 흔적이 반갑기까지 한 영복마을 쉼터[4]다.

주민들에게 길은 삶의 터전 해안관광로 쉼터~대교공원 입구[5~8]

바다가 발 아래로 점점 멀어지고 도로는 주변 나무가 울창해져 산간도로 느낌
이 나더니, 모충공원에서 출발해 계속 걸었던 도로를 벗어난다. 포장마차가 있는
바닷가 마을의 입구. 해안관광로 쉼터[5]에 도착해서다.

좁은 골목길을 따라 바다 쪽으로 내려가자 집집마다 손질해둔 생선이 빨랫줄
에 널려있다. 구름이 하늘을 두텁게 뒤덮어 흑백사진 같은 세상 속에 먼 바다 몇
곳만 구름 틈새로 스며 나온 빛이 떨어져 연한 주황빛으로 물들어 있다.

작은 포구에 자리 잡은 작은 마을의 이름은 산분령[6]. 이정표를 따라 왼쪽으로
걸어가면 흔히 보는 자전거도로가 해안을 따라 길게 이어진다. 바다 반대쪽에는
봄이면 노란 물결로 넘실거릴 유채꽃밭이 조성되어 있다. 길에는 주민들이 사용

산분령 갯벌에서 굴을 채취하는 아낙(7~8지점). ▶

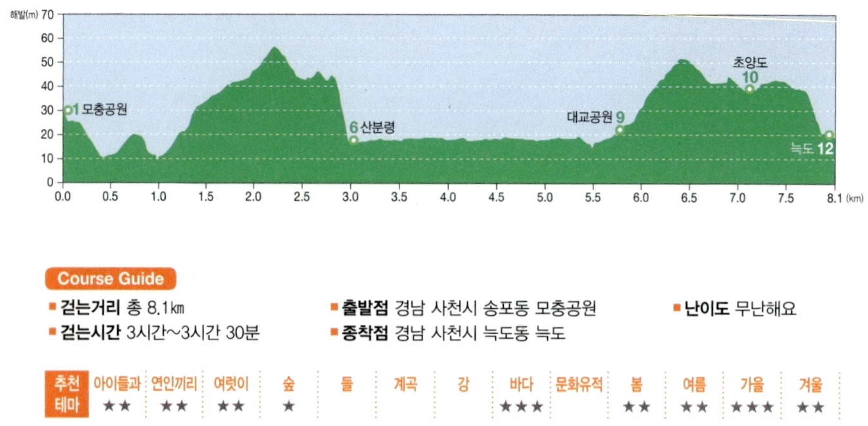

Course Guide

- **걷는거리** 총 8.1㎞
- **걷는시간** 3시간~3시간 30분
- **출발점** 경남 사천시 송포동 모충공원
- **종착점** 경남 사천시 늑도동 늑도
- **난이도** 무난해요

추천 테마	아이들과	연인끼리	여럿이	숲	들	계곡	강	바다	문화유적	봄	여름	가을	겨울
	★★	★★	★★	★				★★★		★★	★★	★★★	★★

하는 어구들이 곳곳
에 쌓여있고 갯벌에
는 아낙들이 옹기종
기 모여 굴을 캔다.
갯벌 앞바다에 보이
는 대나무 기둥은 멸
치, 숭어, 새우 등을
잡는 남해안의 전통

적인 어로도구인 죽방렴. 누구에게는 이곳이 그저 걷는 길이지만 주민들에게는
절실한 삶의 터전이라는 사실 앞에 새삼 걸음이 조심스럽다.

오랫동안 비슷한 풍경 속을 걷고 또 걸어 선창마을[7]에 도착하면 멀리서부터
보였던 삼천포대교가 한결 가까워져 있다. 반면 자전거도로가 끝나버려 다시 도
로를 따라 걸어야하는 부담이 생긴다. 대교공원 입구[8]까지 오면 삼천포대교는 카
메라 앵글에 다 담을 수 없을 만큼 커진다. 이곳에서 해안도로 위쪽 도로를 보면
정자가 있는데, 그 옆에는 삼천포대교를 한 앵글에 담을 수 있도록 지대를 높인
포토존이 있다.

이순신 바닷길

'이순신 바닷길'은 사천희망길, 최초 거북선길, 토끼와 거북이길, 실안노을길, 삼천포 코끼리길까지 5
개 코스로 구성된 경남 사천시의 걷기여행 코스다. '이순신'이라는 이름을 붙인 것은 이순신 장군이
왜군의 보급로를 차단해 임진왜란의 성패를 바꾼 역사적인 장소가 사천만이기 때문이다.
이정표가 잘 설치되어 있어 길 찾기가 수월하고, 남해를 접한 사천의 아름다운 풍경들을 볼 수 있다.
대곡숲, 조명군총, 삼천포대교, 남일대해수욕장 등 지역 명소들도 거쳐 간다.

1코스 사천희망길 : 대곡마을숲~수청마을~사천산업단지~선진리성 / 14km(GPS 실측), 5시간 소요
2코스 최초 거북선길 : 선진리성~조명군총~사천대교~남양동주민센터 / 12km, 3시간 소요
3코스 토끼와 거북이길 : 사천대교휴게소~서포시장~비토섬~월등도 / 16km, 4시간 소요
4코스 실안노을길 : 모충공원~영복마을~실안교~삼천포대교~늑도 / 8.1km(GPS 실측), 3시간 소요
5코스 삼천포 코끼리길 : 늑도~노산공원~사량도여객터미널~코끼리바위 / 11km, 2시간 소요

문의 전화 사천시청 문화관광과 (055)831-2727

바다 위를 걷다 대교공원~늑도[9~12]

대교공원[9]에 다다르면 삼천포대교 바로 앞에서 해안도로가 끝난다. 공원 앞 대방교차로에서 '남해·창선'으로 방향을 돌려 대교를 오르자 한 걸음 한 걸음 옮길 때마다 몸이 휘청거릴 정도로 바닷바람이 거세다. 하늘과 바다로만 채워진 듯한 세상, 쏜살같이 달려가는 자동차 외에 오가는 사람 한 명 없는 대교를 천천히 걸어가는 일은 상당히 독특한 경험이다. 주황색 아치 아래를 지나면 삼천포대교의 징검다리 역할을 하는 초양도[10]에 곧 도착한다. 초양도 언덕에는 유채꽃밭이 조성되어 있는데, 한겨울에도 풀이 남아있어 다리를 건너는 중에 유독 초양도만 선명한 초록색으로 보인다. 초양도에 도착해 인도가 잠시 끊어지는 곳에서 오른쪽을 보면 유채꽃밭에 직접 올라볼 수 있는 데크가 있다.

5분 정도 삼천포대교를 더 걸으면 늑도 입구[11]. 도로를 벗어나 포구 쪽으로 내려가자 말 그대로 작고 평화로운 바닷가 마을, 늑도[12]가 모습을 보인다. 흰색·빨간색의 두 등대가 마주보는 방파제에서 낚시꾼들이 한가로이 찌를 드리우고 있고 동네 강아지들만 신이 난 듯 포구를 이리저리 뛰어다니고 있다.

'늑도'라는 글자가 선명한 실안노을길 이정표 앞에서 코스가 끝난다.

늑도 방파제에 서 있는 붉은색 등대(12지점).

파도한정식 '정식'

삼천포에는 발품 팔아서 한번 찾아가볼 만한 식당이 있다. '해산물은 비싸다.'라는 일반적인 생각을 바꿔놓는, 적당한 가격에 여러 종류의 해산물을 맛볼 수 있는 '파도한정식'이다. 삼천포항 서부도매시장 뒤편 골목길에 자리한 작은 식당이지만 꽤 알려졌다. 별다른 설명 없이 메뉴판에 적힌 '정식'을 주문하면 계절별로 많이 잡히는 6종류의 해산물, 8종류의 밑반찬, 밥과 국이 나온다. 해산물은 무침회, 뼈회, 조림 등으로 다양하게 요리해 나오며 1인분치고는 양이 많은 편이다.

위치 경남 사천시 서동 308-5 / **전화** (055)833-4500 / **영업시간** 08:00~21:00
주차 식당 앞 유료주차장 이용, 2시간 1천 원 / **가격** 정식 1만 원, 생선구이 1만~2만 원

교통편

〉〉 찾아가기
대중교통 서울 남부터미널에서 사천시외버스터미널(1688-4003), 삼천포시외버스터미널(1688-3006)로 가는 고속버스를 이용할 수 있다.
서울 남부터미널 → 사천시외버스터미널 · 삼천포시외버스터미널 07:00~23:30(수시 운행)
삼천포시외버스터미널에서 광포정류장(삼천포 마리나)를 경유하는 시내버스(20분 간격)가 있다. 광포정류장에서 모충공원까지는 걸어서 10분 거리.
사천콜택시 055-852-7000
승용차 모충공원 주차장 이용(무료)

〉〉 돌아오기
초양도 휴게소 정류장에서 삼천포로 가는 시내버스(20분 간격)를 이용한다.
삼천포시외버스터미널 → 서울 남부터미널 05:30~20:00(1시간 간격)
사천시외버스터미널 → 동서울터미널 05:50~23:10(1시간 간격)

알아두기

숙박 삼천포, 사천읍 일대 / **식수** 미리 준비
식당 · 매점 대교공원(9지점)
화장실 모충공원(1지점), 대교공원 입구(8지점), 초양도(10지점)

들를 만한 곳

남일대해수욕장 · 코끼리바위

맑고 깨끗한 바다로 유명한 사천 남일대해수욕장. 신라 말기의 학자 최치원이 이곳을 보고 남쪽의 뛰어난 풍경이라는 뜻으로 '남일대'라는 이름을 지었다고 한다. 숙박시설을 비롯해 각종 편의시설이 잘 갖춰진 편. 특히 남일대리조트에서는 바닷물을 직접 끌어와 만든 노천 해수탕을 즐길 수 있다. 남일대를 대표하는 상징물인 코끼리바위는 해안산책로에 남쪽 끝에 있으며 마치 코끼리가 코를 길게 늘어뜨린 듯한 형상을 하고 있다.

위치 경남 사천시 향촌동 710-1 / **전화** (055)832-9610 / **개장기간** 7월 초~8월 중순
입장료 없음 / **주차** 가능, 유료(하루 2천 원)

블루로드

B코스, 아기자기한 바닷가 풍경

푸른 바다를
만질 듯 가까이

거리 11.8km, 4시간 소요

강구항부터 고래불해수욕장까지 이어지는 블루로드는 이름처럼 짙푸르고 상쾌하다. 걷기 좋은 해안길을 따라 한적한 어촌마을과 바닷가, 망망대해의 풍경들이 함께 한다. B코스의 마지막을 장식하는 죽도산 전망대에서는 부지런한 항구의 활기를 만날 수 있다.

해맞이공원에서 본 풍경. 집게발을 두른 창포말 등대(오른쪽)가 바다를 지키고 섰다(1지점).

걸을 수 있어 행복한 푸른 바닷길 해맞이공원~해안초소[1~5]

  블루로드는 경북 영덕군의 걷기 좋은 길을 이은 해안 산책로다. 총 세 개의 코스 중 A코스에서는 대게 집산지인 강구항과 잘 꾸며 놓은 공원 같은 풍력발전단지를, B코스에서는 일출 명소인 해맞이공원과 아담한 어촌 풍경을 둘러볼 수 있다. C코스에는 '명사이십리'로 유명한 대진해수욕장과 고래불해수욕장이 있다.

  각각의 코스마다 독특한 볼거리와 풍경을 가지고 있어서 어느 길을 걸어도 좋다. 그중 한적한 어촌과 군인들이 이용하던 해안초소 길, 드넓은 백사장과 다양한 갯바위들을 볼 수 있는 B코스는 블루로드의 정수라 할 만하다.

경정리마을 갯바위를 점령한 갈매기들(9~10지점).

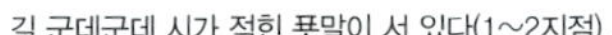

길 군데군데 시가 적힌 푯말이 서 있다(1~2지점).

부드러운 모래가 깔린 오보해수욕장(3지점).

길은 매년 해돋이축제가 열리는 해맞이공원[1]에서 시작한다. 길 건너 언덕 너머로 풍력발전단지가 보인다. 단지 내에 산책로가 잘 나 있고 발아래 펼쳐지는 풍경이 아름다워 영덕을 여행할 때 꼭 들러봐야 할 명소다.

해맞이공원에서 바라본 동해는 온통 잿빛이다. 찌푸린 하늘에서 금방이라도 비가 쏟아질 것 같지만 바람은 더없이 상쾌하다. 동해에는 진한 바다색, 반듯하게 일자로 그은 수평선, 불순물이 하나도 섞이지 않았을 듯한 청정한 바람이 있다.

귀가 멍멍할 정도로 세찬 바람이 등을 떠밀어 걸음이 가볍다. 공원에서 도로를 따라 야트막한 언덕을 넘어 아담한 어촌마을인 대탄리[2]에 이른다. 그물을 점검하는 몇몇 주민들 빼곤 모든 게 멈춰 있는 듯하다. 한적한 마을길을 지나 오보해수욕장[3]으로 들어선다. 해안선을 따라 걷는 길, 부드러운 모래밭에 찍은 발자국을 부지런한 파도가 쓸고 간다.

오보해수욕장을 지나 오른쪽 숲길로 내려가면 노물리마을[4]이 나오고, 이어 바다색과 선명한 대비를 이루는 빨간색 등대를 지난다. 이곳에서 방파제 옆길로 가면 B코스에서 가장 아름다운 해안 산책로로 들어서게 된다.

산책로를 따라 해안초소[5]가 촘촘히 서 있다. 해양경비를 위해 군인들이 다니던 길로, 민간인들의 출입을 통제하다가 지금은 주요 지역을 빼곤 개방했다. 위험 구간마다 울타리와 데크가 설치되어 있어 안전하게 걸을 수 있다.

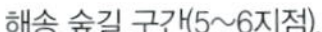
해송 숲길 구간(5~6지점).

산책로를 따라 아름다운 해안 절경을 볼 수 있다(4~5지점).

인상적인 갯바위와 해송 숲 석리마을~축산항[6-13]

이 길에서 만나는 갯바위들은 제주도의 현무암처럼 검고 저마다 이름 하나씩 붙여도 그럴싸해 보일 만큼 독특한 모양이다. 걷는 재미와 보는 재미, 여기에 더해 곳곳에 대게 요리집이 있으니 오감이 쉴 틈이 없다.

해안 산책로를 지나 출입통제구역인 군 시설물을 끼고 돌면 석리마을[6]이다. 이곳에서 잠시 끊긴 산책로는 야트막한 언덕을 올라서면서 다시 이어진다. 조심조심 갯바위 길에서 벗어나 경정3리마을회관[7]과 경정해수욕장[8]을 차례로 지난다. 경정해수욕장은 여름철 인기 피서지답게 해변을 따라 깨끗한 민박집과 식당들이 죽 들어서 있다.

해수욕장에서 도로 갓길을 걷다가 바닷가로 들어서자 또 다른 해안 풍경이 펼쳐진다. 이 일대의 갯바위들은 검지 않고 벽돌처럼 붉다. 얇은 판을 겹겹이 쌓은 것 같은 절벽이나 자갈들이 층층이 박혀 있는 해안 절벽도 볼거리다.

갯바위 길을 지나 원조대게마을[9]로 들어서면 이름 그대로 '대게 원조마을'임을 알리는 기념비가 세워져 있다. 이곳에서 잡은 대게는 살이 꽉 차고 맛도 좋아 옛날 임금에게 올리는 진상품이었다. 크기가 크다는 뜻으로 '대게'라는 이름이 붙었다고 생각하기 쉽지만 사실은 대나무처럼 마디가 있고 곧은 다리가 달

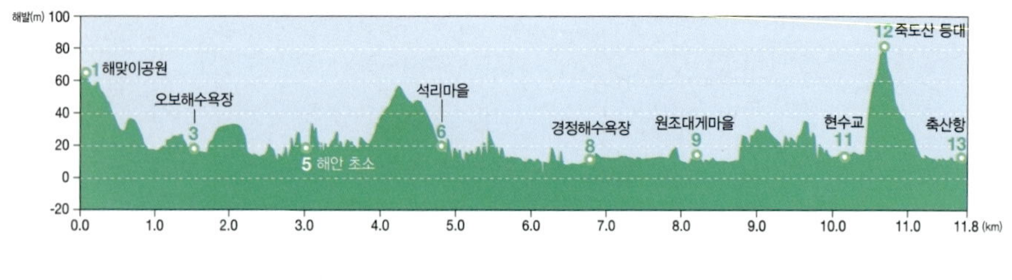

Course Guide

- **걷는거리** 총 11.8km
- **걷는시간** 4시간
- **출발점** 경북 영덕군 영덕읍 대탄리 해맞이공원
- **종착점** 경북 영덕군 축산면 축산리 축산항
- **난이도** 무난해요

추천 테마	아이들과	연인끼리	여럿이	숲	들	계곡	강	바다	문화유적	봄	여름	가을	겨울
	★	★★	★★★	★				★★★		★★★	★★	★★★	★★★

바다에 붙은 구간에서는 파도에 신발이 젖기도 한다(5~6지점).

산책로에서 자주 보는 해안초소(5~6지점).

려 있다고 해서 대게다. 대게는 어종 보호를 위해 초겨울부터 이듬해 봄까지 잡을 수 있는데 3~4월에 잡은 게 가장 맛이 좋다고 한다.

원조대게마을을 지나면 B코스의 마지막 해안 산책로가 이어진다. 해송으로 덮인 숲길을 만나면서 한동안 시원한 그늘 속을 걷는다. 녹색 공간이 끝날 즈음 모래 해변[10]이 나오고 시야가 탁 트인다. 축산천을 가로지르는 현수교[11]를 지나

블루로드

블루로드는 부산에서 동해안을 따라 강원도 고성에 이르는 약 700km의 '해파랑길(2014년 전 구간 개통 예정)' 중 경북 영덕 구간을 말한다. 2010년 3월에 모든 구간이 개통됐으며, 강구항을 기점으로 '명사이십리'로 유명한 고래불해변까지 약 50km 뻗어 있다.

마을 사람들과 영덕군이 기존의 샛길과 해안길을 새롭게 다듬어 만든 블루로드는 세 개의 코스로 나뉜다. 이중 가장 인기가 좋은 코스는 동해바다를 벗 삼아 아기자기한 어촌마을을 둘러볼 수 있는 B코스다. A코스와 C코스도 전체적으로 걷기 편하며 볼거리가 많다. 세 코스가 이어져있고 마을마다 민박집 등 숙박시설이 잘 갖춰져 있으므로 1박2일쯤 일정을 잡으면 다 걸을 수 있다.

A코스 : 강구항~고불봉~풍력발전단지~해맞이공원 / 17.5km, 6시간 소요
B코스 : 해맞이공원~석리~대게원조마을~죽도산~축산항 / 11.8km, 4시간 소요
C코스 : 축산항~봉수대~괴시리전통마을~고래불해수욕장 / 17.5km, 6시간 소요

문의 전화 영덕군청 (054)730-6514 / **홈페이지** blueroad.yd.go.kr

면 죽도산 산책로 입구다. 죽도산을 오르지 않고도 축산항으로 갈 수 있지만, 색다른 풍경을 보고 싶어 산길을 오른다. 오르막길을 가는 동안 검푸른 바다와 옹기종기 모인 집들, 축산항의 풍경이 한눈에 들

해안 산책로가 끝날 무렵 넓은 백사장이 나타난다. 저 멀리 축산항과 죽도산이 보인다(10지점).

어온다. 죽도산 등대[12]에서 나무계단을 따라 내려가면 축산항[13]이다. 뱃사람들로 북적이는 항구, 부지런한 사람들의 냄새가 바닷바람에 실려 있다.

죽도산을 오르며 본 축산항(11~12지점).

축산대게활어타운 '대게 요리'

대게 집산지인 강구항을 비롯해 영덕에는 수많은 대게 요리집이 들어서 있다.
B코스의 종착점인 축산항에도 꽤 식당이 많은데, 군의 지원을 받아 운영하고
있는 축산대게활어타운의 규모가 가장 크다. 대게가 제일 맛있을 때는 속살이
꽉 차는 3~4월. 가격이 조금 부담되지만 이곳에 왔다면 놓쳐서는 안 될 겨울
별미다.

위치 경북 영덕군 축산면 축산리 87-2(축산항 내)
전화 (054)732-4019 / **영업시간** 11:00~20:00 / **주차** 가능
가격 대게 1마리에 1만5천~3만 원

 교통편

》 찾아가기
대중교통 동서울터미널에서 경북 영덕군 영덕시외버스터미널(054-732-7673)로 가는 시외버
스가 있다. 영덕시외버스터미널 앞 버스정류장에서 하루 6회 운행하는 축산항 방면 군내버스
(054-733-9907)를 타면 B코스 시작점인 해맞이공원으로 갈 수 있다.
동서울터미널 → 영덕시외버스터미널 07:00~18:30(9회 운행)
영덕시외버스터미널 → 해맞이공원 09:30 11:00 13:10 14:30 16:30 18:20
승용차 해맞이공원 주차장(무료) 이용

》 돌아오기
축산항 버스정류장에서 하루 6회 운행하는 영덕읍내 방면 군내버스를 타고 영덕시외버스터미널에서
내린다. 중간에 해맞이공원을 경유해서 간다.
축산항(해맞이공원 경유) → 영덕시외버스터미널 11:00 13:00 15:00 16:00 17:20 19:00
영덕시외버스터미널 → 동서울터미널 06:40~18:40(9회 운행)

 알아두기

숙박 · 식당 · 매점 코스 내 다수
식수 미리 준비
화장실 코스 내 다수

 들를 만한 곳

영덕풍력발전단지

해맞이공원 맞은편에 위치한 영덕풍력발전단지는 대관령의 그것 못
지않게 큰 규모를 자랑한다. 전망대에 올라 보면 풍력발전기와 어우
러진 바다 풍경이 아름답다. 해맞이공원과 함께 일출 명소로도 잘
알려져 있다. 풍력발전단지의 이곳저곳을 둘러볼 수 있는 산책로가
나 있고, 전시관, 오토캠핑장 등 부대시설도 잘 갖추었다.

위치 경북 영덕군 영덕읍 해맞이길 254 / **입장료** 없음 / **주차** 가능, 무료

솔향기길

1코스, 팍팍한 삶에 희망의 길을 내다
마음까지 스미는
솔향기 테라피

거리 9.6km, 4시간 소요

> 솔향기길은 2007년 기름유출사고가 났을 때 자원봉사자들을 위해 만들었던 산길을 단장한
> 것이다. 사시사철 푸른 소나무 숲은 산림욕을 즐기기에 좋고, 간간히 만나는 해변은 아기자기
> 한 바다 풍경을 보여준다. 해질 무렵 바다를 물들이는 낙조는 놓칠 수 없는 비경이다.

기억하고 싶지 않은 이야기 하나. 2007년 12월 태안에 재앙이 내렸다. 인근 해역에서 작업 중이던 유조선과 크레인이 충돌하여 어마어마한 기름이 바다로 쏟아졌다. 바다는 순식간에 검게 물들었고 수많은 생물들이 죽어갔다. 바다를 터전 삼아 살아가는 주민들의 피해는 이루 말할 수 없었다.

못 본 척하기에는 너무 절박한 상황이어서, 전국에서 도움의 손길이 몰려들었다. 두 손으로 일일이 기름을 닦아내고 퍼 나른 그 손길들이 없었다면 태안의 바다는 그대로 사망선고를 받았을 것이다. 그해 겨울 찾아온 자원봉사자만 120만 명. 슬픔을 나누는 힘이 갯바위 속속들이 묻은 기름때를 지워갔다.

삼형제바위가 서 있는 해변길(2지점). ▶

솔향기길 초입부터 소나무 숲이 펼쳐진다(1~2지점).

일터에서 돌아오는 마을주민들(2~3지점).

어둠 걷어낸 '희망의 길' 만대항~당봉 전망대[1~4]

하얀색 조개껍질이 소복한 모래밭, 갈매기들이 먹이를 찾아 서성이는 바닷가, 고기잡이 떠나는 배들과 굴을 따러 갯바위로 향하는 주민들. 지금의 태안 바다는 그때의 재앙을 애써 잊는 중이다. 이방인의 눈에 비친 바다는 아무 일 없었던 것처럼 평화롭다.

'솔향기길'은 2007년 기름유출사고가 났을 때 자원봉사자들이 오갈 수 있게 냈던 산길을 걷기 편하게 단장한 것이다. 태안은 오래전부터 서해의 대표적인 관광 명소였으나 사고 이후 사람들의 발길이 많이 줄었다. 솔향기길에는 예전처럼 사람들이 많이 찾아주기를 바라는 주민들의 간절한 바람이 담겨 있다.

솔향기길 1코스의 시작점은 태안의 북쪽 끄트머리에 위치한 만대항[1]이다. '자연산 활어 전문'이란 간판을 단 횟집 두어 곳과 갯벌에 턱을 괸 채 일광욕을 즐기는 몇 척의 배들이 전부인 소박한 포구다. 만대항 주차장 뒤편으로 솔향기길을 알리는 커다란 안내판이 보인다. 길은 안내판 뒤편으로 난 소나무 숲으로 이어진다.

중막골해변의 바다는 유달리 짙푸르다(7지점).

큰어리골해변의 백사장(9지점).

초입부터 하늘로 쭉쭉 뻗은 소나무들이 빼곡하다. 폭신한 카펫처럼 두텁게 쌓인 솔잎들이 걸음을 가볍게 해준다. 멀리서 불어온 바닷바람이 촘촘히 선 소나무 사이를 파고들었다. 솔향이 폐부 깊은 곳까지 스미는 기분.

길을 정비했다고는 하지만 위험 구간에 굵은 동아줄로 울타리를 친 것을 빼면 인공적인 시설물은 별로 눈에 띄지 않는다. 그 흔한 나무계단이나 데크도 없다. 우물처럼 식수가 고여 있는 산수골약수터를 지나 조개껍질과 모래가 뒤섞인 해변으로 들어선다. 오순도순 모여 있는 갯바위의 모습이 정면에 보인다. 지나온 숲에서도 간간히 볼 수 있었던 삼형제바위[2]다.

해변을 가로질러 야트막한 언덕을 넘으면 또 다른 갯바위 해변이 펼쳐진다.

"예전만큼 나오지는 않아. 그래도 부지런히 캐야 입에 풀칠이라도 하지."

굴을 캐고 마을로 돌아가는 주민은 수확량이 많이 줄었다고 한숨이다. 기름유출사고의 피해보상도 제대로 이뤄지지 않아 예전보다 살기가 훨씬 팍팍한 상황이다. 바다는 예전 모습을 되찾았어도 눈에 잘 보이지 않는 생존을 위한 싸움은 늘 고단하다.

Course Guide

- **걷는거리** 총 9.6km
- **걷는시간** 4시간
- **출발점** 충남 태안군 이원면 내리 만대항
- **종착점** 충남 태안군 이원면 내리 꾸지나무골해수욕장
- **난이도** 조금 힘들어요

추천 테마	아이들과	연인끼리	여럿이	숲	들	계곡	강	바다	문화유적	봄	여름	가을	겨울
	★	★★★	★★★					★★★		★★★	★★★★	★★★	★

사위는 온통 소나무다. 큰구메쉼터를 지나 좌우로 군사용 임도가 놓인 사거리[3]에서 다시 숲길로 들어서면 푸른 바다에 서 있는 빨간색 등대가 선명하게 눈에 들어온다. 앞바다는 '장안여'란 곳으로, 예전부터 해양사고가 잘 나 악명이 높았다. 지금은 이 등대가 어선들의 길잡이 역할을 톡톡히 해주고 있다.

갯바위를 치는 웅장한 파도소리를 들으며 당봉 전망대[4]로 올라선다. 빼곡한 소나무 숲에 가려 잘 보이지 않았던 해안 풍경이 비로소 한눈에 가득 잡힌다.

해질 무렵 더 아름다운 길 근욱골해변~내리마을[5~12]

솔향기길은 시골 외갓집처럼 정겹다. 유명세를 타면 인공시설물로 가득해지는 여느 길들과는 확실히 다르다. 손때 묻은 흔적 별로 없이, 애초에 생겼을 때의 모습을 잘 간직하고 있다.

전망대에서 비탈진 오솔길을 내려오면 '해변'이라 부르기에는 조금 민망할 정도로 작은 근욱골해변[5]이 나온다. 이곳에서 야트막한 언덕으로 올라서면 해안 쪽으로 평온해 보이

근욱골해변부터 한 시간 가량
길잡이 역할을 자처한 강아지.

솔향기길

2007년 충남 태안군 기름유출사고 당시 임시로 냈던 산길을 걷기 편하도록 재정비한 길이다. 2010년 10월 42km에 걸쳐 총 4개의 코스로 개통됐고, 태안군에서 관리해오고 있다. 주변 경관을 시원하게 둘러볼 수 있는 전망대가 있고 해변과 소나무 숲이 잘 어우러져 있다. 길 곳곳에 이정표가 설치되어 있어 큰 어려움 없이 걸을 수 있다.

1코스 : 만대항~당봉~여섬 전망대~꾸지나무골해수욕장 / 9.6km, 4시간 소요
2코스 : 꾸지나무골해수욕장~가로림만~볏가리마을~희망벽화 / 9.9km, 4시간 소요
3코스 : 볏가리마을~당산 임도~밤섬나루터~새섬리조트 / 9.5km, 4시간 소요
4코스 : 새섬리조트~호안 임도~청산포구~갈두천 / 12.9km, 5시간 소요

문의 전화 태안군청 환경산림과 (041)670-2335

소나무 가지마다 금빛 바다가
걸려 있다(8~9지점).

는 섬 하나가 있다. 주변을 갯바위로 두른 '여섬[6]'이다. 이
원방조제가 설치되면서 주변의 작은 섬들은 대부분 물속
으로 가라앉았고 여섬만 유일하게 살아남았다고 한다.

여섬 전망대를 지나 펜션들이 들어서 있는 중막골해변[7]
으로 내려간다. 풍경이 고즈넉하다. 용이 나와서 승천했다
는 용난굴과 별쌍금약수터[8]를 지나 큰길로 들어서면 숲의
기운은 점점 사라지고 태안의 앞바다가 시원하게 펼쳐진
다. 해질 무렵이다. 붉은 태양이 섬 뒤편으로 숨어든다. 여정의 끝과 잘 어울리는
노을 풍경이다.

제법 넓은 백사장이 눈길을 끄는 큰어리골해변[9]에서 이정표를 따라 30분쯤 걸
으면 1코스 종착점인 꾸지나무골해수욕장[10]이다. 이곳에서 만대항으로 돌아가거나
태안시외버스터미널로 가려면 내리마을[11,12]까지 걸어가서 군내버스를 이용한다.

솔향기길에서 바라본 저녁 무렵 바다(9~10지점).

 추천음식

이원식당 '박속밀국낙지탕'

이름부터 독특한 박속밀국낙지탕은 소고기나 해물을 이용한 샤브샤브와 비슷한 음식이다. 조롱박속, 무, 배추, 호박 등을 넣고 끓인 육수에 산낙지를 살짝 데쳐서 먹는다. 가격이 조금 부담되지만 1인분 당 튼실한 낙지가 두 마리 들어가고, 박속을 비롯한 신선한 채소도 풍성하게 준비된다. 낙지와 채소를 건져 먹은 후 남은 육수로 끓이는 칼국수도 맛있다. 태안에서는 칼국수를 밀국이라 부른다.

위치 충남 태안군 이원면 포지리 82-1 / **전화** (041)672-8024
영업시간 09:00~21:00 / **주차** 가능 / **가격** 박속밀국낙지탕 1만5천 원, 낙지볶음 1만5천 원, 백반 6천 원

교통편

〉〉 찾아가기

대중교통 동서울터미널, 센트럴시티터미널, 서울남부터미널에서 태안으로 가는 시외버스가 있다. 태안시외버스터미널(041-674-2009)에서 이원면 방향 군내버스를 타고 종점인 만대항에서 내린다.
동서울터미널 → 태안시외버스터미널 07:20 10:25 14:30 18:10
센트럴시티터미널 → 태안시외버스터미널 07:10~20:10(10회 운행)
서울남부터미널 → 태안시외버스터미널 06:40~20:00(40~50분 간격)
태안시외버스터미널 → 만대항 06:30 07:50 09:50 11:40 14:10 16:30 18:50
승용차 만대항 주차장(무료) 이용

〉〉 돌아오기

꾸지나무골해수욕장에서 약 1.5km(걸어서 30분 소요) 떨어진 내리마을 버스정류장에서 군내버스를 이용한다. 만대항에서 출발한 버스가 내리마을을 거쳐 태안시외버스터미널까지 간다.
만대항 → 내리 → 태안시외버스터미널 07:10 08:45 11:20 12:55 15:20 17:40 19:30
태안시외버스터미널 → 동서울터미널 06:00 10:40 13:50 18:20
태안시외버스터미널 → 센트럴시티터미널 06:30~19:30(10회 운행)
태안시외버스터미널 → 서울남부터미널 06:50~21:15(25~40분 간격)

 알아두기

숙박 · 식당 만대항(1지점), 꾸지나무골해수욕장(10지점)
매점 만대항(1지점), 꾸지나무골해수욕장(10지점), 내리마을(12지점)
식수 산수골약수터(1~2지점), 별쌍금약수터(8지점)
화장실 만대항(1지점), 당봉(4지점), 별쌍금약수터(8지점), 꾸지나무골해수욕장(10지점)

PART 3

강·호수

산막이옛길

바깥 세상과 소통하던 벼랑길
탁 트인 괴산호를
감상하며 걷다

거리 5.4km, 2시간 30분 소요

산막이옛길은 절벽을 따라서 구불구불 이어진다. 현지 주민들이 오가던 자연 도로를 걷기 좋게 다듬고, 호박터널, 꽃밭 등을 조성해 놓았다. 중간 중간 눈에 들어오는 탁 트인 괴산호의 풍광은 보너스. 걷기와 유람선 타기 두 가지 재미를 만끽할 수 있는 길이다.

잘 정비된 산책로 옆으로 아름다운 호반이 펼쳐진다(4~5지점).

소소한 볼거리가 많은 산책로 산막이옛길 주차장~출렁다리[1~5]

우리 선조들은 경치가 아름다운 계곡에 '구곡'이라는 이름을 붙이기 좋아했다. 성리학의 시조인 송나라의 주자가 무이산의 아름다운 계곡 아홉 곳에 각각 이름을 붙이고, 5곡에 '무이정사'를 지어서 후학을 가르친 데서 유래한다. 조선시대 때 글공부를 하던 선비들도 주자를 따라서 아름다운 계곡에 구곡을 정하고, 경치 좋은 곳에 정자를 지어 시를 짓고 글씨를 쓰며 놀았다.

충청북도 괴산군의 화양계곡과 쌍곡계곡에도 구곡이 있다. 옛날에는 구곡이 하나 더 있었는데 조선 후기의 유학자 노성도가 이름을 지은 연화구곡이 그것이다.

어째서 '옛날에 있었던' 구곡일까? 그 이유는 1957년 괴산의 젖줄인 괴강(달천)에 괴산댐이 건설되면서 연화구곡이 물에 잠겨 버렸기 때문이다. 연화구곡과 함께 인근에 있던 논밭, 옹기종기 모여 있던 초가 마을, 마을을 이어 주던 오솔길까지 잠겨 버렸다.

수몰지역에 살던 사람들은 높은 지대로 삶의 터전을 옮기고 길도 새로 냈다. 물이 산허리까지 차서 벼랑을 따라 구불구불 좁은 길을 낼 수밖에 없었다. 마을 사람들은 50년이 넘게 이 벼랑길을 밟으며 바깥세상을 드나들었다.

'산막이옛길'이라는 이름으로 이 벼랑길이 단장된 것은 2009년 10월이다. '산막이'라는 이름은 길을 따라가면 나오는 산막이마을에서 따왔다. 새로 다듬은 길은 나무 데크를 깔아 코흘리개 아이도 안전하게 걸을 수 있을 만큼 편하다.

주말에 찾은 산막이옛길은 사람들로 북적거렸다. 입구에 넓은 주차장이 있지만 밀려드는 탐방객들의 차를 모두 수용하기에는 역부족이다. 걷기 열풍에 힘입어 전국에 걷기 좋은 길들이 생겨나고 있는데, 산막이옛길도 '뜨는' 인기 코스 중 하나다.

주차장[1]을 지나서 잠시 오르막길을 가다 보면 호박터널[2]이 나온다. 길이가 120m나 되는 이 터널에는 260여 종의 희귀 호박들이 주렁주렁 달려 있다. 호박터널을 통과하여 관광안내소가 있는 사거리에서 왼쪽 길로 들어선다. 울창한 소나무숲 사이로 넓은 괴산호가 시원하게 펼쳐진다.

희귀 호박들이 주렁주렁 달려 있는 호박터널(2지점).

다른 뿌리에서 자란 나무의 가지가 하나로 합쳐진 연리지. 이 앞에서 지극한 마음으로 기도하면 소망이 이뤄진다고 한다(4지점).

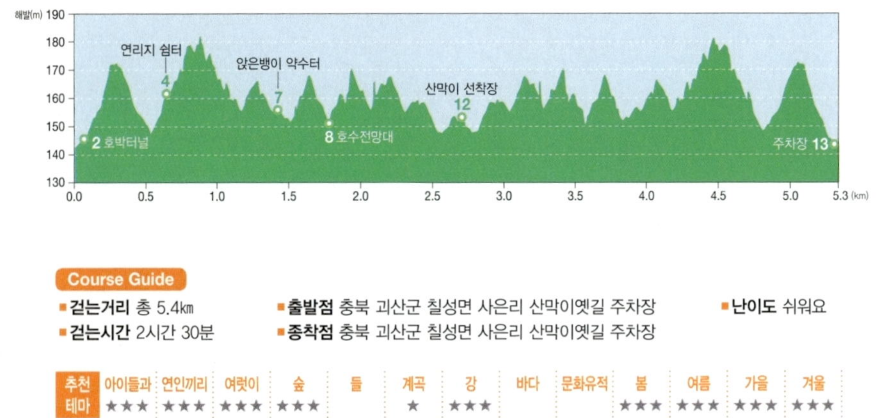

Course Guide

- **걷는거리** 총 5.4km
- **걷는시간** 2시간 30분
- **출발점** 충북 괴산군 칠성면 사은리 산막이옛길 주차장
- **종착점** 충북 괴산군 칠성면 사은리 산막이옛길 주차장
- **난이도** 쉬워요

추천 테마	아이들과	연인끼리	여럿이	숲	들	계곡	강	바다	문화유적	봄	여름	가을	겨울
	★★★	★★★	★★★	★★★		★	★★★			★★★	★★★	★★★	★★★

　간이화장실이 있는 삼거리[3]에서 왼쪽 호숫가로 내려가면 차돌바위 선착장에 닿는다. 이곳에서 괴산호를 둘러볼 수 있는 유람선이 수시로 오간다. 산막이옛길 종착점인 산막이 선착장까지 운항하기 때문에 배를 타고 종착점에 내려 걸어서 돌아오거나, 종착점까지 걸어간 다음 배를 타고 돌아오는 탐방객도 많다.

　유람선은 돌아오는 길에 타기로 하고 삼거리에서 직진해 데크 산책로로 들어선다. 아름다운 꽃밭과 함께 시가 적힌 푯말이 곳곳에 있다. 잘 가꾼 공원을 걷는 기분이다. 독특한 나무가 있어 저절로 발길을 멈춘 곳은 연리지 쉼터[4]. 연리지는 다른 뿌리에서 자란 나뭇가지가 하나로 합쳐진 나무다. 연리지 앞에서 지극한 마음으로 기도하면 사랑이 이뤄지고 소망이 성취된다는 속설 때문인지 커플들이 줄을 서서 사진을 찍는다. 고인돌 모양의 바위를 지나 숲 산책로를 따라가면 출렁다리[5]가 나온다. 이리저리 흔들거려 중심 잡기가 쉽지 않은 듯, 올라선 사람마다 좀처럼 앞으로 나아가질 못한다. 출렁다리는 소나무 허리춤을 따라 길게 이어져 있다. 허공을 걷는 색다른 재미를 만끽할 수 있지만, 사람들의 무게를 지탱해야 하는 소나무에게 미안한 마음이 든다. 큰길을 따라가거나 오른쪽 산책로를 이용하면 출렁다리를 건너지 않아도 갈 수 있다.

산막이옛길을 주제로 한 시와 그림들.

소나무숲 사이로 놓여 있는 출렁다리(5지점).

벼랑 따라 걷던 길 데크 산책로~산막이 선착장[6~13]

　남녀가 사랑을 나누는 것처럼 보여 정사목이라 부르는 소나무를 지나 연화담에 도착하면 수련이 자라는 연못 뒤로 하늘색 물을 가득 담은 괴산호가 보인다.

　등잔봉 가는 길로 길라지는 삼거리[6]에서 본격적인 걷기가 시작된다. 데크 산책로가 산비탈을 따라 구불구불 이어져 벼랑길을 걷는 느낌도 든다. 깎아지른 절벽을 따라 걷다 보니 어두컴컴한 동굴이 나온다. 그 속에 서 있는 호랑이 한 마리! 조형물이지만 깜짝 놀라서 자세히 보게 된다. 그런데 정말로 이곳에 호랑이가 살았을까? 호랑이 조형물을 지나면 한 명 정도 들어갈 수 있는 조그만 동굴인 여우비 바위굴[7]이 나온다. 길을 가던 사람들이 소나기를 만나면 이 굴에서 비를 피하곤 했다고 한다.

　앉은뱅이가 물을 마시고 다리가 멀쩡해졌다는 앉은뱅이 약수터[8]에서 시원하게 목을 축인다. 땀을 흠뻑 흘리고 약수 한 모금을 들이키니 없던 기운도 솟아나는 것 같다. 나무 기둥에서 약수가 흘러나오는 게 특이한데, 일부러 구멍을 뚫어 물이 흐르게 만든 것이다.

유람선을 타고 괴산호를 유람하는 탐방객들. 산막이옛길 종착점인 산막이 선착장에서 유람선을 타고 출발점으로 돌아올 수도 있다.

옛날에는 호랑이가 나오던 길이었을까? 모형 호랑이의 갑작스런 등장에 깜짝 놀랐다(6~7지점). ▶

나무 기둥에서 식수가 나오는
앉은뱅이 약수터(8지점).

연화담 뒤로 주변 산들을 병풍처럼 두른 괴산호가 보인다(4~5지점).

　　여름에도 등골이 오싹할 정도로 시원한 바람이 분다는 얼음골을 지나 넓은 쉼터가 있는 호수전망대[9]에 닿는다. 탁 트인 호수에 유람선들이 보이고, 그 뒤로 병풍처럼 두른 군자산의 넓은 자락이 눈에 들어온다. 번지점프대처럼 아찔한 고공전망대[10]와 호박터널과 비슷한 다래동굴터널[11]을 연이어 지나면 데크 산책로가 조성된 울창한 숲길이 끝난다. 고추, 옥수수 등이 자라는 밭을 지나 산막이 선착장[12]에 도착하면 산막이옛길의 끝이다.

　　산막이옛길 주차장에서 이곳까지 3㎞가 안 되므로 걸어서 돌아가도 크게 힘들지는 않지만 옛날 시인묵객들의 기분이라도 내보고 싶어 차돌바위 선착장으로 향하는 유람선에 오른다. 시원한 바람이 불어오는 호반, 삐죽삐죽 솟아 있는 산봉우리들의 위용을 감상하다 보면 유람선은 어느새 선착장에 닿는다. 시간은 20분쯤 걸린다.

주차장식당 '올갱이해장국'

괴산시외버스터미널 옆에 위치한 주차장식당은 괴산군에서 가장 맛있는 올갱이 전문점으로 통한다. 메뉴도 단 한 가지. 직접 담근 된장을 푼 육수에 괴강서 건져 올린 올갱이와 부추, 계란 등을 넣어 만든 해장국이 그것이다. 개운한 국물 맛에 속이 확 풀린다.

위치 충북 괴산군 괴산읍 동부리 646-6 / **전화** (043)832-2673
영업시간 06:00~20:00 / **주차** 가능 / **가격** 올갱이해장국 6천 원

≫ 찾아가기
대중교통 동서울터미널에서 괴산시외버스터미널(043-833-3355)에서 내린 다음 괴산군 칠성면 수전리(외사리)행 시내버스를 탄다. 종점인 괴산댐 수력발전소에서 내려 큰길을 따라 15분쯤 걸어가면 주차장을 지나 산막이옛길 입구에 닿는다.
동서울터미널 → 괴산시외버스터미널 06:50~20:10(30~60분 간격)
괴산시외버스터미널 → 수전리 버스정류장 06:30, 07:50, 11:10, 12:30, 14:00, 15:10, 17:10, 17:50
승용차 산막이옛길 주차장 이용. 소형 기준 2천 원

≫ 돌아오기
수전리 버스정류장 → 괴산시외버스터미널 07:20, 08:10, 11:35, 12:50, 14:20, 15:30, 17:30, 18:05
괴산시외버스터미널 → 동서울터미널 06:25~19:55(30~60분 간격)

숙박 산막이옛길 입구, 괴강유원지 주변, 괴산 군내 숙박시설 이용
식당 괴강유원지, 괴산 군내 음식점 이용
매점 산막이옛길 주차장(1지점), 산막이 선착장(12지점)
식수 앉은뱅이 약수터(8지점)
화장실 차돌바위 선착장 입구(3지점), 산막이 선착장(12지점)
주차료 대형 5천 원, 소형 2천 원
유람선 이용료 차돌바위 ↔ 산막이 선착장(편도) – 성인 · 청소년 5천 원, 어린이 3천 원

쌍곡계곡

화양계곡과 함께 괴산의 대표적인 휴양지로, 속리산국립공원 내에 있다. 10km가 넘는 계곡을 따라 기암과 노송이 어우러져 풍광이 매우 아름답다. 물이 맑고 소가 깊지 않아서 어린이를 동반한 가족 나들이에 좋다. 음식점과 오토캠핑장 등 편의시설도 잘 갖추었다.

위치 충북 괴산군 칠성면 쌍곡리 일대 / **입장료** 없음
주차 가능, 무료

대청호반길

1코스 금강 로하스 해피로드

잠든 금강을 깨우며 걷다

거리 6.5km, 1시간 30분~2시간 소요

금강은 구름 같은 물안개를 이불마냥 덮은 채 단잠에 빠져있다. 대청교 뒤로는 대청댐이 물길을 틀어막고 성벽처럼 서있다. 댐 위에서 걸음을 대딛을 때마다 육중하게 밀어붙이는 대청호의 힘이 느껴지는 듯하다. 이곳은 호반의 도시 대전, 로하스 해피로드다.

대청호를 가까이서 볼 수 있는 호반산책로(7지점).

대청댐으로 향하는 길은 오렌지 빛으로 일렁인다(3~4지점). ▶

연인과 걷기에 안성맞춤인 금강 수변산책로(2~3지점).　　　　　　　　데크 산책로(2~3지점).

　‘호반의 도시’ 하면 춘천을 떠올리지만 대청호를 끼고 있는 대전도 따지고 보면 호반의 도시다. 특히 대청호 주변에는 평소 대전 및 충청권 시민들이 즐겨 찾는 명소들이 많은데 그 중 대청호의 상징물과도 같은 대청댐과 함께 2009년 11월 18일 정식 개통된 ‘금강 로하스 해피로드’는 대청호반길 1코스이자, 금강 주변 명소들을 잇는 금강 로하스 프로젝트의 8번째 구간이기도 하다.

　코스 명칭이 좀 생소할 수도 있는데, ‘로하스’(LOHAS)란 ‘Lifestyles Of Health And Sustainability’(건강하고 지속가능한 삶의 방식)의 줄임말로, 나와 내 가족의 건강한 삶에만 초점이 맞춰져 있던 ‘웰빙’을 사회 공동체와 자연환경으로까지 확장한 것이다. 쉽게 말해 나뿐만 아니라 지구 전체가 웰빙할 수 있도록 하자는 소리다.

　로하스 해피로드는 그래서 모두가 웰빙할 수 있는 자연친화적 걷기 코스를 의미한다. 코스는 잘 다듬어진 나무 데크와 포장로로 이뤄져 있다. 땀 흘리며 오르막 숲길을 걷는 운동 개념보다는 온 가족이 손잡고 나들이 삼아 거니는 산책에 어울리는 코스다.

물안개 너머로 흐릿하게 보이는 대청교(3~4지점).

마음의 평화를 불러오는 길 대청문화전시관~넓은 광장[1~5]

산과 들에 단풍이 오른 11월 중순의 이른 아침, 금강 로하스 해피로드를 찾았다. 금강 로하스 대청공원 주차장에 차를 세우니 맞은편 금강변에 자리한 대청문화전시관[1]이 눈에 들어온다. 전시관 뒤편 금강변으로 발걸음을 옮기자 데크 산책로가 강변을 따라 기분 좋게 뻗어있다. 땅과 강의 경계 위를 비행하듯 놓인 산책로는 강을 좀 더 가까이에 두고 걷는 즐거움을 선사한다. 전시관 뒤편 데크에 올라선 후 좌회전해 그대로 산책로를 따라 간다.

방부목을 짜 맞춰 길게 이은 산책로는 강변의 윤곽을 따라 자연스런 굴곡을 만든다. 이른 아침 수양버들이 늘어선 산책로를 거니는 것은 그 자체로 마음의 평화를 불러오는 휴식이다. 강기슭에는 나무들이 주산지의 그것처럼 뿌리를 박고 수면 위에 섰다. 금강으로 흘러드는 개천 위를 지날 때는 아치를 그리며 구름다리로 연결된다.

20분쯤 걸었을까, 어느새 데크가 끝나는 호반가든[2] 앞이다. 안내판에는 향후 데크를 연장해 금강변을 따라가는 기나긴 걷기 코스의 청사진이 그려져 있다. 추

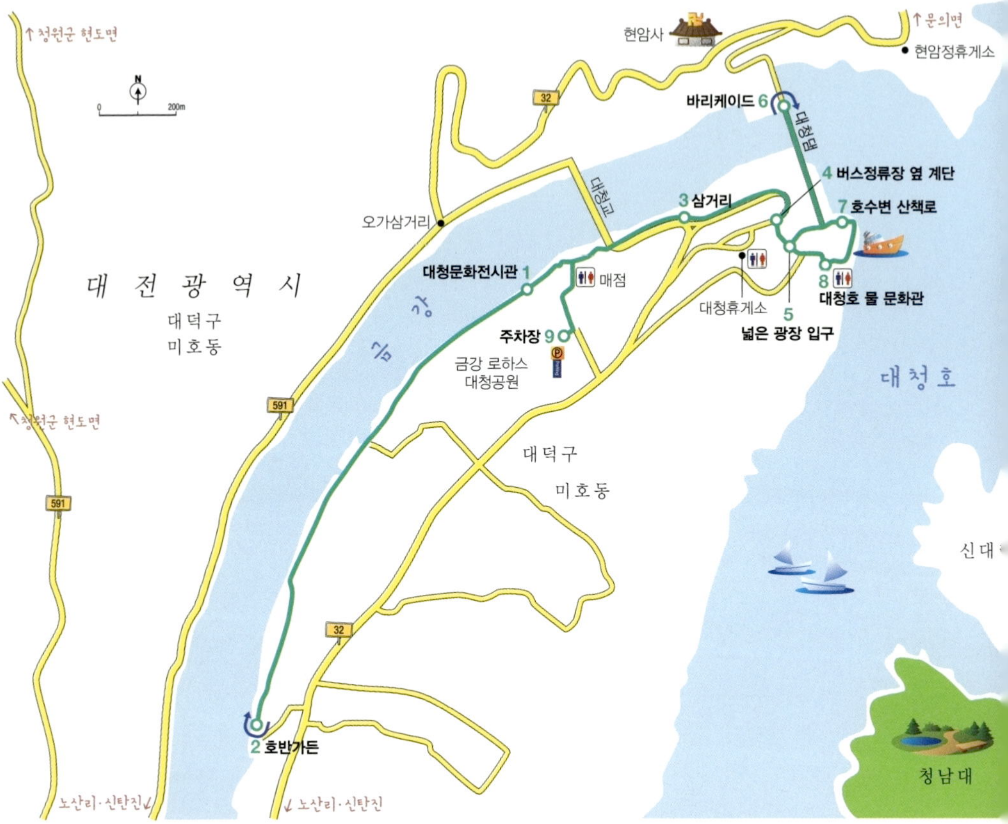

↑청원군 현도면
현암사
↑문의면
현암정휴게소
N
0
200m
32
바리케이드 6
대청댐
4 버스정류장 옆 계단
대청교
3 삼거리
7 호수변 산책로
오가삼거리
대청문화전시관 1
매점
대 전 광 역 시
대덕구
미호동
금강
주차장 9
금강 로하스
대청공원
대청휴게소
5
넓은 광장 입구
8
대청호 물 문화관
대청호
591
↖청원군 현도면
대덕구
미호동
591
신대
32
2 호반가든
청남대
노산리·신탄진↙
↙노산리·신탄진

해발(m)
110
100
90
80
70
60
50
40
30
1 대청문화전시관
호반가든
2
삼거리
3
6 바리케이트
8 대청호 물 문화관
주차장 9
0.0
0.5
1.0
1.5
2.0
2.5
3.0
3.5
4.0
4.5
5.0
5.5
6.0 (km)

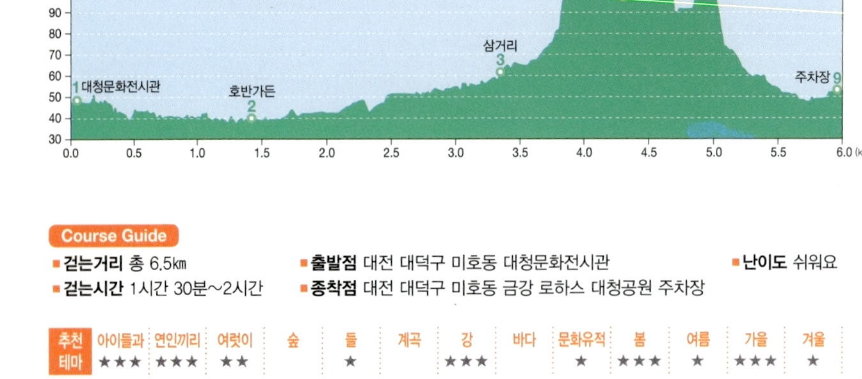

Course Guide

- **걷는거리** 총 6.5㎞
- **걷는시간** 1시간 30분~2시간
- **출발점** 대전 대덕구 미호동 대청문화전시관
- **종착점** 대전 대덕구 미호동 금강 로하스 대청공원 주차장
- **난이도** 쉬워요

추천 테마	아이들과	연인끼리	여럿이	숲	들	계곡	강	바다	문화유적	봄	여름	가을	겨울
	★★★	★★★	★★		★		★★★		★	★★★	★	★★★	★

가 코스가 완성된다면 한번쯤 다시 와보고 싶다.

호반가든 앞에서 유턴해 왔던 길을 돌아간다. 올 때와는 반대로, 강줄기는 왼편으로 길게 드러눕는다. 때로는 멈춘 듯, 작게 휘몰아치듯 유유히 흘러가는 금강은 구름 같은 물안개를 이불마냥 덮은 채 아침 단잠에 빠져있다. 데크 산책로는 처음 출발했던 대청문화전시관 뒤편을 지나 대청교 앞에서 끝나지만 걷기 코스는 도로를 건넌 후 그대로 대청댐까지 이어진다.

대청교 뒤로 세월의 얼룩이 곳곳에 스민 거대한 콘크리트 구조물이 경사각을 이루며 대청호 물길을 틀어막고 성벽처럼 서있다. 길이 495m, 높이 72m의 대청댐이다. 1975년 봄 공사를 시작해 1980년 말 완공된 대청댐은 다목적댐으로 대전과 청주, 공주, 부여 등 충청도 일대에 생활용수와 공업용수를 공급함은 물론 수력발전 설비를 통한 전력생산도 이루어지고 있다. 무엇보다 대청댐이 생긴 후 장마철마다 물난리를 불러온 금강 하류의 홍수가 자취를 감추게 되었다.

삼거리[3]를 지난 후 얼마 안 가, 오른편으로 휘어진 경사로를 오르면 버스정류장 옆으로 계단[4]이 보인다. 계단을 오르면 대청댐과 대청호 일대를 둘러볼 수 있는 넓은 광장[5]에 올라서게 된다. 광장 왼편을 따라 대청댐 상단으로 뻗은 길로 들어선다.

호수 아래 잠긴 옛 마을 대청댐~주차장[6~9]

수억 년 유유히 흐르던 물길을 태연히 가로막고 선 거대한 인공구조물…. 댐 위를 걷는 기분은 설레면서도 약간의 긴장이 함께한다. 댐 오른편으로 대청호가, 왼편으로 금강이 수십m의 수위 차를 두고 마주보고 있다. 걸음을 내딛을 때마다 육중하게 밀어붙이는 대청호의 수압이 느껴지는 듯한 착각 탓에 긴장이 쉽게 가시지 않는다.

예전 금강은 하나의 물줄기였지만 대청댐이 들어서면서 상류에 대청호가 생겼고, 금강과 분명한 경계를 이루며 나뉘게 되었다. 물리적으로 하나였던 물줄기

대청댐은 금강과 대청호의 인위적 경계선이다(3~4지점).

는 평소 수력발전 후 흘려보내는 방류수로 강의 명맥을 유지하다 장마철 댐의 수위조절을 위해 수문을 열어야 비로소 칠월칠석 견우직녀처럼 하나의 물줄기로 만난다. 댐의 이곳저것을 둘러보며 5분 정도 걷자 일반인의 출입을 막아놓은 바리케이드[6] 앞이다.

바리케이드를 등지고 다시 댐 입구까지 나간 후 왼편 계단으로 내려서면 대청호를 가까이 볼 수 있는 호수변 산책로[7]다. 넓게 트인 호수 위를 스치는 바람 탓에 수면에는 잔주름이 잡혔다. 평화로운 수면 아래는 원래 마을이 있던 자리다. 오랜 세월 사람들이 살아오던 집과 논밭 등의 생활터전은 댐이 만들어지고 호수가 생기면서 그대로 물속에 잠겼다. 대를 이어 살아오던 사람들은 쫓겨나다시피 뿔뿔이 흩어졌고, 남은 가옥은 불타고 해체되어 땅 속에 묻혔다. 대청호 수면 아래 잠긴 역사는 산책로를 빠져나온 후 광장 귀퉁이에 자리 잡은 '대청호 물 문화관[8]'에 낡은 흑백 사진과 미니어처로 전시되어있다.

◀ 대청댐이 생긴 후 금강 주변의 홍수 피해는 사라졌다(3~4지점).

문화관을 둘러 본 후 광장을 가로질러 내리막 계단으로 발길을 돌리면 저 멀리 처음 출발했던 대청문화전시관 앞쪽으로 종착점인 주차장이 보인다.

대청호반길

'2010 대충청방문의 해'를 맞아 2010년 4월 정식 개통된 대청호반길은 대전광역시가 4억6천600만 원의 예산을 들여 단장했다. 지역주민과 생태전문가의 의견 수렴 및 현장 답사 과정을 거쳐 모두 11 개 코스 59km 길이로 조성된 대청호반길은 흙길과 낙엽이 쌓인 숲길, 대청호 조망권, 농촌체험마을, 생태공원, 문화재 등을 연계한 테마형 생태탐방로를 표방하고 있다.

대청댐과 계족산성, 노고산성, 신선바위, 신상동 갈대밭, 연꽃마을 등 6개 주요 명소를 중심으로 코스를 꾸몄고, 1~3시간이면 걸을 수 있을 만큼 거리가 짧아 남녀노소 누구나 큰 힘 들이지 않고 대청호 주변의 명소들을 둘러볼 수 있다. 대전은 대청호반길을 조성하면서 걷기 코스 외에 26.6㎞의 자전거 코스도 함께 마련했다. 인터넷 사이트 greencity.daejeon.go.kr을 방문하면 대청호반길 코스 정보를 얻을 수 있다.

1코스	금강 로하스 해피로드 : 대청문화전시관~호반가든~대청댐~주차장 / 6.5km, 2시간 소요
2-1코스	여수바위 낭만길 : 두메마을 주차장~피낭바위 계곡~호반 산책길~두메마을 주차장 / 4.0km, 1시간 30분 소요
2-2코스	계족산성 건강길 : 두메마을 주차장~계족산성 임도~계족산성 연지~두메마을 주차장 / 8.5km, 2시간 30분 소요
3-1코스	노고산성 해맞이길 : 직동 찬샘마을~노고산성~성황당 고개~직동 찬샘마을 / 3.5km, 1시간 30분 소요
3-2코스	청남대 조망길 : 성황당 고개~성치산성~산성 이정표~직동 찬샘마을 / 7.0km, 2시간 30분 소요
4-1코스	신선바위 벚꽃길 : 신상동 주차장~제방길~금성마을~신선바위~신상동 주차장 / 2.5km, 1시간 소요
4-2코스	고봉산성 만남길 : 금성마을 입구~상촌 마을회관~고봉산성~신상동 주차장 / 6.0km, 1시간 30분 소요
5-1코스	갈대밭 추억길 : 신상동 주차장~흥진마을 억새풀길~신상동 갈대밭 / 3.0km, 1시간 소요
5-2코스	백골산성 하늘길 : 신상동 갈대밭~신상동 버스승강장~백골산성 입구~신상동 주차장 / 6.0km, 2시간 30분 소요
6-1코스	국화향 연인길 : 추동 시설공단 주차장~자연생태관~국화꽃 단지~추동 시설공단 주차장 / 4.5km, 1시간 30분 소요
6-2코스	연꽃마을길 : 대산농장 입구~호변 산책길~연꽃마을~주산동 갈대밭~대산농장 입구 / 6.5km, 2시간 30분 소요

감나무집 '송어회'

대청로 안쪽에 자리 잡은 감나무집은 오리백숙과 매운탕 등을 낸다. 그중에서도 송어회는 봄부터 가을까지 찾는 이가 끊이지 않는 인기 메뉴다. 송어는 연어과에 속하는 생선이지만 연어보다 맛이 좋아 고급어종으로 꼽힌다. 감나무집 송어회는 차게 식힌 회칼로 싱싱한 송어를 단시간에 손질해 육질이 찰지고 고소하다.

위치 대전 대덕구 미호동 126 / **전화** (042)931-1114
영업시간 11:30~23:00 / **주차** 가능 / **가격** 송어회 3만~5만 원, 오리한방백숙 5만 원, 매운탕 3만 5천 원

〉〉 찾아가기

대중교통 서울강남고속터미널에서 대전행 고속버스를 이용한다. 대전고속버스터미널(042-625-8792) 정류장에서 2번 시내버스를 타고 남경마을 정류장에서 72번 시내버스로 갈아 탄 뒤 대청문화전시관 정류장에 하차
강남고속터미널 → 대전고속버스터미널 06:00~24:10(수시 운행)
동서울종합터미널 → 대전고속버스터미널 06:10~21:30(수시 운행)
대전고속버스터미널 → 와동현대아파트 버스정류장 2번 시내버스(05:45~22:30, 10분 간격)
남경마을 버스정류장 → 대청문화전시관 버스정류장 72번 시내버스(06:00~21:20, 8회 운행)
승용차 대청공원 주차장에 주차(무료)

〉〉 돌아오기

대청문화전시관 버스정류장에서 72번 버스를 타고 대덕구보건소 버스정류장에서 701번 시내버스로 갈아 탄 뒤 대전고속버스터미널 버스정류장에 하차
대전고속버스터미널 → 강남고속터미널 06:10~24:00(수시 운행)
대전고속버스터미널 → 동서울종합터미널 06:00~22:00(수시 운행)

숙박 신탄진역 주변 / **매점 · 화장실** 대청문화전시관 주변(1지점), 호반가든(2지점), 대청댐 휴게소(5~6지점), 대청호 물 문화관(8지점) / **식수** 미리 준비, 공원 내 매점 이용

청남대

'따뜻한 남쪽에 자리한 청와대'를 뜻하는 청남대는 원래 대통령이 휴식하며 국정을 구상하던 전용 별장이었다. 전두환 대통령의 지시로 1983년 말 완공되어 별장으로 쓰이다가 2003년 초 노무현 대통령 때 일반에 개방되었다. 상수원보호구역에 위치한 데다 대통령 별장이라는 특수성 때문에 주변 자연환경이 잘 보존되어 있으며, 역대 대통령들이 사용했던 여러 시설들을 둘러볼 수 있다. 청남대는 개방 후 본관과 역대 대통령 광장, 오각정, 골프장, 양어장, 초가정 등 기존 시설에 대통령역사문화관과 하늘정원 그리고 호반산책로를 추가로 조성했다.

위치 충북 청원군 문의면 청남대길 646 / **전화** (043)220-6412 / **홈페이지** chnam.cb21.net
입장료 성인 5천 원, 군경 · 청소년 4천 원, 노인 · 어린이 3천 원 / **주차** 가능, 무료

MRF 이야기길

4코스 숨소리길

나각산 정상에서 듣는
낙동강의 숨소리

거리 8.0km, 2시간 30분~3시간 소요

> 산과 강, 들길을 두루 지나는 상주 'MRF 이야기길' 중 '숨소리길'은 나각산을 중심으로 낙동강
> 변을 거닐 수 있는 코스다. 나각산에 오르면 지역의 명물 출렁다리와 전망대가 여행자를 반긴
> 다. 전망대에서는 낙동마을을 감싸 안듯 흐르는 낙동강 물줄기가 한눈에 들어온다.

전국적으로 순우리말 이름을 붙인 걷기코스들이 크게 늘고 있는 가운데 경북
상주의 MRF 이야기길은 여러모로 독특하다. 우선 '대세'에 따르지 않고 당당하
게 붙인 영어 이름부터 그렇다.

MRF란 산길(mountain road)과 강길(river road), 들길(field road)을 걷거나 달
리는 신종 레포츠를 일컫는다고 한다(상주시 홈페이지 자료). 워낙 '신종'인지라
아직 사전에서 찾아볼 수 없는 단어지만, 말 그대로 산 좋고 물 좋은 길을 따라
걷는 일반적인 걷기여행을 떠올리면
되겠다. 다만 전통문화의 향기가 강하
게 남아 있는 경북 상주의 대표 걷기
코스 이름으로 적절한 단어인가 하는
의구심이 남는다. 기억하기 쉽지 않고
영어 모르는 어르신들은 읽을 수조차
없을 MRF라니, 갓 쓴 양반이 나이키
백팩을 메고 있는 느낌이랄까.

숨소리길의 출발점이자 종착점인 먹거리촌 앞 이정표(1지점).

나각산의 출렁다리는 지역 명물이다(7지점). ▶

잘 단장해 놓은 나각산 정상(6지점).

어느 연인들이 걸어 놓았을
사랑의 징표(7지점).

낮지만 명성 높은 나각산 낙동강변 먹거리촌~출렁다리[1~7]

　서로 이어지거나 겹치는 14개 코스의 MRF 이야기길 중 거의 유일하게 홀로 떨어져 있는 코스가 바로 숨소리길(4코스)이다. 일부러 찾아가 걸어도 좋을 만큼 가치가 있다는 뜻일지도 모른다. 호기심에 이끌려 숨소리길의 나들목인 낙동강 먹거리촌으로 향한다.

　다양한 별미를 맛볼 수 있는 낙동강변 먹거리촌[1]이 숨소리길의 출발점이다. 낙단교 북단에서 강줄기를 오른편에 끼고 이정표를 따라 제방길을 걷는다. 코스 초입부터 강바닥을 파고, 거대한 콘크리트 구조물을 세우는 4대강 공사가 한창인 탓에 제방길에도 공사장 인부들과 덤프트럭이 수시로 드나든다.

　소란하고 어지러운 제방길을 500m쯤 걷다보면 삼거리[2]가 나온다. 민가와 논 사이를 가로질러 산 쪽으로 뻗은 왼쪽 길로 들어선다. 드문드문 나타나는 허름한 민가와 축사들은 넓은 논과 어우러져 전형적인 시골풍경을 보여준다. 아직 덜 여문 이삭들로 가득한 논은 눈에 보이지 않는 바람을 일렁이는 연둣빛 물결로 바꾼다.

　이정표를 따라 논과 축사를 지나다보면 나각산으로 오르는 등산로가 시작된다. 솔숲 사이로 난 오솔길은 8월 중순임에도 잡초가 별로 없는 바짝 마른 황토

밭길로 들어서면 축사 때문에 시골 향기(?)가 진하다(2~3지점).

로 덮여 걷기가 수월하다. 여름만 되면 잡초와 거미줄이 창궐(?)하는 인적 드문 걷기코스가 생각보다 많다는 점을 감안하면, 나각산 정상으로 뻗은 산길은 평소에도 사람의 왕래가 많은 주요 등산로인 듯하다. 등산로 초입의 간이 화장실[4]은 물론 갈림길마다 잘 정비된 표지판 역시 초행길의 여행자들에게 큰 도움이 된다.

완만한 경사의 숲길을 30분쯤 올라가면 옛길 갈림길을 지나 각종 운동기구를 모아놓은 체력단련장이 나오고 곧바로 정상 바윗길을 오르는 목재계단[5] 앞에 닿는다. 가파른 바위를 따라 박아놓은 계단은 두개의 전망대를 지나 나각산 정상으로 이어진다.

240m 정도로 높지 않은 나각산은 그 생김새가 풍요와 부를 상징하는 소라를 닮았다고 해서 붙은 이름이다. 나각산 주변은 속리산과 일월산, 팔공산 세 개의 산줄기와 낙동강과 위강이라는 두 개의 강이 만나 산하(山河)의 기운이 넘친다 하여 예로부터 큰 도시가 들어설 명당으로 꼽혔다고 한다.

계단을 올라 나각산 정상 전망대[6]에 오르니 지평선 너머에서 불어온 바람이 온 몸의 열기를 개운하게 씻어낸다. 바람소리는 마치 낙동강의 숨소리처럼 길게 꼬리를 물고 지나간다. 나각산 전망대에서는 북동쪽에서 달려온 낙동강 물줄기가 낙동 마을을 크게 휘돌아 처음 출발했던 낙단교 너머로 뻗어가는 장관을 한눈에 볼 수

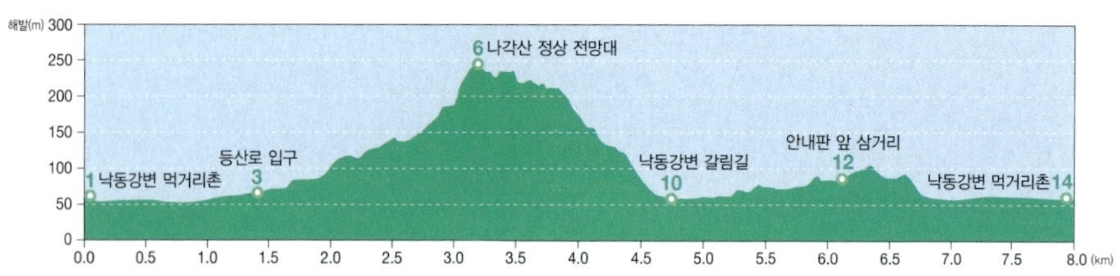

Course Guide

- **걷는거리** 총 8.0km
- **걷는시간** 2시간 30분~3시간
- **출발점** 경북 상주시 낙동면 낙동리 낙동강변 먹거리촌
- **종착점** 경북 상주시 낙동면 낙동리 낙동강변 먹거리촌
- **난이도** 조금 힘들어요

추천 테마	아이들과	연인끼리	여럿이	숲	들	계곡	강	바다	문화유적	봄	여름	가을	겨울
	★	★★	★★	★★★	★★		★★★			★★	★	★★★	★

있어 감탄이 절로 나온다. 절경에 취해 한참을 두리번거리다 계단을 내려선다.

하산길로 접어들면 마지막 봉우리로 이어진 나각산의 명물 출렁다리[7]를 지나야 한다. 얼핏 보면 까마득한 낭떠러지 계곡 사이를 잇고 있는 것 같지만 자세히 들여다보면 그리 높지가 않다. 실질적인 기능보다는 지역의 상징물이라는 데 의미를 두고 건설되었음을 짐작할 수 있다. 덕분에 고소공포증이 있는 사람들도 씩씩하게 다리 위를 서성거릴 수 있다. 출렁다리와 잘 단장한 곳곳의 전망대는 나지막한 나각산을 이 지역의 명소로 만든 일등공신들이다.

사라져갈 흙길을 따라 마귀할멈굴~낙동강변 먹거리촌[8~14]

정상으로 이어지던 편안한 오솔길은 하산을 시작하자 잡초가 우거진 좁고 가파른 길로 돌변한다. 정상 바위지대를 한 바퀴 돌아 내려오면 얼마 안 가 마귀할멈굴[8]이다. 아담하게 입을 벌린 습기 찬 동굴은 언뜻 을씨년스러워 보이지만 예전에는 아들을 낳게 해달라고 이곳에서 기도를 했다고 한다. 동굴 바깥쪽에는 파란 유성스프레이로 MRF 이야기길 방향이 표시되어 있다. 친절한 것은 좋지만 자연물을 훼손하지 않고 다르게 안내할 방법은 없었을지 잠시 머뭇거리게 된다.

나각산을 내려오는 숲속 오솔길은 인적이 드문 탓에 우거진 잡초와 거미줄이 수시로 걸음을 방해한다. 그 때문에 정상으로 오르는 길에 주었던 후한 점수

MRF 이야기길

2010년 7월 경북 상주시가 조성한 'MRF 이야기길'은 전체 길이가 약 133km에 이른다. 'MRF'는 산길과 강길, 들길을 걷거나 달리는 신종 레포츠를 말하는데, MRF 이야기길은 그 같은 길들을 포함하고 있는 것이 특징이다. 또한 해발 200~300m 정도의 높지 않은 코스들로 이뤄져 있어 힘들이지 않고 걸을 수 있도록 했다. 길은 상주시내와 낙동강, 이안천 등 3개 권역에 14개 코스로 나뉘며, 각 코스를 걷는 데 걸리는 시간은 2시간에서 6시간까지 다양하다.
코스에 관한 자세한 정보는 상주시 홈페이지(www.sangju.go.kr) 내 관광상주 〉 상주 여행 〉 테마관광 코스 〉 MRF 코스에서 얻을 수 있다.
문의 전화 상주시청 문화체육과 (054)537-7201

를 하산 길에서 고스란히 깎게 된다. 묵묵히 걷다보니 어느덧 무덤터[9]를 지나 낙동강변 갈림길[10]이다. 오른쪽 비닐하우스를 끼고 우회전해 공사를 위해 닦아놓은 제방길로 10여 분 진행하다 샛길[11]을 따라 오른편으로 접어든다. 왼쪽으로 꺾어진 논 사잇길을 지나자 임도 같은 넓은 비포장길이 나타난다. 길에서 만난 한 주민은 "몇 년 후에는 이 지역이 낙동상 테마 관광지구로 개발될 것"이라며 들뜬 표정을 숨기지 않았다. 지금 걷고 있는 이 길도 3m 너비의 포장도로로 매끈하게 바뀔 거란다. 걷기 좋고 아름다운 흙길이 자동차를 위한 아스팔트길로 바뀐다니, 겉으로는 고개를 끄덕이면서도 안타까운 마음이 드는 건 단지 이방인이기 때문일까.

오르막 흙길을 내려오다 코스 안내판 앞 삼거리[12]에서 직진한 후 다시 갈림길에서 왼쪽 길로 방향을 잡는다. 그대로 길을 따라가다 몇 채의 민가를 지나 강변 갈림길에서 제방으로 이어진 오른쪽 길로 접어든다. 제방길에 올라 쭉 직진하면 처음 지났던 삼거리[13]가 나타나고, 얼마 후 출발점인 낙단교 북단 낙동강변 먹거리촌[14]에 이른다. 낙동마을은 여전히 공사장 소음으로 소란하다.

🍲 추천음식

강나루복집 '복매운탕'

복어는 지방이 적어 담백할 뿐 아니라 해독작용을 해주는 생선으로, 예로부터 약으로 달여 먹기도 했다. 이처럼 몸에 좋은 복어를 잘 손질한 후 무와 미나리, 대파, 콩나물 등 갖은 채소를 곁들여 푹 끓여낸 복매운탕은 깊고 얼큰한 맛의 국물이 일품이다. 해장은 물론 보양식으로도 손색이 없다.

위치 경북 상주시 낙동면 낙동리 451-8
전화 (054)532-0199 / **영업시간** 10:30~21:00 / **주차** 가능
가격 복매운탕 2만5천~3만5천 원, 복지리탕 2만5천~3만5천 원, 복불고기 1만5천 원

🚗 교통편

≫ 찾아가기
대중교통 서울 동서울터미널과 강남고속터미널에서 상주행 고속버스를 이용한다. 상주종합버스터미널(054-534-9002) 앞 버스정류장에서 선산(낙동) 방면 시내버스를 타고 낙동기점 버스정류장에 내리면 시작점인 낙동강변 먹거리촌이다.
동서울터미널 → 상주종합버스터미널 06:00~20:30(수시 운행)
강남고속터미널 → 상주종합버스터미널 07:00~19:40(50분~1시간 간격)
상주종합버스터미널 → 낙동기점 버스정류장 선산(낙동) 방면 시내버스(08:00~20:15, 14회 운행)
승용차 낙동강 먹거리촌 주변 식당가에 주차(무료)

≫ 돌아오기
낙동면 낙동기점 버스정류장에서 상주종합버스터미널로 가는 시내버스를 이용한다.
상주종합버스터미널 → 동서울터미널 06:00~23:00(30분 간격)
상주종합버스터미널 → 강남고속터미널 07:00~19:40(14회 운행)

✏️ 알아두기

숙박 · 식당 낙동강변 먹거리촌(1지점) 주변, 상주 시내, 경천대 주변 / **식수** 미리 준비
화장실 나각산 초입(3~4지점), 생태체험단지 부근(12~13지점)

📷 들를 만한 곳

경천대 국민관광지

낙동강변에 자리잡은 경천대는 낙동강 1천300리 물길 가운데 최고의 절승지로 꼽히는 곳이다. 경천대를 중심으로 조성된 국민관광지는 전망대와 야영장, 출렁다리, 드라마 '상도' 세트장, 수영장과 눈썰매장 등 각종 어린이 놀이시설 및 편의시설을 갖춰 상주를 대표하는 관광명소로 꼽힌다.

위치 경북 상주시 사벌면 삼덕리 산 12-3
전화 (054)536-7040
홈페이지 gyeongcheondae.sangju.go.kr
입장료 없음(수영장, 눈썰매장 요금은 별도) / **주차** 가능, 무료

◀ 걷기 좋은 흙길은 관광지구가 들어서면 포장길로 바뀔 예정이다(11~12지점).

흔치 않은 정취, 남부길
도시 빛내는 한갓진 숲과 강

거리 12.2km, 3~4시간 소요

경남 진주의 남부길은 도심 한복판을 지나지만 아늑한 숲과 호젓한 강의 풍경을 지녔다. 가좌산 자락의 대나무 숲과 편백나무 숲을 지나 망진산 정상에 올랐다가 화려하면서도 수수한 남강으로 향한다. 언덕을 넘고 강을 따라가며 만나는 도시가 유달리 정겹다.

흔한 듯 남다른 길의 시작 연암공업대~망진산 정상[1~8]

경남 진주시의 연암공업대와 경상대 사이 가좌산 자락에서 출발해, 잘 가꾸어 놓은 대숲과 편백나무 숲을 지나 진주 도심이 한눈에 내려다보이는 망진산 정상으로 향한다. 남강으로 내려가면 말끔하게 정비된 강변을 따라 진주성과 같은 역사의 흔적을 구경할 수 있다. '남부길' 이야기다. 어찌 보면 흔한 걷기코스의 하나지만 길이 전하는 정취는 흔하지 않은 게 이 길의 매력이다. 진주 남부길에는 도시와 아름다운 자연이 묘하게 어우러져 있다.

남부길은 망진산으로 오르는 입구인 연암공업대[1]에서 시작한다. 대학 정문을 지나 조금만 가면 길 왼쪽에 숲 입구가 나온다. '도심 속의 테마숲길'이라는 문구와 간단한 산책로 지도가 보이고 산행 후 등산화 등의 흙먼지를 털어내는 에어건도 설치되어 있다. 망진산으로 가려면 에어건 옆으로 난 언덕을 올라야 한다. 폭이 넓고 바닥 흙이 단단해 경사에 비해 그리 힘들지는 않다. 길지 않은 언덕을 다 오르면 편백숲이 울창한 장소, '어울림 숲길[2]'이라는 이름이 붙은 삼거리다.

연암공업대에서 숲으로 접어드는 길의 초입(1~2지점). ▶

가좌산에 조성한 대나무 숲(2~3지점).

망진산 정상을 넘어 남강까지 가려면 오른쪽(석류공원 방향)으로 가야하지만 우선 데크를 따라 편백숲을 걸어보자. 연이어 대숲까지 지나면 남다른 청량감을 느낄 수 있다. 데크로 계속 걸으면 출발했던 연암공업대로 내려가므로 적당한 장소에서 망진산 정상 쪽으로 방향을 돌린다.

넓고 반듯한 길가에 심은 소나무, 편백나무가 뒷산이라는 이름과는 어울리지 않는 웅장한 풍경을 만들어낸다. 진주 도심이 한눈에 들어오는 전망대[3]가 나오면 잠시 쉬었다 가자. 계속 직진하다 '망진산 갈림길 300m'을 알리는 이정표[5]가 나오면 오른쪽으로 방향을 돌린다. 이후로 갈림길이 나오면 이정표에 적힌 '망진산' 방향으로만 간다. 이전보다는 훨씬 좁은 길이 빽

진주 도심이 잘 내려다 보이는 전망대(3지점).

망진산 정상 부근에서 바라본 남강(7~8지점).

빽한 소나무 숲을 이리저리 휘돌며 이어지더니 남강과 그 너머 진주 도심이 보이기 시작한다. 거대한 통신탑이 나오면 망진산 정상[8]이다. 생각보다 커다란 강줄기, 깔끔하게 정리된 강변, 수백 개의 성냥갑을 세로로 세워놓은 듯한 고층아파트가 가득한 진주 도심은 꼭 미니어처 사진 속 풍경 같다.

남부길

남부길은 경남 진주시민들이 원래부터 즐겨 걷던 가좌산, 망진산, 남강에 있는 걷기 좋은 길을 이어서 코스로 만들고 '남부'라는 이름을 붙인 것이다.

도심에 위치해 있어 가기가 쉬울 뿐만 아니라 아늑한 숲과 강의 정취를 느낄 수 있는 것이 이 걷기코스의 장점. 연암공업대에서 출발해 가좌산, 망진산, 남강을 지나 연암공업대로 되돌아오는 순환코스로, 일부구간만 걸을 수도 있다. 전체 거리는 약 12㎞이며 다 걷는 데 4시간쯤 걸린다.

연암공업대~망진산~천수교~남강~남부산림연구소~연암공업대 / 12.2km, 4시간 소요
가좌산 정상~망진산 정상 / 4㎞, 1시간 15분 소요

문의 전화 (055)747-0833~6 / **홈페이지** walking.jinju.or.kr

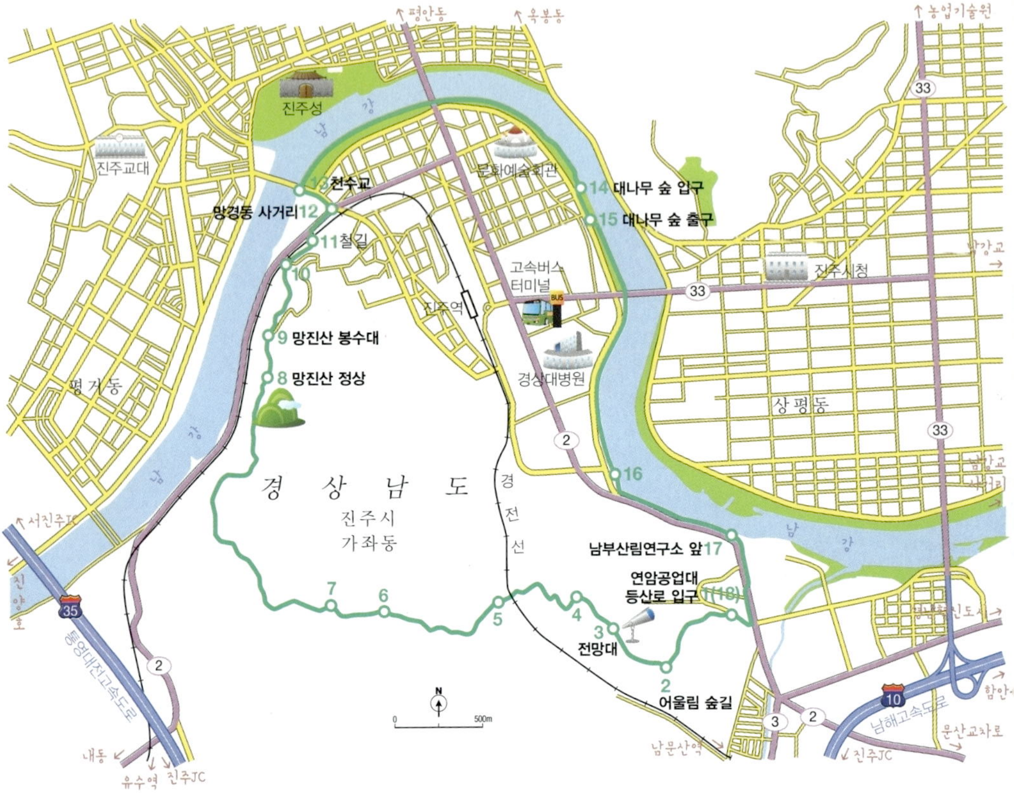

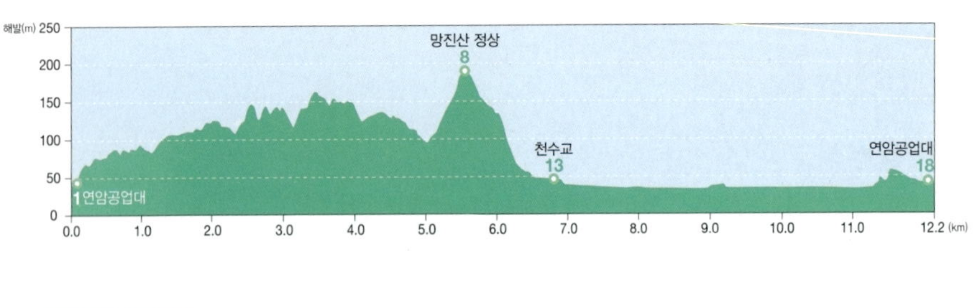

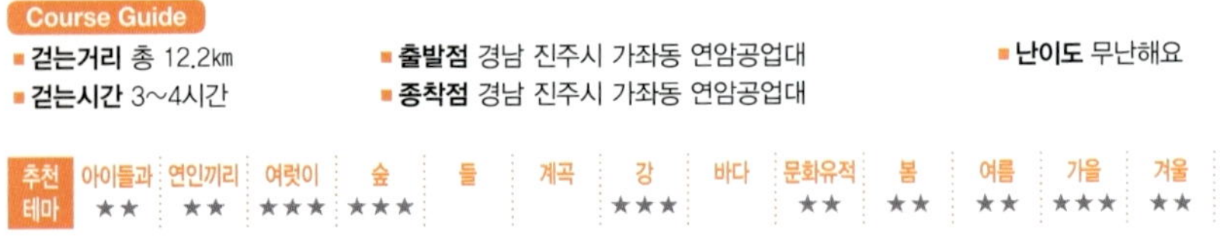

Course Guide

- **걷는거리** 총 12.2㎞
- **걷는시간** 3~4시간
- **출발점** 경남 진주시 가좌동 연암공업대
- **종착점** 경남 진주시 가좌동 연암공업대
- **난이도** 무난해요

추천 테마	아이들과	연인끼리	여럿이	숲	둘	계곡	강	바다	문화유적	봄	여름	가을	겨울
	★★	★★	★★★	★★★			★★★		★★	★★	★★	★★★	★★

철길 지나는 달동네 봉수대~망경동 사거리[9~12]

정상을 지나쳐 조금만 가면 돌로 쌓아 만든 망진산 봉수대[9]가 나온다. 조선시대에 만든 것으로, 외적의 침입을 한양 목멱산(서울 남산)까지 알리는 남쪽 거점 역할을 했고 동학농민항쟁과 일제강점기 3·1운동 때도 사용되었다.

봉수대를 지나면서 길 분위기가 사뭇 달라진다. 숲은 여전히 울창하지만 산이라기보다는 공원처럼 편안하고, 걸을수록 남강이 가까워진다.

산을 완전히 벗어나는 건 철망이 나타나고 텃밭으로 길이 막히는, 아니 그런 줄로 착각한 장소[10]에서다. 길을 잘못 든 것이 아닐까 하는 당혹감도 잠시, 아주 좁은 길이 철망 옆을 따라 주택가로 이어져 있다. 망진산을 걸으며 내려다보았던 진주 도심과 달리 낡은 주택들이 다닥다닥 붙은 이곳은 진주 망경동이다. 주택가 내리막길을 따라가면 이제는 몇 남지 않았을 풍경이 나온다. 쓰러질 듯 낡은 집들의 담벼락 바로 옆으로 철길이 놓여 있다. 이 철도는 경남 밀양의 삼랑진역과 광주 송정역을 잇는 경전선[11]. 진주를 찾았던 사람 중에 이 장소를 본 사람이 몇이나 될까.

철길을 건너면 바로 큰 도로다. 이제부터는 남강변으로 내려가야 한다. 도로에서 오른쪽으로 조금 가면 나오는 망경동 사거리[12]에서 왼쪽을 보면 남강으로 접어들 수 있는 천수교가 있다.

망경동의 철길 건널목. 밀양과 광주를 잇는 경전선이 낡은 주택가 사이를 지난다(11지점).

강 너머로 진주성곽이 보인다(13지점).　　남강변에서 바라본 진주성의 촉석루(13~14지점).

고요하고 운치 있는 강변 천수교~연암공업대[13~18]

천수교[13]에는 강으로 내려갈 수 있는 별도의 데크가 있다. 강변으로 내려가 강을 왼쪽에 두고 걸으면 된다. 수량이 풍부한 남강이 잔잔하게 흐르고 잔디 깔린 강변은 넓고 쾌적하다. 강 건너편으로 성벽이 드문드문 보이는 언덕이 임진왜란 때 논개가 왜군장수를 껴안고 투신했다는 이야기가 얽힌 진주성이다.

남강변에는 400m 길이의 대숲도 조성되어 있다. 문화예술회관을 지나 10분 정도 걸으면 강변과 찻길 사이에 담벼락처럼 늘어선 대나무가 숲을 이루고 있다. 그 입구[14]가 보이면 강변을 잠시 벗어나 대숲을 걸어본다. 햇빛이 드문드문 떨어져 있고 지나는 바람조차 초록으로 물들 것 같은 싱그러운 장소다. 대숲이 끝나면[15] 다시 강변으로 나선다.

20분쯤 걸어 찻길 건너편으로 커다란 실내 골프연습장[16]이 보이면 강변공원은 끝이 나고 갈림길 앞에서 선택을 해야 한다. 도로 쪽으로 올라가 인도를 따라가도 되고 강변을 따라 좁게 나 있는 길을 계속 걸어도 된다. 어느 쪽을 선택하든 10분쯤 걸으면 남부산림연구소 정문 앞[17]에 이른다. 길을 건너 왼쪽으로 가면 출발했던 연암공업대[18]다.

◀ 남강변 일부 구간에서 울창한 대나무 숲을 걸어볼 수 있다(14~15지점).

제일식당 '육회 비빔밥'

비빔밥하면 흔히 전주를 떠올리지만 진주비빔밥도 전통이 깊다. 두 비빔밥 모두 소고기 육회를 쓰지만, 진주비빔밥은 콩나물 대신 숙주나물을 사용하고, 콩나물국 대신 선짓국과 함께 먹는 것이 특징이다.

진주에서 비빔밥으로 잘 알려진 곳 중 하나가 '제일식당'이다. 중앙시장 골목 안에 자리한 허름한(?) 건물은 3대째 가업을 이이온 식당의 이력을 가늠케 한다. 육회 비빔밥을 주문하면 참기름에 버무린 육회 · 숙주, 채 썬 애호박이 고명으로 얹힌 비빔밥, 김치 · 동치미 · 무말랭이 3찬 , 선짓국 대신 소고기국이 나온다. 자극적이지 않은 음식 맛은 그릇을 다 비울쯤에 더 인상적으로 기억된다.

사골국물에 된장을 풀고 시래기를 넣어 끓인 해장국은 제일식당의 또 다른 인기메뉴. 단, 오전 11시 반까지 가야만 맛볼 수 있다.

위치 경남 진주시 대안동 8-291 / **전화** (055)741-5591 / **영업시간** 04:00~21:00 / **주차** 시장 내 공영주차장(식당 이용 시 무료) / **가격** 육회비빔밥 7천~8천 원, 해장국 4천~5천 원, 육회 3만~4만 원

교통편

》 찾아가기

대중교통 서울고속버스터미널과 동서울터미널에서 진주고속버스터미널(055-752-5167), 남부터미널에서 진주시외버스터미널(055-741-6039)로 가는 고속버스가 있다. 진주고속버스터미널과 진주시외버스터미널에서 17-5번 시내버스를 이용해 연암공업대로 간다.

서울고속버스터미널→진주고속버스터미널 06:00~24:10(수시 운행)
동서울터미널→진주고속버스터미널 07:00 10:00 12:30 15:20 18:00(5회 운행)
남부터미널→진주시외버스터미널 06:00~24:00(30분 간격)
진주고속버스터미널 · 진주시외버스터미널→연암공업대 05:06~23:56(10분 간격)
승용차 연암공업대 내 주차, 무료

》 돌아오기

연암공업대 앞 버스정류장에서 17-5번 시내버스를 이용해 진주고속버스터미널, 진주시외버스터미널로 돌아간다.

연암공업대→진주고석버스터미널 · 진주시외버스터미널 05:06~23:56(10분 간격)
진주고속버스터미널→서울고속버스터미널 05:30~24:00(수시 운행)
진주고속버스터미널→동서울터미널 07:10 10:00 12:30 15:20 18:00(5회 운행)
진주시외버스터미널→남부터미널 05:10~24:00(30분 간격)

알아두기

숙박 진주고속버스터미널 · 진주시외버스터미널 일대 숙박업소
식당 · 매점 망경동(11~12지점), 문화예술회관 일대(13~14지점)
식수 미리 준비
화장실 남강변(15~16지점)

진주성

남강변에 자리한 진주성은 진주를 대표하는 건축물이다. 대부분의 성이 그렇듯 진주성도 외적의 침입을 막기 위해 만들었다. 삼국시대에 처음 쌓은 것으로 알려지며 고려 우왕 때 토성이던 진주성을 석성으로 바꾸었다. 성 가운데 내성을 쌓은 현재의 모습은 임진왜란 후에 완성되었다.

진주성은 행주대첩, 한산도대첩과 더불어 임진왜란 3대 대첩으로 꼽히는 진주대첩의 현장이다. 임진왜란 원년(1592)에 김시민 장군이 군사와 성 안의 백성을 합친 3천800여 명을 이끌고 왜군 2만을 물리치는 전과를 세웠다. 성 내부에는 진주성의 상징과도 같은 촉석루, 임진왜란 관련 유물이 보관된 국립진주박물관, 왜장과 함께 남강에 투신했다는 논개를 기리는 논개사당 등 유적이 많다.

위치 경남 진주시 본성동 415 / **전화** (055)749-2480~1
입장료 성인 1천 원, 청소년 500원, 어린이 300원 / **주차** 가능, 30분 500원, 10분마다 200원 추가

쇠둘레 평화누리길

1코스 한여울길
통일의 꿈, 한줄기 강물처럼
거리 11.6km, 3시간 소요

북한과 남한의 합작품인 승일교에서 출발해 검은 협곡 한탄강변을 걷는다. 잘 정비된 산책로 곁으로 굽이치는 강물과 평야지대의 탁 트인 풍경이 함께 한다. 내내 시원한 눈맛을 주는 길에는 계곡과 기암이 어우러진 고석정, 꼬마 나이아가라 직탕폭포가 기다린다.

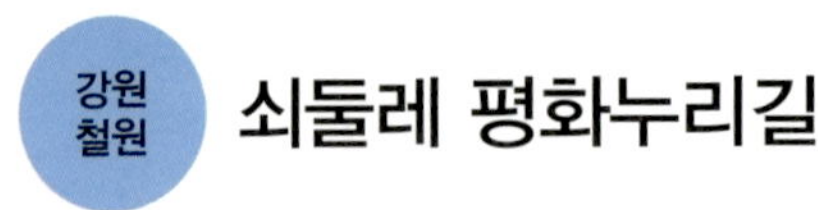

한탄강에 나란히 놓여 있는 한탄대교(왼쪽)와 승일교(1지점).

북에서 온 강물 승일공원~고석정[1~4]

38선 가까이 위치한 탓에 휴전 이후에도 긴장의 끈을 놓지 못하고 있는 지역이 강원도 철원이다. 이곳에서는 도로 곳곳에 설치된 검문소와 쉴 새 없이 지나는 군인들의 모습이 낯설지 않다. 개도 신분증 없이 마음대로 돌아다닐 수 없다는 우스개가 떠도는, 24시간 경계태세의 땅이다. 여기서 세상사 어떻게 돌아가든 상관치 않고 그저 자유롭게 흐르는 건 한탄강뿐인가 싶다.

북한 평강에서 발원하여 남한의 철원과 연천을 거쳐 임진강과 합쳐지는 한탄강은 거칠고 도도하게 흐른다. 강줄기 주위에는 수십m의 검은 돌기둥을 빼곡하게 심어놓은 것 같은 거대한 주상절리가 펼쳐진다. 이 협곡을 따라 쇠둘레 평화누리길 1코스 '한여울길'이 놓여 있다. 쇠둘레는 '철원(鐵原)'을 순우리말로 바꾼 것이다. 평화누리길이라는 이름에는 38선을 자유롭게 넘는 한탄강처럼 하루빨리 통일이 되길 기대하는 철원 사람들의 소망이 담겨 있다.

한여울길은 한탄대교를 건너기 전 오른쪽에 위치한 승일공원[1]에서 출발한다. 길을 만들면서 새롭게 정비한 공원은 쉼터나 화장실 등을 잘 갖추고 있다. 눈앞에 한탄대교와 나란한 승일교가 보인다. 승일교는 남과 북의 합작품이다. 1948년 북한에서 절반 정도 짓다가 한국전쟁으로 공사를 중단했고, 땅을 차지한 남한에서 1958년 나머지 구간을 완성했다. 승일교는 이승만의 '승(承)'과 김일성의 '일(日)'자를 따서 지은 이름이라고도 하고, 전쟁 당시 한탄강을 건너 북진하던 중 전사한 박승일 대령을 추모해 붙인 이름이라고도 전한다.

승일교[2]에 오르면 한탄강이 서서히 모습을 드러낸다. 다리를 건너며 바라보는 한탄강은 한 마디로 장관이다. 도도

은행잎 노랗게 깔린 가을 산책로(2~3지점).

한 물줄기는 검은 벼랑 사이로 잔잔하게 흐르는 듯싶다가 무섭도록 하얀 거품
을 토해낸다. 그 거친 물살 위에 래프팅과 카약을 즐기는 사람들이 있다. 바라
만 보아도 시원한데 저 사람들은 얼마나 신이 날까.

고석정 입구까지 은행나무가 길게 늘어섰다. 가을에 잎이 다
떨어지면 온통 노랗게 변한 길이 보기 좋을 것 같다. 한여울
길은 고석정 입구 사거리[3]에서 직진하지만, 왼편에 위
치한 고석정은 꼭 둘러보고 가야한다. 건널목을

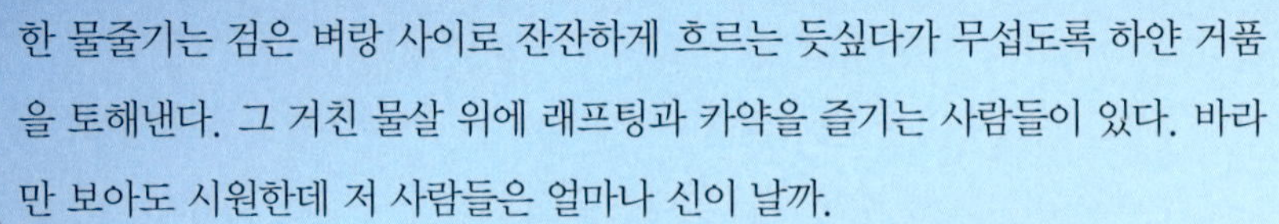

임꺽정의 전설이 전해지는 고석바위와
아름다운 정자가 있는 고석정(4지점).

건너 고석정유원지 안으로 들어서면 철의삼각전시관, 놀이공원, 산책로, 쉼터 등이 잘 꾸며져 있다. 여기서 '孤石亭'이라 쓰인 표지판 방향으로 내려가면 계곡과 기암이 절경을 이룬 고석정[4]이 나온다.

고석정은 이름 때문에 정자를 뜻하는 것 같지만 이 일대의 협곡과 기암, 정자 등을 아울러 부르는 말이다. 고석정 아래로 커다란 바위가 놓여 있는데 조선 시대 의적 임꺽정(林巨正)이 '꺽지'로 둔갑해 은거했다는 고석바위다.

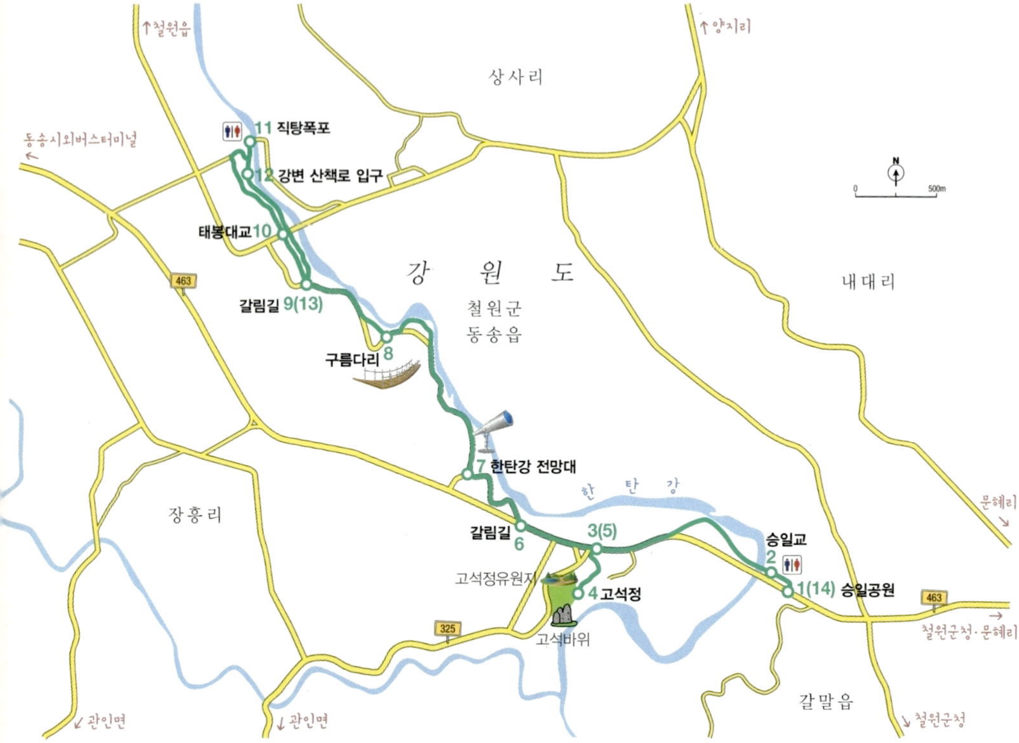

↑철원읍　　↑양지리

상사리

11 직탕폭포

12 강변 산책로 입구

동송시외버스터미널→

태봉대교 10

463

갈림길 9(13)

강　원　도

철원군
동송읍

구름다리 8

내 대 리

7 한탄강 전망대

한 탄 강

장 흥 리

갈림길 6

3(5)

승일교

2

1(14) 승일공원

고석정유원지

4 고석정

463

고석바위

철원군청·문혜리→

325

문혜리→

갈 말 읍

↙관인면　　↓관인면

↓철원군청

N

0　　500m

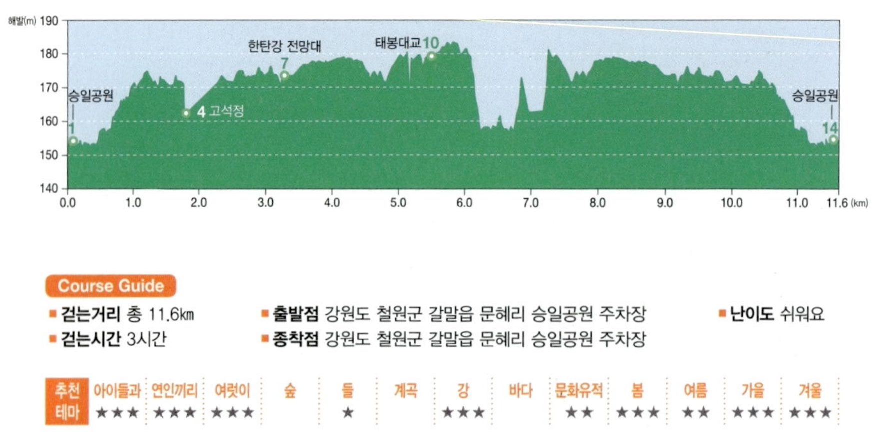

Course Guide

- **걷는거리** 총 11.6km
- **걷는시간** 3시간
- **출발점** 강원도 철원군 갈말읍 문혜리 승일공원 주차장
- **종착점** 강원도 철원군 갈말읍 문혜리 승일공원 주차장
- **난이도** 쉬워요

추천 테마	아이들과	연인끼리	여럿이	숲	돌	계곡	강	바다	문화유적	봄	여름	가을	겨울
	★★★	★★★	★★★		★		★★★		★★	★★★	★★	★★★	★★★

'레저도로'로 불리다가 이름을 바꾼 한여울길. 한탄강 협곡을 따라 데크 산책로가 나 있다(2~3 지점).

제주도 해안 같은 풍경 고석정~직탕폭포~승일공원[5~14]

고석정 입구 사거리[5]로 되돌아와 데크를 깔아 놓은 한여울길로 들어선다. 한여울길은 2009년 12월 완공 당시 '레저도로'로 불리다가 2010년 11월 지금의 이름으로 바뀌었다. 전체적으로 나무 데크로 정비한 구간이 많아 길다운 길을 걷는 것 같은 느낌은 적지만 철원의 드넓은 평야지대와 검은 협곡 사이를 흐르는 강줄기를 감상하기에는 부족함이 없다. 특히 협곡과 바짝 붙어 걷게 되는 갈림길[6]부터는 수십m의 주상절리가 그림처럼 펼쳐져 제주도 해안을 걷는 기분마저 든다.

철원의 드넓은 평야지대와 금학산 전경(7~8지점).

한탄강이 시원하게 내려다보이는 전망대 쉼터[7]와 건널 때 아찔한 기분이 드는 구름다리[8]를 차례로 지나면 태봉대교와 강변 산책로로 나뉘는 삼거리[9]가 나온다. 강변 산책로는 직탕폭포를 둘러본 후 돌아오는 길에 걷기로 하고 번지점프대가 설치되어 있는 '오렌지 다리' 태봉대교로 향한다.

태봉대교에서는 번지점프를 즐길 수 있다(10지점).

태봉대교[10]에서 20분쯤 가다가 오른쪽 내리막길을 잠시 따르면 한여울길 종착점인 직탕폭포[11]에 닿는다. 철원8경 중 하나인 직탕폭포는 '한국의 나이아가라'라는 애칭을 가지고 있지만 이름만큼 웅장한 편은 아니니 큰 기대는 안 하는 게 좋다. 너비 80m, 높이 3~5m에서 떨어지는 물줄기는 멀리서 보면 마치 제방이나 보에서 떨어지는 물줄기와 비슷하다. 다만 수량이 풍부해 낙수 소리만큼은 여느 폭포 못지않게 우렁차다.

옆으로 긴 직탕폭포의 높이는 고작 3~5m. 수량이 풍부해 물소리는 우렁차다(11지점).

한여울길은 직탕폭포에서 마무리된다. 승일공원부터 직탕폭포까지 약 5km. 걷기 코스로는 조금 짧은 편이다. 아쉬운 마음에 시작점인 승일공원까지 내처 걷는다. 되돌아갈 때는 왼쪽 강변을 따라 난 산책로[12]를 이용한다. 숲속 오솔길처럼 한적한 느낌이 좋다. 간이화장실을 지나 태봉대교 아래로 난 길을 5분쯤 걸으면 다시 한여울길의 데크 산책로[13]와 만나고, 1시간쯤 왔던 길을 되짚어가면 시작점인 승일공원[14]이다.

쇠둘레 평화누리길

2010년 11월 '쇠둘레 평화누리길'이라는 이름으로 선보인 이 길은 현재까지 약 20km가 개통되었다. 강원도 철원군이 주축이 되어 길을 단장하고 관리중이다. 한탄강의 협곡이 멋진 '한여울길', 광활한 평야지대와 근대 역사유적을 둘러볼 수 있는 '금강산 가는 길' 두 코스로 이뤄져 있는데 2012년 초에는 두 구간을 이어 걸을 수 있도록 길을 연결할 예정이다.

한여울길 : 승일공원~승일교~고석정~직탕폭포 / 4.9km, 1시간 30분 소요
금강산 가는 길 : 오덕리~도피안사~노동당사~금강산철교~율이리 / 15.0km, 5시간 소요
문의 전화 철원군청 문화관광과 (033)450-5534

 추천음식

폭포가든 '장어구이'

여름 휴양지로 인기인 직탕폭포 인근에는 회와 매운탕을 전문으로 하는 식당이 여럿 있다. 그중에 직탕폭포를 감상하며 식사를 할 수 있는 〈폭포가든〉은 소문을 듣고 찾아오는 이들이 많다.

이곳에서는 깨끗한 지하수에 고기를 담아두었다가 손님이 오면 그때그때 손질해서 내놓아 신선한 육질을 즐길 수 있다. 자체 개발한 양념으로 맛을 낸 장어구이와 쏘가리매운탕은 이 집의 추천 메뉴다.

위치 강원도 철원군 동송읍 장흥리 337 / **전화** (033)455-3546 / **영업시간** 11:00～21:00 / **주차** 가능
가격 장어구이(1kg) 6만 원, 쏘가리매운탕(대) 12만 원, 메기매운탕(대) 4만5천 원

교통편

》 찾아가기

대중교통 철원군 갈말읍의 신철원시외버스터미널(033-452-2551)이나 동송읍의 동송시외버스터미널(033-456-1213)에서 고석정 방면 군내버스(수시 운행)를 타고 시작점인 승일공원에서 내린다.
동서울터미널 → 신철원시외버스터미널 06:00～21:40(수시 운행)
센트럴시티터미널 → 신철원시외버스터미널 07:00～19:40(10회 운행)
동서울터미널 → 동송시외버스터미널 06:30～21:00(30～40분 간격)
센트럴시티터미널 → 동송시외버스터미널 07:00～19:40(10회 운행)
승용차 승일공원 주차장(무료) 이용

》 돌아오기

신철원시외버스터미널 → 동서울터미널 05:40～21:30(수시 운행)
신철원시외버스터미널 → 센트럴시티터미널 07:35～19:55(10회 운행)
동송시외버스터미널 → 동서울터미널 05:40～21:00(30～40분 간격)
동송시외버스터미널 → 센트럴시티터미널 07:20～19:40(10회 운행)

 알아두기

숙박 한탕강 주변 펜션이나 철원 군내 숙박 시설 이용
식당 고석정유원지(4지점), 직탕폭포(11지점) 주변
매점 고석정유원지(4지점)
식수 승일공원(1지점), 고석정(4지점)
화장실 승일공원(1지점), 고석정(4지점), 직탕폭포(11지점)

DMZ 안보관광

DMZ와 인접한 철원의 특색을 살린 대표적인 안보관광 코스다. 고석정 유원지에서 출발해 제2땅굴~철원평화전망대~철원두루미관~월정역 ~노동당사를 차례로 둘러볼 수 있다. 군청 관계자의 인솔 하에 이동 하게 되며, 평일은 개인 차량으로만, 토ㆍ일요일은 25인승 이상 관광 버스나 자체 운영하는 셔틀버스로만 견학이 가능하다.

위치 강원도 철원군 동송읍 장흥리 20-1(고석정유원지 내)
전화 (033)450-5558
출발시간 09:30, 10:30, 13:00, 14:30(동절기 14:00), 매주 화요일 휴관
요금 성인 2천 원, 청소년 1천500원, 어린이 1천 원.
　　　셔틀버스 – 성인 8천 원, 청소년 7천 원, 어린이 6천 원
주차 가능, 소형차 기준 2천 원

삼부연폭포

철원8경 중 하나. 겸재 정선이 금강산에 가다가 폭포의 아름다움에 반해 진경산수화를 그린 곳이다. 가마솥 같이 생긴 용소가 3단에 걸쳐 있고, 높이 20m에서 떨어지는 물줄기가 시원하다.

위치 철원군 갈말읍 신철원리
전화 (033)450-5365 / **입장료** 없음 / **주차** 가능, 무료

노동당사

1946년 북한정권 하에서 지역주민들의 강제 모금과 인력 동원으로 지었다. 북한의 중앙당이 지시한 극비사업과 인근 지역의 감시, 대남공작 등의 업무를 했던 곳이다. 사회주의 리얼리즘 계열의 건축적 특징을 보여주는 건물로서, 한국전쟁 중 내부 벽체 대부분이 파괴되고 외부의 형태만 남아 있다.

위치 철원군 철원읍 관전리 3-2 / **입장료** 없음
주차 가능, 무료

도피안사

아름다운 연꽃 정원이 있는 도피안사는 865년(경문왕 5) 도선국사가 창건한 사찰이다. 경내에서는 도선국사가 건립ㆍ주조했다는 3층석탑(보물 제223호)과 높이 91cm의 철조비로자나불좌상(국보 제63호) 등이 있다.

위치 철원군 동송읍 관우리 450
전화 (033)455-2471 / **입장료** 없음 / **주차** 가능, 무료

PART 4

역사·문화

바우길

2코스 대관령 옛길

송강이 시 읊고
단원이 붓 들던 고갯길

거리 14.0km, 5~6시간 소요

고개를 넘으며 송강 정철은 시를 읊었고 단원 김홍도는 풍경을 화폭에 담았다. 바우길 2코스라는 새 이름을 가지게 된 대관령 옛길은 이제 길목마다 이정표를 두고 걷기여행자들을 맞이한다. 평화로운 숲과 시골마을을 지나며 수백 년 전 이 길을 걸었을 송강과 단원의 심정을 엿본다.

비석이 있는 대관령 옛길의 반정(7지점).

아이 이름이 붙은 나무 (구)대관령휴게소~사거리[1~6]

대관령 옛길을 시작하는 장소는 바우길 1코스와 같은 (구)대관령휴게소[1] 다. 선자령 순환 등산로 입구[2]로 들어서 풍해조림지[3]를 지나 대관령 옛길과 선자령으로 나뉘는 갈림길[4]까지 코스도 겹친다.

이정표에 적힌 '보광유스호스텔 11.5km' 쪽으로 방향을 돌리면 말끔하게 손질한 비탈에 묘목 수십 그루가 서 있다. 이곳은 산림청에서 조성한 '대관령 탄생숲'으로 아이가 태어나면 묘목을 심고 '아무개의 탄생목'이라는 식으로 이름표를 붙여 놓는다. 풍해조림지부터 국사성황사까지는 아늑한 숲을 따라 완만한 길이 계속된다. 녹색 물감을 부은 듯한 여름 숲에는 샛노랗거나 새파란 들꽃이 드문드문 박혀있고 날카롭게 불던 대관령의 바람이 은은하게 변해 있다.

10분 정도 걸으면 숲이 걷히면서 주차장 같은 터가 나온다. 신라 승려인 범일국사를 영동 지방의 수호신으로 모시는 국사성황사[5]다. 이곳에서 길이 헛갈릴 수 있다. 우선 포장된 길 언덕으로 조금 오르다 오른쪽에 기와집이 보이면 마당을 지나친다. 그러면 다시 숲으로 길이 이어진다. 꽤 가파른 오르막을 5분 정도 걸으면 그 끝에서 풍경이 확 변한다. 숲이 사라지고 하얀 시멘트길이 좌우로 뻗었다. 오른쪽 가까운 곳에는 거대한 KT중계소 철탑이 보인다. 바우길 1코스를 걸은 이라면 익숙할, (구)대관령휴게소로 하산하는 길이다. 바우길 2코스 대관령 옛길은 이곳[6]에서 정점을 찍고 눈앞의 숲으로 향한다. 걸어서 평창에서 강릉으로 넘어가는 감격적인(?) 순간이기도 하다. 그러나 온 길보다 가야할 길이 더 많은 탓인가. 이정표에 적힌 '보광유스호스텔 10.9km' 숫자가 무척 커 보인다.

대관령 탄생숲(4~5지점).

국사성황사(5지점).

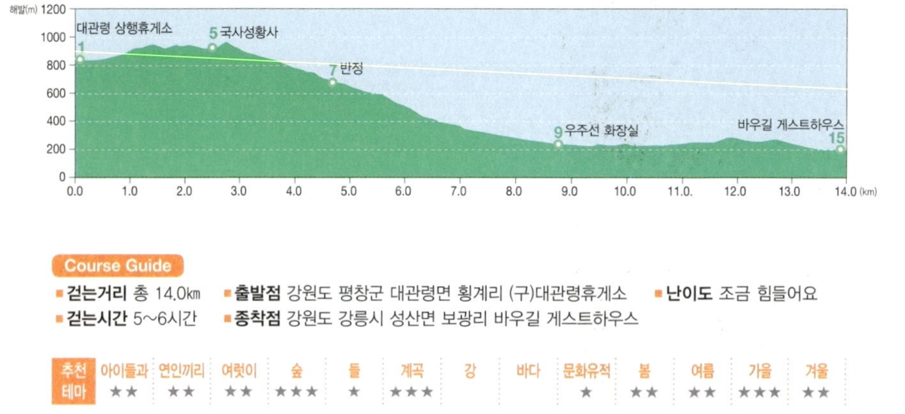

Course Guide

- **걷는거리** 총 14.0km
- **걷는시간** 5~6시간
- **출발점** 강원도 평창군 대관령면 횡계리 (구)대관령휴게소
- **종착점** 강원도 강릉시 성산면 보광리 바우길 게스트하우스
- **난이도** 조금 힘들어요

추천 테마	아이들과	연인끼리	여럿이	숲	들	계곡	강	바다	문화유적	봄	여름	가을	겨울
	★★	★★	★★	★★★	★	★★★			★	★★	★★	★★★	★★

국사성황사에서 반정으로 가는 길의 울창한 숲(6~7지점). ▶

무릎까지 자란 수풀 사이로 희미하게 이어지는 한여름의 길(2~3지점).

가장 옛길다운 구간 반정~우주선 화장실[7~9]

여름 오전 햇살이 모두 초록색으로 보일 정도로 울창한 숲인데 그 속으로 이어지는 길은 의외로 널찍하다. 산책로처럼 평평하거나 경사진 내리막길이 반복되며 굽이치듯 산을 내려간다. 강릉의 선비가 청운의 꿈을 품고 한양으로 가고, 과거에 낙방한 선비가 힘없이 고향으로 돌아갔을 대관령 옛길. '옛길'이라는 이름이 이 숲에서 유달리 마음에 와 닿는다. 숲을 걷는 동안 나오는 두 개의 시비에는 조선 전후기 두 학자가 대관령을 넘으며 느낀 감정이 실려 있다.

대관령 구름이 처음 걷히니
꼭대기의 눈이 아직도 남아있네
(중략)
높이 올라 글을 지으니
풍경이 사람의 흥을 돋우네

— 김시습

대관령 주막을 지나 마을이 가까워지면 물 맑은 계곡이 나타난다(8~9지점).

새가 다닐 험한 길은 하늘에 걸렸고
이 길로 가는 나도 반공중을 걷고 있네
(중략)
훤히 트인 바다는 아득히 천리에 뻗었고
구름은 한눈에 시원히 트였구나
평생에 품었던 온갖 뜻이
오늘에야 긴 바람을 타는구나

– 한원진

꽤 오랫동안 이어지던 숲은 한때 영동고속도로의 일부였던 456번 지방도에서 잠시 끊긴다. 이곳이 길의 절반이라는 뜻의 반정(半程)[7]이지만 실제로는 전체거리의 3분의 1을 왔다. 도로 건너편 '대관령 옛길 반정'이라고 적힌 커다란 비석 뒤로 다시 숲길이 이어진다.

강릉시 성산면 어흘리까지 4.5km거리의 이 숲에서도 대관령을 넘었던 선조들의 심정을 엿볼 수 있다. 단원 김홍도가 대관령 고갯마루에서 영동 쪽을 바라

대관령 주막(8지점).

보고 그 풍경에 반해 그렸다는 그림 '대관령', 신사임당이 대관령을 넘으며 고향 강릉에 계신 어머니를 그리워하며 지은 '사친시'가 안내판 형태로 등장한다. 숲에 변화가 생긴다. 금강송이 하나 둘 보이기 시작하더니 ㄱ자 모양의 초가집이 나온다. 대관령 주막[8]이다.

예전 주막 터에 외형을 복원한 것으로 음식이나 술을 팔지는 않는다. 계곡 옆으로 길이 이어지면 숲이 끝나는 펜션단지가 가깝다. 우주선 모양의 공중 화장실[9]이 있고 대관령 옛길에서 물과 음식을 구할 수 있는 몇 안 되는 곳이다.

제주올레를 닮은 길 어흘리~게스트하우스[10~15]

    여름 뙤약볕에 건강하게 자라는 벼, 고구마 같은 농작물들, 그 사이를 지나는 하얀 시멘트길, 어쩔 수 없이 건너기도 하는 도로, 얕은 숲에 부는 산들바람. 어흘리에서 코스의 종착지인 게스트하우스로 향하는 길은 제주올레를 닮았다. 별다를 것 없는 길과 소소한 풍경이지만 걷기여행에서 느끼는 행복이 바로 그런 것들에서 나온다는 사실을 새삼 깨닫게 해준다.

    마을의 막다른 곳[10]에서 바우길 이정표를 따라 좁은 골목길을 지났다가 아스팔트 도로가 나오면 집들이 보이는 오른쪽으로 내려간다. 시멘트 농로를 따라 걸으면 평화로운 시골풍경도 천천히 흘러간다. 어흘리 마을회관 앞[11] 큰 도

나무를 재활용해 만든 바우길 이정표(11~12지점).

로까지 나가서 길을 건너 '대관령 산책잡곡마을'
간판을 따라 언덕을 오른다. 마을이라고는 하기
에는 어색한, 민가가 드문드문 보이는 얕은 숲에
는 사람 대신 바람만 오간다. 페인트로 그린 화
살표와 나뭇가지에 걸린 리본을 따라가면 마을
어귀에 있는 보광평 버스정류장[14]이다. 코스가
끝나는 바우길 게스트하우스[15]는 왼쪽에 보이는
'바우길 게스트하우스' 입간판을 따라 조금만 가
면 된다.

바우길에서는 강릉을 대표하는 이미지 중 하나인 소나무를 자주 볼 수 있다(13~14지점).

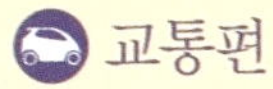 교통편

》 찾아가기
대중교통 서울 동서울터미널과 상봉터미널에서 횡계시외버스정류장(033-335-5289)으로 가는 고속버스가 있다.
동서울터미널 → 횡계시외버스정류장 06:32~20:05(수시 운행)
상봉터미널 → 횡계시외버스정류장 07:50(1회 운행)
횡계시외버스정류장에서 (구)대관령휴게소까지는 택시(033-335-6263)를 이용한다. 요금 7천~8천 원
승용차 (구)대관령휴게소 주차장(무료) 이용

》 돌아오기
강릉 시내버스나 택시를 이용한다. 버스는 여러 번 갈아타야 한다. 보광평 버스정류장에서 502번 버스를 타고 가다 강릉의료원에서 하차, 걷거나 택시를 타고 강릉시외버스터미널까지 이동한 뒤 횡계시외버스정류장까지 수시 운행하는 버스를 탄다. 횡계시외버스정류장에서 (구)대관령휴게소까지는 택시가 유일한 교통수단이다.
502번 시내버스(보광평 버스정류장 → 강릉의료원) 06:45 07:55 10:05 12:05 14:05 16:05 18:05 20:05 21:55
횡계시외버스정류장 → 동서울터미널 06:50~20:20(수시 운행)
횡계시외버스정류장 → 상봉터미널 06:40 14:35 16:40(3회 운행)
강릉콜택시 080-080-1178. 요금 2만5천~3만 원

 알아두기

숙박 바우길 게스트하우스(15지점), 횡계리 일대 민박, 강릉 교동 일대 모텔
식당·매점 (구)대관령휴게소(1지점), 어흘리(9, 11지점)
식수 미리 준비
화장실 (구)대관령휴게소(1지점), 어흘리 우주선 화장실(9지점), 바우길 게스트하우스(15지점)

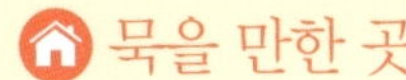 묵을 만한 곳

바우길 게스트하우스

바우길에도 게스트하우스가 있다. 15명 정도 수용가능한 통나무 온돌방 5개동을 사전예약제로 운영하며 숙박요금은 저녁식사와 다음날 아침식사를 포함해 2만5천 원이다. 단체숙박이나 독채 사용을 원하면 별도로 문의해야 한다. 저녁식사 시간은 18:00~19:00, 아침식사 시간은 07:00~08:00. 세면도구는 개인이 준비해 가야 한다.

위치 강원도 강릉시 성산면 보광리 403
전화 (033)645-0990
홈페이지 www.baugil.org
숙박요금 1인 2만5천 원(저녁·아침식사 포함)
주차 가능, 무료

전남
강진

남도유배길

1코스 다산오솔길

다산이 '고향 같다' 했던 유배지

거리 13.4km, 5시간~5시간 30분 소요

'다산오솔길'은 조선후기 전남 강진으로 유배된 다산 정약용의 발자취를 따라간다. 다산초당에서 백련사 구간은 낯선 땅에서 귀양살이를 했던 다산이 어떻게 마음을 다스렸는지 넌지시 알려준다. 길을 걷다 보면 훗날 강진을 고향 같다 했던 그의 마음을 알 것 같다.

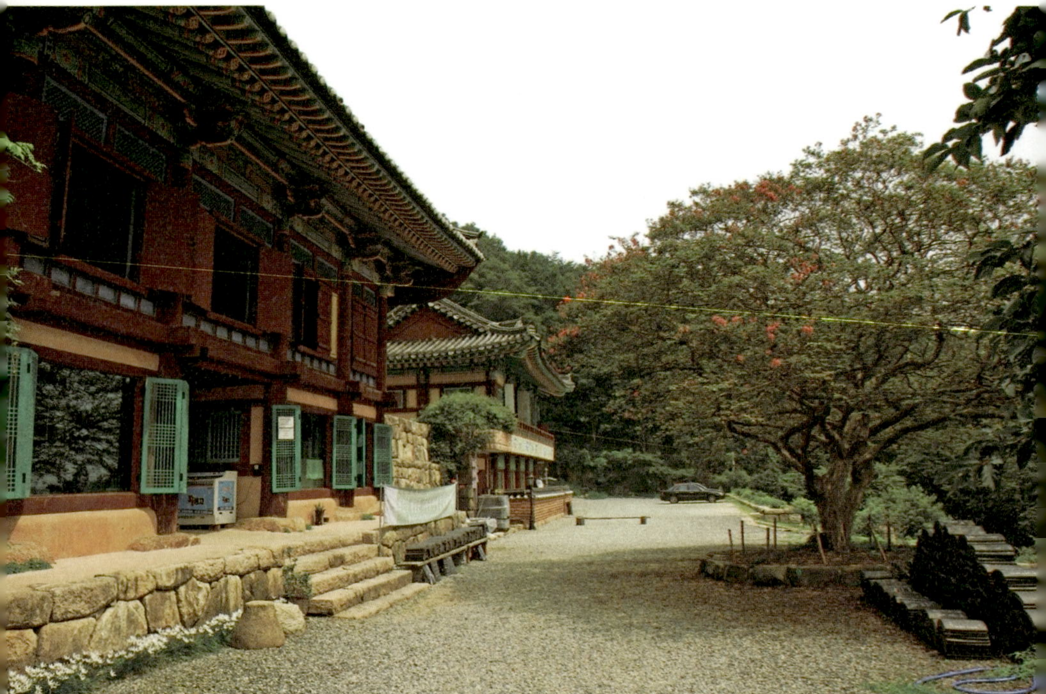

다산 정약용과 아암 혜장선사가 우정을 쌓았던 강진의 백련사(5지점).

배움과 정을 나눈 두 사람 다산수련원~백련사[1~5]

전남 장흥에서 강진을 거쳐 남해로 흐르는 탐진강 줄기가 좁고 길게 벌어지며 바다와 만나는 강진만. 그 왼편 만덕산 남쪽자락에 자리 잡은 다산수련원[1]이 바로 '다산오솔길'로 이름 붙은 '남도유배길' 1코스 시작점이다. '다산'은 조선시대를 대표하는 실학자 중 한 분인 정약용(1762~1836)의 호. 길 이름에서 알 수 있듯이, 다산오솔길은 정약용을 기리며, 그의 흔적을 좇아가는 걷기코스다.

한산한 수련원 주차장에 차를 세우고 본관 쪽으로 가다보면 다산의 글귀들을 모은 '말씀의 숲'이 나온다. 강진 유배생활 중 집필한 저서와 편지 등에서 발췌한 문장들이 바위와 비석에 새겨져 있어, 하나씩 읽다보면 그의 성품과 학식 등을 짐작할 수 있다. 그 중에서도 '세상에서 지금 눈앞의 처지만큼 즐거운 것은 없다'라고 쓰여 있는 비석이 발길을 붙든다. 그 어떤 고난 속에서도 다산이 놓치지 않았던 긍정의 기운이 느껴졌다.

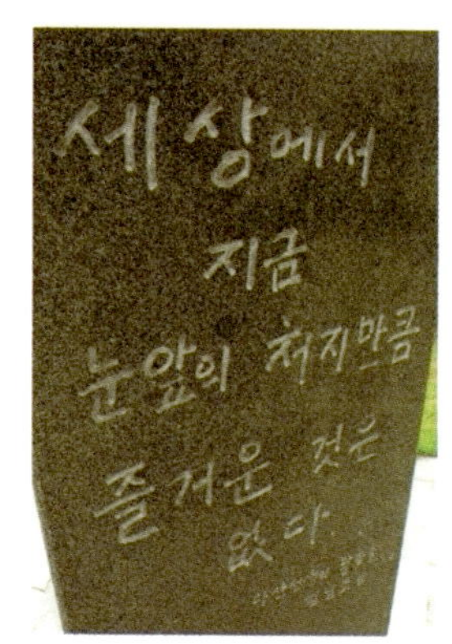

본관 건물 오른편 산책로[2]로 들어서면 양쪽으로 늘어선 두충나무가 신비로운 분위기로 여행자를 반긴다. 수련원 뒤편을 빠져나와 왼편 언덕길을 넘어 아담한 식당가 앞길을 따라 오르막을 오르면 다산초당으로 이어진 산길[3]이 펼쳐진다. 작은 물줄기가 흐르는 계곡을 끼고 호흡이 가팔라지는 축축한 길을 한참 걷다보면 드디어 산중턱에 자리한 다산초당(茶山草堂)[4]이다.

다산초당은 다산이 유배생활 18년 중 10년을 보낸 곳이다. 원래 초가집인데 후에 기와집으로 새로 지어, 초당이 아닌 와당(瓦堂)이 되었다. 다산은 이곳에 머물며 실학사상을 집대성하는 한편 〈목민심서〉 등 500여 권의 저서를 집필하고 후학을 길렀다.

유배 말미에 집 뒤편 바위에 직접 새긴 '정석(丁石)' 글씨와 맑은 물이 솟는 조그만 우물인 '약천(藥泉)', 이 물로 차를 달여 마시던 '다조(茶竈)' 그리고 마당

'뿌리의 길'(3~4지점).　　　　다산초당. 원래 초가였으나 다시 지으면서 기와를 올렸다(4지점).

한쪽 작은 연못에 연꽃을 심고 돌을 쌓은 '연지 석가산(蓮池 石假山)'이 네 가지를 '다산사경'이라고도 한다. 다산초당이라는 현판 글씨는 추사 김정희가 쓴 것이다. 차나무가 많았던 이곳 뒷산 만덕산 자락의 이름이 다산이다. 그 이름 그대로 자신의 호로 쓸 만큼 다산초당과 차에 대한 다산의 애정은 각별했다. 훗날 유배에서 풀려난 후에도 제자들에게 보낸 서신을 통해 연못에 기르던 잉어의 안부를 물을 정도였다.

연못을 지나 샛길로 오르면 얼마 안 가 강진만 일대가 한눈에 내려다보이는 천일각으로 이어진다. 이곳에서부터 백련사로 이어진 산길은 유배기간 중 깊은 교우관계를 맺었던 아암 혜장선사(1772~1811)를 만나기 위해 다산이 자주 지나던 진정한 '다산오솔길'이자 코스의 핵심구간이다. 오솔길을 오가며 두 사람은 서로의 지식을 나누고 청하며 우정을 쌓았다.

다산이 혜장을 처음 만난 건 강진으로 유배된 지 5년째인 1805년, 마흔 넷 되던 해였다. 혜장은 다산보다 열 살이나 아래였지만 총명하고 학식이 깊어 강진 땅에 명성이 자자했다. 혜장은 다산에게 불경 지식과 다도를 전하는 한편 아끼는 제자를 보내 그를 보필했고, 다산은 혜장에게 유학과 주역을 가르쳐 사찰 밖의

다산초당 안쪽으로 다산의 영정이 보인다(4지점).

백련사 가는 오솔길(4~5지점).

이치에 눈을 뜨게 해주었다. 그러나 혜장은 기도와 염불은 뒷전으로 미룬 채, 시와 유학에 몰두하며 술을 벗 삼기 시작하더니 마흔 나이에 술병으로 그만 세상을 뜨고 만다. 다산을 만난 지 6년째 되던 해다. 유배생활의 고달픔과 외로움을 달래주던 벗을 떠나보낸 다산의 슬픔이 어떠했을지는 충분히 짐작이 간다.

다산과 혜장이 수없이 오갔던 그 길을 말없이 걷는다. 가파른 듯싶다가도 금세 내리막으로 바뀌며 산길은 백련사로 향한다. 백련사에 닿을 무렵 산간 평지에서 야생차 군락이 반긴다. 다산에게 대접하기 위해 이른 봄 이곳에서 어린 찻잎을 열심히 땄을 혜장의 마음을 떠올려 본다.

산길은 백련사 앞 넓은 길[5]로 이어진다. 동백꽃으로 이름난 사찰답게 주변은 온통 동백나무다. 꽃이 피기에는 아직 이른 시기라 녹음만 짙은 동백숲 아래에는 지난 계절 스러진 꽃의 잔해가 화석처럼 남았다. 봉우리가 무거운 동백꽃은 꽃잎이 떨어지기도 전에 꽃대가 툭하고 끊어진다. 막 피어난 꽃을 누군가 심술궂게 자른 것처럼 그렇게 생생하게 곤두박질친다. 동백 숲을 거닐며, 한창 젊은 나이에 생을 마감한 혜장을 다시 한 번 떠올린다.

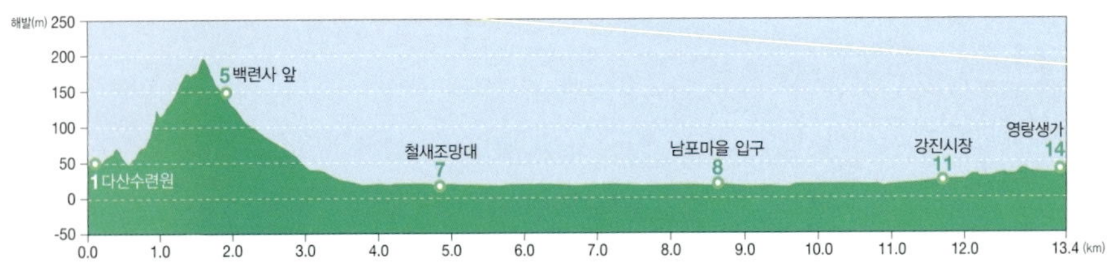

Course Guide

- **걷는거리** 총 13.4km
- **걷는시간** 5시간~5시간 30분
- **출발점** 전남 강진군 도암면 다산수련원
- **종착점** 전남 강진군 강진읍 영랑생가
- **난이도** 조금 힘들어요

추천 테마	아이들과	연인끼리	여럿이	숲	들	계곡	강	바다	문화유적	봄	여름	가을	겨울
	★★	★★	★★	★★★		★★			★★	★★	★★	★★★	★★

강진 들녘 지나 사의재로 삼거리~영랑생가[6~14]

백련사를 둘러본 후 큰길을 따라 주차장 쪽으로 방향을 잡는다. 포장로를 따라가다 삼거리[6]에서 좌회전해 철새조망대[7]를 거쳐 남포마을과 강진시장, 사의재(四宜齋, 유배초기에 머물렀던 임시 숙소)에 이르는 길은 차들이 쌩쌩 질주하는 도로변을 따라 이어져있어 편안하게 걷기가 어렵다. 주제나 규모를 맞추기 위해 백련사에서 한참 떨어진 사의재까지 조금 무리해서 코스를 이은 느낌도 난다. 하지만 강진만 주변의 철새들을 볼 수 있는 조망대가 있고, 넓게 펼쳐진 강진 들녘, 소박하고 정겨운 남포마을이 있어 불평 없이 걸을 수 있다.

들판 사이로 난 길을 지나 남포마을[8]을 거쳐, 장이 서건 서지 않건 늘 복잡한 강진시장[11]을 빠져나오니 아늑한 주택가 뒤편에 사의재[12]가 있다. 아무렇게나 쌓은 듯 엉성한 돌담 너머 이엉을 인 소박한 흙집이다. 다산은 이곳에서 유배생활에 들어가면서 몸과 마음을 추스르기 위해 생각과 용모, 말투, 행동 네 가지를 반듯하게 한다는 뜻을 담아 사의재라는 이름을 붙였다.

사의재를 나와 강진군청을 지난 후 오른편 길[13]로 들어서면 코스의 종착점인 영랑생가[14]다. 김영랑 시인(1903~1950)이 태어나서 45년 동안 살았던 곳으로, 1985년 강진군청이 사들여 옛 모습으로 복원했다.

코스 전체를 봤을 때 가벼운 등산을 포함한 13km 거리의 걷기여행이 조금 힘겹다면, 다산초당과 백련사 구간만 걷는 것도 괜찮다. 다른 명소들은 자전거나 승용차 등 교통편을 이용해 둘러보면 된다.

4와 9로 끝나는 날은 강진 장날이므로 시골장의 활기를 느끼고 싶다면 여행계획을 짤 때 참고하도록 하자.

 ## 추천음식

무지개식당 '갈치찜'

강진시장 골목에 자리 잡은 무지개식당은 인근에서 갈치찜으로 유명하다. 갈치에 호박과 파, 무, 고구마순을 듬뿍 넣고 고추양념장을 버무린 후 자작하게 조려 매콤하면서도 은은한 단맛이 난다. 갈치는 가을철 산란을 앞둔 시기에 잡힌 것이 가장 맛있다.

위치 전남 강진군 강진읍 남성리 18-5 / **전화** (061)433-9990
영업시간 10:00~22:30 / **주차** 가능
가격 갈치찜 4만 원, 매운탕 3만~4만 원, 돼지주물럭 1만 원

 ## 교통편

》 찾아가기

대중교통 서울에서 전남 강진을 가는 고속버스는 서울 센트럴시티터미널에서 이용할 수 있다. 강진버스여객터미널에서 다산수련원까지는 망호행 노선 중 다산초당을 경유하는 버스를 타고 보동버스정류장에 내려 개천 건너 왼편 포장길을 따라 200m 정도 걸어가면 된다.
센트럴시티터미널 → 강진버스여객터미널 07:30, 09:30, 11:30, 13:30, 15:30, 17:40
강진버스여객터미널 → 보동버스정류장 다산초당 경유 망호행 버스(06:35, 07:35, 12:40, 18:40)
승용차 다산수련원 주차장(무료) 이용

》 돌아오기

코스가 끝나는 지점인 영랑생가에서 강진버스여객터미널까지는 걸어서 3분 거리다. 영랑생가 앞길을 따라 그대로 걸어 내려오면 사거리 건너 오른편에 있다. 이곳에서 서울행 고속버스를 타면 센트럴시티터미널에 도착한다.
강진버스여객터미널 → 센트럴시티터미널 07:30, 09:30, 11:00, 13:30, 15:30, 17:30

 ## 알아두기

숙박 강진읍내(9~12지점) 주변
식당 · 매점 식당가(2~3지점), 강진읍내
식수 미리 준비, 다산수련원(1~2지점), 백련사(5지점), 강진읍내 편의점 이용
화장실 다산수련원, 다산초당(4지점), 백련사, 강진군청

들를 만한 곳

고려청자 도요지

우리나라 도자기 문화의 자랑거리 중 하나인 고려청자가 만들어졌던 곳으로 1963년 국가사적 제68호로 지정되었다. 모두 188기의 청자가마터가 있으며 우리나라 청자가마터 가운데 절반 이상을 차지하는 규모다. 도요지 옆에 1997년 문을 연 강진청자자료박물관은 국내에 하나뿐인 청자 박물관으로, 청자에 관한 다양한 전시, 교육, 연구 자료를 보유하고 있다.

위치 전남 강진군 대구면 사당리 117 / **전화** (061)430-3718
입장료 성인 2천 원, 청소년 1천500원, 어린이 1천 원 / **주차** 가능, 무료

무위사

무위사 극락전은 내부에 기둥이 없는 널찍한 공간을 자랑하는 조선
시대 건축의 백미 중 하나다. 특히 당대 이름났던 인물화가 오도자가
그린 것으로 전해지는 보살과 천인상은 화려한 색채와 정교한 묘사
가 돋보인다. 원효대사가 서기 617년 신라 진평왕 39년에 창건했다
는 설이 있으나 이를 뒷받침하는 자료는 아직 발견되지 않았다.

위치 강진군 성전면 월하리 1174 / **전화** (061)432-4974
홈페이지 www.muwisa.com / **입장료** 없음 / **주차** 가능, 무료

전라병영성

조선시대 전라남도와 제주지역 등의 방어를 담당했던 총지휘부다.
500년 동안 이어져 오던 위상은 1894년 동학혁명으로 불타버렸고,
이듬해 갑오경장으로 폐영되었다. 성곽만 남아있었으나 2010년 내부
건물 일부를 복원했다. 〈하멜표류기〉를 써 조선을 서구세계에 알렸던
하멜이 7년간 유배생활을 한 곳으로 병영성 안에 하멜 기념관(입장료
무료)도 있다.

위치 강진군 병영면 성동리 319-1 / **전화** (061)430-3180 / **입장료** 없음 / **주차** 가능, 무료

강진다원

우리나라 다도 부흥의 성지답게 강진과 월출산 일대에는 사찰을 중
심으로 예로부터 차밭이 많았다. 그중에서도 성전면에 자리한 강진다
원은 매년 5월 싱그러운 녹색으로 장관을 이루는 차밭을 보기위해 많
은 관광객들이 몰려들 정도로 이름나 있다. 다원에서는 찻잎 따기 체
험은 물론 다양한 차를 맛보거나 구입할 수 있다.

위치 강진군 성전면 월남리 733 / **전화** (061)432-5500
입장료 없음 / **주차** 가능, 무료

남도유배길

'남도유배길'은 전남 강진군 도암면 다산수련원에서 시작해 영암군 군서면 구림마을까지 총 55km 4
개의 코스로 이뤄져 있다. 2009년 중순 문화체육관광부의 '스토리가 있는 문화생태 탐방로' 중 하나
로 선정되었다.
남도유배길을 걸으면 강진에서 귀양살이를 하며 수많은 책을 쓴 다산 정약용 선생을 테마로, 그의 학
식과 업적, 인품, 발자취 등을 살펴볼 수 있다. 이밖에도 영랑생가와 달마지마을, 무위사, 태평양 녹차
밭, 월남사지석탑 등 강진의 여러 명소들을 지난다.

1코스 다산오솔길 : 다산수련원~영랑생가 / 13.4km, 5시간~5시간 30분 소요
2코스 시인의마을길 : 영랑생가~달마지마을 / 13.4km, 4시간 소요
3코스 녹색향기길 : 달마지마을~천황사 / 16.6km, 4시간 30분 소요
4코스 기충전길 : 천황사~구림마을 / 16.5km, 6시간 소요
문의 전화 강진군청 문화관광팀 (061)430-3178

인천
강화

강화나들길

2코스 호국돈대길

걸음마다 새기는 아픈 역사의 조각

거리 15.8km, 4시간 30분~5시간 소요

강화나들길 2코스 호국돈대길은 강화도의 동쪽 해안을 따라 이어진다. 그늘이 별로 없는 길이어서 여름보다는 봄, 가을에 걷는 것이 좋다. 외세와 싸우던 최전선답게 갑곶돈대, 광성보와 덕진진, 초지진 등에 모진 역사의 흔적이 남아 있다. 생각할 것도, 배울 것도 많은 길이다.

갑곶돈대 뒤로 이어지는 코스 초입(1~2지점).

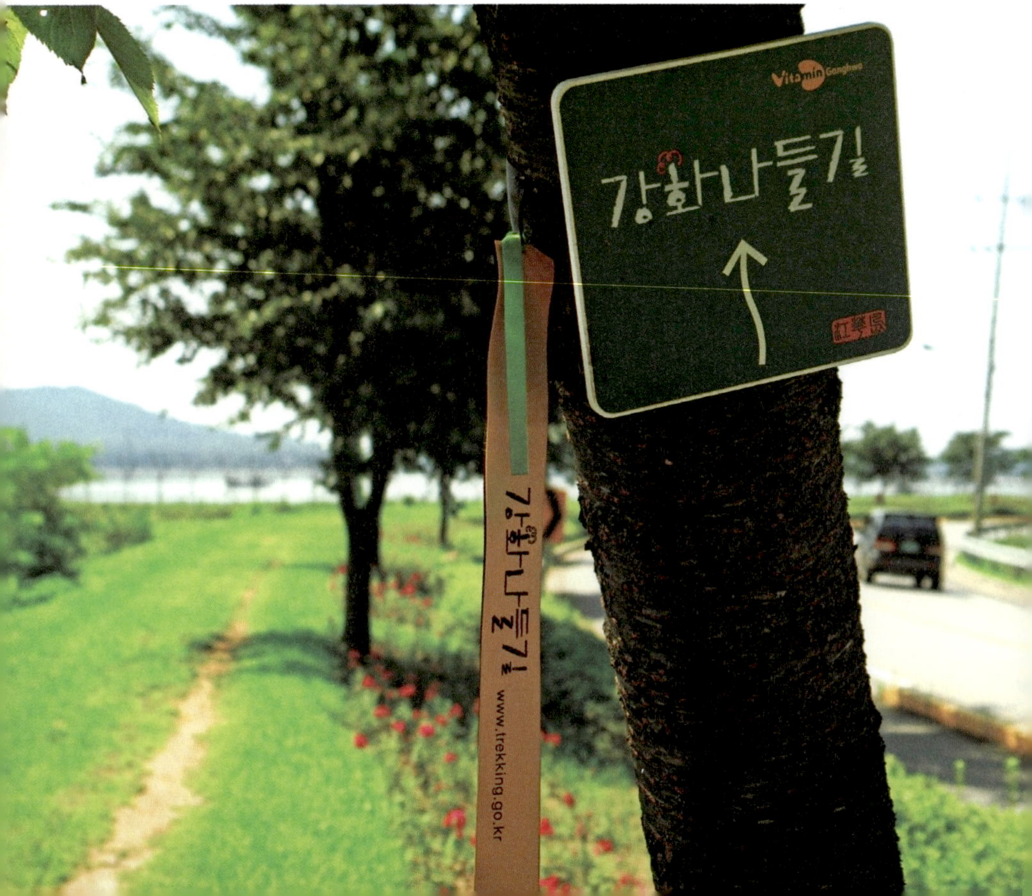

장마가 찍고 간 마침표의 잉크가 채 마르지 않은 8월 초. 일찌감치 길을 나섰음에도 햇살이 강하다. 정오가 되려면 아직 두 세 시간이나 남았는데 우주로부터 날아온 수많은 가시광선의 날선 공격이 맹렬하다.

이번에 찾은 곳은 강화도 곳곳의 명소들을 도보로 둘러볼 수 있도록 이어놓은 강화나들길 중에서도 2코스에 해당하는 호국돈대길이다. 북한 땅에서 불과 6~7km 떨어진 강화 갑곶돈대 앞에서 출발해 김포와 강화도 사이를 흐르는 염하를 왼편에 끼고 초지진까지 거의 일직선으로 이어진다. 지도를 펼쳐놓고 보면 강화도 동쪽 해안을 따라 북에서 남으로 종단하는 모양새로, 걷는 내내 태양을 마주보기 때문에 구릿빛 피부를 원치 않는다면 모자와 선글라스를 챙기는게 좋다.

걷기여행자를 위한 혜택 갑곶돈대~용진진[1~4]

서해를 통한 외세 침략으로부터 수도를 지키던 강화도에는 바닷가의 산성이랄 수 있는 진과 보, 돈대들이 해안을 따라 늘어서 있다. 호국돈대길은 그 중에서도 강화도 동쪽의 돈대와 진을 따라 이어진다.

출발점인 갑곶돈대[1]는 몽고와 전쟁을 치르던 고려가 도읍을 강화도로 옮긴 후 몽고군의 상륙으로부터 강화해협을 지키던 중요한 요새다. 조선후기인 병인양요(1866) 때는 강화도에 침입한 프랑스군에 빼앗겼다가 양헌수 장군에게 수복되기도 했다.

갑곶돈대를 둘러본 후 정문을 나와 국도변 자전거도로를 따라 좌회전한다. 다리를 지나 잔디가 곱게 깔린 안쪽 흙길로 들어선다. 둑 왼편으로 흐르는 물줄기는 '염하' 즉 소금강이다. 염하는 강화도와 김포 사이, 한강과 서해가 만나는 지역으로 강변은 갯벌 같고, 강물에서는 짠 내가 난다. 강이라 이름 붙었지만 바다에 가까운 생태계다.

강가에 둔덕처럼 솟은 길은 물막이를 위해 쌓은 둑처럼 보이지만 이 역시 외

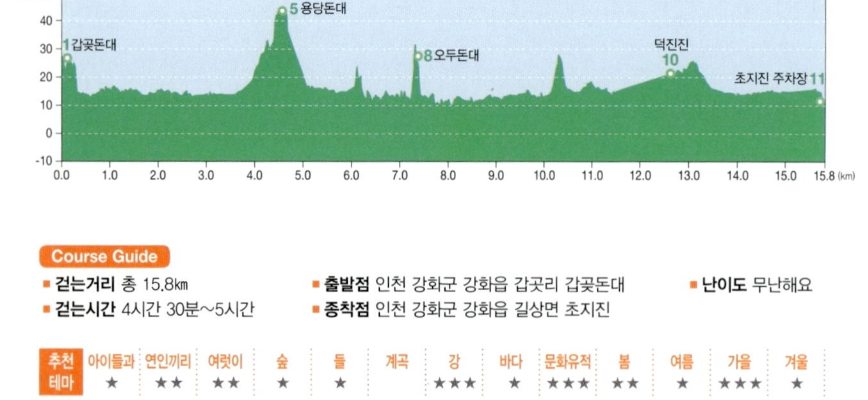

Course Guide

- **걷는거리** 총 15.8km
- **걷는시간** 4시간 30분~5시간
- **출발점** 인천 강화군 강화읍 갑곶리 갑곶돈대
- **종착점** 인천 강화군 강화읍 길상면 초지진
- **난이도** 무난해요

추천 테마	아이들과	연인끼리	여럿이	숲	들	계곡	강	바다	문화유적	봄	여름	가을	겨울
	★	★★	★★	★	★	★★★	★	★★★	★★	★	★★★	★

염하 왼편에 자리 잡은 소박한 더러미 포구(2지점).

세의 침략으로부터 섬을 방어하던 '강화외성'의 흔적으로, 섬 주변 23km에 걸쳐 이어진다. 조선에 접근하려던 외부세력의 입장에서 보자면 강화도는 한 나라의 대문을 걸어 잠근 무쇠 자물통 같은 섬이었을 듯. 수백 년 외세의 침략을 막던 섬 둘레는 아이러니하게도 같은 민족끼리 철책을 세워놓고 대립하는 곳이 되었다.

잘 가꿔놓은 잔디길이 얼마 안 가 끝나고 신정리 삼거리를 지나 더러미 포구[2]에 닿자 삭막한 국도변 자전거길이다. 난간이 끝나는 지점 앞에서 왼쪽 둑방길[3]로 접어든다. 그늘 한 점 없는 흙길이 염하를 따라 기다랗게 누워있다. 한여름 뜨거운 열기에 아직 빗물이 마르지 않은 질퍽한 땅은 연신 비릿한 습기를 뿜고, 허리에서 가슴 높이까지 무성히 자란 수풀은 갈 길 바쁜 걸음을 수시로 붙잡는다.

국도로 나오자 줄지어 선 식당 너머로 아담한 용진진[4]의 문루가 보인다. 조선시대 주변 3개 돈대를 관할하던 곳으로 대부분의 유적이 파괴되고 홍예 두 곳만 남아있었는데 1999년 문루를 복원했다.

광성보, 뼈아픈 역사의 현장 용당돈대~초지진[5~11]

　　용진진을 지나 국도를 따라가다 다시 산으로 이어진 오솔길로 들어선다. 한동안 발길이 끊겼는지 숲길은 온통 거미줄 세상이다. 지팡이로 거미줄을 휘저으며 가까스로 오르막 끝에 닿으니 언덕 위에 네모난 돌로 쌓은 너른 요새 터가 나온다. 바로 용당돈대[5]다. 아직 복원작업이 진행 중인지 석축만 덩그러니 쌓아놓았다. 돈대를 돌아 나와 염하로 뻗은 샛길을 따라 강변으로 나오자 다시 둑방길[7]이다.

석축만 남은 용당돈대(5지점).

　　지난 봄 제초작업을 한 듯한 길은 어느새 수풀이 무성이 자라 또 한 번 손질이 필요해 보인다. 잡초가 우거진 길은 어떻게든 헤쳐가면 되지만 장맛비로 늪이 되어버린 흙바닥은 난감하다. 이 같은 사정은 코스 뒤로 늘어선 오두돈대[8]

미군과 최초의 전투를 벌인 광성보는 사실상 조선군의 무덤이었다(9지점).

덕진진의 아치문(10지점).

와 광성보, 덕진진 그리고 종착점인 초지진까지 거의 그대로 이어진다.

둑방길과 국도를 오가며 걷다보니 드디어 광성보[9] 앞이다. 사실 한여름 뙤약볕 아래를 걸으면서도 묵묵히 참은 건 광성보를 볼 수 있다는 기대 때문이다. 한국전쟁 이후 우리와 돈독한 관계를 유지하고 있는 미국이지만 사실 첫 만남은 전혀 우호적이지 않았다. 조선의 쇄국정책과 미국의 제국주의가 강화도 앞바다에서 팽팽히 맞선 1871년 서로 죽고 죽이는 전투가 바로 이곳 광성보에서 벌어졌다.

훗날 '신미양요'로 역사에 기록된 이 전투로 어재연 장군을 포함해 광성보를 지키던 조선군 대부분이 전사한다. 정신력이나 용맹함보다 무기의 수준이 승패를 갈랐고 이 같은 사실을 반증하듯 미군 스스로도 '전투에서 승리했지만 그 누구도 자랑스러워하지 않았다.'고 기록하고 있다. 문루와 포대, 성벽을 따라 천천히 걸으며 이러한 역사를 되새기니 마음 한 구석이 쓰려온다. 역사는 이렇게도 약자에게 모질다.

무거운 걸음으로 광성보를 나와 둑방길의 수풀을 헤쳐 나오니 어느덧 덕진진[10]을 지나 초지진[11]이 눈앞이다. 늦은 오후가 되었건만 햇살은 여전히 눈부시다.

격전지의 흔적이라고는 찾아볼 수 없을 만큼 평화로운 광성보(9지점).

 ## 추천음식

광성식당 '된장찌개'

광성보 입구에 자리한 광성식당은 주인 할머니가 손수 담근 장류와 김치 등 밑반찬이 일품이다. 잘 묵힌 된장으로 끓인 찌개는 맛이 깊고 구수해 밥 한 그릇 뚝딱 비우는 데 그만이다. 반찬으로 나오는 산뜻한 산나물 무침이 된장찌개와 잘 어우러져 입맛을 돋운다. 된장국 몇 숟갈과 나물 무침을 흰밥에 비벼 먹으면 진수성찬이 부럽지 않다.

위치 인천 강화군 불은면 덕성리 37-2 / **전화** (032)937-3869
영업시간 09:00~22:00 / **주차** 가능 / **가격** 된장찌개 6천 원, 비빔밥 6천 원, 한정식 1만2천 원

교통편

》 찾아가기

대중교통 서울 지하철 5호선 개화산역 1번 출구로 나와 방화도시개발11단지 버스정류장에서 강화터미널행 8번 버스를 타고 청소년수련관 버스정류장에서 내린 후 갑곶돈대 방향으로 걸어서 10분. 혹은 지하철 9호선 염창역 2번 출구로 나온 후 염창역 버스정류장에서 강화터미널행 88번 버스를 타고 청소년수련관 정류장에 내린 후 갑곶돈대 방향으로 걸어서 10분.
지하철 5호선 개화산역 → 청소년수련관 버스정류장 8번 버스(05:30~21:30, 25분 간격)
지하철 9호선 염창역 → 청소년수련관 버스정류장 88번 버스(05:50~22:00, 60분 간격)
승용차 갑곶돈대 주차장(무료) 이용

》 돌아오기

초지진에서 초지대교 삼거리 건너편 초지대교 버스정류장으로 이동 후 신촌행 3100번 직행버스를 타고 홍대입구역 버스정류장에 내려 2호선 지하철 이용.
초지대교 버스정류장 → 지하철 2호선 홍대입구역 버스정류장 3100번 직행버스(04:40~21:00, 60분 간격)

 알아두기

숙박 강화군청 주변 및 84번 국도 주변
식당 더러미 포구(2지점) 주변, 용진진(4지점)
식수 미리 준비, 갑곶돈대(1지점), 초지진(11지점) 등 주변 매점 이용
화장실 갑곶돈대(1지점), 광성보(9지점), 초지진(11지점)
입장료 호국돈대길 전용 티켓 성인 2천700원, 청소년 2천200원

들를 만한 곳

옥토끼우주센터

천문과학과 우주를 주제로 꾸민 체험형 테마파크로 주말은 물론 평일에도 관람객이 끊이지 않는다. 옥토끼우주센터는 크게 우주체험관과 입체영상관, 야외공원, 공룡의 숲, 사계절 썰매장 등으로 구성되어 있다. 특히 우주의 신비를 느낄 수 있는 우주시설물과 자연생태공원으로 꾸민 야외 정원은 어린이를 동반한 가족 여행객들에게 인기가 높다.

위치 인천 강화군 불은면 두운리 1026 / **전화** (032)937-6917
홈페이지 www.oktokki.com / **입장료** 대인 · 유아 1만3천 원, 소인 1만5천 원, 노인 · 국가유공자 1만1천 원 / **주차** 가능, 무료

전등사

고구려 소수림왕 때인 381년 중국 승려 아도화상이 창건한 사찰로 오랜 역사를 지녔다. 석가여래삼존불과 후불탱화 등의 유물을 간직한 아담한 규모의 대웅보전은 1621년 광해군 시절 지은 것으로 보물 제178호로 지정되어 있다. 1544년 제작된 법화경 목판도 대웅보전 내에 보관되어 있다. 대웅보전 서쪽에 자리한 약사여래상을 모신 약사전(보물 제179호) 역시 전등사의 자랑거리다.

위치 강화군 길상면 온수리 635 / **전화** (032)937-0125 / **홈페이지** www.jeondeungsa.org
입장료 없음 / **주차** 가능, 무료

강화 고려궁지

몽고군의 침입으로 도읍을 강화도로 옮겼던 고려의 궁궐터다. 1232년부터 1238년까지 고려의 전시 임시 수도이자 총사령부였던 셈이다. 조선시대에도 병자호란 등 국난 때 임시 궁궐로 사용되었으나 병인양요 때 프랑스군에 의해 모두 불타고 현재는 관아로 쓰였던 명위헌과 이방청 정도만 남아있다.

위치 강화군 강화읍 관청리 163 / **전화** (032)930-7078
입장료 성인 900원, 어린이 600원 / **주차** 가능, 무료

고인돌 질마재 따라 100리길

3코스_질마재길

곡식과 감성이
함께 익어가던 여름날

거리 12.6km, 4~5시간 소요

> 들판에 불어오는 바람은 선명하고 안개에 가린 바다는 어렴풋하다. 조용한 숲에는 낯선 이의 발소리에 놀란 방아깨비, 개구리들만 폴짝폴짝 뛰어 다닌다. 전북 고창군 부안면 미당 서정주의 고향. 질마재길 옆으로 소년을 시인으로 만든 풍경이 차분하게 따라온다.

마을 지나면 산속 저수지 강나루풍천장어식당~질마재 입구[1~6]

세계에서 가장 큰 규모의 고인돌유적지, 복분자와 풍천장어, 미당 서정주의 고향인 질마재, 곰소만의 소금밭은 전북 고창을 대표하는 것들이다. 그리고 '고인돌 질마재 따라 100리길'의 주제들이기도 하다. 총 4개의 코스로 구성된 길은 약 45km로 100리(약 40km)보다는 조금 길다.

그중 3코스인 질마재길은 미당 서정주의 생가와 그의 시세계를 형성한 고창 부안의 서정적인 풍경을 지난다. 풍천장어 식당이 즐비한 삼인교차로에서 연기교를 건너면 강나루풍천장어식당[1]이 보인다. 바로 질마재길의 출발점. 하얀 시멘트 농로를 따라 연기마을을 지나가면 한여름 볕에 알곡이 익어가는 논이 양옆으로 펼쳐진다. 점점 경사가 생기는 길을 오르면 소요산 자락에 커다란 저수지가 자리하고 있다. 농업용수로 쓰기위해 만든 인공저수지인 연기제[3]다.

둑을 지나면 마을이 완전히 멀어지고 저수지를 감아 도는 비포장 임도가 시작된다. 멀리 보이돈 소요산 봉우리, 뻥 뚫린 하늘, 온전하게 불어오는 바람까

미당시문학관에서 바라본 창밖 풍경(13지점). ▶

연기제 끝자락에 서 있는 이정표(5지점).

지. 이런 길만 계속 되었으면 싶을 정도로 개방감이 좋은 임도다. 한적한 길에서 꽃무릇 쉼터[4]를 만난다. 산자락으로 오르는 데크가 연결되어 있고 앉아 쉴 수 있는 정자가 마련되어 있다.

이정표의 '질마재' 방향을 따라 임도를 계속 걸으면 저수지 반대편 끝[5]으로 마을에서 저수지로 접어들던 둑이 어느새 아득하게 멀어져 있다. 그 후로도 오랫동안 계속되던 임도는 숲으로 접어드는 장소, 질마재 입구[6]에서 끝이 난다.

신화로 재탄생한 고개 질마재~미당 생가[7~13]

미당 서정주는 나이 60에 자신의 고향을 그리는 마음을 담은 〈질마재 신화〉를 발표했다. 질마재는 소요산 동북쪽 끝자락에 위치한 낮은 언덕으로 그가 고향을 떠나 서울이라는 넓은 세상으로 나선 길이었다.

질마재 입구에서 장승 두 개가 정문처럼 서 있는 좁은 숲으로 들어가면 질마재로 이어진다. 바닥에 밤송이가 수북이 떨어져 있는 숲길은 최근에서야 새로 길을 낸 모습이 역력하다. 길 쪽으로 웃자란 나뭇가지를 쳐낸 흔적이 그대로 남아 있다.

숲을 빠져 나오면 작은 공터. 바로 질마재[7]다. 역시 왼쪽으로 보이는 장승 사이로 난 숲으로 향한다. 옛날 소금장수들이 쉬어갔다는 소금샘이 보인다. 한때는 달콤한 음용수를 제공해주던 소중한 장소였겠지만 지금 모습은 옹색하다.

깔끔하고 넓은 숲길이 계속되더니 하늘이 트인다. 오가는 사람 없는 숲길에는 사람 걸음에 놀란 방아깨비, 메뚜기, 개구리들만 여기저기 뛰어다닌다. 아스팔트 도로[8]로 나가면 작은 저수지인 선운제가 코앞이고 그 뒤로 안개에 가린 바다가 어렴풋하다. 도로에서 내리막으로 조금 걷다 미당시문학관을 알리는 이정표[9]가 나오면 다시 밭길로 들어간다. 연달아 나오는 Y자 삼거리[10]에서는 주의를 기울여야 한다. 넓은 길을 따라 무심코 가버리기 쉽지만 이곳에서 쓰러질 듯 눈에 잘 띄지 않는 이정표를 보고 오른쪽 샛길로 올라야 한다.

몇 분 지나지 않아 거대한 느티나무 두 그루가 서 있는 서당마을 어귀[11]에 도착한다. 나무 그늘 시원하게 드리운 정자에서 말린 고추를 다듬는 아낙 둘의 손놀림만 소리 없이 분주할 뿐, 여름 가득한 시골마을에 매미울음만 쨍쨍하다.

질마재길 이정표를 따라 조금만 더 가면 이번에는 마을 어귀에 거대한 나무가 병풍처럼 서 있는, 미당의 생가가 있는 진마마을[12]에 도착한다. 마을로 들어가면 2001년 8월에 복원한 미당 생가[13]가 나오고 폐교를 개조해 만든 미당시문학관도 가까이 있다.

미당시문학관 건물(13지점).

미당시문학관 옥상 난간에 서정주의 시 일부가 적혀있다(13지점).

현재는 방앗간으로 변한 미당의 외가(13지점).

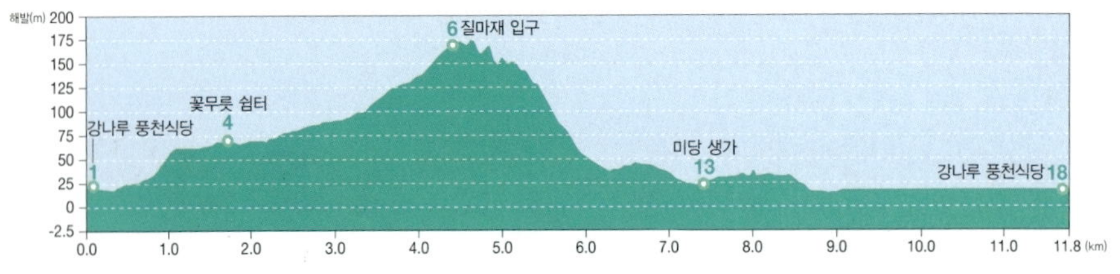

Course Guide

- **걷는거리** 총 12.6km
- **걷는시간** 4~5시간
- **출발점** 전북 고창군 부안면 용산리 강나루풍천장어식당
- **종착점** 전북 고창군 부안면 용산리 강나루풍천장어식당
- **난이도** 무난해요

추천 테마	아이들과	연인끼리	여럿이	숲	들	계곡	강	바다	문화유적	봄	여름	가을	겨울
	★★	★★	★★★	★★	★		★★		★	★★	★	★★★	★★

길을 잃었기에 가까이에서 걸은 인천강

청국장 공장~강나루풍천장어식당[14~18]

미당시문학관을 들러보고 나서는 기억해야 할 것이 하나 있다. 관람 후에는 반드시 미당의 생가 쪽으로 되돌아와야 한다는 것. 무심코 미당시문학관의 정문으로 나가버리면 어디에도 질마재길에 관한 이정표가 보이지 않아 그대로 길을 잃는다.

미당 생가 옆 골목으로 올라간다. 청국장 공장이 보이는 농로사거리[14]가 나오면 이정표에 적힌 '100리길' 방향대로 우회전한다. 산자락을 따라가는 굴곡 심하지 않는 길은 분명 넓고 확실하지만 풀이 꽤 자라있어 통행이 많지 않았음을 짐작할 수 있다.

20분가량 지나면 기와집 모양을 한 죽염공장[15]이 보이고 이곳 Y자 삼거리에 서 있는 이정표는 차도 쪽을 가리킨다. 잘 보이지는 않지만 도로[16]로 나서면 바닥에 페인트로 칠한 질마재길 표시가 있다. 질마재길을 안내하는 표시는 이것이 마지막이었다. 왼쪽으로 방향을 꺾어 차도를 따라 한참을 걸어 용선교[17]에 도착할 때까지 이정표가 없었고 결국은 다리를 건넌 뒤 인천강 둑길을 따라 출발 장소인 강나루풍천장어식당으로 향했다.

출발장소로 돌아가는 인천강의 둑길. 원래 코스는 강 너머 절벽 안쪽으로 이어진다.

　절벽처럼 솟은 산자락을 병풍처럼 두른 인천강, 고개를 돌리면 바둑판처럼 넓게 펼쳐진 논, 그리고 지평선을 향해 일직선으로 뻗어나간 둑길까지 모든 것이 순조로웠지만 목적지를 1km 앞둔 둑길이 차도에서 끊어져버렸을 때는 뭔가 잘못되어 가고 있다고 느꼈다. 안내지도에 그려진 질마재길은 강을 건너지 않은 채로 강변을 따라 출발장소로 되돌아가게끔 되어 있다. 그러나 강을 건너기 전 어디에도 이를 안내하는 이정표가 없다는 게 문제였다. 결국 도로를 따라 강나루풍천장어식당[18]까지 10분쯤 더 걸었다. 차량 통행이 꽤 많은 찻길이었지만, 인천강을 가까이 두고 걸을 수 있어 한편으로는 좋기도 했다.

　원래의 코스대로 가려면 17번 지점 용선교를 건너기 전에 산으로 접어드는 입구로 방향을 돌려 계속 직진하면 된다.

강나루풍천장어식당 '풍천장어구이'

풍천은 서해 곰소만의 해수가 밀려오는 인천강 하류를 말한다. 바다에서 태어난 민물뱀장어가 풍천으로 돌아오는데 예로부터 이곳에서 잡은 민물뱀장어, 즉 '풍천장어'는 맛이 뛰어나고 영양이 풍부해 귀한 음식으로 대접받았다. 요즘은 실뱀장어 상태로 돌아오는 치어를 풍천 하류에서 거의 잡은 뒤 양식하기 때문에 예전처럼 뱀장어가 잡히지는 않는다고 한다. 인천강 일대에 있는 수많은 장어식당들도 양식한 풍천장어를 쓴다.

질마재길의 시작이기도 한 강나루풍천장어식당에서는 풍천장어구이와 장어탕, 된장찌개도 같이 판다. 장어구이는 양념구이와 소금구이로 두 종류 모두 초벌구이를 한 상태에서 테이블 그릴에서 다시 구워 먹는다. 구운 장어를 간장에 절인 깻잎에 싸먹는 것이 특징. 담백한 소금구이는 장어 자체의 맛을 즐기는 사람들이 좋아한다. 탕이나 찌개는 장어구이와 함께 주문하면 3천 원씩 할인된다.

위치 전북 고창군 용산리 536-1 / **전화** (063)561-5592 / **영업시간** / 09:00~21:00
주차 가능 / **가격** 풍천장어구이 2만2천 원, 장어탕 7천 원, 된장찌개 6천 원

교통편

》 찾아가기
대중교통 서울 센트럴시티터미널에서 고창공용버스터미널(063-563-3388)로 가는 고속버스가 있다.
서울 센트럴시티터미널 → 고창공용버스터미널 07:20~19:00(40분 간격)
고창고용버스터미널에서 연기교를 거쳐 가는 군내버스가 하루 1~3회 운행한다.
고창 콜택시(063-564-2004)
승용차 강나루풍천장어식당

》 돌아오기
콜택시, 군내버스를 이용해 고창공용버스터미널로 돌아간다.
고창공용버스터미널 → 센트럴시티터미널 07:00~19:00(40분 간격)

알아두기

숙박 고창읍 일대 숙박업소 / **식당** 연기교 일대(1지점) / **매점** 미당시문학관(13지점)
식수 미리 준비 / **화장실** 강나루 풍천장어 식당(1지점), 미당시문학관(13지점)

들를 만한 곳

고인돌유적지 · 고인돌박물관

세계 최대 규모를 자랑하는 고창 고인돌유적지는 2000년 세계문화유산으로 등록되었다. 2008년 개관한 박물관은 선사시대 사람들의 생활상과 관련 학습 자료를 전시하고 있다.

박물관과 1km 정도 떨어진 고인돌유적지에는 6개의 탐방 코스가 있다. 1~5코스는 고창읍 죽림리~아산면 상갑리 일대에 밀집해 있고 6코스만 고창읍 도산리에 따로 떨어져 있다. 고인돌탐방열차(성인 1천 원)를 이용하면 편리하다.

위치 전북 고창군 고창읍 도산리 676 / **전화** (063)560-2577 / **관람시간** 09:00~18:00(매주 월요일 휴관)
입장료 성인 3천 원, 청소년 2천 원, 어린이 1천 원 / **주차** 가능, 무료

경기 남양주

남양주 다산길

산 · 들 · 물길이 어우러진 2코스 다산길

강줄기 따라 다산의 고향으로

거리 15.6km, 4시간 30분~5시간 소요

남양주는 다산 정약용의 고향이자 유배를 마치고 돌아와 말년을 보낸 삶의 안식처다. '남양주 다산길' 2코스는 도심역을 출발해 예봉산 자락을 지나 한강이 내려다보이는 철길 구간을 지난다. 그 길에 다산의 생가와 기념관, 학술관 등이 모여 있는 다산유적지가 있다.

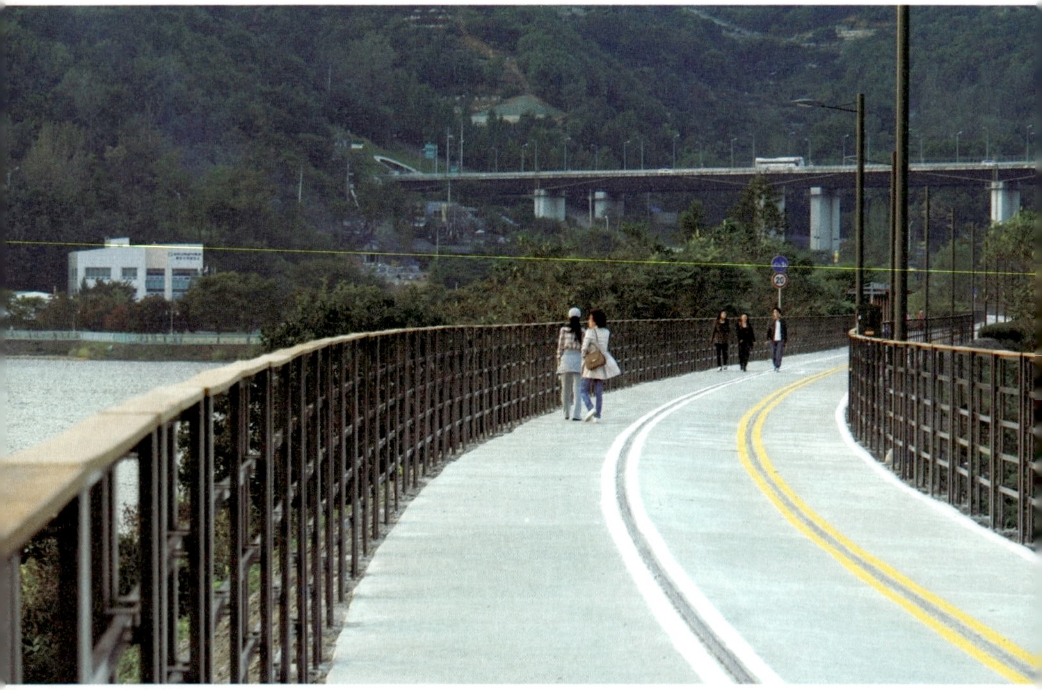

더 이상 기차가 다니지 않는 옛 중앙선은 자전거도로로 바뀌었다(8~9지점).

　　조선시대 실학의 거목인 다산 정약용은 10여 년의 관직생활과 18년의 전남 강진 유배생활을 제외하면 대부분의 삶을 당시 광주군 마현(지금의 경기도 남양주시)에서 보냈다. 남양주는 다산이 태어나고 자란 고향이자 유배를 마치고 돌아와 말년을 보낸 안식처이기도 하다. 이 때문에 강진과 함께 남양주에도 다산의 이름을 딴 걷기코스가 '당연히' 들어서 있다. 강진 '다산 유배길'이 다산의 유배시절 발자취를 중심으로 이어져있다면, '남양주 다산길'은 다산의 유년기와 청년기 그리고 노년기의 삶을 돌아보게 되는 걷기코스다.

코스 초입의 마을길에서는 고즈넉한 시골풍경을 즐길 수 있다(1~2지점).

자전거도로로 단장하기 전의 중앙선 철로 모습.

©권수영

남양주 다산길은 모두 13개 코스로 이루어져 있다. 이 가운데 1~3코스가 다산의 생애와 업적을 고스란히 대변해 주는 다산유적지로 이어지는데, 하나를 고른다면 아무래도 한강을 바라보며 나지막한 등산로와 옛 철길을 따라 다산유적지로 가는 2코스가 정답이다. 그래서인지 이름도 '다산길'이다.

코스의 시작은 서울 용산과 경기도 양평을 잇는 중앙선 도심역 뒤편이다. 안내판[1] 앞에서 우측으로 길을 따라가면 덕소중학교와 도심초등학교를 지나 어룡마을로 향한다. 주민들의 편의를 위해 반듯하게 깔아놓은 시멘트 포장길이 도보여행자 입장에서는 조금 못마땅하지만 교외의 정취가 물씬한 주변 풍경이 마음을 달래준다. 양지바른 길 한가운데 낡은 허리띠처럼 늘어져 일광욕을 즐기던 뱀 한마리가 인기척에 놀라 스르르 길섶으로 사라진다. 인적 드문 곳에서나 볼 수 있는 장면이다. 논과 밭, 마을을 따라 이어진 넓은 포장길은 어느새 연세대 덕소농장[2]을 지나 동막쑥닭집 진입로에서 예봉산 길머리로 바뀐다. 예봉산 자락에 느슨하게 걸쳐진 등산로는 정상을 향해 동남쪽으로 내달리는 듯하다가 어느 순간 남서쪽으로 방향을 튼다.

인근 주민들만 간간이 이용하는 듯, 등산로는 구불구불 좁고 길다. 오르막 중턱에 자리한 산길 삼거리[3]에서 이정표를 따라 좌회전해 솔숲을 어지러이 돌아나오면 마을로 내려가는 길과 만난다. 그런데 문제는 포장길 시작점[4]에 마을 쪽을 가리키는 이정표 외에 한옥집 오른편으로 산길을 향하고 있는 이정표가 하나 더 있다는 점이다. 이 이정표를 따라가면 길은 어이없게도 한참 전에 지나온 산길 삼거리로 다시 돌아간다. 같은 자리를 한 바퀴 도는 셈. 따라서 솔숲을 빠져나온 후 포장길 시작점에서 반드시 좌회전해 마을로 내려가야 한다. 혹은 산길 삼거리에서 솔숲을 거치지 않고 곧장 마을로 내려오고 싶다면 그대로 직진해 포장길까지 나가면 된다.

마을을 내려와 철길 굴다리 앞 사거리[5]에서 직진해 포장길을 따라간다. 팔당역 뒤편을 지나 예봉산 자락의 짧은 산길을 돌아 나오면 마을을 가로지르는 내

한강을 경계로 강 너머에 경기도 하남시가 자리 잡고 있다(3~4지점).

내리막 포장길에서 멀리 한강이 보인다(2~3지점).

예봉산 자락에는 펜션단지가 들어서 있다(4~5지점).

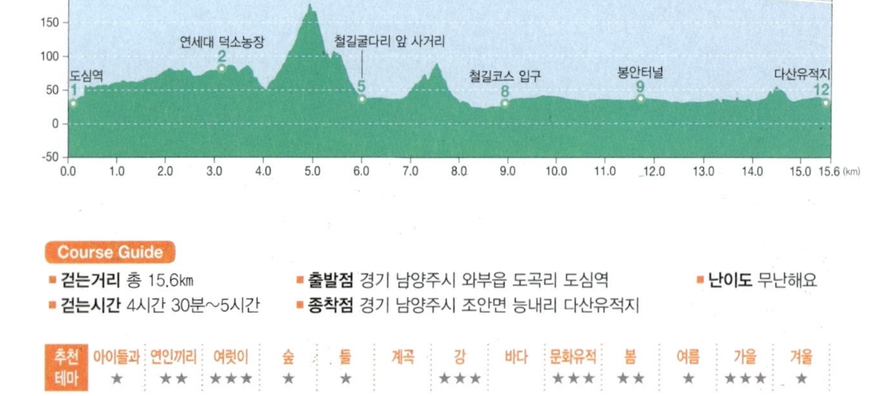

Course Guide

- **걷는거리** 총 15.6km
- **걷는시간** 4시간 30분~5시간
- **출발점** 경기 남양주시 와부읍 도곡리 도심역
- **종착점** 경기 남양주시 조안면 능내리 다산유적지
- **난이도** 무난해요

추천 테마	아이들과	연인끼리	여럿이	숲	들	계곡	강	바다	문화유적	봄	여름	가을	겨울
	★	★★	★★★	★	★		★★★		★★★	★★	★	★★★	★

다산길 개통에 맞춰 새 단장한 한강 산책로(6~7지점).

리막 포장길이다. 한강을 낀 넓은 산책로는 이 길을 따라 차도를 건넌 후 지하도[6]를 빠져 나오면 만날 수 있다. 산책로에서 좌회전해 길이 끝나는 고가도로 사거리[7]에서 왼쪽으로 횡단보도를 지나 오리식당 옆길로 조금만 올라가면 오른편에 철길 코스 입구[8]다.

자전거의 천국이 된 옛 철길 봉안터널~다산유적지[9~12]

더 이상 기차가 다니지 않는 철길은 2011년 늦여름, 자전거 길로 만들기 위해 콘크리트 포장을 단단하게 씌웠다. 시멘트 위로 살짝 드러난 레일만 아니면 이곳이 원래 철도였는지도 모를 정도다. 덕분에 자전거가 다니고 걷기도 편해졌지만 낡은 철길의 운치는 사라졌다. 그저 잘 포장된 둑길을 걷는 기분이다.

딱딱한 시멘트길이 반가운지 알록달록한 복장을 갖춰 입은 자전거 동호인들이 물 만난 고기처럼 신나게 오간다. 수십 년 동안 기차만 드나들던 어둡고 흉측한 봉안터널[9]은 사람이 다닐 수 있도록 LED 조명을 설치했다. 하지만 조도가 높지 않은 탓에 터널 안을 걷는 기분은 즐겁고 설레기보다 얼른 밖으로 빠져나가고 싶을 정도로 답답하다. 아주 잠깐이지만, 자전거를 타고 쌩쌩 달리는 사람들이 부럽다. 폐철로를 따라가는 한강 자전거 길은 양근대교까지 길게 이어진다.

봉안터널(9지점).

다산유적지 내에 있는 다산문화관(12지점).

ⓒ권수영

터널을 빠져 나오자 비로소 숨통이 트인다. 잔잔한 한강은 여전히 오른편에 기다랗게 누워있다. 강변을 따라 한참 이어지던 코스는 철길 건널목[10]에서 오른쪽 내리막으로 접어든다. 이곳이 다산유적지로 들어가는 길목이다. '다산유적지 1.4km' 이정표[11]를 따라 그대로 오르막 포장길로 가도 되고, 조금 앞에서 토끼섬으로 이어진 오른편 길로 에둘러 가도 된다. 전자는 공식코스이고 후자는 코스가 만들어진 후 단장된 수변 산책로인데, 도보 여행자에겐 후자가 좀 더 나을 것 같다.

휘적휘적 걷다보니 어느덧 다산유적지[12]에 다다랐다. 걷기코스의 끝에 시월의 해가 서서히 저물어간다.

남양주 다산길

남양주 다산길은 남양주시가 관광 활성화를 위해 2010년 5월 코스 개발을 시작했다. 2010년말 1~7코스와 13코스를 개통하고 2011년 6월 나머지 8~12코스 공사를 마무리해 전체 약 170km 구간이 모두 단장되었다. 코스 이름은 남양주를 대표하는 실학자 다산 정약용이 태어나고 생을 마감한 곳으로서, '실학 도시'라는 정체성을 담아 '다산길'로 정했다.

1코스 한강나루길 : 한강삼패지구~운길산역 / 16.7km, 5시간 소요
2코스 다산길 : 도심역~다산유적지 / 15.6km, 4시간 30분 소요
3코스 새소리명당길 : 마재마을~운길산역 / 7.5km, 2시간 소요
4코스 큰사랑산길 : 도심역~운길산역 / 15.4km, 4시간 소요
5코스 문안산길 : 운길산역~피아노화장실 / 17.3km, 5시간 소요
6코스 머재고개길 : 피아노화장실~소래비고개 / 6.5km, 2시간 소요
7코스 마치고개길 : 남양주시청~가곡리은행나무 / 20.3km, 5시간 30분 소요
8코스 물골안길 : 장천교~축령산입구 / 9.2km, 2시간 30분 소요
9코스 축령산자락길 : 축령산입구~몽골문화촌 / 11.2km, 3시간 소요
10코스 축령산길 : 몽골문화촌~광릉내 / 10.1km, 2시간 30분 소요
11코스 거문고길 : 광릉내~대궐터 / 12.4km, 3시간 소요
12코스 옛성산길 : 대궐터~덕릉마을 / 12.6km, 3시간 소요
13코스 사릉길 : 사릉역~마치고개 / 15.2km, 4시간 소요
문의 전화 남양주시청 산림녹지과 (031)590-2416

🍜 추천음식

오성회관 '붕어찜'

3대를 내려오며 60년 동안 민물생선요리를 선보이고 있는 오성회관은
팔당유원지에서도 가장 오래된 식당으로 꼽힌다. 잘 손질한 자연산 붕
어를 된장과 생강, 청양고추 등 이 집만의 비법이 담긴 양념장을 듬뿍
끼얹어 재웠다가 미나리를 넣고 끓여낸다. 오성회관의 붕어찜은 잡냄
새가 나지 않고 매콤하면서 담백한 맛이 특징이다.

위치 경기도 남양주시 와부읍 팔당2리 81 / **전화** (031)576-0816
영업시간 11:00~22:00 / **주차** 가능
가격 붕어찜 4만 원, 쏘가리 매운탕 5만5천 원, 장어구이 6만 원(모두 2인분 기준)

🚗 교통편

〉〉 찾아가기
대중교통 서울에서 다산길 출발점인 도심역으로 가려면 지하철 1호선 청량리역에서 중앙선 용문행 열
차를 이용하면 된다. 40분 정도가 소요되고, 도심역에 내린 후 1번 출구로 나가면 된다.
중앙선 청량리역 → 도심역 용문행 열차(05:42~24:05, 10~30분 간격)
승용차 도심역 주차장(무료) 이용

〉〉 돌아오기
코스가 끝나는 지점인 다산유적지에서 대성리행 56번 버스를 타면 중앙선 운길산역으로 갈 수 있다.
운길산역에서 용산행 기차를 타고 청량리역으로 가면 된다.
다산유적지 버스정류장 → 운길산역 버스정류장 56번 버스(05:00~22:30, 30분 간격)
운길산역 → 청량리역 용문행 열차(05:51~23:51, 10~30분 간격)

✒️ 알아두기

숙박 도심역(1지점) 주변
식당 도심역(1지점), 철길입구 주변(7~8지점), 다산유적지(12지점)
매점 · 식수 미리 준비, 도심역(1지점), 덕소중학교(1~2지점), 팔당역 부근 매점 이용
화장실 도심역(1지점), 팔당역, 다산유적지(12지점)

📷 들를 만한 곳

다산유적지

남양주 조안면 능내리 일대는 다산 정약용 선생이 태어나고 자란 고향
이다. 다산 유적지에는 선생의 생가인 여유당과 그가 잠든 묘, 500권에
이르는 그의 저서를 살펴볼 수 있는 다산문화관, 수원성 축조에 쓰인
거중기와 녹로, 유배생활을 했던 강진 다산 초당의 모형 등을 전시한
다산기념관 등 실학자로서의 삶과 학문적 성과를 엿볼 수 있는 다양한
유물과 시설이 들어서 있다.

위치 경기도 남양주시 조안면 능내리 산75-1 / **전화** (031)590-2837
입장료 없음 / **주차** 가능, 무료

남양주역사박물관

남양주역사박물관은 남양주 지역에서 출토된 옛 유물과 탁본 유물
등을 전시하고, 전통문양 모래그림 그리기, 금석문 지우개 만들기 등
의 체험 프로그램을 운영하고 있다. 전시실과 체험실, 영상실, 카페
테리아를 갖추었고 야외에는 외부공연장과 석조전시장도 마련되어
있다.

위치 남양주시 와부읍 팔당로 121 / **전화** (031)576-0558
홈페이지 www.nyjmuseum.go.kr / **입장료** 없음 / **주차** 가능, 무료

수종사

운길산 남쪽 자락에 있는 수종사는 1458년 세조가 세웠다고 전해진
다. 금강산 여행을 다녀오던 세조가 양수리 부근에서 하룻밤을 묵던
중 깊은 밤 때 아닌 종소리를 듣고 이튿날 근처를 살펴보다 18개의
작은 부처상이 숨겨진 동굴을 발견한 후 그곳에 절을 지었다는 이야
기다. 이후 수종사는 고종에 의해 중수된 후 오늘에 이르고 있다. 보
물 제259호로 지정된 금동9층탑 등 세 점의 중요 문화재를 보유하고
있다.

위치 남양주시 조안면 송촌리 1060 / **전화** (031)576-8411
홈페이지 www.sujongsa.net / **입장료** 없음 / **주차** 가능, 무료

추사유배길 1코스 집념의 길
추사에게 바치는
유배지의 헌사

거리 9.1km, 3시간 소요

> 제주도에는 역사의 한 페이지를 장식했던 인물들의 자취가 곳곳에 남아 있다. 그 인물들의 행적을 따라가는 걷기 코스가 '제주유배길'이다. 여러 코스가 계획되고 있는 가운데, 처음으로 열린 '추사유배길'을 걷는다. 9년이나 귀양살이를 했던 그의 흔적이 비교적 또렷하다.

추사 김정희(1786~1856)는 제주도에서 9년 동안 귀양살이를 하면서 독특한 예술 세계와 학문을 완성한 조선 후기의 문인이다. 과거 급제 후 성균관대사성을 역임한 그가 계속 출세가도를 달렸다면 독특한 '추사체' 글씨나 삭풍 속에 꼿꼿하게 서 있는 소나무를 그린 '세한도' 같은 작품은 세상에 나오지 못했을 것이다. 개인에게 가혹했던 형벌이 후대에게 풍성한 문화유산을 남기는 토대가 되었던 것이다.

김정희가 벼슬을 하던 19세기의 조선은 왕의 외척인 안동 김씨가 권력을 장악한 가운데, 관리들의 부정부패가 극에 달하고 돈으로 벼슬을 사는, 썩은 사회였다. 조정 관료였던 김정희도 어지러운 정치판에 휘말려 모진 고문을 당하고 1840년 제주도로 귀양을 갔다. 그의 나이 54세 때다. 귀양 중에서도 제일 가혹한 위리안치(집에 가시울타리를 치고 그 안에 죄인을 가둠) 벌이 내려졌다.

하지만 그는 신세 한탄이나 하며 허송세월하지 않았다. 몸은 좁은 곳에 갇혔으나 마음만은 자유로워 날마다 독서를 하고 그림을 그렸으며, 편지로 육지에 있는 지인 및 후학들과 교류하였다. 부인, 며느리와 40여 통에 달하는 한글

고증을 거쳐 재현해 놓은 추사유배지(1지점). ▶

편지를 주고받기도 했다. '칠십 평생에 벼루 열 개를 갈아 닳게 했고, 천 자루의 붓을 다 닳게 했다.'고 스스로 말할 정도로 배우고 또 배우는 자세를 가졌기에 시, 서화는 물론이고 금석학, 천문학까지 통달할 수 있었다.

추사의 발자취를 따라가다 제주추사관~대정성지[1~11]

김정희가 제주에 머물렀던 흔적을 더듬는 길이 '추사유배길'이다. 3개의 코스 중에서 추사의 자취가 제일 많이 남아 있는 '집념의 길'을 걷는다. 대정읍 인성리 버스정류장[1]에서 대정읍성을 지나 5분쯤 가면 추사를 기리기 위해 건립한 제주추사관[2]이 나온다. 이곳에는 우리나라 문인화의 최고봉으로 꼽히는 〈완당 세한도〉 등 김정희의 작품 중 진품과 복사본 100여 점이 전시되어 있다.

제주추사관 앞에는 초가 넉 채가 있는데, 이곳이 추사가 위리안치되었던 곳이다(사적 제487호). 1948년 시작된 4·3사건 이후 불타 없어진 집터에 추사의 두 번째 집주인이었던 서예가 강도순의 증손자가 1984년에 복원한 것이라고 한다. 강도순이 살았던 안채와 추사가 머물렀던 사랑채, 당시의 농기구 등

추사가 살았던 소박한 초가집(1지점).

보성초교 앞 익살스런 허수아비(5지점).

으로 소박하게 꾸며져 있다.

유배지를 지나 고불고불 이어지는 마을길로 들어선다. 아담하게 쌓아 올린 돌담, 파란색 빨간색 지붕들, 마당 한쪽에 선 감귤나무…. 올레길을 걸으며 보았던 낯익은 풍경들이다. 도로와 만나는 큰 사거리[3]에서 왼쪽으로 접어들면 대정우물터[4]가 나온다. 꽤 깊은 우물이지만 지금은 바짝 말라 있다.

우물터에서 골목을 지나 교정이 예쁜 보성초교에 도착하면 동계 정온(1569~1641)의 유허비[5]를 볼 수 있다. 그의 우국충정을 기리기 위해 추사가 건의해 세운 비라고 한다. 정온은 광해군의 이복동생인 영창대군을 죽인 자를 처벌하라는 내용의 상소를 올렸다가 광해군의 노여움을 사 1614년 제주도로 유배되어 10년 간 귀양살이를 했다. 후에 광해군도 인조반정으로 쫓겨나 제주도에서 생을 마감했다. 유허비를 지나 다시 큰 사거리[6]로 돌아가서 왼쪽 길로 들어선다. 10분쯤 직진하면 오른쪽으로 넓은 공터가 나오는데, 강도순의 증손인 강문석이 세운 한남의숙 터[7]다. 한남의숙은 추사의 영향을 크게 받은 강문석이 학생들을 가르치기 위해 1925년 설립하였으나 일제의 탄압으로 3년 만에 문을

제주유배길

2011년 5월에 공개된 제주유배길은 김정희, 최익현, 송시열 등 제주도에서 유배생활을 했던 선조들의 발자취를 더듬는 걷기코스다. 우리나라의 유배 역사를 연구하고 있는 제주대학교 양진건 교수가 주축이 되어 만들었다. 현재 9년 동안 유배생활을 했던 김정희의 행적을 따라가는 '추사유배길'만 완성된 상태. 이 길은 '집념의 길', '인연의 길', '사색의 길' 등 세 코스로 이루어져 있다.
2013년까지 '면암유배길', '성안유배길', '광해군유배길' 등이 차례로 만들어질 예정이다.

집념의 길 : 제주추사관~대정성지~대정향교~제주추사관 / 9.1km, 3시간 소요
인연의 길 : 제주추사관~매화마을~곶자왈~오설록박물관 / 8.0km, 3시간 소요
사색의 길 : 대정향교~산방산~안덕계곡 / 10.1km, 4시간 소요

홈페이지 www.jejuyubae.com

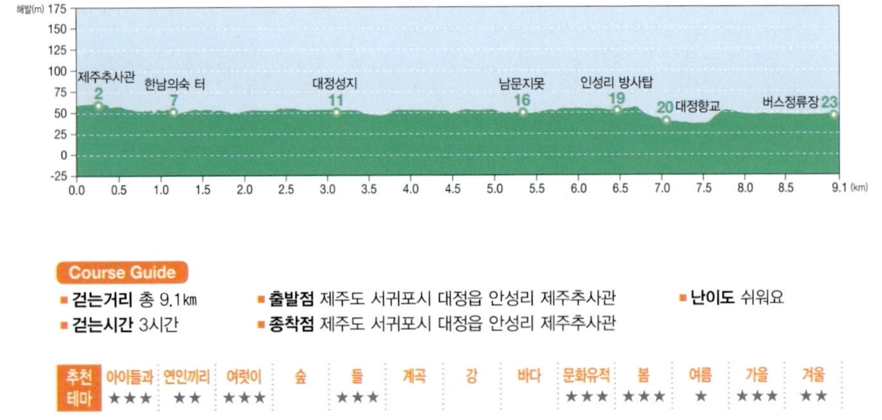

← 무릉리
← 무릉리
제주시 ↗
제 주 도
서귀포시
대정읍
1135
N
0 300m
9
대정성지 11
10(12)
13
8
7 한남의숙 터
3(6)
2 제주추사관
갈림길 주의 14
보성초교 ●
동계정온유허비 5
대정우물 터 4
BUS
1(23)
15
17
남문지못 16
서귀포시
1132
모슬포
모슬봉
18(22)
19 인성리 방사탑
단산
20 대정향교
1132
21 추사 전각
↓ 모슬포
↓ 모슬포
2코스 사색의 길
해발(m)
175
150
125
100
75
50
25
0
-25
제주추사관
2
한남의숙 터
7
대정성지
11
남문지못
16
인성리 방사탑
19
20 대정향교
버스정류장 23
0.0 0.5 1.0 1.5 2.0 2.5 3.0 3.5 4.0 4.5 5.0 5.5 6.0 6.5 7.0 7.5 8.0 8.5 9.1 (km)
Course Guide
■ 걷는거리 총 9.1㎞
■ 걷는시간 3시간
■ 출발점 제주도 서귀포시 대정읍 안성리 제주추사관
■ 종착점 제주도 서귀포시 대정읍 안성리 제주추사관
■ 난이도 쉬워요
추천
테마
아이들과 ★★★
연인끼리 ★★
여럿이 ★★★
숲
들 ★★★
계곡
강
바다
문화유적 ★★★
봄 ★★★
여름 ★
가을 ★★★
겨울 ★★

대정성지 안에 안치된 정난주 마리아의 묘(11지점).

닫았다. 철문 너머로 잡초만 무성할 뿐 당시의 흔적은 찾아보기 어렵다.

한남의숙 터에서 어른 키만 한 돌하르방이 세워진 삼거리[8]에 도착 후 대정성지 입구까지는 밭과 평범한 마을들이 이어진다. 걷는 내내 두 개의 오름이 바라보이는데, 성산일출봉처럼 바닷가에 우뚝 솟아 있는 산방산과 박쥐 날개를 닮았다고 하여 바굼지오름이라고도 부르는 단산이다.

큰 사거리[9]에서 '대정성지 500m' 이정표를 따라 걸어가면 낯익은 풍경과 마주하게 된다. 기억을 더듬어보니 올레 11코스에서 걸었던 길이다. 잠시 후 삼거리[10]에서 오른쪽으로 틀어 5분쯤 가면 정난주 마리아의 묘가 있는 대정성지[11]가 나온다. 정난주는 1801년 신유사옥 때 순교한 황사영의 아내로, 다산 정약용의 형 정약현의 딸이다. 정난주는 36년 동안 제주에서 귀양살이를 하다가 추사가 유배되기 2년 전인 1838년 66세로 세상을 떴다. 김정희와 정약용의 집안은 각별한 사이였다고 한다.

대정향교로 가는 길에 바라본 단산. 박쥐가 날개를 펼친 모습과 비슷하다고 하여 바굼지오름이라고도 부른다(17~18지점).

산방산과 단산이 빚은 절경 대정성지~대정향교[12~23]

대정성지에서 왔던 길로 돌아가 삼거리[12]에서 모슬봉이 정면으로 바라보이는 밭길을 따라 걷는다. 여기서부터는 드문드문 이정표가 나오지만 큰 길을 따라 직진하면 길 찾기에 어려움이 없다. 부지런히 밭을 가는 사람들, 초록색으로 물든 제주의 거친 땅. 새로운 풍경으로 등장한 모슬봉 외에는 큰 삼거리[13]부터 삼나무 그늘이 드리워진 사거리[14]까지 그동안 거쳐 온 풍경들과 엇비슷하다. 삼나무 숲길을 지나 만나는 삼거리[15]에서 아스팔트도로를 따라 10분쯤 걸으면 시작점 부근인 안성리다. 이곳에서 신호등을 건너 왼쪽으로 가면 잔잔한 물빛을 담고 있는 남문지못[16]에 닿는다.

연못가에 세워진 운치 있는 정자에서 쉰 후 마을 앞 오거리[17]에서 오른쪽 골목으로 들어서면 대정향교까지 다시 넓은 들판이 펼쳐진다. 사거리[18]를 지날 때는 이 코스에서 가장 아름다운 경치로 꼽히는 단산이 선명하게 다가오고, 방

길의 끝에는 추사가 학생들을 가르쳤던 대정향교가 자리하고 있다(20지점).

사탑[19]을 지나 야트막한 고개를 넘을 때는 바다와 어우러진 산방산도 시원하게 조망된다. 추사도 이 풍경을 보았을 것이다.

마을 주민들이 식수로 이용하던 세미물을 지나자 마치 단산과 산방산이 품고 있는 것처럼 가운데 떡하니 자리한 대정향교[20]가 나온다. 처마에는 추사가 쓴 현판이 걸려 있다. 추사는 후에 위리안치에서 풀려나 이곳에서 마을 청년들에게 학문을 가르치기도 하였다.

대정향교는 대문이 낮아 고개를 숙이고 들어가야 한다. 보통 향교나 위패를 모신 사당은 일부러 문을 사람 키보다 낮게 만든다. 자연스럽게 고개를 숙여 공경을 표하기 위해서라고 한다. 안에는 잘 꾸민 정원과 몇 채의 전통가옥이 들어서 있다.

대정향교를 나와 왔던 길로 거슬러 올라가면 '집념의 길'은 끝난다[22, 23]. 대정향교에서 추사가 생전에 사용하던 전각(낙관)을 새겨 놓은 비석[21]부터는 추사 유배길의 3코스에 해당하는 '사색의 길'이 이어진다.

🍲 추천음식

고을식당 '돔베고기'

이름부터 독특한 돔베고기는 제주도의 향토음식 중 하나다. '돔베'란 도마를 뜻하는 제주 토속어로, 그 위에 올려놓고 먹는 돼지수육을 말한다. 제주에서는 돼지고기를 간장이나 멸치젓에 찍어 먹는 것이 특이하다. 대정농협 길 건너에 자리한 고을식당은 현지 주민들이 애용하는 맛집이다. 제주산 돼지고기만 쓰고, 값도 저렴한데다 20년 넘게 운영하고 있는 주인 아주머니의 손맛 또한 일품이다.

위치 제주도 서귀포시 대정읍 인성리 251-1 / **전화** (064)794-8070 / **영업시간** 11:00~19:00
주차 가능 / **가격** 돔베고기 1만2천 원, 몸국 6천 원, 고기국수 4천 원

🚗 교통편

≫ 찾아가기

대중교통 제주공항에서 삼양 방면 100번 시내버스를 타고 제주시외버스터미널(064-753-1153)에서 내린다. 터미널에서 모슬포 방면 평화로 노선버스를 타면 시작점인 제주추사관으로 갈 수 있다. 서귀포에서는 신시외버스터미널(월드컵경기장 옆)에서 대정·고산 방면 서일주 노선버스를 탄 후 인성리 버스정류장에서 내린다. 제주추사관까지 걸어서 5분 거리다.
제주공항 → 제주시외버스터미널 06:17~21:46(수시 운행)
제주시외버스터미널 → 제주추사관 06:00~22:25(수시 운행)
서귀포시외버스터미널 → 제주추사관 05:40~21:00(수시 운행)
승용차 제주추사관 주차장(무료) 이용

≫ 돌아오기

제주추사관 → 제주시외버스터미널 06:00~22:25(수시 운행)
제주추사관 → 서귀포시외버스터미널 05:55~21:05(수시 운행)
제주시외버스터미널 → 제주공항 06:20~21:50(수시 운행)

✒ 알아두기

숙박·식당·매점 제주추사관 주변(1지점) / **식수** 미리 준비 / **화장실** 제주추사관(1지점), 대정성지(11지점), 대정향교(20지점) / **입장료** 제주추사관 성인 500원, 청소년·어린이 300원

📷 들를 만한 곳

산방산

포수의 화살에 엉덩이를 맞은 옥황상제가 화가 나서 한라산의 봉우리를 뽑아 던져 생겼다는 산이다. 성산일출봉처럼 바닷가에 솟아 있는 형세가 독특하다. 산 중턱에는 고려시대 고승인 혜일이 수도했다는 산방굴사가 있다.
산방산 매표소에서 통합 입장료를 받는다. 입장권 하나로 인접한 용머리해안과 하멜상선전시관을 모두 둘러볼 수 있다.

위치 제주도 서귀포시 안덕면 사계리 16 / **전화** (064)794-2940 / **개장시간** 09:00~18:00
입장료 성인 2천500원, 청소년·어린이 1천500원 / **주차** 가능, 무료

◀ 길을 걷는 내내 제주 남부의 절경으로 꼽히는 단산과 산방산이 나란히 바라보인다(21~22지점).

강원 춘천

봄내길

1코스 실레이야기길

요절한 천재 작가의 소설 속으로

거리 5.2km, 2시간 소요

근대문학의 대표작가로 꼽히는 김유정의 소설 속 무대를 걷는 길이다. 그의 고향인 실레마을에서는 소설에 등장하는 실제 장소를 둘러볼 수 있고, 금병산 산책로는 해학과 은유, 사실적인 묘사가 빛나는 그의 소설 속 무대를 지나며 16개의 이야기를 들려준다.

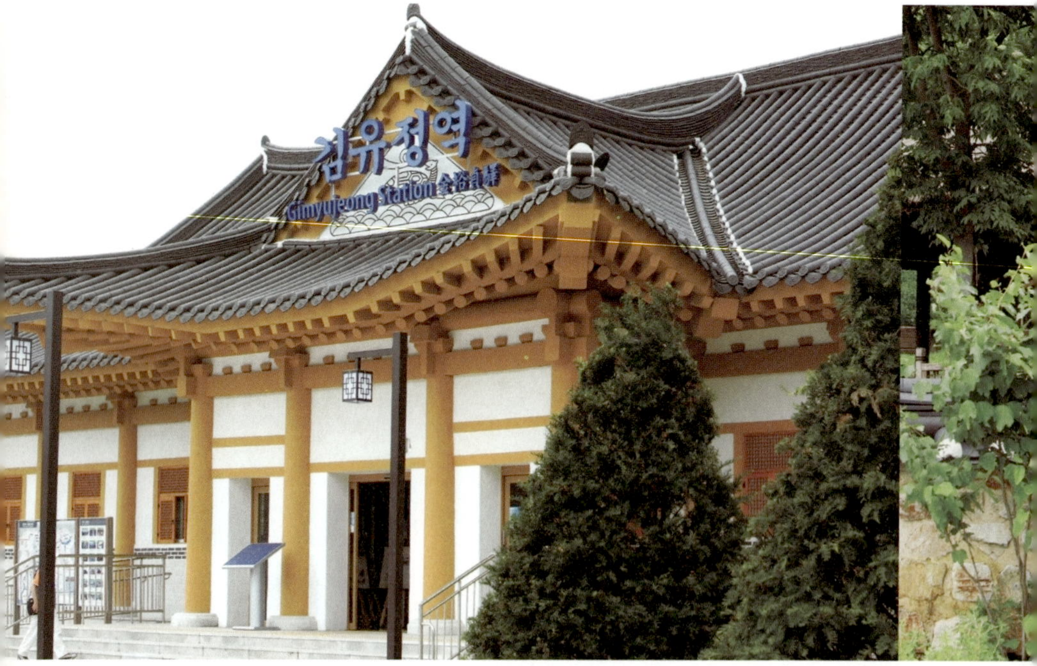

신남역에서 이름이 바뀐 경춘선 김유정역(1지점).

소설 속 바로 그 무대 김유정역~잣나무 숲길^{1~4}

우리나라 근대문학사에 한 획을 그은 작가 김유정(1908~1937)은 서른도 안 된 젊은 나이에 세상을 떠났다. 가난과 실연과 폐결핵에 시달린 고달픈 삶이었지만 그는 짧은 생애를 마감하기까지 31편의 작품을 쓸 만큼 열정적이었다.

〈봄봄〉, 〈동백꽃〉, 〈금 따는 콩밭〉, 〈두포전〉, 〈산골나그네〉 등 12편의 소설은 모두 그의 고향인 실레마을이 주요 배경이다. 마을에 사는 인물이나 평소 일어났던 일들을 재구성해 이야기를 풀고, 때때로 산책하던 금병산을 무대로 삼았다.

실레이야기길은 김유정의 소설 속 배경이 되었던 곳을 산책로로 정비한 것이어서 현실과 소설의 공간에 별 차이가 없다. 그래서 평범한 길도 의미 있게 느껴지고 때때로 소설의 주인공이 되어 그의 문학세계 속으로 걸어 들어가게 된다.

'실레마을' 초가집들은 2008년 김유정 탄생 100주년 행사 때 쓴 행사장이다(2지점).

김유정의 생가와 기념관이 있는 김유정문학촌(2지점).

길 옆으로 옥수수, 호박 등이 자란다(3지점).

춘천 봄내길의 4개 코스 중 첫째인 실레이야기길은 전통가옥처럼 생긴 김유정역[1]에서 시작한다. 김유정역은 이전의 신남역에서 2004년 개명한 것이다. 우리나라에서 사람 이름을 역 이름으로 쓴 첫 사례다.

역사에서 큰길을 따라 5분쯤 걸으면 금병산에 둘러싸인 실레마을이 나온다. 실레는 시루의 강원도 사투리로, 금병산에 둘러싸인 마을이 옴폭하게 파인 떡시루처럼 생겼다고 하여 붙은 이름이다. 행정구역상으로는 춘천시 신남면 증리인데, 증(甑)은 시루라는 뜻이다.

마을 골목길을 지나 김유정문학촌[2]에 이르면 기념관과 생가가 있다. 생가는 김유정 사촌의 기억을 토대로 예전 집터에 새로 지은 것이다. 마당에는 디딜방아 등 당시 마을 부잣집에서나 소유하고 있던 농기구들이 눈에 띈다.

김유정은 한해 쌀 3천 석을 거둬들이는 부유한 집안에서 태어났지만 행복하지는 않았다. 아홉 살에 부모를 모두 여의고, 재산을 물려받은 형은 가산을 다 탕진했다. 김유정은 청년이 되어서도 폐결핵 같은 지병으로 고생하는 등 꽤 고통스럽고 힘든 삶을 살았다.

김유정문학촌 맞은편에는 초가집 몇 채가 모여 있는 초가마을이 있다. 사람이 사는 곳은 아니고 '실레마을'이란 이름으로 2008년 김유정 탄생 100주년 기념행사 때 지은 일종의 행사장이다. 실레마을을 둘러본 후 길가로 나오면 실레이야기길의 코스 정보가 적혀 있는 커다란 안내판이 보인다. 이곳에서 나무 표지판이 가리키는 방향만 쫓으면 쉽게 실레이야기길을 따라 걸을 수 있다.

옥수수, 고추, 호박 등을 심어놓은 밭을 따라 걷다가 Y자 삼거리[3]에서 오른쪽 길을 택해 금병산 잣나무 숲으로 들어선다[4]. 초입에 조그만 안내판이 있는데 김유정의 소설 속 배경이 되었던 곳마다 설치되어 있다. 안내판에는 소설의 내용이 적혀 있어 읽어가며 걷는 재미가 쏠쏠하다.

실레이야기길에는 소설 속 내용을 바탕으로 〈두포전〉의 금병산 아기장수전설길, 〈산골나그네〉, 〈소낙비〉, 〈총각과 맹꽁이〉에 나온 들병이들 넘어오던 눈웃음길, 〈동백꽃〉의 산국농장 금병도원길 등 총 16개의 구간이 있다.

소설 속 무대를 따라 걷는 숲길 금병산 산책로~김유정역[5~14]

　몇 개의 운동기구가 놓여 있는 쉼터[5]에서 다시 숲길로 향한다. 동백나무(강원도에서는 생강나무를 동백나무라 부른다)가 많은 금병산 숲은 김유정이 1인칭 시점으로 쓴 소설 〈동백꽃〉의 모티브를 제공한 곳이다. 호젓한 숲에는 잣나무를 비롯해 낙엽송, 산뽕나무, 산초나무, 오동나무 등 다양한 종류의 나무들이 빼곡하게 자라고 있다.

　'산국농장' 가는 길과 나뉘는 삼거리[6]를 지나면 시야가 확 트인다. 하늘로 쭉쭉 뻗은 낙엽송 사이로 실레마을이 손에 잡힐 듯 가깝다. 전망 좋은 오솔길을 지나 울창한 숲으로 접어들면 걷기에 조금 불편한 길이 이어진다. 여름에 내린 폭우로 바닥 곳곳이 움푹움푹 파였는데 채 복구가 되지 않아 조심해서 걸어야 한다.

　운동기구 쉼터[7]와 계곡 쉼터[8]를 차례로 지난 후 잡풀이 우거진 갈림길[9]에서 '실레이야기길 2.39㎞' 이정표 방향의 좁은 오솔길로 들어선다. 커다란 철탑이 보이는 쉼터[10]에서 완만한 내리막을 이룬 숲길을 따르면 붉은색 담장을 두른

김유정의 소설 속 무대와 관련이 있는 곳에는 이런 안내판들이 서 있다.

금병산 숲길의 나무들에는 이름과 설명이 붙어 있다(5~6지점).

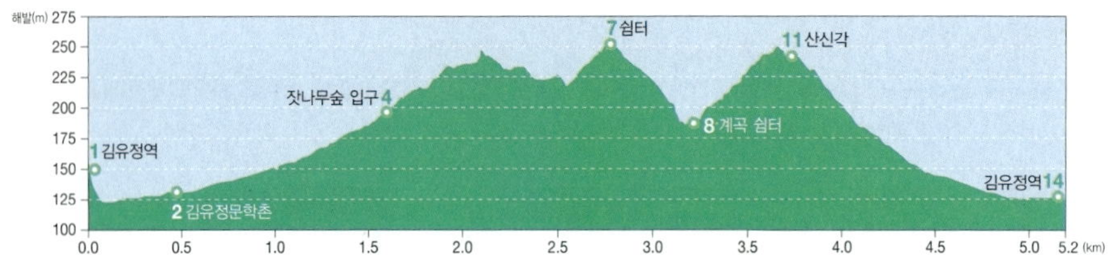

Course Guide

- **걷는거리** 총 5.2㎞
- **걷는시간** 2시간
- **출발점** 강원도 춘천시 신동면 증리 경춘선 김유정역
- **종착점** 강원도 춘천시 신동면 증리 경춘선 김유정역
- **난이도** 쉬워요

추천 테마	아이들과	연인끼리	여럿이	숲	들	계곡	강	바다	문화유적	봄	여름	가을	겨울
	★★★	★★★	★★★	★★★	★	★★			★★	★★★	★★	★★★	★

산신각[11]이 나온다. 산신각에서는 매년 마을의 안녕을 기원하는 산신제가 열린다. 산신각을 지나 솔잎이 두텁게 쌓인 소나무 숲길을 10분쯤 내려가면 산책로는 끝나고 다시 실레마을과 만난다[12].

금병초교를 지나기 전 맞은편으로 금병복지회관이 보이는데 김유정이 야학당을 운영했던 '금병의숙'이 있던 자리다[13]. 건물 앞에는 금병의숙 터였음을 알리는 기념비와 표석이 있고, 그 옆으로 건물보다 더 높은 느티나무가 서 있다. 굵기가 어른 팔뚝만 했을 때 김유정이 심었다는 나무다.

복지회관에서 안쪽 골목으로 들어서면 김유정 소설의 대표작으로 꼽히는 〈봄봄〉의 실제 무대가 있다. 지금은 건물이 남아 있지 않고 잣나무와 상수리나무 등이 자리를 대신하고 있지만, 소설 속에서 배참봉 댁 마름으로 나오는 장인 김봉필의 실존인물이 살던 곳이다.

소설에서 김봉필로 나왔던 사람은 당시 딸만 여럿 낳아 데릴사위를 들여 여러 해 동안 부려먹었다고 한다. 또 금병산 산림감시원으로 일하면서 동네 사람들에게 두루 인심을 잃어 '욕필이'라는 이름으로 불렸다. 당시 김유정은 주막에서 술을 먹고 귀가하던 중 실제 인물인 데릴사위가 혼인을 시켜주지 않는다며 장인과 싸우는 장면을 메모해 두었다가 후에 〈봄봄〉을 썼다고 한다. 이곳에서 마을길을 내려가면 잠시 뒤 김유정역[14]에 닿는다.

금병산 숲 산책로(7~8지점).

하늘로 쭉쭉 뻗은 낙엽송길(9~10지점).

폭신폭신한 소나무 숲길(11~12지점).

유정마을 '막국수 · 닭갈비'

막국수와 닭갈비는 춘천에서 빼놓을 수 없는 먹거리. 김유정문학촌 옆 '유정마을 식당'은 막국수와 닭갈비가 맛있다고 소문난 집이다. 특히 이 집의 막국수는 시원한 육수와 매콤하면서 달콤한 양념이 일품이다.

위치 강원도 춘천시 신동면 증3리 869-2(김유정문학촌 옆)
전화 (033)262-0361 / **영업시간** 11:00~20:00 / **주차** 가능
가격 막국수 6천 원, 닭갈비 1만 원, 묵사발 6천 원

 교통편

≫ 찾아가기
대중교통 상봉역에서 춘천역까지 복선전철인 경춘선이 개통해 춘천 여행이 훨씬 편리해졌다. 경춘선 김유정역에 내리면 코스 시작점인 김유정문학촌까지 걸어서 5분 거리다. 시외버스로 갈 경우 수시로 운행하는 동서울터미널이나 센트럴시티터미널을 이용하는 게 편리하다. 춘천시외버스터미널(033-241-0285)에서 내려 신동면 방면 시내버스나 터미널 옆에 위치한 남춘천역에서 경춘선을 타고 김유정역으로 갈 수 있다.
상봉역(경춘선) → 김유정역 05:10~23:00(12~20분 간격)
동서울터미널 → 춘천시외버스터미널 06:00~24:00(수시 운행)
센트럴시티터미널 → 춘천시외버스터미널 06:50~21:00(40~50분 간격)
상봉터미널 → 춘천시외버스터미널 10:00, 13:00, 16:00, 20:00
춘천시외버스터미널 → 김유정역 1번, 67번 시내버스(05:50~21:40, 18회 운행)
승용차 김유정역이나 김유정문학촌 주차장(무료) 이용

≫ 돌아오기
김유정역(경춘선) → 상봉역 05:42~23:09(12~20분 간격)
춘천시외버스터미널 → 동서울터미널 05:40~23:30(수시 운행)
춘천시외버스터미널 → 센트럴시티터미널 06:50~21:00(40~50분 간격)
춘천시외버스터미널 → 상봉터미널 07:40, 10:00, 13:10, 17:10

알아두기

숙박 춘천시내 숙박시설 이용 / **식당** 김유정역(1지점), 김유정문학촌(2지점) 주변
식수 미리 준비 / **매점** 김유정역(1지점) 주변
화장실 김유정역(1지점), 김유정문학촌 · 실레마을(2지점)
김유정문학촌 강원도 춘천시 신동면 실레길 25 (033)261-4650 www.kimyoujeong.org

들를 만한 곳

강원도립화목원

식물연구의 장, 자연체험학습의 장, 문화행사의 장 등 다양한 테마로 꾸민 공립수목원이다. 이곳에는 1천700여 종의 다양한 식물이 자라는데 반비식물원, 지피식물원, 암석원, 약용 및 멸종위기식물 보존원 등의 테마로 나뉘어 관람객을 맞는다. 야외 정원에는 산책로가 잘 나 있어 가볍게 나들이하기 좋다.

위치 강원도 춘천시 화목원길 24 / **전화** (033)248-6690~2
개장 10:00~18:00 / **입장료** 성인 1천 원, 청소년 700원, 어린이 500원 / **주차** 가능, 소형차 기준 1천 원

국립춘천박물관

2002년 개관한 국립춘천박물관은 구석기시대부터 현재에 이르기까지 강원도에서 출토된 다양한 유물을 보존, 연구, 전시하고 있다. 4개의 상설전시실에 국보 제124호인 한송사 석조보살좌상을 비롯해 1천360여 점의 유물과 자료들을 갖추었다.

위치 춘천시 우석로 70 / **전화** (033)260-1500
개장 09:00~18:00(매주 월요일 휴관)
홈페이지 chuncheon.museum.go.kr / **주차** 가능, 무료

애니메이션박물관

2003년에 문을 연 국내 유일의 애니메이션박물관으로 아이부터 어른까지 두루 만족할 수 있는 곳이다. 애니메이션 역사, 종류, 제작 과정뿐만 아니라 북한, 미국, 일본 등 세계 곳곳의 애니메이션 작품도 살펴볼 수 있다. 박물관은 5만여 점의 애니메이션 관련 소장품은 물론 상영관, 스튜디오 등 다양한 체험시설을 갖추었다.

위치 춘천시 서면 박사로 385 / **전화** (033)245-6444
개장 10:00~18:00 / **홈페이지** www.animationmuseum.com
입장료 성인 4천 원, 청소년 · 어린이 3천 원 / **주차** 가능, 무료

봄내길

2010년 10월 개장한 '봄내길'은 전체 길이가 52km에 이른다. 춘천시가 길을 단장했고 사단법인 '문화커뮤니티 금토'가 위탁 관리하고 있다. 봄내길은 김유정의 소설 속 배경이 주요 테마를 이루는 '실레이야기길', MT 명소인 강촌과 수려한 풍경의 강변을 걷는 '물깨말구구리길', 춘천의 관문이었던 석파령을 넘는 '석파령너미길', 호반의 아름다움을 만끽할 수 있는 '의암호나들길' 등 4개 코스로 구성되어 있다.

2012년 초에는 5코스인 '소양호나루길(20km)'이 개통될 예정이다. 봄내길은 갈림길마다 이정표가 잘되어 있어 길 찾는 데 어려움이 없고, 석파령너미길 빼고는 대체로 길이 완만하다.

실레이야기길 : 김유정역~김유정문학촌~금병산 숲길~김유정역 / 5.2km, 2시간 소요
물깨말구구리길 : 강촌역~구곡폭포~봉화산 숲길~문배마을~강촌역 / 11km, 3시간 소요
석파령너미길 : 당림리~석파령~덕두원~신숭겸 묘역~박사마을 선양탑 / 21km, 6시간 소요
의암호나들길 : 박사마을 선양탑~소양강처녀상~의암호 산책로~송암리 / 15km, 4시간 소요

문의 전화 춘천시청 (033)251-9363 / **홈페이지** www.bomne.co.kr

PART 5

| 마을 |

고양누리길

서삼릉_누리길

가을도 한참 머물다 가는
그 언덕길

거리 11.0km, 2시간 30분~3시간 소요

한두 해 만에 다시 찾은 '서삼릉누리길'은 일부 구간이 개발 열풍에 휩싸여 있지만 푸르른 서삼릉과 종마공원은 그대로였다. 소나무향 가득한 서삼릉을 지나 도착한 종마공원 입구, 노란 은행나무가 줄지어 선 그 길에는 가을도 잠시 멈춰선 것 같다.

황금빛으로 물든 종마공원의 은행나무길(12~13지점).

대통령이 즐겼다는 쌀막걸리

날로 확장되어가는 대도시의 경계. 수도권 북서부, 고양시 끝머리를 횡으로 가로지르며 '서삼릉누리길'이 지난다. 이 길은 고양시가 '서삼릉누리길'이라는 이름을 붙이고 안내판을 설치하기 한두 해 전에 지나본 적이 있다. 당시에도 3호선 원당역에서 출발해 배다리술박물관과 서삼릉, 원당 종마공원 등을 지나 삼송역까지 갔다. 서삼릉과 종마공원을 거닐며 느꼈던 기분 좋은 기억이 새록새록 떠올라 원당역을 나서는 발걸음에 설렘이 묻어난다. 오랜만에 다시 찾은 서삼릉누리길은 예전과 마찬가지로 지하철 3호선 원당역 앞에서 시작된다.

원당역 1번 출구[1]로 나와 우회전 후 원당골 추어탕 앞 삼거리에서 왼쪽 길로 접어든다. 불법주차와 노점상 등 역 주변의 어수선한 분위기는 전철역에서 멀어질수록 조금씩 정리된다. 길 오른편 누리길 안내판은 2011년 중순 '고양누리길' 개통에 맞춰 세운 것으로 아직 새것 티가 물씬하다.

안내판을 지나 그대로 직진해 전철다리[2] 아래를 통과한 후 우회전한다. 두 번째 삼거리[3]에서 왼쪽으로 방향을 잡는다. 조금 걸어가다 코스는 야생화 두메풀밭[4] 간판을 끼고 오른쪽으로 빠지는데, 길 왼편에 있는 주차장 딸린 건물이 배다리술박물관[5]이다.

이곳은 1915년 창업한 후 5대째 전통주를 빚고 있는 '배다리술도가'가 운영하는 박물관이다. 2층 건물 내부 전시실에는 전통주 제조에 쓰이는 다양한 기구들과 모형, 자료사진 등이 전시되어 있다. 박정희 대통령도 이곳 막걸리 애호가였는데, 당시 쌀로 술을 빚는 것이 금지되어 있었지만 대통령 전용주의 품격(?)을 위해 몰래 쌀막걸리를 빚어 납품했다고. 쌀막걸리 금지령을 내린 박 대통령은 자신이 즐겨 마신 막걸리가 쌀로 만든 것이었다는 사실을 알았을까.

전통주에 관한 자료들을 전시하고 있는 배다리술박물관(5지점).

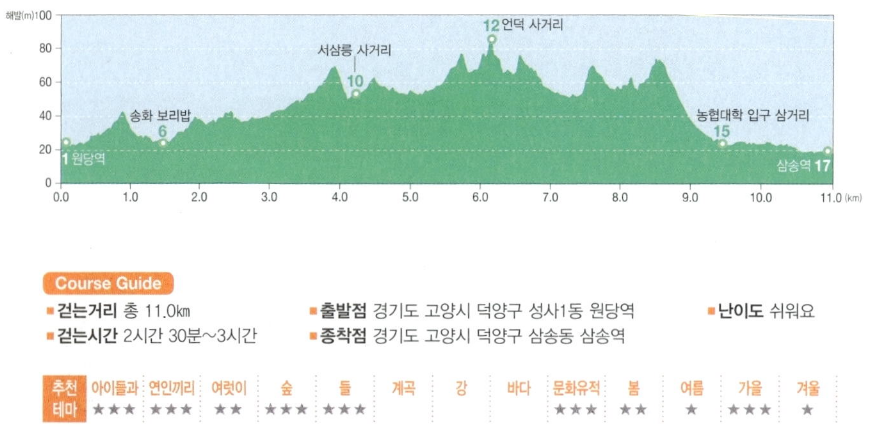

Course Guide

- **걷는거리** 총 11.0km
- **걷는시간** 2시간 30분~3시간
- **출발점** 경기도 고양시 덕양구 성사1동 원당역
- **종착점** 경기도 고양시 덕양구 삼송동 삼송역
- **난이도** 쉬워요

추천 테마	아이들과	연인끼리	여럿이	숲	돌	계곡	강	바다	문화유적	봄	여름	가을	겨울
	★★★	★★★	★★	★★★	★★★				★★★	★★	★	★★★	★

배다리술박물관을 나와 왼쪽 길을 따라가다 수역이 마을을 지나면 작은 삼거리가 나온다. 원래 코스는 이정표를 따라 우회전해야 하지만 이 길 오른편으로 한양 CC의 올드아웃 코스 4, 5번 홀이 자리 잡고 있어 가끔 눈먼 골프공이 날아오는 게 문제다. 안전 펜스조차 없어 자칫 골프공에 맞을 수도 있는데, 이 같은 위험을 사전에 방지하려면 이정표를 무시하고 식당가까지 직진한 후 송화 보리밥[6] 식당 뒤편으로 돌면 Y자 갈림길[7]에서 본래 코스와 합류한다. 조금 둘러가긴 하지만 식당가와 비닐하우스 건물을 오른편에 끼고 걷기 때문에 한결 안전하다.

서삼릉누리길은 교외에서 흔히 볼 수 있는 좁은 시골 포장길이지만 주변에 크고 작은 농장과 이름난 식당들이 많아 오가는 차들이 적지 않다. 자동차의 방해를 덜 받으며 고즈넉한 시골길의 정취를 느끼고 싶다면 점심시간을 피해서 걷는 게 좋겠다. 차가 붐비는 시간이 마침 식사 때라면 식당에서 좀 쉬어가는 것도 한 방법이다.

Y자 갈림길을 지난 다음 큰 삼거리[8]에서 우회전해 시골 논밭 사이를 가로지르는 길을 따라 원당허브랜드까지 간다. 허브랜드 너머에 있는 삼거리[9]에서 왼쪽 모퉁이를 돌아 올라가면 서삼릉사거리[10]다. 사거리 오른편에는 서삼릉누리길의 백미라 할 수 있는 서삼릉과 종마공원으로 이어지는 입구가 나타난다. 코스 순서상 서삼릉을 들른 후 종마목장을 방문하게 되어 있지만, 어느 곳을 먼저 방문하든, 혹은 둘 중 한 곳만 둘러보든 다시 사거리를 거쳐 삼거리로 돌아오므로 코스를 이어가는 데는 아무런 문제가 없다.

말없이 거닐고 싶은 길 예릉~삼송역[11~17]

궁궐 서쪽에 왕가의 무덤 세 기가 모여 있는 사적 제200호 '서삼릉(西三陵)'은 2009년 유네스코 세계문화유산에 등재되었다. 중종의 아들이자 조선왕조 12대 왕인 인종(1515~1545)과 그의 비 인성왕후(1514~1577)가 함께

서삼릉(위)과 종마공원(10~12지점).　　　종마공원에서는 한가로이 노니는 경주마들을 볼 수 있다(12~13지점).

잠든 효릉, 중종의 계비 장경왕후(1491~1515)의 무덤인 희릉, 그리고 철종 (1831~1863)과 철인왕후(1837~1878)가 묻힌 예릉[11]이 넓은 잔디밭과 소나무 숲을 배경으로 자리하고 있다. 자연환경이 잘 보존된 서삼릉은 휴식공간으로 손색이 없어 연인이나 가족 단위 방문객이 많은 편이다. 특히 수백 년 동안 엄격하게 관리된 소나무 숲이 짙은 그늘을 드리우는 여름철에는 최고의 피서지 중 하나로 꼽힌다. 입장료는 어른 1천 원, 어린이 500원이다.

서삼릉을 나와 한국마사회가 운영하는 종마공원으로 발길을 돌린다. 이곳은 마사회 수도권 지부의 훈련장과 방목장인데, 1997년부터 협회 홍보를 위해 일부 시설을 개방하고 있다. 마사회 휴무일인 매주 월~화요일과 명절을 제외하고 사시사철 무료로 관람할 수 있다.

가을의 끝자락, 겨울의 초입이지만 여전히 노랗게 물 오른 은행나무가 줄지어 선 입구는 시간이 잠시 멈춘 것 같다. 황량해지기 시작한 바깥 풍경과는 다소 대조적이라 신기하기까지 하다. 5만 평 부지의 드넓은 초원을 한가로이 뛰노는 경주마들의 모습은 탐방객들의 시선을 사로잡는다. 산이 많아 조금이라도 평평한 땅에는 빠짐없이 논과 밭, 도시가 들어서 있는 우리나라에서 이처럼 드

우리나라에서 쉽게 접할 수 없는 종마공원의 드넓은 초원
(12~13지점).

종마공원(위)과 농협대학길에 가을이 한창이다
(12~13, 14~15지점).

넓은 초원을 볼 수 있다는 것, 그것이 바로 종마공원의 매력이다.

평일인데도 알록달록한 등산복 차림의 사람들로 붐비는 종마공원을 나와 삼거리[14]까지 간 후 왼편으로 방향을 잡는다. 이곳에서부터 농협대학 앞을 지나 이어지는 길은 가을 단풍으로 유명한 구간으로 완만한 언덕 너머로 길게 이어지는 내리막이다. 길 양옆으로 연륜이 느껴지는 낙엽송 가로수가 가을의 끄트머리를 빛바랜 주황빛으로 장식하고 있어, 자꾸만 하늘을 올려다보게 만든다. 연인과 손을 잡고 말없이 거닐고 싶은 길이다.

하지만 농협대학 정문을 지나 흥도동으로 넘어가면 그 좋던 길은 조금씩 덤프트럭이 드나드는 황량한 개발지로 바뀐다. '삼송택지개발사업'의 주 무대가 서삼릉누리길의 후반부에 펼쳐지는 탓이다. 계획상 공사가 마무리되는 2012년 말~2013년 초까지는 불편을 감수해야 할 것이다.

농협대학입구 삼거리[15]까지 나간 후 좌회전해 도로변을 따라가다가 인도 입구[16]에서 왼편 보행자도로로 접어든다. 오른쪽은 자동차 전용도로로 사람이 다닐 수 있는 길이 없다. 길을 따라 10분 정도 그대로 직진하면 서삼릉누리길의 종착지인 삼송역[17] 5번 출구 앞이다.

 추천음식

송화보리밥 '주꾸미 볶음'

서삼릉 주변에는 이름난 맛집이 많다. 그 중 송화보리밥
식당은 점심시간이면 대기표를 받아들고 줄을 서야 할 만
큼 소문난 집이다. 특히 주꾸미 볶음은 이름만 '볶음'일 뿐,
실제로는 고추장 양념을 발라 석쇠에 굽다시피 요리해 매
콤하면서도 부드럽게 씹히는 맛과 깊은 '불맛'을 느낄 수
있다. 주꾸미 볶음을 주문하면 된장찌개 등 푸짐한 나물
반찬도 함께 나온다. 볶음과 구이 메뉴는 공기밥(1천 원)이
별도다.

위치 경기도 고양시 덕양구 성사동 579-1 / **전화** (031)966-8889 / **영업시간** 11:00~21:00
주차 가능 / **가격** 주꾸미 볶음 7천 원, 황태구이 8천 원, 해물파전 1만 원

교통편

〉〉 찾아가기

대중교통 서울과 수도권을 종으로 가로지르는 3호선 지하철을 타면 서삼릉누리길의 출발점인 원당
역으로 손쉽게 갈 수 있다. 원당역에 내린 후 1번 출구로 나가면 된다.
서울 → 원당역 3호선 지하철(05:14~00:54, 2~10분 간격)
승용차 원당역 환승주차장 이용(1일 3천 원)

〉〉 돌아오기

코스가 끝나는 지점인 삼송역에서 서울로 돌아가려면 3호선 지하철을 이용하면 된다. 자가용 이용자
는 원당역에 내린 후 5번 출구로 나가면 환승주차장으로 갈 수 있다.
삼송역 → 서울 3호선 지하철(05:38~00:35, 2~10분 간격)

 알아두기

숙박 원당역과 고양시청 주변, 한국스카우트연맹 중앙훈련원(캠핑) 등
식수 미리 준비, 원당역과 서삼릉, 삼송역 주변 매점 이용
화장실 원당역, 배다리술박물관, 서삼릉, 종마공원, 농협대학, 삼송역 등
입장료 서삼릉 성인 1천 원, 어린이 500원

원당허브랜드

서삼릉과 종마공원으로 들어가는 사거리 근처에 자리한 원당허브랜드는 서삼릉누리길을 찾는 사람이라면 한번쯤 들러보는 테마농장이다. 외부는 얼핏 비닐하우스처럼 보이지만 내부로 들어가면 아기자기하게 가꾼 각종 허브들이 저마다의 향기로 손님을 맞는다. 드라마 〈역전의 여왕〉 촬영지이기도 한 원당허브랜드에서는 허브식물 화분과 허브차 등 관련 상품도 살 수 있다.

위치 경기도 고양시 덕양구 원당동 201-4
전화 (031)966-0365 / **입장료** 없음 / **주차** 가능, 무료

한국스카우트연맹 중앙훈련원

서삼릉 초입에 자리 잡고 있어 캠핑을 즐기는 사람들 사이에서는 흔히 '서삼릉 캠핑장'으로 불린다. 스카우트 행사가 없는 시기에만 개방하기 때문에 홈페이지를 주시하며 일정을 파악해야 하는 번거로움이 있지만, 서울에서 가깝고 밤이 되면 마치 강원도 두메산골에서나 볼 수 있을 법한 밤하늘을 볼 수 있어 예약 경쟁이 치열하다. 서삼릉과 종마공원이 곁에 있어 여유로운 산책에도 안성맞춤이다.

위치 고양시 덕양구 원당동 200-5 / **전화** (031)967-9163
홈페이지 scoutcenter.scout.or.kr / **주차** 가능, 무료
야영료 1박 4인 기준 2만 원(전기요금 5천 원 별도, 예약 필수)

고양누리길

고양시가 2010년 5월 19일 개통한 걷기 코스다. 기존의 산책로와 등산로 등을 이어 편하게 걸으면서 관광지와 명소들을 둘러볼 수 있도록 했다. 길 이름은 고양시 전 지역을 누린다는 의미로 설문조사를 거쳐 정했다. 모두 다섯 개 코스로 이루어져 있다.
고양시 문화관광 홈페이지(www.visitgoyang.net)에서 '별별투어'를 클릭하면 e북과 코스 소개, 자세한 지도 등 고양누리길에 관한 정보를 얻을 수 있다.

서삼릉누리길 : 원당역~삼송역 / 11.0km(공원 산책 포함), 2시간 30분 소요
행주누리길 : 원당역~행주산성 / 11.9km, 3시간 20분 소요
송강누리길 : 테마동물원쥬쥬~월산대군 사당 / 5.86km, 1시간 30분 소요
고양동누리길 : 필리핀 참전비~선유랑마을 / 7.56km, 2시간 40분 소요
고봉누리길 : 안곡습지공원~용강서원 / 6.72km, 2시간 30분 소요
문의 전화 고양시청 녹지과 (031)8075-2736

외씨버선길

춘양목 솔향기길

사과 향에 실려 온 옛이야기

거리 18.6km, 6~7시간 소요

아담한 마을과 곡식이 자라는 들판, 시원한 강변과 소나무숲···. '춘양목 솔향기길'의 미덕은 마음이 편안해지는 자연스러운 풍경에 있다. 봄에는 하얀 사과꽃이 만발하고 가을에는 사과 향 달콤하게 번지는 과수원길을 걸어볼 수 있다. 조선시대의 고택과 문화유적도 만난다.

마을길을 지나면 인적 드문 숲길이 열린다(14~15지점).

'억지춘양'이 유래한 고을 춘양시외버스터미널~삼층석탑[1~6]

　　외씨버선길은 경북 청송, 영양, 봉화와 강원도 영월에 걸친 걷기코스다. 170km 13개 구간으로 조성돼 있다. 그중 경북 봉화 구간에는 아담한 마을과 곡식이 자라는 들판, 강과 계곡, 숲이 골고루 어우러져 있다.

　　외씨버선길 봉화 구간의 '춘양목 솔향기길'은 춘양면이 주요 무대다. 시작점은 춘양시외버스터미널[1]에서 걸어서 5분쯤 가면 나오는 춘양면사무소[2]. 면사무소 안으로 들어가 외씨버선길의 정보가 적혀 있는 커다란 안내판을 읽고서 뒤쪽에 보이는 후문으로 나간다. 이 길은 외씨버선길 이정표가 있는 춘양시장[3] 입구로 이어진다.

　　춘양시장은 매달 4일과 9일에 서는 오일장이다. 장날도 아니고 오전에 찾은 탓인지 문을 연 가게가 많지 않다. 한때는 최고의 목재인 춘양목(금강송)을 구하기 위해 전국에서 찾아온 목재 상인들로 문전성시를 이루었던 곳. 금강송은 하늘을 향해 곧게 자라는 소나무로, 뒤틀림이나 옹이가 없어 최고의 목재로 꼽혔다.

　　시장 입구에 '억지춘양 오일장'이라 쓰인 커다란 간판이 서 있다. '억지춘양'이란 '어떤 일을 억지로 우겨서 이루게 하는 것'을 뜻하는데, 변사또가 춘향이한테 억지로 수청을 들게 했다고 하여 '억지춘향'이라고도 한다. 하지만 이곳 사람들은 춘양역 때문에 생겨난 말이라고 믿고 있다. 그 사연이 궁금하지 않을 수 없다.

　　영주와 강릉을 오가는 영암선(지금의 영동선)에 춘양역이 생긴 것은 1955년. 당시 자유당의 원내총무가 춘양 출신이어서 그의 입김으로 지금의 자리에 춘양역이 생겼다는 것이다. 철로는 원래 법전역에서 춘양역을 거치지 않고 직선상

의 임기역으로 바로 이어질 예정이었다. 하지만 그의 '억지스런' 개입으로 춘양역이 만들어지면서 오메가(Ω) 형태의 철로가 놓이게 되었다고. 이를 비유해 억지춘양이라는 말이 생겼다고 한다.

어린 시절 귀를 틀어막고 도망쳤던 뻥튀기 가게를 지나 장터를 빠져나간다. 길은 큰 삼거리에서 '서동리 산층석탑' 이정표 방향으로 이어진다. 중간에 중후한 만산고택[4]을 만나게 된다. 1878년에 지어진 이 고택은 11칸짜리 기와집으로, 숙박도 할 수 있다. 연이어 나오는 권진사댁[5]도 1880년 무렵에 지어진 것이다.

벼가 새파랗게 자라는 논길을 걸어서 서원교 바로 앞에 있는 춘양중학교로 들어간다. 운동장 한쪽에 보물 제52호인 서동리 삼층석탑[6]이 서 있다. 높이 4m의 쌍둥이 석탑으로, 통일신라시대에 지어진 람화사 터에 유일하게 남아 있는 유적이다.

사과 익어가는 과수원길 양반걸음걷기 석판~강변길[7~14]

삼층석탑을 둘러본 후 큰길로 나오면 주변은 온통 사과나무 과수원이다. 봉화는 우리나라의 대표적인 사과 산지. 특히 이 길은 '사과나무길'이라고 표현해도 지나치지 않다. 눈길 닿는 곳마다 주렁주렁 열린 사과가 보이고, 새콤달콤한 향기가 코끝을 스친다.

춘양시장에서 만난 뻥튀기 기계(3지점).

만산고택은 1878년에 지은 11칸짜리 기와집이다(4지점).

사과밭을 지나 야트막한 고개에 오르면 '양반걸음걷기' 석판[7]이 나온다. 바닥에 팔자걸음 모양의 석판이 놓여 있어 그대로 밟아 가면 양반걸음으로 걷게 된다. '에헴!' 짐짓 양반 흉내를 내며 느릿느릿 언덕을 내려가면 다시 넓은 사과밭이 펼쳐지고, 잠시 후 조금 지루한 아스팔트도로를 만난다.

30분 정도 아스팔트도로를 걸어 정자 쉼터[8]에 닿았다. 지금까지 걸어온 거리는 5.6km. 총 18.6km(GPS 측정치) 중 중 3분의 1 정도다. 외씨버선길은 이정표마다 지난 거리와 남은 거리가 함께 표시되어 있어 소요 시간을 가늠해볼 수 있다.

정자 쉼터부터는 꽤 가파른 오르막이 이어진다. 산 하나를 넘은 것 마냥 등이 젖고 이마에 땀방울이 맺힌다. 하지만 송이 모양의 상징물이 높인 언덕 위 전망대[9]에 서면 땀 흘리며 올라간 보람을 느낀다.

전망대에서 바라본 풍경이 기막히다. 하늘과 땅에 뚜렷한 경계선을 그은 산줄기가 저 멀리 보이고, 초록빛 들판과 아기자기한 마을이 한 폭의 그림이다. 아름다운 풍경을 보고 있으니 그동안 쌓인 스트레스가 싹 씻기는 느낌이다.

고개를 내려가 신기교[10]부터는 한참 동안 운곡천을 끼고 걷게 된다. 하양, 분홍 코스모스 핀 강변길에 시원한 바람이 분다. 허기질 무렵에 닿은 애당리마을[11]에서 점심을 해결한 후 애당교를 건너 다시 강변길로 들어선다.

1시간쯤 이어지는 강변길은 도심리마을에서 끝난다. 마을 앞 삼거리[12]에서 왼쪽으로 틀어 도심2리마을회관[13]과 도심3리마을회관[14]을 연이어 지나면 춘양목 솔향기길의 백미로 꼽히는 금강소나무 숲으로 들어서게 된다.

송이 모양의 상징물이 놓인 전망대(9지점).

갈림길길마다 이정표가 서 있어 길 찾기가 쉽다(12지점).

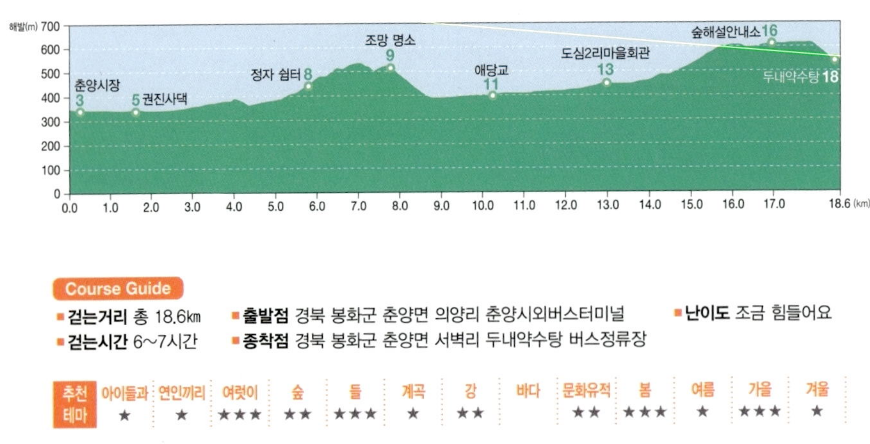

Course Guide

- **걷는거리** 총 18.6km
- **걷는시간** 6~7시간
- **출발점** 경북 봉화군 춘양면 의양리 춘양시외버스터미널
- **종착점** 경북 봉화군 춘양면 서벽리 두내약수탕 버스정류장
- **난이도** 조금 힘들어요

추천 테마	아이들과	연인끼리	여럿이	숲	들	계곡	강	바다	문화유적	봄	여름	가을	겨울
	★	★	★★★	★★	★★★	★	★★		★★	★★★	★	★★★	★

온통 초록인 세상. 마음의 빗장을 풀어주는 시골 풍경이 이어진다(11~12지점).

나라에서 '찜한' 귀한 몸 금강소나무 숲~두내약수탕[15~18]

춘양면에서 금강소나무가 가장 잘 보존된 지역이 서벽리 금강소나무 숲[15]이다. 금강소나무는 곧고 단단하여 예로부터 궁궐이나 사찰 등 중요한 건축물을 지을 때 사용되었다. 조선시대에는 귀한 나무를 보호하기 위해 백성들의 출입을 막는 봉산(封山)제도를 운영하기도 했다.

춘양면의 금강소나무 군락지도 조정의 보호를 받았다. 일제강점기 때 봉산 제도가 사라지면서 아름드리 나무들이 마구 잘려나갔다. 이 목재를 구하기 위해 전국의 목재 상인들이 춘양에 모여들었다고 한다.

이곳에서 자라는 금강소나무는 특별히 '춘양목'이라고 하여 인기가 좋았다. '억지춘양'이 춘양목 때문에 생겼다는 설도 있다. 목재를 사러 온 사람들에게 일반 소나무를 춘양목이라고 우겨 파는 이들 때문에 생긴 말이라는 것이다.

현재 서벽리 금강소나무 숲은 영주국유림관리소에서 특별관리하고 있다. 숲해설사도 상주하고 있어 숲해설탐방소[16]에 신청하면 숲에 관한 재미있는 이야기를 들을 수 있다.

금강소나무 숲을 내려오면 춘양목산림체험관[17]이 기다리고 있다. 이곳에서는 춘양목의 생태와 역사 등 다양한 정보를 얻을 수 있다.

춘양목 솔향기길은 이곳에서 마무리된다. 대중교통을 이용해 춘양시외버스터미널로 가려면 이곳에서 두내약수탕 앞 버스정류장[18]까지 걸어간다. 약수탕에서 물 한 바가지 들이켜니 가슴 속까지 시원하다.

서벽리 금강소나무 숲에서 만난 늘씬한 춘양목들(15~16지점).

 추천음식

동궁회관 '엄나무송이돌솥밥'

엄나무순과 자연산 송이를 올린 영양 돌솥밥이다. 차림표의 가격에 조금 놀라지만, 돌솥에 소복한 엄나무순과 송이를 보는 순간 비싸다는 생각이 싹 달아난다. 고슬고슬한 돌솥밥에 이 집의 특제 소스를 넣고 비벼 먹으면 그윽한 향과 감칠맛에 감탄이 절로 나온다. 20여 가지의 맛깔스러운 반찬도 함께 나온다.

위치 경북 봉화군 춘양면 의양리 361-8
전화 (054)672-2702 / **영업시간** 10:00~20:00
가격 엄나무송이돌솥밥 1만5천 원, 엄나무돌솥밥 1만 원
주차 춘양시장 공용주차장 이용

교통편

≫ 찾아가기

대중교통 동서울터미널에서 경북 봉화군 춘양면 춘양시외버스터미널(봉화 경유, 054-672-3477)로 가는 시외버스를 탄다. 터미널에서 내려 왼쪽 큰길을 따라 100m 정도 걸어가면 시작점인 춘양면사무소다.
동서울터미널 → 춘양시외버스터미널(봉화 경유) 07:40, 09:40, 11:50, 13:50, 16:10, 18:10
승용차 춘양면사무소 주차장(무료) 이용

≫ 돌아오기

종착점인 춘양목산림체험관에서 큰길을 따라 400m 정도 걸어가면 두내약수탕에 닿는다. 915번 지방도가 지나는 약수탕 앞 정류장에서 하루 3회 운행하는 군내버스를 타고 춘양시외버스터미널로 갈 수 있다.
두내약수탕 → 춘양시외버스터미널 10:55, 13:20, 16:40
춘양시외버스터미널(봉화 경유) → 동서울터미널 08:10, 10:10, 12:20, 14:20, 16:40, 18:40

 알아두기

숙박 춘양시외버스터미널(1지점) 주변, 만산고택(4지점), 권진사댁(5지점)
식당 춘양시외버스터미널(1지점), 춘양시장(3지점), 애당리마을(11지점), 두내약수탕(18지점)
매점 춘양시외버스터미널(1지점), 애당리마을(11지점)
식수 미리 준비
화장실 춘양시외버스터미널(1지점), 춘양면사무소(2지점), 도심2리마을회관(13지점), 숲해설안내소(16지점), 춘양목산림체험관(17지점)
기타 정보
서벽리 금강소나무 숲해설안내소 : 경북 봉화군 춘양면 서벽리 춘양목산림체험관 뒤편 (054)635-4253
만산고택 : 봉화군 춘양면 의양리 288, (054)672-3206
권진사댁 : 봉화군 춘양면 의양리 235, (054)672-3206
춘양목산림체험관 : 봉화군 춘양면 서벽리 1402-1, (054)679-6395

이순신 바닷길

1코스 사천희망길

거북선이 처음으로 이겼던 그 바다

거리 14km, 4시간~4시간 30분 소요

마을에서 시작한 길은 사천강을 곁에 두고 소도시의 소소한 풍경을 지나, 더 이상 육지를 볼 수 없는 바다에서 끝이 난다. 사천시를 대표하는 걷기여행 코스인 '이순신 바닷길' 중에서 1코스 사천희망길을 걸으면 그 끝에 거북선이 활약한 사천만이 아득하게 펼쳐진다.

임진왜란 때 거북선이 처음으로 출정해 왜군과 전투를 벌인 사천만. 지금은 고깃배만 한가롭다(16지점).

작지만 고풍스러운 숲 대곡마을숲~수청마을[1~6]

경남 사천시 사천만은 충무공 이순신 장군이 왜군의 보급로를 차단해 임진왜란의 성패를 바꾼 역사적인 장소다. 사천시는 충무공의 업적을 기념하고 남해의 아름다운 풍경을 접하며 걸을 수 있는 걷기여행 코스 '이순신 바닷길'을 만들었다.

총 5개 구간 중에서 1코스 '사천희망길'은 '아름다운 숲 전국대회'에서 대상을 수상한 대곡마을숲에서 출발해 사천강을 따라 이순신 장군의 승전지인 남해안 선진리성로 이어진다. 도로를 걸어야 하는 일부 구간이 아쉽지만 이정표가 비교적 잘 갖춰져 있고 처음부터 끝까지 평탄해 쉽게 걸을 수 있다.

코스가 시작되는 대곡마을숲[1]은 정동면사무소 뒤편에 있다. 약 200년 전 마을의 번영을 위해 가꾼 것으로, 사실 숲이라고 부르기에는 규모가 작은 편이다. 겨울비 촉촉이 내리는 날 찾은 대곡마을숲에서는 향기를 먼저 느낀다. 비에 젖어 솔향기가 더 짙어진 숲에는 악어가죽처럼 껍질이 갈라지고 한품에 안을 수 없을 만큼 기둥이 굵은 소나무 몇 그루와 그 주변으로 최근에 심은 듯한 소나무가 고루 서있다. '양보다는 질'이라는 말이 떠오르는 고풍스러운 숲이다.

이순신 바닷길과 사천희망길 안내문이 있는 정자 앞에서 정동초교 담벼락을 따라가면 '대곡숲 갈림길[2]' 이정표가 있는 마을 내 사거리다. 이정표가 가리키는 방향이 애매한데 그와 상관없이 학교 담벼락을 따라 우회전하면 된다.

정동초교 정문[3]에 도착해서는 정동면사무소가 있는 큰길로 나간다. 매 지점마다 나타나는 이정표가 놀랍도록 친절하지만 때로 애매한 방향을 가리키고 있는 것도 있어 아쉽다.

도로로 나오면 길을 건너 농협 앞으로 간다. 농협 옆 골목으로 보이는 굴다리[4]로 가면 조금은 요란했던 마을을 벗어나 추수가 끝난 겨울 논에 서게 된다. 조용한 벌판을 잠시 지나자 '수청교 하이킹길[5]'이라는 이름의 강둑길이 기다린다. 수량이 부족해 하천처럼 졸졸 흐르는 물줄기는 남해로 흘러드는 사천강으로, 사천희망길을 걷는 내내 함께한다.

길목마다 서 있는 이정표(5지점).　　　　길이가 짧지만 아름다운 수청숲(7지점).

강둑길에는 갈색으로 빛이 바랜 풀이 무성히 자랐고 길가에는 갈대가 드문 드문 무리를 지었다. 강둑을 끝까지 걸어가면 수청마을[6]이다. 왼쪽에 있는 수청교를 건넜다가 바로 오른쪽 강둑으로 방향을 돌린다.

가까워지는 바다 수청숲~용당교[7~13]

이전 강둑과 달리 아름드리 고목이 강변을 따라 늘어섰고 길바닥에는 파란 풀이 보들보들하게 자랐다. 대곡마을숲처럼 규모는 작지만 오래된 나무가 모여 있는 수청숲[7]이다. 그윽한 나무 향기를 맡으며 이 고상한 색깔의 숲을 천천히 걸어가자 누군가 여기에만 애정을 가지고 물감을 칠한 듯한 착각이 든다. 굵은 나무기둥 사이로 보이는 사천강 수면 위에는 규칙적으로 떨어지는 빗방울의 파동이 소금쟁이 발자국 마냥 퍼져나가고 있다.

10분 정도 걸으면 죽담교[8] 앞에 도착한다. 다리를 건너지 않고 그대로 직진하면 죽담교 산책로가 한동안 이어진다. 대숲이 커튼처럼 강 쪽을 잠시 가리더

걷는 내내 길 옆을 흐르는 사천강(8~9지점).

산업단지와 사천만 사이 제방길(13~14지점).

니 이내 모든 풍경이 확 트인다. 사천강을 오른쪽에 두고 포장된 산책로를 따라 걷는 길, 세상은 모두 촉촉이 젖었다.

예수교[9]에 도착하면 도로를 따라서 10분 정도 걸어야한다. 다리를 건너지 않고 가던 방향대로 곧장 가면 오인숲(숲이라고 하기에는 어색한, 고목 10그루 정도가 있는 장소)[10]을 지나고 한참을 더 가서 사천교[11]에 도착한다. 고층건물과 자동차들이 부쩍 늘어난 이곳은 사천읍내. 사천교를 건너면 강변으로 내려가는 붉은색 자전거도로가 있다. 다리 아래를 통과해 조금 걷다가 이름 없는 세월교(사람만 건널 수 있는 작은 다리)[12]가 나오면 다시 반대편으로 강을 건넌다. 주변 풍경은 잠시 번화했던 거리에서 논밭으로 바뀌어간다.

용당교[13]까지 오면 아늑했던 강변길은 여기까지다. 이제부터는 다소 위험하고 지루한 도로를 따라 걸어야한다. 앞으로 가야할 '공단2로 갈림길'을 알리는 이정표의 방향이 애매한데, 선진리성을 알리는 자동차용 이정표를 길잡이 삼으면 도움이 된다. 왼쪽으로 보이는 현대자동차 서비스센터 앞에서 우회전한다.

Course Guide

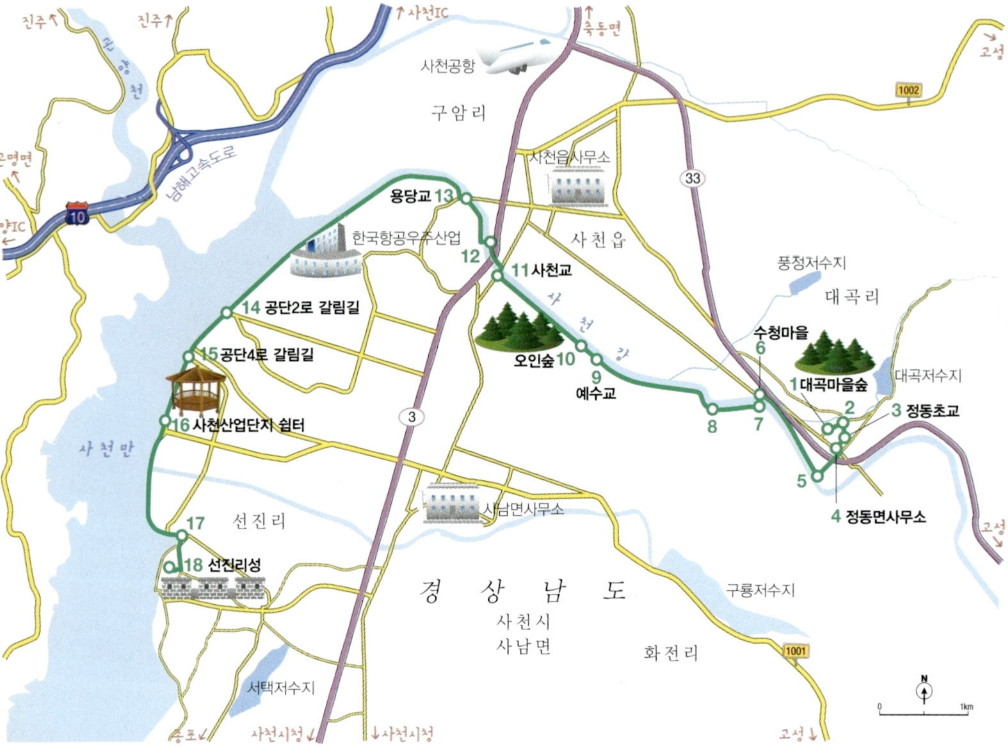

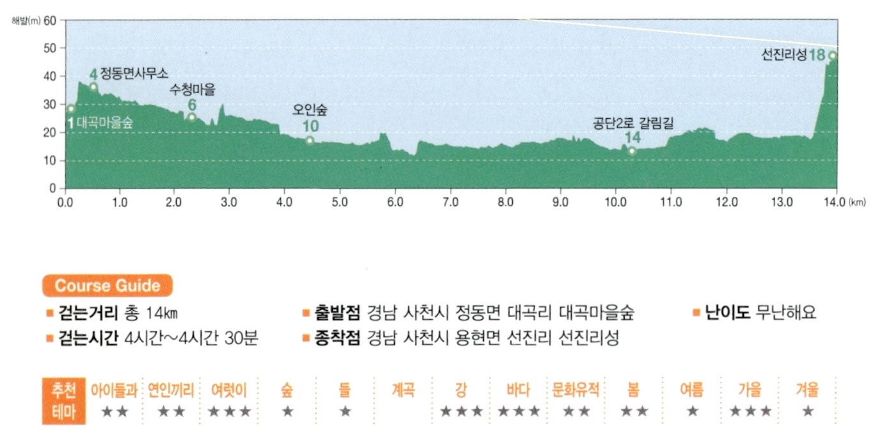

- **걷는거리** 총 14㎞
- **걷는시간** 4시간~4시간 30분
- **출발점** 경남 사천시 정동면 대곡리 대곡마을숲
- **종착점** 경남 사천시 용현면 선진리 선진리성
- **난이도** 무난해요

추천 테마	아이들과	연인끼리	여럿이	숲	들	계곡	강	바다	문화유적	봄	여름	가을	겨울
	★★	★★	★★★	★	★		★★★	★★★	★★	★★	★	★★★	★

굴 캐던 갯벌은 이제 산업단지 공단2로 갈림길~선진리성[14~18]

　　찻길을 따라 걷기 시작하면 과연 길을 맞게 들어선 것일까 싶을 정도로 오랫동안 이정표가 등장하지 않는다. 인도 없는 찻길을 따라 계속 걷는다. 일직선으로 뻗어나간 도로는 도무지 끝날 것 같지 않고, 수초가 반쯤 덮은 사천강 역시 그대로다. 곳곳에 CCTV가 달려있고 도로를 따라 계속되는 길 왼쪽 담벼락 안은 국내 유일의 항공기 제작회사인 KAI(한국항공우주산업)다. 20분 정도 걸어 KAI 후문을 지나치면 인도가 나타나고 강은 바다로 바뀐다.

　　길고 불안했던 길, 드디어 사천희망길 이정표가 나오면 공단2로 갈림길[14]이다. 거대한 공장들이 빽빽하게 들어선 이곳은 2005년 완공된 사천산업단지로 항공·조선업과 관련한 중공업체가 들어서 있다. 사천강을 따라 걷는 동안 비를 흩뿌렸던 구름이 물러가고 태양이 눈부시게 바다를 비춘다. 공단에서 들려오는 굉음과 달리 남해는 평온하기만 하다.

'아름다운 숲 전국대회'에서 대상을 수상한 대곡마을숲(1지점).

사천산업단지에 있는 조선소(16~17지점).

계속 직진해 공단4로 갈림길[15]을 지나면 바다 쪽으로 조성된 작은 공원이 나온다. 사막의 오아시스처럼 반갑게 느껴지는 사천산업단지 쉼터[16]다. 하늘과 맞닿은 남해는 끝없이 펼쳐질 것 같은데 이제는 공단이 상당부분을 차지해버린 갯벌이 바다와 어울리지 않게 작다. 쉼터 아래 갯벌에서 굴을 캐는 아낙의 모습이 마음 탓인지 어색하게만 보인다.

이제 선진리성이 멀지 않다. 조선소를 지나쳐 선진리성을 가리키는 자동차용 이정표[17]를 따라 바다 쪽으로 5분만 걸어가면 사천희망길의 종착지인 선진리성 입구[18]다. 선진리성은 임진왜란 당시 사천만과 접한 언덕에 왜군이 쌓은 석성으로, 이순신 장군이 탈환한 승전지이기도 하다. 성 꼭대기에 서자 이순신 장군이 처음으로 거북선을 띄운 실전에서 승리했다는 사천만 풍경이 가슴 벅차도록 또렷하다.

선진리성. 원래 토성이었으나 왜군이 석성으로 다시 쌓았다(18지점).

원조 사천냉면 '육전 냉면'

평양냉면이 이북을 대표한다면 이남을 대표하는 것은 진주냉면
이다. 예로부터 경남 진주 지방에서는 냉면 재료로 쓰이는 메밀
이 많이 생산되었고 육수로 우려낼 식재료가 풍부했다.
지리적으로 진주와 가까운 사천도 그 영향을 받아 냉면으로 유명
하다. 사천을 대표하는 냉면집 중 한 곳이 '원조 사천냉면'. 수육
대신 차례를 지낼 때 흔히 먹는 육전을 고명으로 쓰고 육수에 비
해 면의 양이 많은 편이다. 육전은 따로 주문해 먹을 수도 있다.
소머리로 우려낸 육수는 다른 냉면에 비하면 밍밍하다 싶을 정도로 담백하다.

위치 경남 사천시 사천읍 수석리 345-8 / **전화** (055)852-2432 / **영업시간** 11:00~20:00
주차 가능 / **가격** 물냉면 7천~8천 원, 비빔냉면 7천500~8천500원, 육전 2만 원, 수육 2만5천 원

교통편

》 찾아가기

대중교통 서울 남부터미널에서 사천시외버스터미널(1688-4003), 삼천포시외버스터미널
(1688-3006)로 가는 고속버스를 이용할 수 있다.
서울 남부터미널 → 사천시외버스터미널·삼천포시외버스터미널 07:00~23:30(수시 운행)
사천시외버스터미널에서 정동면사무소를 경유하는 시내버스(3시간 간격)가 있다.
사천콜택시 : 055-852-7000
승용차 대곡마을숲 주차장 이용(무료)

》 돌아오기

선진리성에서 삼천포로 가는 시내버스(40분~1시간 간격)를 이용한다.
삼천포시외버스터미널 → 서울 남부터미널 05:30~20:00(1시간 간격)
사천시외버스터미널 → 동서울터미널 05:50~23:10(1시간 간격)

알아두기

숙박 사천읍, 삼천포 일대 / **식당·매점** 정동면사무소(3~4지점) / **식수** 미리 준비
화장실 대곡마을(1지점), 죽담교 산책로(8~9지점), 사천산업단지 쉼터(16지점), 선진리성(18지점)

들를 만한 곳

항공우주박물관

KAI(한국한공우주산업)에서 운영하는 박물관. 야외 전시
장에는 박정희 대통령이 사용했던 전용기와 6.25전쟁 때
쓰인 연합군의 전투기, 헬리콥터, 탱크, 장갑차 등이 실물
로 전시되어 있다. 항공우주관과 자유수호관으로 구성된
실내박물관에서는 항공기 역사와 산업, 우주탐험의 역사,
6.25전쟁 관련 자료를 전시하고 영상을 보여준다.

위치 경남 사천시 사남면 유천리 802 / **전화** (055)851-6565
홈페이지 www.aerospacemuseum.co.kr
관람시간 09:00~18:00(3~10월), 09:00~17:00(11~2월), 설날과 추석 연휴 휴관
관람료 성인 2천 원, 청소년 1천 원 / **주차** 가능, 무료

늠내길

2코스 갯골길

빈 소금창고 너머
갈대밭이 있는 풍경

거리 15.7km, 5시간~5시간 30분 소요

경기도 시흥에 있는 '늠내길' 2코스 '갯골길'은 다른 곳에서는 쉽게 접할 수 없는 독특하고 인상적인 요소들을 듬뿍 담고 있다. 특히 드넓은 포리염전의 낡은 소금창고가 있는 풍경, 갯골을 따라 이어지는 갈대숲길은 도보여행자를 매료시키기에 충분하다.

곳곳에 방치된 낡은 소금창고들은 갯골길 주변이 과거 염전이었음을 말해준다(6~7지점).

경기도 시흥에 있는 '늠내길' 중 2코스에 해당하는 '갯골길'. 늠내길을 걸어본 사람이라면 너나할 것 없이 최고의 코스로 꼽을 정도로 다른 곳에서는 쉽게 접할 수 없는 독특하고 인상적인 요소들을 듬뿍 담고 있다. 곡식이 무르익어가는 넓디 넓은 시흥의 들판과 바닷물을 끌어들여 소금을 만들던 낡은 염전 터의 공허하면서도 아름다운 풍광, 그리고 갯골을 따라 줄지어 선 갈대숲의 사각대는 바람소리…. 이러한 풍경들과 조우하며 걷다보면 고되고 지친 삶의 피로는 염전의 바닷물처럼 서서히 증발해 버리고, 소금 알갱이처럼 하얗고 투명한 추억만 가슴 속에 남아 은은하게 반짝일 것 같다.

낡은 창고만 남은 옛 염전 시흥시청~아까시길 입구[1~6]

갯골길을 걸으려면 시흥시청[1] 앞으로 가야한다. 시청 정문을 등지고 왼편 인

아까시길 입구에 붙어있는 늠내길 이정표(6~7지점).

도를 따라가다가, 다리 직전 안내판 앞에서 좌측으로 이어진 개천변의 내리막 흙
길로 들어선다. 개천변 오솔길 주변은 온통 인근 주민들이 가꿔놓은 텃밭이다.
흙이란 참으로 오묘하게도, 돗자리 두어 장만한 공간에서 한 가족이 먹을 푸성귀
를 조석으로 길러낸다. 이런 작은 텃밭에서는 배추 값이 하락했다고 밭을 갈아엎
는 절망적인 선택은 볼 수 없다. 그저 먹고 나눠 줄 만큼 심고 기르는 취미, 또는
소일일 뿐이니.

　개천변 오솔길을 따라 걷다보니 어느덧 포장로로 바뀐다. 작은 다리를 건너고
장현교 너머 쌀연구회[2] 앞에서 왼쪽으로 돌아 주유소 뒤편 삼거리에서 우회전한
다. 논밭 사이 농로를 따라 제3경인고속도로 아래 지하도를 통과한 후 그대로 직
진, 삼거리에서 오른편 2시 방향으로 작은 다리[3]까지 진행한다. 다리를 건너자마
자 좌회전해 다음 삼거리에서 우회전 후 자전거 도로로 올라가면 된다.

　포장길은 자전거 도로로 합류하기 100여m 전에서 좁은 논두렁길로 바뀐다.
곳곳에 물이 고인 진흙 바닥이 미끄럽다. 허리 높이 이상으로 벼가 자라는 여름
부터 추수 전까지 어린이나 키가 작은 사람에게는 다소 힘든 구간일 듯. 이 코스

곳곳에 서있는 솟대는 '등대' 역할을 한다(2~3지점).

아까시길 끝에 있는 섬산(6~7지점).

소금기 가득한 바람이 불어오는 옛 포리염전 터(6~7지점).

를 피하고 싶다면 좀 전 지나온 작은다리에서 우회전해 군자갑문 좌측 자전거 도로를 따라 전망대 방향으로 오면 된다. 이 경우 본래 코스보다 120m 정도 더 걷게 되지만 신발이 진흙투성이가 되는 일은 막을 수 있다. 논두렁길을 헤쳐 나와 자전거 도로로 올라선 후 전망대[4] 옆 다리를 건넌다. 전망대 뒤편으로는 2012년 5월 완공을 목표로 갯골생태공원 공사가 진행 중인 탓에 수시로 나드는 화물차와 어수선하게 들어선 임시 건물, 쌓여있는 흙더미와 자재 등으로 온전한 코스를 찾기 힘들다. 엎친 데 덮친 격으로 코스 안내 표지까지 보이지 않는다.

시흥시청에서 얻은 간략한 약도를 참고해 길과 공터가 구분되지 않는 공사장을 더듬듯 지난다. 소음과 먼지로 정신없는 공사판을 등산복 차림으로 걷자니 보는 사람도, 걷는 사람도 서로 불편하다. 공사장 옆 개천변을 나와 둑방길이 시작되는 제방입구[5] 앞에 다다르자 갯골길이 다시 제 모습을 찾는다.

여기서부터 갯골길의 하일라이트. 둑방길 왼편으로 옛 염전터가, 오른편으로는 갈대로 둘러싸인 갯골의 좁은 물줄기가 끝없이 이어진다. 지금은 옛 이야기가 되었지만 한때 우리나라 소금의 3분의 1을 생산하던 곳이 바로 이 포리염전이다. 제방입구에서 시작해 갯골 둘레를 감싸듯 연결된 구간은 아까시길 입구[6]에서 좌회전해 섬산 앞을 돌아 방산대교를 건너 맞은편 제방을 따라 생태공원으로 돌아오는 3시간 정도의 길이다.

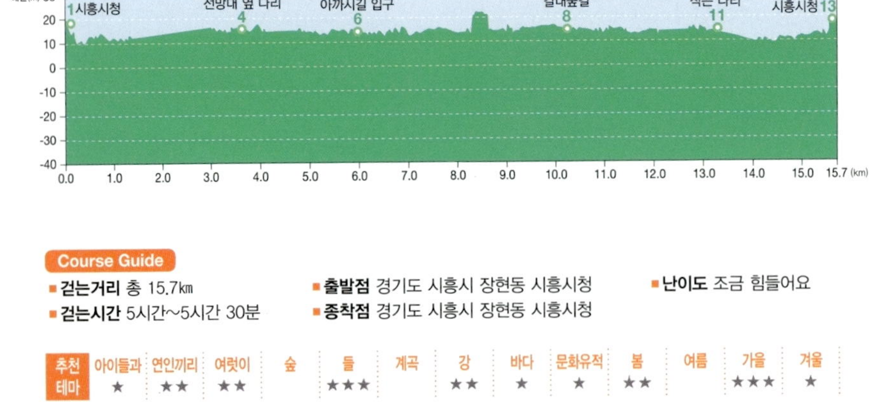

Course Guide

- **걷는거리** 총 15.7㎞
- **걷는시간** 5시간~5시간 30분
- **출발점** 경기도 시흥시 장현동 시흥시청
- **종착점** 경기도 시흥시 장현동 시흥시청
- **난이도** 조금 힘들어요

추천 테마	아이들과	연인끼리	여럿이	숲	들	계곡	강	바다	문화유적	봄	여름	가을	겨울
	★	★★	★★	★★★		★★	★	★	★★			★★★	★

갈대숲길 따라 갯골 깊숙이 방산대교 철계단~시흥시청[7~13]

　　오래된 염전 터를 감상하며 걷다, 높다란 철계단[7]에 올라 차들이 쌩쌩 달리는 방산대교를 건너면 갈대숲길[8]이 여행자를 반갑게 맞는다. 갈대숲에 둥지를 튼 새들이 수시로 날아오르고, 천연기념물인 황금개구리가 탐방로를 태연히 횡단한다. 갈대를 베어 조성한 갯골 탐방로는 구불구불 갈대숲 깊숙이 이어지며 갯골의 독특한 생태계를 가까이서 들여다보게 해준다.

　　탐방로를 걸으며 후텁지근한 비린내에 적응할 즈음 아까 지나온 생태공원이 갯골 너머로 보인다. 공원으로 이어진 부흥교[9]를 건너지 말고 그대로 갈대 탐방로를 따라 배수갑문[10]까지 간 후 이곳에서 개천을 건너 포장로로 합류한다. 좌회전 후 포장로를 따라가다 군자갑문에서 처음 지나왔던 작은 다리[11]를 건너 왼쪽으로 진입한 후 왼편 개천을 끼고 곧장 걸어가면 쌀연구회[12]. 이곳에서부터 시흥시청[13]까지는 처음 출발했던 코스를 거슬러 가면 된다.

　　소금창고만 덩그러니 선 채 세월에 하염없이 낡아가는 드넓은 염전터와 갈대숲 탐방로로 대표되는 갯골의 아름다운 풍광은 종점에 도착한 후에도 쉽게 잊히지 않는다.

한 무리의 솟대들이 갯골가에 둥지를 틀었다(8~9지점).

마주생태탕 '생태탕'

시흥시청 뒤편 식당가에 자리한 마주생태탕은 이름 그대로 생태탕 전문점이다. 뜨끈한 국물이 생각나는 겨울철이나 술 마신 다음 날 개운한 속풀이용으로 사랑받아 온 메뉴 중 하나다. 무와 파. 마늘 등으로 맛을 낸 육수에 큼직한 생태 토막과 콩나물, 미나리, 고춧가루 등을 넣고 끓인 생태탕은 잃어버린 입맛도 찾아줄 만큼 얼큰하고 시원하다.

위치 경기도 시흥시 장현동 533-2 / **전화** (031)317-1500
영업시간 10:30~23:30 / **주차** 가능
가격 생태탕 6천 원, 생태전골 1만8천~3만5천 원, 생태찜 1만8천~3만5천 원

교통편

〉〉 찾아가기
대중교통 서울 지하철 4호선 안산역 1번 출구로 나와 도로 맞은편 안산역 버스정류장에서 홈플러스(부천 상동점)행 1번 좌석버스를 타고 시흥시청삼거리 버스정류장에서 내린 후 시흥시청·시흥시의회 방향으로 걸어서 5분. 혹은 지하철 1호선 광명역 7번 출구 앞 고속철도 광명역 버스정류장에서 마린월드행 11-3번 시내버스를 타고 시흥시청 버스정류장에 하차.
지하철 4호선 안산역 → 시흥시청삼거리 버스정류장 1번 좌석버스(05:00~22:30, 25분 간격)
지하철 1호선 광명역 → 시흥시청 버스정류장 11-3번 시내버스(05:10~21:50, 40분 간격)
승용차 갑곶돈대 주차장(무료) 이용

〉〉 돌아오기
시흥시청 앞에서 시흥시청삼거리 버스정류장으로 이동 후 경원여객 차고지행 1번 좌석버스를 타고 안산역 버스정류장에 내려 4호선 지하철 이용. 혹은 시흥시청 맞은편 버스정류장에서 광명역행 11-3번 시내버스를 타고 광명역 버스정류장에 내린 후 1호선 지하철 이용.
시흥시청삼거리 버스정류장 → 지하철 4호선 안산역 버스정류장 1번 좌석버스
(05:00~22:30, 25분 간격)
시흥시청 버스정류장 → 지하철 2호선 홍대입구역 버스정류장 11-3번 시내버스
(05:10~21:50, 40분 간격)

알아두기

숙박·식당·매점 소래포구 주변, 안산시 다이아몬드 광장 주변
식수 미리 준비, 시흥시청(1지점) 내
화장실 시흥시청(1지점), 갯골생태공원(4~5지점), 군자갑문(10~11지점)

연꽃테마파크

지난 2007년 시흥시가 관곡지 주변에 연꽃 산책로와 온실 등을 새롭게 조성해 문을 열었다. 관곡지는 조선시대 문신이자 농학자인 강희맹(1424~1483)이 중국에서 연꽃씨를 구해와 처음 심은 곳으로 알려져 있다. 은은한 향과 단아하면서도 고혹적인 생김새가 눈길을 붙잡는 연꽃은 7월 중순부터 9월 하순, 아침에 꽃이 피고 정오가 지나면서 오므라들기 시작하므로 적어도 오후 2시 전에 방문하는 것이 좋다.

위치 경기도 시흥시 하중동 219 / **전화** (031)310-6222
입장료 없음 / **주차** 가능, 무료

소래포구

일제강점기 화약의 원료 중 하나인 소금을 수탈하기 위해 일제가 이 지역에 철도를 놓으면서 사람들이 몰려들기 시작했다. 그렇게 씁쓸한 역사로 시작된 소래포구지만 해방 후에 실향민들이 중심이 되어 어항으로 활기를 찾아갔고, 지금은 수도권 사람들이 즐겨 찾는 나들이 장소가 되었다. 소래포구에서는 새우와 꽃게, 민어, 농어 등 싱싱하고 다양한 제철 수산물을 접할 수 있다.

위치 인천 남동구 논현동 11 / **전화** 070-7529-8089
입장료 없음 / **주차** 공영주차장 이용, 30분당 1천 원

Walking Tip

늠내길

'늠내'는 '뻗어나가는 땅'이라는 뜻을 지닌 우리말이다. 고구려 때 경기도 시흥의 지명인 '잉벌노(仍伐奴)'를 한글로 바꾼 말이기도 하다.
2009년 9월 1코스를 시작으로 2010년 10월 4코스까지 전체 구간이 개통되었다. 시흥 구석구석의 지리적 명소들을 돌아보는 늠내길은 숲속을 걸으며 다양한 식물과 문화를 만나는 숲길, 내륙 깊숙이 바닷물이 들어오는 갯골을 끼고 펼쳐지는 포리염전과 갈대밭을 따라가는 갯골길, 소래산 오솔길을 따라 지역의 역사와 조상의 숨결을 느껴보는 옛길, 그리고 시흥 중심가를 지나 서해의 낙조를 감상할 수 있는 바람길 등으로 이루어져 있다.

1코스 숲길 : 옥녀봉~장현천 / 13km, 4~5시간 소요
2코스 갯골길 : 쌀연구회~군자갑문 / 16km, 5~6시간 소요
3코스 옛길 : 여우고개~소래산 마애상 / 11km, 4시간 소요
4코스 바람길 : 덕섬~정왕호수공원 / 15km, 5시간 소요
문의 전화 시흥시청 공원관리과 (031)310-241~5 / **인터넷 카페** cafe.daum.net/siheung-neumnaegil

평화누리길

파주 4코스
임진강변 철조망을
따라 걷다

거리 18.3km, 5시간~5시간 30분 소요

> 경기도 김포와 고양, 파주, 연천에 걸쳐있는 '평화누리길'에서는 분단의 현실을 마주하게 된다.
> 이 가운데 파주 4코스는 임진강변을 따라 길게 뻗어 있다. 율곡 이이 선생의 자취를 더듬고,
> 고즈넉한 적벽산책로도 지난다. 쉽지 않은 코스지만 배우고 느낄 일이 많다.

길은 분단의 경계를 따라 묵묵히 이어진다(2~3지점).

화석정 지나 들길로 화석정~빨간 벽돌 건물[1~8]

한국전쟁을 경험하지 못한, 국민의 대부분을 차지하는 전후세대에게 대한민국은 처음부터 반쪽짜리였다. 그래서 통일은 때로 비현실적인 꿈같다. 나뉘었던 국토가 본래 모습으로 회복되는 게 아니라, 지금 살고 있는 나라만한 땅덩어리가 추가로 생기고, 거기에 몇 천만의 인구가 더해지는 '보너스'처럼 여겨질 때도 있다.

경기도가 조성한 '평화누리길'은 분단의 현실을 바로 보고 먼 훗날의 꿈같은 통일에 대해 지금 생각해 볼 시간을 마련해 준다. 경기도 김포와 고양, 파주, 연천에 걸쳐있는 총길이 약 185km의 이 길은 비무장지대(DMZ)를 접하며 이어진다. 세계에서 유일한 분단국가에 사는 우리만 가진, 마음 쓸쓸한 산책길이다.

이번에 소개할 파주 4코스는 평화누리길 중 파주시 파평면 화석정에서 적성면 임진강변에 자리한 황포돛배 나루터까지다. 출발점인 화석정[1]은 조선시대 최고의 성리학자 율곡 이이(1536~1584)가 즐겨 찾던 곳이다. 이곳에서 임진강 줄기를 내려다보며 경치를 즐기고 학문을 닦았다고 한다. 원래의 화석정은 임진왜란과 한국전쟁을 거치며 불타 버렸으나 1960년대에 파주 유림들이 성금을 모아 새로 지었다.

화석정을 둘러본 후 주차장 앞 식당으로 이어진 계단을 내려가 삼거리에서 왼편 들길로 들어선다. 곡식 익어가는 가을 들판은 풍성한 황금빛이다. 농가 앞 삼거리[2]에서 왼쪽으로 방향을 튼 후 작은 다리를 건너, 다음 사거리에서 37번 국도 아래를 지나 우회전해 도로변을 따라 걷는다. 코스모스, 개망초와 함께 억새가 피었다. 초가을 바람에 흔들리는 억새는 아직 솜털이 채 펴지지 않

노랗게 고개 숙인 가을 들녘(1~2지점).

이정표가 대체로 잘 갖춰져 있다(3지점).

파주 4코스의 시작은 율곡 이이가 즐겨 찾았다는 화석정이다(1지점).

은 수줍은 모습이다. 세심한 자연은 먼지와 자동차 소음으로 가득한 길섶에 이토록 소박한 정원을 꾸며놓았다. 길 왼편으로 원형 철조망을 머리에 인 철책이 강변을 따라 길게 뻗어있다. 철책 사이사이에는 주변을 감시하는 초소가 높다랗게 자리 잡았다. 철책과 초소는 평화로운 강변 풍경에 긴장을 덧입혀 어느새 발걸음까지 조심스럽다. 철책은 무언가를 방어하고 무언가를 지키기 위해 만든 구조물이지만, 정작 이것 때문에 우리는 오래도록 많은 것을 잃어왔는지도 모른다.

철책을 끼고 포장길을 걷다 이정표를 따라 다시 지하도[3]를 건넌 후 좌회전한다.

제한속도는 시속 80km지만 차들이 대개 100km대로 내달리는 국도를 따라 변변찮은 인도조차 없는 길을 걷는다. 이 구간만큼은 안전성이 최우선되어야 하는 도보여행 코스로는 실격이다. 우회하더라도 좀 더 안전하게 코스를 정비해야 한다.

국도변 길은 두포교를 앞두고 오른편 길로 빠져나와 두포리 마을길을 통과한 후 두포삼거리[4]에서 오른쪽 도로로 이어진다. 도로변을 따라가다 '우리의 소원은 통일'이라고 쓰인 돌탑 옆길[5]로 진입한 후 얼마 안 가 길 오른쪽 산길로 들어간다. 나지막한 능선을 타고 이어지는 산길은 돌고 돌아 파평면사무소 뒤편 빨간 벽돌 건물[8] 근처에서 끝나는데, 이정표가 제대로 갖춰져 있지 않아 길을 잃고 헤맬 위험이 크다. 길눈이 어두워 산길을 더듬어가는 데 자신이 없다면 도로에서 돌탑 옆길로 들어가지 말고 그대로 직진하도록 한다. 그러면 파평중학교를 지나 면사무소 앞 삼거리에 도착하므로 이어 걸을 수 있다.

코스 보완이 필요해 보이는 국도 구간(3~4지점).

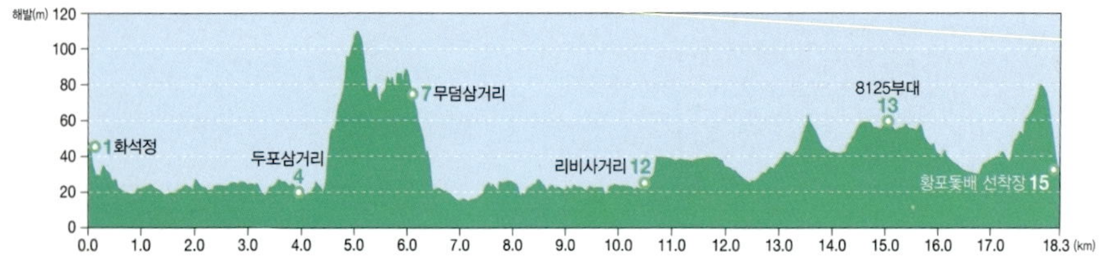

Course Guide

- **걷는거리** 총 18.3km
- **걷는시간** 5시간~5시간 30분
- **출발점** 경기도 파주시 파평면 율곡리 화석정
- **종착점** 경기도 파주시 적성면 두지리 황포돛배 선착장
- **난이도** 조금 힘들어요

추천 테마	아이들과	연인끼리	여럿이	숲	돌	계곡	강	바다	문화유적	봄	여름	가을	겨울
	★	★★	★★	★	★★★		★★★		★★	★★	★	★★★	★

금파교를 지나며 바라본 놀노천(9~10지점). ▶

임진강변의 걷기 좋은 적벽강 산책로(11~12지점).

걸어도 멈춘 듯한 적벽산책로 면사무소 앞 삼거리~황포돛배 선착장[9~15]

산길을 나와 빨간벽돌 건물을 끼고 우회전 후 파랑색 창고건물 앞에서 좌회전 하면 파평면사무소다. 그대로 직진해 면사무소 앞 삼거리[9]에서 좌회전, 그 다음 파평삼거리에서 왼편으로 진입한 후 금파교를 건넌다.

다리를 건너며 바라본 놀노천에는 햇살을 조각조각 반사하는 가느다란 물길 주변으로 무성하게 자란 갈대가 파도처럼 춤춘다. 놀노천은 파주시 법원읍에 자리한 직천저수지가 파주 평야를 달려 임진강으로 스며드는 좁은 물줄기다.

둑 입구[10]에서 강변 쪽으로 이어지는 왼쪽 길로 가면 중간에 둑으로 다시 올라오기가 여의치 않으므로 다리를 건너자마자 좌회전해 둑길로 들어간다. 둑길을 걷다 만나는 삼거리에서 37번 국도 아래를 통과하는 지하도[11]를 지난 후 다시 우회전하면 얼마 안 가 왼편에 녹색포장이 깔린 적벽산책로 입구가 나타난다.

임진강변을 장식처럼 두르고 있는 붉은 주상절리대를 옛 조상들은 적벽이라

불렀다. 잔잔한 물결을 가르
며 떠가는 작은 고깃배 뒤로
큼직한 V자 모양의 파동이 까
마득히 퍼져간다. 모든 풍광
이 그저 바라만 봐도 휴식이
될 만큼 평화롭고 고요하다.

선착장에서 황포돛배를 타볼 수 있다(15지점).

임진강을 따라 이어진 산책로는 중간에 금파취수장과 휴식터를 지나 5978부대 앞에서 막을 내린다. 부대 앞 리비사거리[12]를 건넌 후 임진강 황포나루 식당을 끼고 좌회전해 장파사 거리로 향한다. 사거리에서 직진해 324번 지방도를 따라가다 삼거리에서 오른편 농로로 들어선다. 코스가 끝나는 황포돛배 선착장[15]까지는 8125부대[13]와 자장면 마을[14]을 거치며 들판 사이로 난 포장길을 따라가면 된다.

평화누리길

2010년 8월 개통한 평화누리길은 잘 보존된 DMZ 주변의 자연 경관과 문화유적지 등을 지나며, 통일에 대해 생각해 볼 수 있는 시간을 마련해 준다. 경기도가 지난 2006년부터 조성을 시작해 5년 만에 전구간을 개통한 이 길은 경기도 김포에서 연천에 이르는 비무장지대를 따라 이어진다. 경기도는 매년 10~11월 동호인은 물론 각계 인사들이 참여하는 평화누리길 걷기행사를 열고 평화누리길을 소재로 한 사진공모전을 개최하는 등 평화누리길을 알리기 위해 노력하고 있다.

김포 1코스 : 대명항~문수산성 / 15.4km, 4시간 소요
김포 2코스 : 문수산성~애기봉 / 8.0km, 3시간 20분 소요
김포 3코스 : 애기봉~전류리포구 / 15.0km, 4시간 소요

고양 1코스 : 행주산성~호수공원 / 11.4km, 2시간 40분 소요
고양 2코스 : 호수공원~출판도시 / 14.0km, 3시간 30분 소요

파주 1코스 : 출판도시~통일동산 / 12.4km, 3시간 30분 소요
파주 2코스 : 통일동산~반구정 / 17.0km, 7시간 소요
파주 3코스 : 반구정~화석정 / 11.2km, 3시간 30분 소요
파주 4코스 : 화석정~황포돛배 / 18.3km, 5시간 30분 소요

연천 1코스 : 황포돛배~숭의전 / 21.6km, 6시간 소요
연천 2코스 : 숭의전~군남홍수조절지 / 21.8km, 6시간 20분 소요
연천 3코스 : 군남홍수조절지~신탄리역 / 18.8km, 6시간 40분 소요

문의 전화 김포시청 문화예술과 (031)980-2743, 고양시청 문화관광담당 (031)8075-3406~8,
파주시청 관광팀 (031)940-4361, 연천군청 문화관광담당 (031)839-2061

버드나무집 '잡탕'

파주 4코스 두포삼거리 근처를 지나다보면 삼거리 왼편에 자리한 넓은 주차장의 식당 건물이 눈에 들어온다. 민물생선으로 탕과 조림 등 다양한 요리를 만들어 내놓는 버드나무집 식당이다. 그 중에서도 참게와 메기, 동자개를 주재료로 무, 미나리, 파 등 갖은 채소를 곁들여 푸짐하게 끓여낸 잡탕은 얼큰하면서도 개운한 맛이 일품이다. 든든한 한 끼 식사는 물론 술안주, 해장용으로도 손색이 없다.

위치 경기도 파주시 파평면 두포리 439 / **전화** (031)952-8285
영업시간 10:00∼22:00 / **주차** 가능
가격 메기탕 3만∼5만 원, 잡탕 3만∼5만 원, 참게탕 3만∼5만 원, 공기밥 1천 원

 교통편

》 찾아가기

대중교통 서울에서 출발점인 화석정으로 가는 가장 쉬운 방법은 지하철과 버스를 이용하는 것이다. 지하철 1, 4호선 서울역 9-1번 출구 앞 환승센터에서 문산터미널행 9710번 광역버스를 타고 문산터미널에 내린 후 내포1리행 5-1번 버스를 타고 화석정 버스정류장에 내리면 된다.
서울역 환승센터 → 문산시외버스터미널 9710번 광역버스(05:00∼24:00, 15분 간격)
문산시외버스터미널 → 화석정 버스정류장 5-1번 버스(05:45∼22:15, 40∼60분 간격)
승용차 화석정 주차장(무료) 이용

》 돌아오기

코스가 끝나는 지점인 황포돛배 선착장에서 가장 가까운 식현리 버스정류장까지는 도보로 15∼20분 거리다. 선착장에서 장남교 남단 두지리 사거리에서 법원읍, 적서초등학교 방향으로 가면 된다. 적서초등학교를 지나 식현사거리 왼편에 식현리 버스정류장이 있다. 이곳에서 신성여객차고지행 92번 버스를 타고 문산시외버스터미널 버스정류장에 내린 후 9710번 광역버스를 타고 서울역 환승센터에서 내리면 된다.
식현리 버스정류장 → 문산시외버스터미널 92번 버스(05:00∼22:40, 10∼15분 간격)
문산시외버스터미널 → 서울역 환승센터 9710번 광역버스(05:00∼24:00, 15분 간격)

 알아두기

숙박 문산읍내 주변
식당 · 매점 파평면사무소(9지점), 임진강 황포나루 식당(12∼13지점) 주변
식수 미리 준비, 파평면사무소(9지점)
화장실 파평면사무소(9지점), 황포돛배 선착장(15지점)

임진각 평화누리공원

세계인의 화합과 평화를 기원하며 정부와 파주시가 2005년 처음 개최한 '세계평화축전'을 계기로 조성한 공원이다. 임진각 주변 99만㎡에 이르는 넓은 잔디밭을 배경으로 통일기원돌무지와 생명촛불파빌리온, 캔들숍, '음악의 언덕' 야외공연장, '평화의 언덕' 분수대 등이 들어서 있다. 자유로 드라이브에 이어 산책할 수 있는 코스로 인기다.

위치 경기도 파주시 문산읍 마정리 618-13 / **전화** (031)953-4854
홈페이지 peace.ggtour.or.kr / **입장료** 없음 / **주차** 가능, 1일 2천 원

율곡 유적지(자운서원)

파주를 대표하는 인물 중 하나인 율곡 이이는 강릉 외가에서 태어났지만 성장한 곳은 본가가 있는 파주였다. 율곡 유적지에는 선생의 발자취를 엿볼 수 있는 율곡기념관을 비롯해 후학을 가르치던 자운서원과 신도비, 가족묘 등이 있다.

위치 파주시 법원읍 동문리 산5-1 / **전화** (031)958-1749
입장료 없음 / **주차** 가능, 무료

두루뫼박물관

파주시 법원읍 십리계곡 산림욕장의 중심부에 있는 두루뫼박물관은 민속생활사 전문 박물관이다. 삼국시대 토기와 고려 · 조선시대 도자기를 비롯해 장독대, 가마솥, 짚신, 물레 등 다양한 농경, 생활 유물 1천500여 점을 전시하고 있다. 옛 생활을 체험해 볼 수 있는 무료 프로그램을 운영하고, 향수 가득한 '그때 그 시절'을 돌아보는 특별 전시회도 자주 개최한다.

위치 파주시 법원읍 법원리 139-5
전화 (031)958-6101~2 / **홈페이지** www.durumea.org
입장료 성인 5천 원, 중고생 4천 원, 어린이 3천 원 / **주차** 가능, 무료

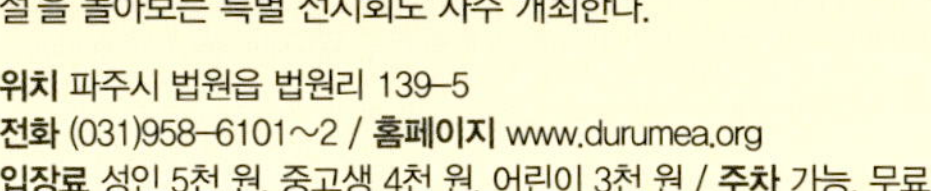

길따라 발길따라 9

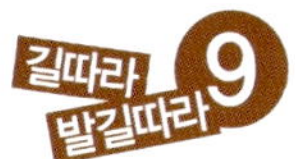

꼭 한번 걸어봐야 할 보석 같은 32코스

코스 가이드북

〈낯설고 아름다운 새길 여행〉 **별책부록/휴대용**

김성중 외 지음

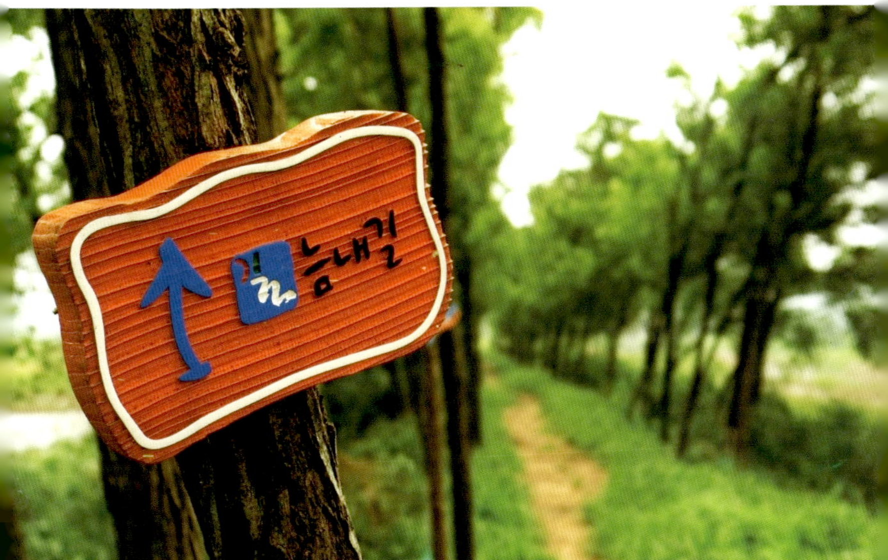

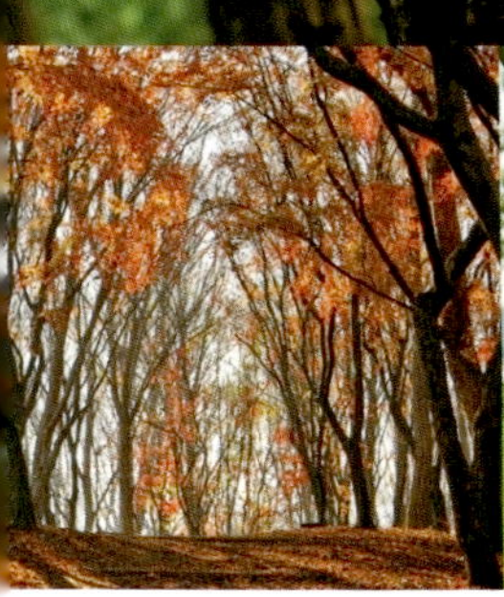

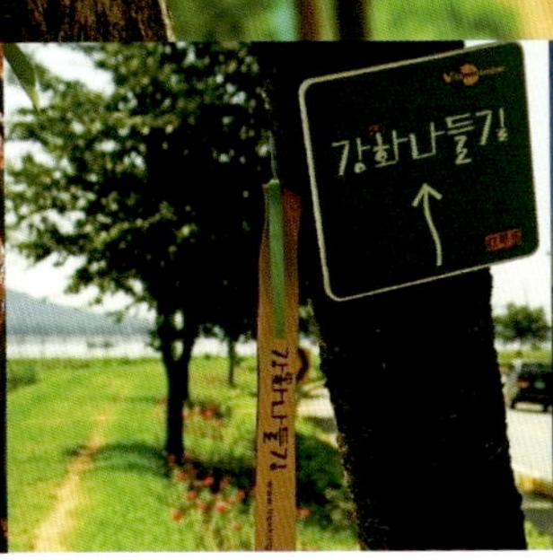

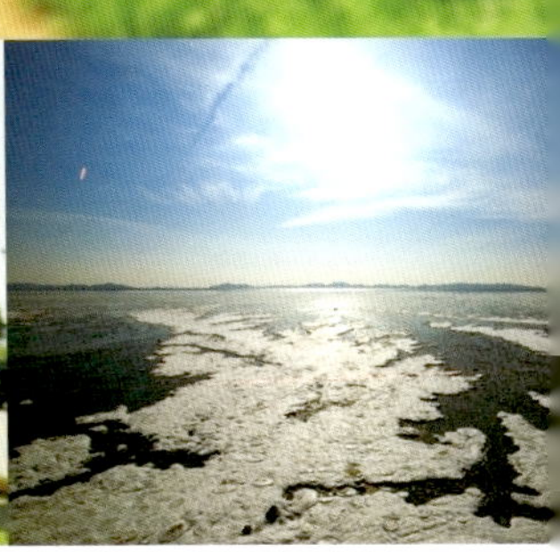

황금시간
Golden Time

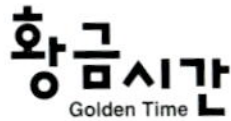

김성중 외 지음

일러두기

- 지도에 표기한 거리는 GPS로 수집한 트랙정보를 그대로 옮긴 것이다.

- 지점과 지점 사이의 거리, 예를 들어 '0.25km'는 구간거리를 뜻한다.

- 지도에 표기된 '누 1.25km'는 출발점부터 측정한 누적거리다.

- 지도에서 5(15)는 5번과 15번 지점이 같은 곳임을 뜻한다.

강원 평창 / 바우길

1코스 선자령 풍차길

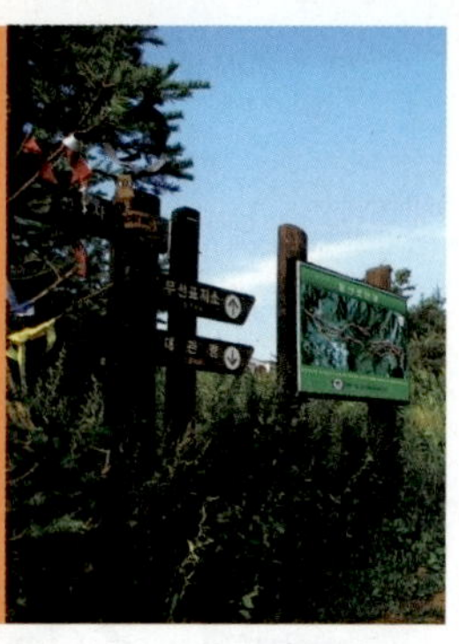

(구)대관령휴게소 ▶ 풍해조림지 ▶ 순환임도 ▶ 선자령 ▶ KT중계소 ▶ (구)대관령휴게소

- **걷는거리** 총 11.6㎞
- **걷는시간** 4시간 30분~5시간
- **출 발 점** 강원도 평칭군 대관령면 횡계리 (구)대관령휴게소
- **종 착 점** 강원도 평창군 대관령면 횡계리 (구)대관령휴게소
- **난 이 도** 무난해요

추천 테마	아이들과	연인끼리	여럿이	숲	들	계곡	강	바다	문화유적	봄	여름	가을	겨울
	★★	★★	★★	★★★		★★★			★★	★★	★★	★★★	★★

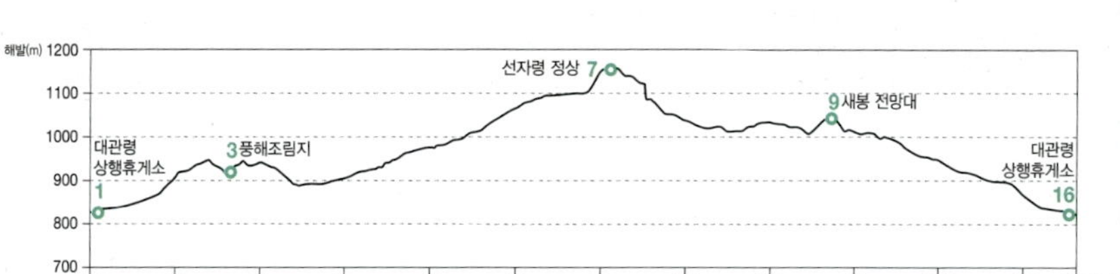

해발(m)
1200
1100
1000
900
800
700
1 대관령 상행휴게소
3 풍해조림지
선자령 정상 7
9 새봉 전망대
대관령 상행휴게소 16
0.0
1.0
2.0
3.0
4.0
5.0
6.0
7.0
8.0
9.0
10.0
11.0
11.6 (km)

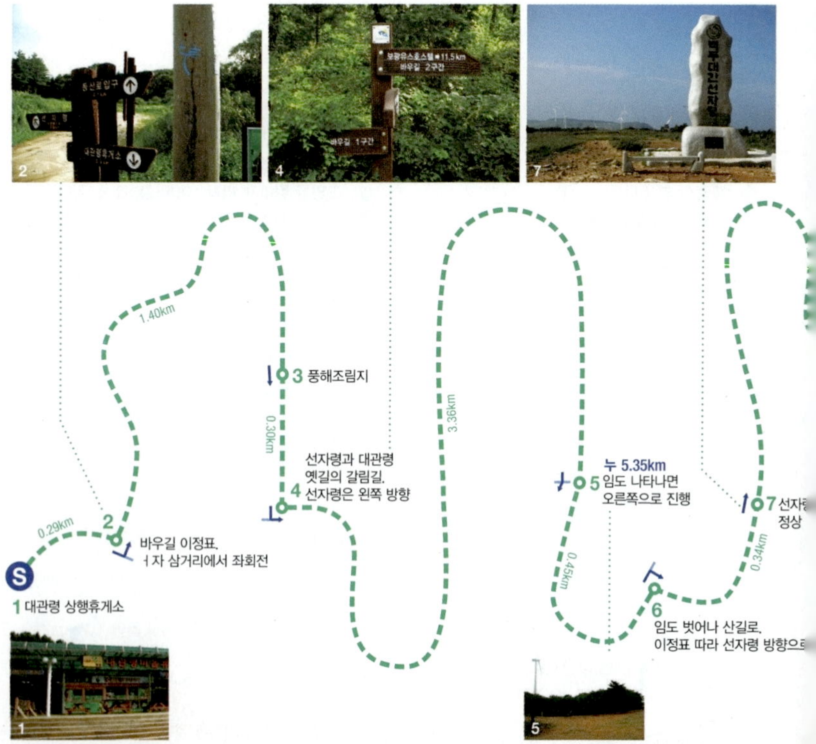

2
4
7
1.40km
3 풍해조림지
0.30km
3.36km
선자령과 대관령 옛길의 갈림길. 선자령은 왼쪽 방향
4
누 5.35km
5 임도 나타나면 오른쪽으로 진행
7 선자
정상
0.29km
2
바우길 이정표.
ㅓ자 삼거리에서 좌회전
S
1 대관령 상행휴게소
0.45km
0.34km
6
임도 벗어나 산길로.
이정표 따라 선자령 방향으
1
5

강원도
평창군
대관령면
횡계리

강릉시
성산면
어흘리

↑ 강릉JC
↗ 강릉
I-50
대관령 자연휴양림

6
7 선자령 정상
임도 5
8
9 새봉 전망대
10
11
국사성황사
12
13 KT중계소
456
4
풍해조림지 3
대관령 양떼목장
14
2
15
대관령 상행휴게소
1(16)

↓ 횡계
↙ 횡계
↓ 횡계IC

N
0   600m

8
11
13
9
14

누 9.32km
0.50km
F 누 11.61km
16(1) 대관령 상행휴게소
0.34km

11 흙길 벗어나
포장도로로 나옴

12 국사성황사와 대관령
옛길의 갈림길.
포장도로 따라 직진

15 선자령 등산로 출구

0.54km
0.12km

13 KT중계소

2.18km
0.54km

10 합류지점

0.09km

14 오른쪽 나무계단으로
내려감. 정면은 헬기장

8 Y자 삼거리에서
바우길 리본 따라
왼쪽으로

0.37km

9 새봉 전망대

0.79km

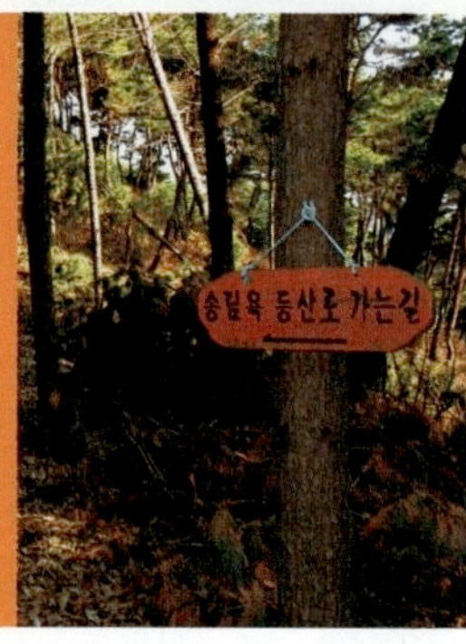

충남 공주 / 솔바람길

마곡사 솔바람길

마곡사 주차장 ▶ 마곡사 입구 ▶ 활인봉 ▶ 나발봉 ▶ 마곡사 주차장

- **걷는거리** 총 9.0㎞
- **걷는시간** 3~4시간
- **출 발 점** 충남 공주시 사곡면 운암리 마곡사 주차장
- **종 착 점** 충남 공주시 사곡면 운암리 마곡사 주차장
- **난 이 도** 조금 힘들어요

송림욕 등산로 가는길

추천 테마	아이들과	연인끼리	여럿이	숲	들	계곡	강	바다	문화유적	봄	여름	가을	겨울
	★	★★	★★★	★★★		★★			★★	★★	★★	★★★	★★

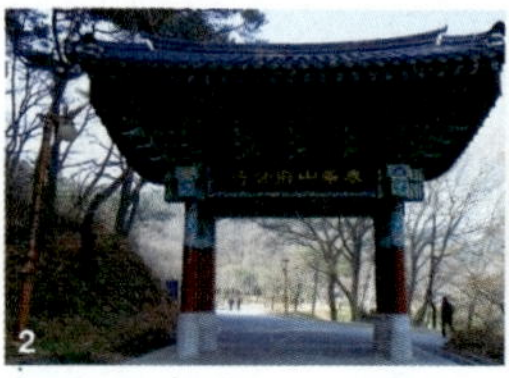

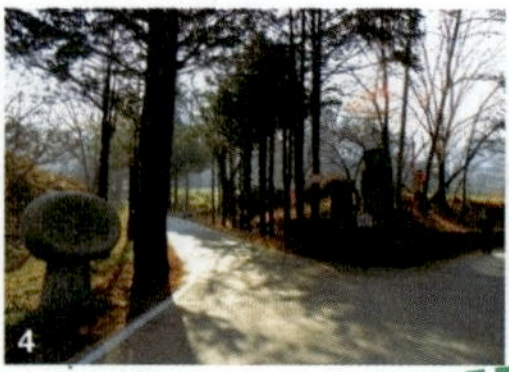

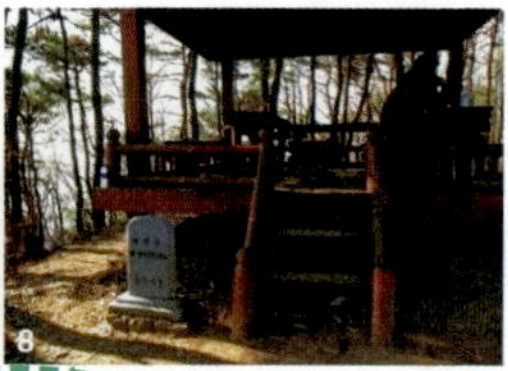

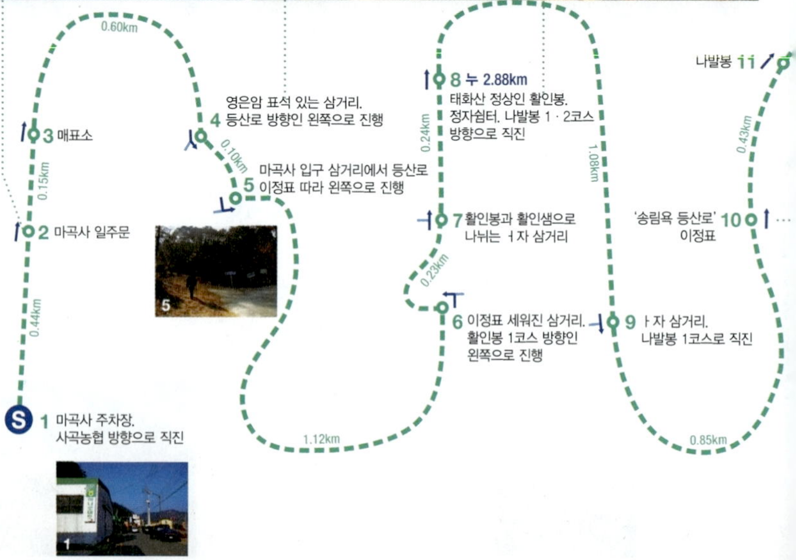

해발(m)
500
400
300
200
100
0
1 마곡사 주차장
8 활인봉
11 나발봉
마곡사 주차장 16
0.0 0.5 1.0 1.5 2.0 2.5 3.0 3.5 4.0 4.5 5.0 5.5 6.0 6.5 7.0 7.5 8.0 8.5 9.0 (km)

2

4

8

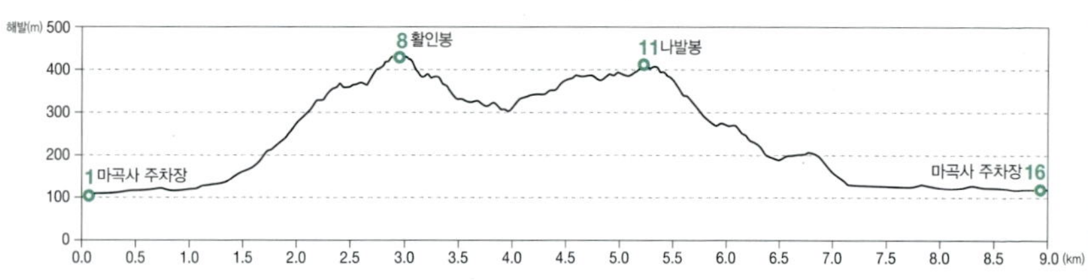

S 1 마곡사 주차장. 사곡농협 방향으로 직진
0.44km
2 마곡사 일주문
0.15km
3 매표소
0.60km
4 영은암 표석 있는 삼거리. 등산로 방향인 왼쪽으로 진행
0.10km
5 마곡사 입구 삼거리에서 등산로 이정표 따라 왼쪽으로 진행
1.12km
6 이정표 세워진 삼거리. 활인봉 1코스 방향인 왼쪽으로 진행
0.23km
7 활인봉과 활인샘으로 나뉘는 ㅓ자 삼거리
0.24km
8 누 2.88km 태화산 정상인 활인봉. 정자쉼터. 나발봉 1 · 2코스 방향으로 직진
1.08km
9 ㅏ자 삼거리. 나발봉 1코스로 직진
0.85km
'송림욕 등산로' 10 이정표
0.43km
나발봉 11
5
1

↑ 금계삼거리
유구 ←
유구 ↑
604
604
604
629
N
0   300m
12
13
마곡천 14
영은교
11 나발봉
10
충 청 남 도
공주시
사곡면
대중리
마곡사
마곡사 입구 5(15)
4
3 매표소
마곡사 2
일주문
마곡사 주차장 1(16)
P
마곡천
운암리
9
6
7
활인봉 8
공주
마곡온천 ↓
↙ 마곡사IC

1.19km
1.21km
0.65km
0.45km
0.27km

마곡사 입구에서 좌회전 15

16(1) 마곡사 주차장
F 누 9.01km

누 6.43km
12 무덤 있는 공터에서
유턴하는 기분으로
우회전

14 계곡으로 내려온
뒤 우회전

13
대웅전 700m를 알리는
ㅓ자 삼거리에서
왼쪽 내리막으로

10
12
15
14

경북 김천 / 모티길

1코스 직지문화 모티길

직지초등학교 ▶ 방하치마을 ▶ 방아재 ▶ 돌모마을 ▶ 직지문화공원

- **걷는거리** 총 11.3㎞
- **걷는시간** 4시간~4시간 30분
- **출 발 점** 경북 김천시 대항면 향전리 직지초등학교
- **종 착 점** 경북 김천시 대항면 운수리 직지문화공원
- **난 이 도** 조금 힘들어요

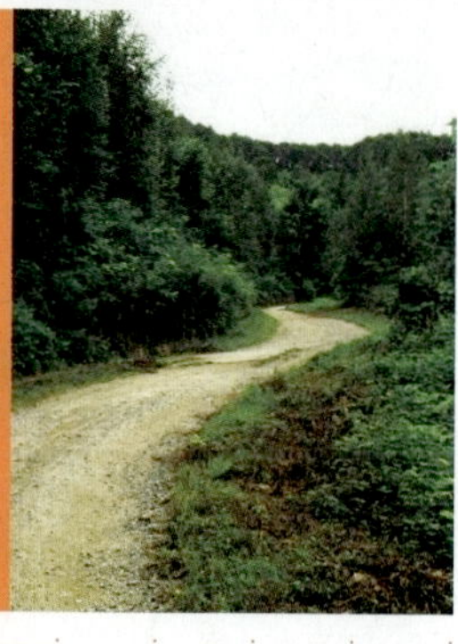

추천 테마	아이들과	연인끼리	여럿이	숲	들	계곡	강	바다	문화유적	봄	여름	가을	겨울
	★	★★	★★★	★★★	★				★★	★★★	★	★★★	★★

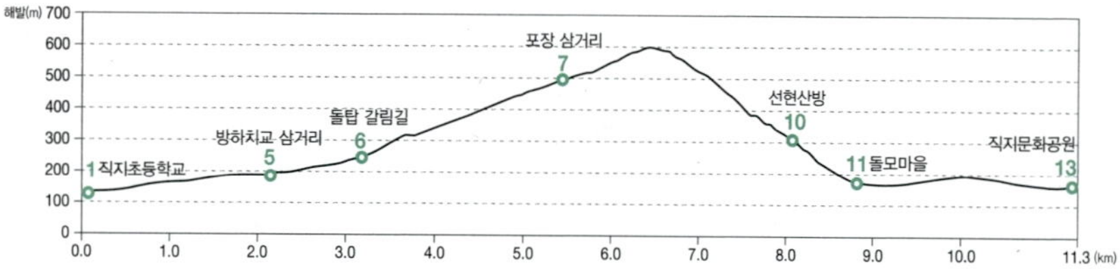
해발(m)
700
600
500
400
300
200
100
0
1 직지초등학교
5 방하치교 삼거리
6 돌탑 갈림길
7 포장 삼거리
10 선현산방
11 돌모마을
13 직지문화공원
0.0
1.0
2.0
3.0
4.0
5.0
6.0
7.0
8.0
9.0
10.0
11.3 (km)

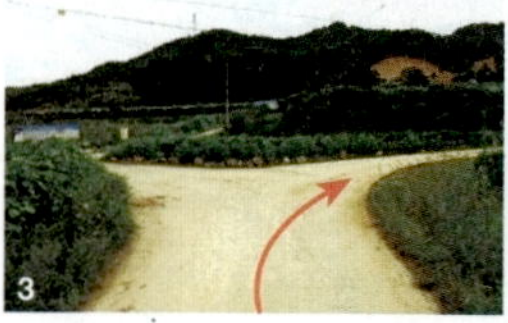
3

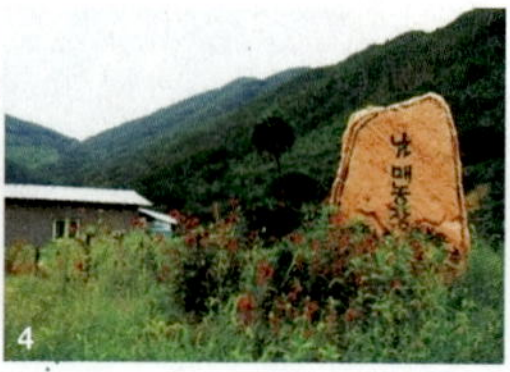
4

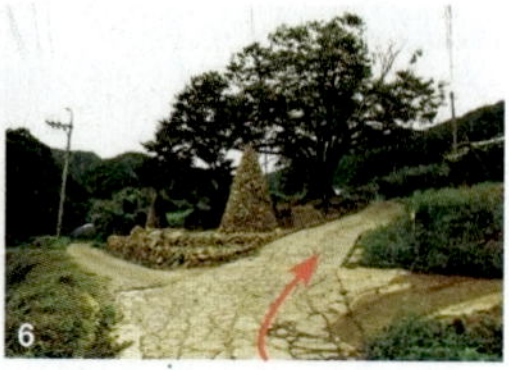
6

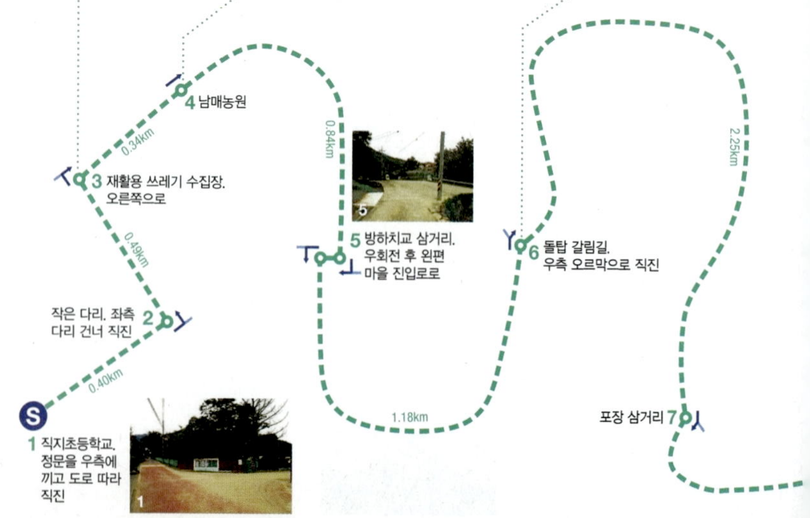
S
1 직지초등학교. 정문을 우측에 끼고 도로 따라 직진
0.40km
작은 다리. 좌측 다리 건너 직진 2
0.49km
3 재활용 쓰레기 수집장. 오른쪽으로
0.34km
4 남매농원
0.84km
5 방하치교 삼거리. 우회전 후 왼편 마을 진입로로
1.18km
6 돌탑 갈림길. 우측 오르막으로 직진
2.25km
포장 삼거리 7
1
5

N
0   500m
경 상 북 도
김 천 시
대항면
충북 영동군
덕천네거리
대항면주민센터
1 직지초등학교
2 작은 다리
안중골
3 재활용 쓰레기 수집장
향천리
903
김천파크
관광호텔
4 남매농원
직지사
직지문화공원13
직지사 우체국
12 식당가 삼거리
5 방하치교 삼거리
방하치마을
황녀관
운수리
10 선현산방
9 좁은 다리
여름터골
6 돌탑 갈림길
11
돌모마을
장구석골
903
8
백운농장식당
동구지산
7 포장 삼거리
↓ 주례리
대 성 리
↑ 김천
↑ 봉산면
직지사역
대룡초교
김천
덕산저수지
덕 전 리
정골

9~10
12 
13
좁은 다리. 다리 건넌 후
9 오른편 내리막으로
0.44km
0.98km
0.80km
2.19km
8
10 선현산방. 아래쪽으로
내려가다 왼편 돌모마을 쪽으로
1.18km
돌모마을. 마을 앞 국도 11
에서 오른쪽으로 직진
12 식당가 삼거리
0.24km
F 누 11.32km
13 직지문화공원

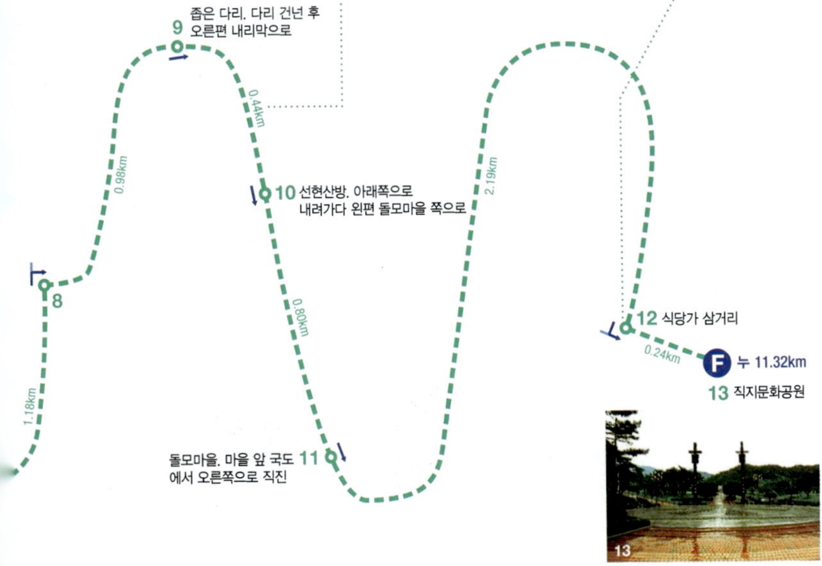

대전 대덕

계족산 황톳길

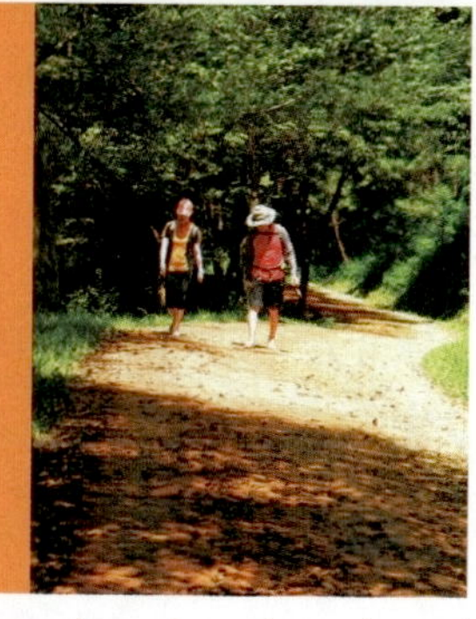

장동산림욕장 입구 ▶ 원점 삼거리 ▶ 절고개 삼거리 ▶ 원점 삼거리 ▶ 장동산림욕장 입구

- **걷는거리** 총 15.9㎞
- **걷는시간** 5시간~5시간 30분
- **출 발 점** 대선 대덕구 상동 상동산림욕장
- **종 착 점** 대전 대덕구 장동 장동산림욕장
- **난 이 도** 무난해요

추천 테마	아이들과	연인끼리	여럿이	숲	들	계곡	강	바다	문화유적	봄	여름	가을	겨울
	★	★★	★★★	★★★	★				★	★★★	★	★★★	★★

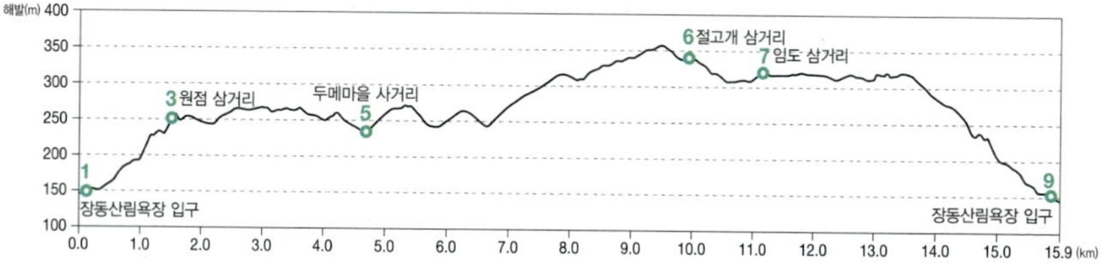

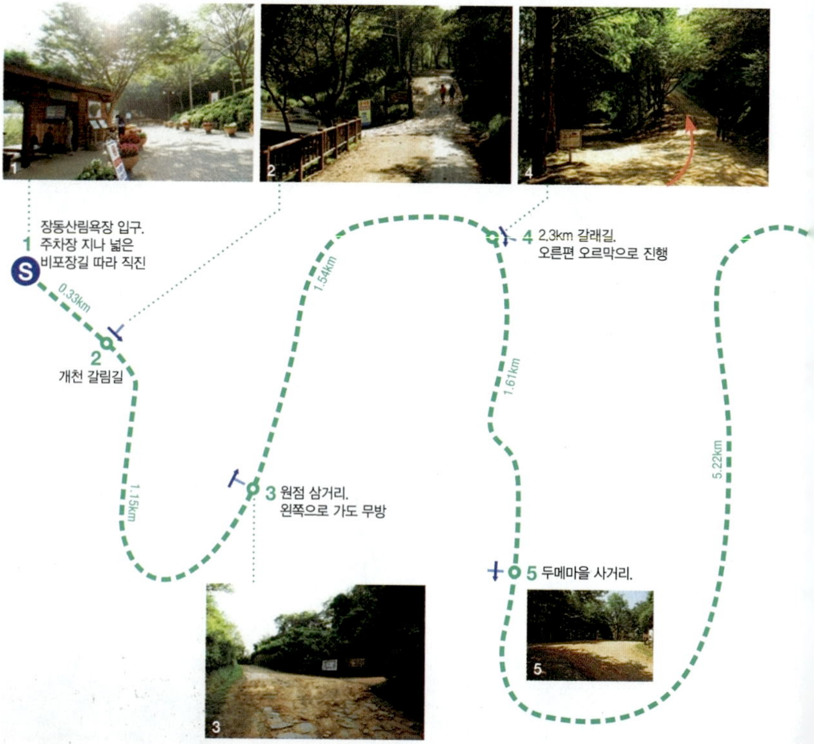

↑ 신탄진/서울
대 덕 테 크 노 밸 리
↑ 북 대 전
↓ 한 밭 수 목 원
갑 천
정보철강
장동초교
장동보건소
장동
'2.3km' 표지판
↑ 삼정마을   ↑ 도장골   ↑ 웃피골
안산
심골
이 현 동
1(9) 장동산림욕장 입구
2 개천 갈림길
5 두메마을 사거리
3(8) 원점 삼거리
당산골
회덕
와동현대아파트
화덕중학교
대전신대아파트
대전와동아파트
17
대전연축아파트
산디마을
계족산성
대 덕 구
효 평 동
함각산
갓점골
와 동
대 전 광 역 시
대 덕 구
계족산
35
경 부 고 속 도 로
천동골
개머리산
동 구
추 동
법 동
임도 삼거리
7
N
0   500m
6 절고개 삼거리
↓ 대덕구청   ↓ 대전역   ↓ 대청동/부산
대청호 자연생태관 →   비룡교차로 →
7~8
8 
8(3) 원점 삼거리. 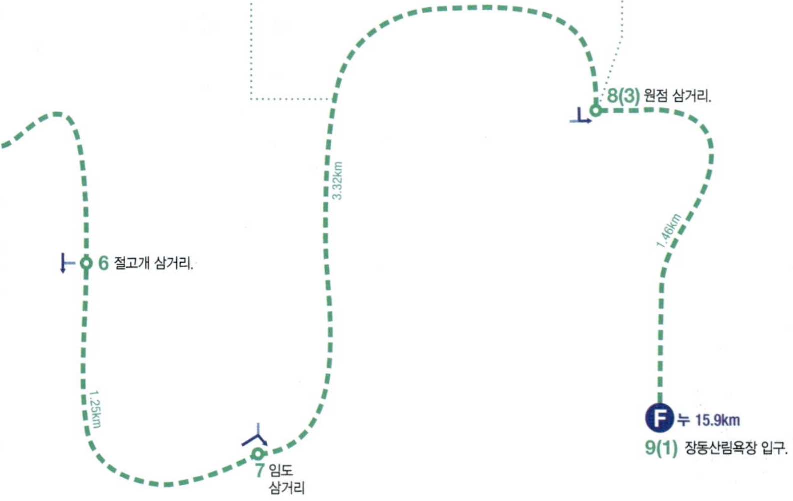
3.32km
6 절고개 삼거리.
1.46km
1.25km
F 누 15.9km
9(1) 장동산림욕장 입구.
7 임도 삼거리

1구간

두천리마을 ▶ 울진내성행상불망비 ▶ 금강소나무숲길
▶ 찬물내기 쉼터 ▶ 조령성황사 ▶ 소광리마을

- **걷는거리**   총 14.2km
- **걷는시간**   6~7시간
- **출 발 점**   경북 울진군 북면 두천1리 버스정류장
- **종 착 점**   경북 울진군 서면 소광2리 버스정류장
- **난 이 도**   조금 힘들어요

추천 테마	아이들과	연인끼리	여럿이	숲	들	계곡	강	바다	문화유적	봄	여름	가을	겨울
	★★	★★★	★★★			★★★			★★★	★★★	★★★	★★★	

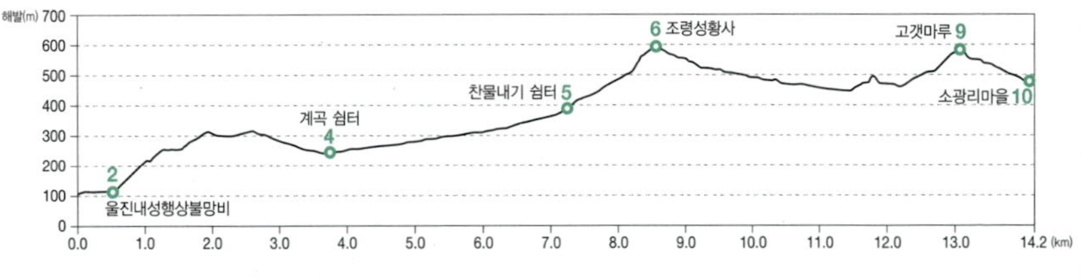

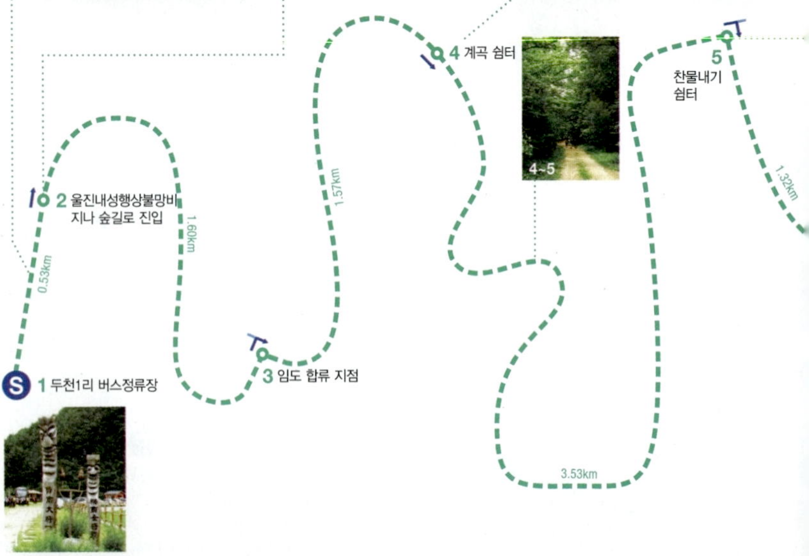

해발(m)

- 6 조령성황사
- 고갯마루 9
- 찬물내기 쉼터 5
- 계곡 쉼터 4
- 소광리마을 10
- 2
- 울진내성행상불망비

1~2

2

4

4 계곡 쉼터

4~5

5 찬물내기 쉼터

1.57km

1.32km

2 울진내성행상불망비 지나 숲길로 진입

1.60km

0.53km

S 1 두천1리 버스정류장

3 임도 합류 지점

3.53km

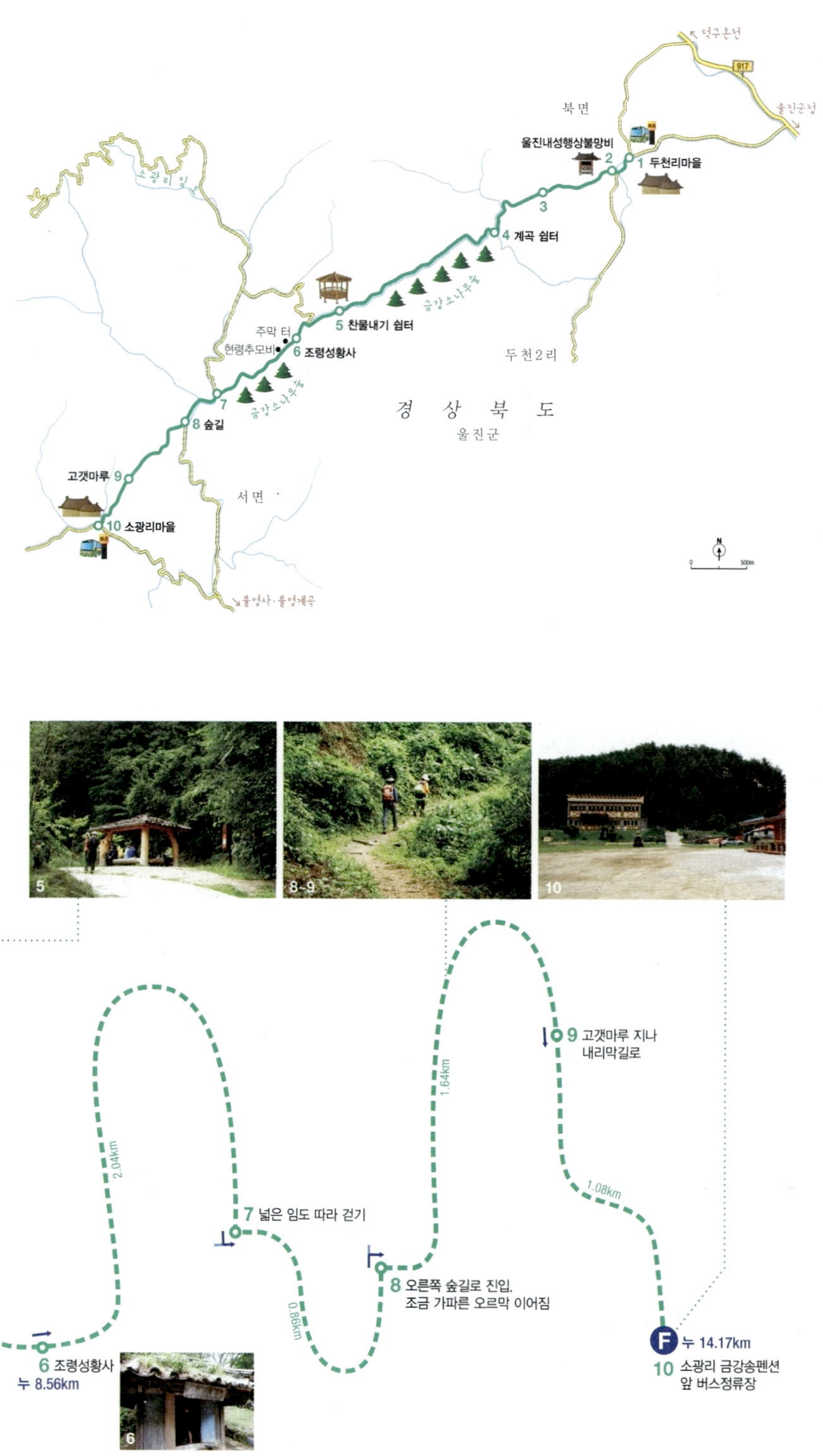
덕구온천
917
울진군청
북면
울진내성행상불망비
2
1 두천리마을
3
4 계곡 쉼터
소광리임도
금강소나무숲
5 찬물내기 쉼터
주막 터
현령추모비
6 조령성황사
두천2리
7
금강소나무숲
8 숲길
경 상 북 도
울진군
고갯마루 9
10 소광리마을
서 면
N
0   500m
불영사·불영계곡
5
8~9
10
9 고갯마루 지나
내리막길로
1.64km
1.08km
2.04km
7 넓은 임도 따라 걷기
0.86km
8 오른쪽 숲길로 진입.
조금 가파른 오르막 이어짐
F 누 14.17km
6 조령성황사
누 8.56km
10 소광리 금강송펜션
앞 버스정류장
6

경기 의정부 / 소풍길

3코스 불로장생길

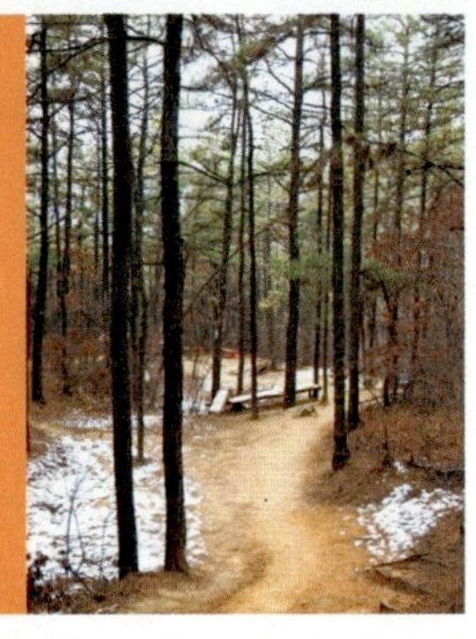

녹양역 ▶ 가금교 ▶ 송림약수터 ▶ 영화사 ▶ 인성군묘 ▶ 금곡마을 숲길 ▶ 현충탑

- **걷는거리** 총 9.6㎞
- **걷는시간** 4시간
- **출 발 점** 경기도 의정부시 녹양동 녹양역(지하철 1호선)
- **종 착 점** 경기도 의정부시 자일동 현충탑
- **난 이 도** 무난해요

추천 테마	아이들과	연인끼리	여럿이	숲	들	계곡	강	바다	문화유적	봄	여름	가을	겨울
	★★	★★	★★★	★★★			★		★★	★★★	★★★	★★★	★★

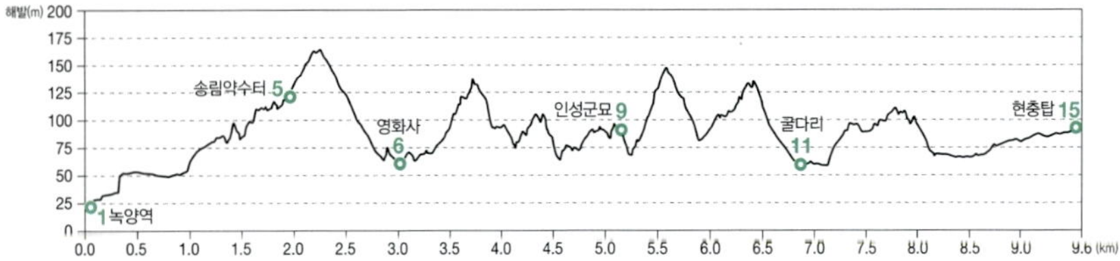

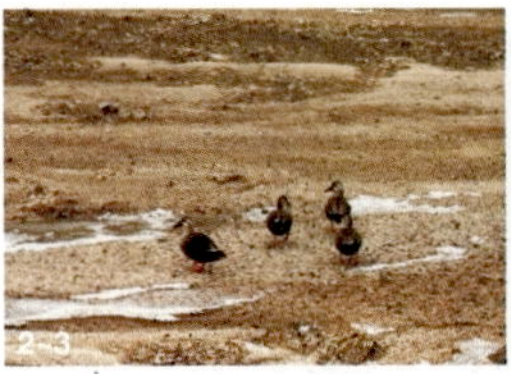

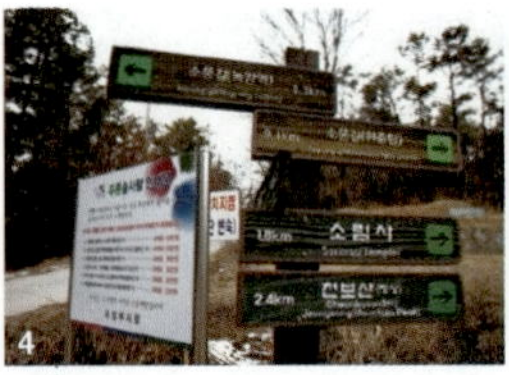

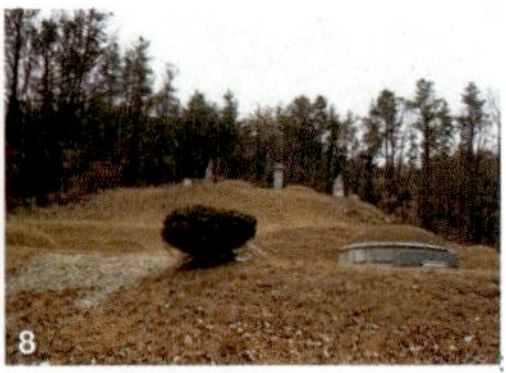

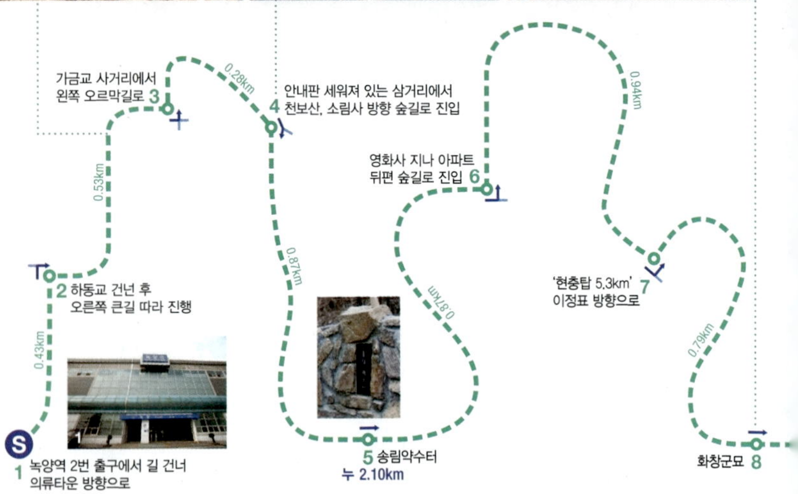

백석읍
동두천
98
3
360
동두천
경 기 도
의정부시
양주시
양주역
중랑천
녹양동
13
43
15 현충탑
자 일 동
14 도로 건널목
12 금곡마을 숲길
천보산
인성군묘 9
10
송림약수터
의류타운
5
화창군묘 8
굴다리 11
녹양역 1
2 하동교
6 영화사
7 금오동
성모병원
N
0 700m
4 산책로 입구
족두리묘
3 가금교
39
송추
가능역
신곡동
경기도북부청사
43
3
별내면
의정부역
의정부역

10~11
1.16km  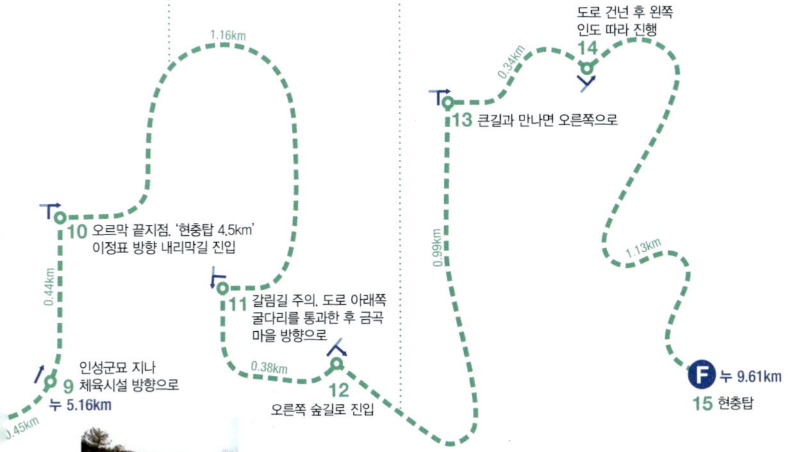
도로 건넌 후 왼쪽
인도 따라 진행
0.34km
14
13 큰길과 만나면 오른쪽으로
10 오르막 끝지점. '현충탑 4.5km'
이정표 방향 내리막길 진입
0.44km
0.99km
11 갈림길 주의. 도로 아래쪽
굴다리를 통과한 후 금곡
마을 방향으로
1.13km
0.38km
인성군묘 지나
9 체육시설 방향으로
누 5.16km
12
오른쪽 숲길로 진입
F 누 9.61km
15 현충탑 
0.45km
9

전북 전주 / 천년고도 옛길

1코스 건지산 옛길

덕진공원 ▶ 혼불문학공원 ▶ 오송제 ▶ 건지산 ▶ 편백나무 숲 ▶ 조경단 ▶ 덕진공원

- **걷는거리** 총 9.8㎞
- **걷는시간** 4시간
- **출 발 점** 전북 전주시 덕진구 덕진동 덕진공원
- **종 착 점** 전북 전주시 덕진구 덕진동 덕진공원
- **난 이 도** 무난해요

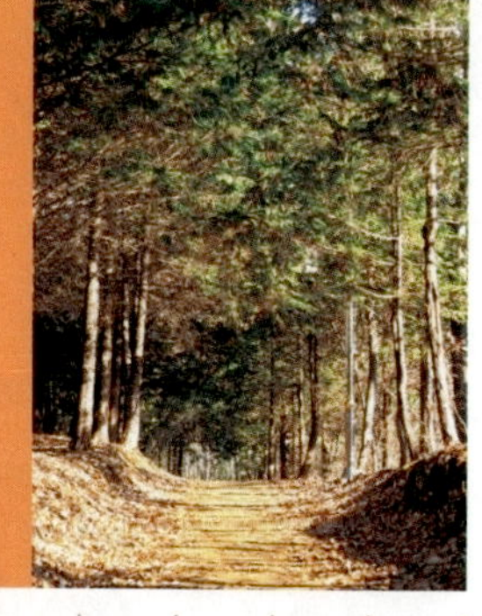

추천 테마	아이들과	연인끼리	여럿이	숲	들	계곡	강	바다	문화유적	봄	여름	가을	겨울
	★★	★★	★★★	★★★					★	★★★	★★★	★★★	★★

해발(m)
140
120
100
80
60
40
20
덕진공원 정문
1
3
혼불문학공원
5 언덕 정상
8
한국소리문화의전당
건지산 정상
11
조경단
13
덕진공원 15
0.0 0.5 1.0 1.5 2.0 2.5 3.0 3.5 4.0 4.5 5.0 5.5 6.0 6.5 7.0 7.5 8.0 8.5 9.0 9.8 (km)

1

4

8~9

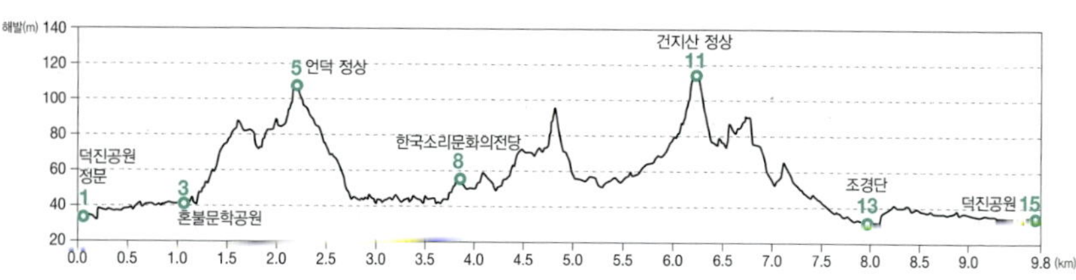

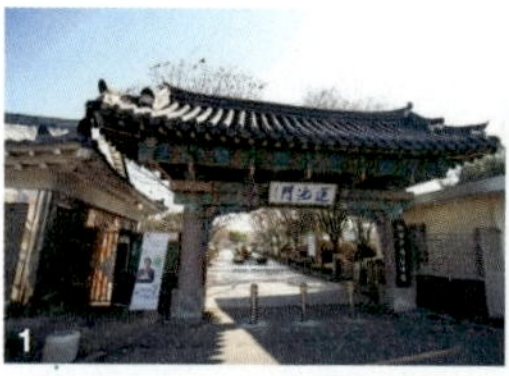

도로 사거리에서 길 건넌 후
왼쪽 혼불문학공원 숲길로 진입 3
0.22km
4 최병희 선생 묘소
0.65km
사거리에서 왼쪽
편백나무 숲 방향으로 7
0.30km
8 정면은
한국소리문화의전당,
편백나무 숲
산책로로 진입
0.75km
2 덕진공원 후문에서
전북대학교 생활관
방향 가로수 길로
0.49km
1~2
0.82km
4~5
6 오송제 산책로 따라
한 바퀴 둘러보기
1.01km
0.57km
6~7
S
1 덕진공원 정문, 연화교
건너 후문 방향으로
언덕 정상, 오른쪽
활엽수림 산책로로 5
누 2.18km

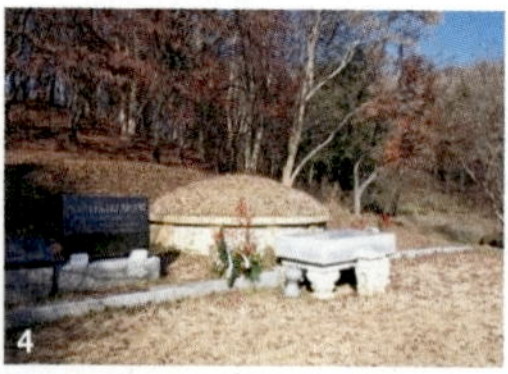

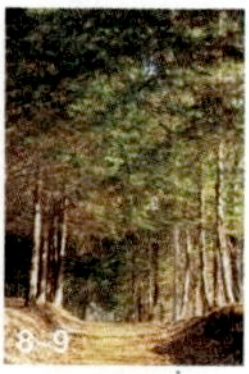

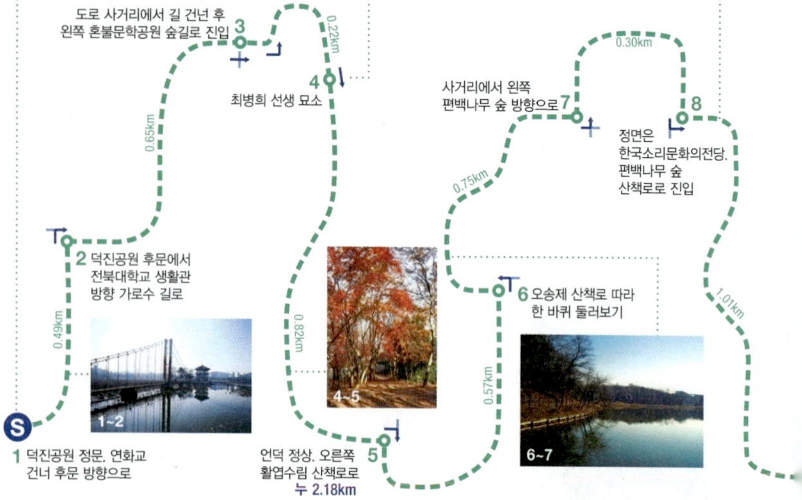

↑ 송천역
송천동 ↗
전라북도
전주시
N
0   300m
송천동
오송제 산책로   6
7
9
후문   8
10 동물원 뒤편 숲길 입구
5
편백 숲길
한국소리
문화의전당
드림랜드
동물원
종합경기장
연화마을
4 최명희 선생 묘소
덕진체련공원
승마장
전북대
생활관
3(14)
혼불문학공원
숲길 입구
13 조경단
건지산 정상
12 편백나무 숲길
11
2 덕진공원 후문
덕진호
연화교
1(15) 덕진공원 정문
전북대학교
전북대병원
완주군청
전주역
용성동
전주시외버스터미널

11~12
13 
누 6.20km
11 건지산 정상. 오른쪽 운동
기구 쉼터 방향으로
혼불문학공원 앞 사거리 14(3)
에서 덕진공원으로
되돌아가기
0.97km
1.01km
0.63km
1.12km
10
도로와 만나는
삼거리에서
길 건너 동물원
뒤편 숲길로
0.42km
12-13 
13 조경단 지나
덕진공원 방향으로
F 누 5.34km
15(1)
덕진공원 정문
12 편백나무 숲 산책로 입구
9 언덕 정상
누 4.81km
0.78km

경기 파주

살래길

동문 ▶ 검단사길 ▶ NFC ▶ 전망대 ▶ 북문 ▶ 동문

- **걷는거리** 총 4.7㎞
- **걷는시간** 1시간 30분~2시간
- **출 발 점** 경기도 파주시 탄현면 법흥리 동문 앞
- **종 착 점** 경기도 파주시 탄현면 법흥리 동문 앞
- **난 이 도** 무난해요

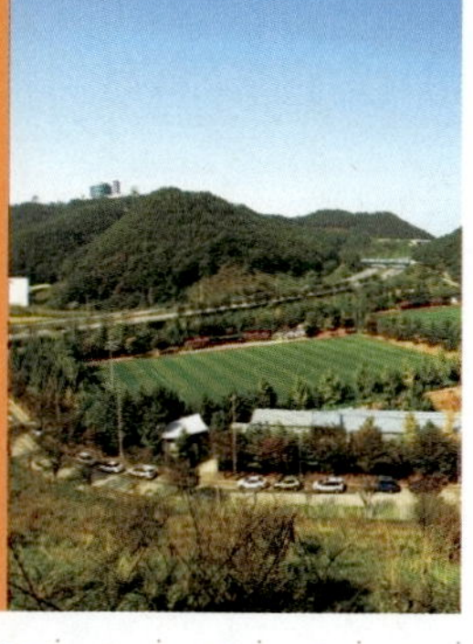

추천 테마	아이들과	연인끼리	여럿이	숲	들	계곡	강	바다	문화유적	봄	여름	가을	겨울
	★	★★	★★★	★★★	★				★★	★★★	★	★★★	★★

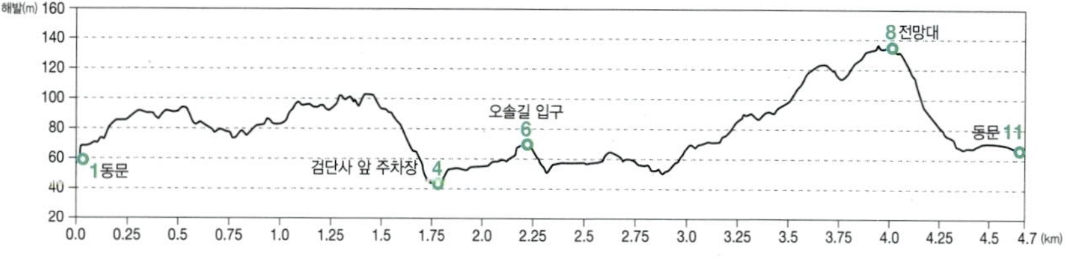

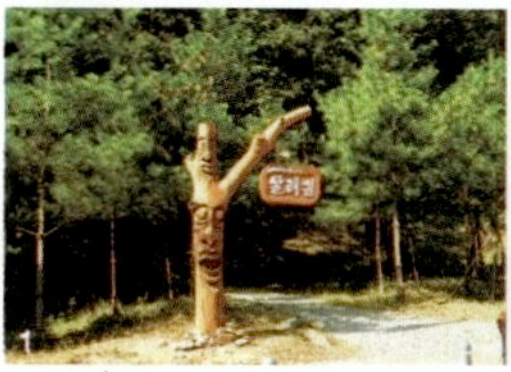

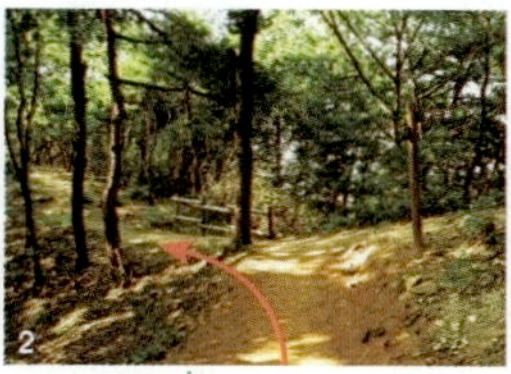

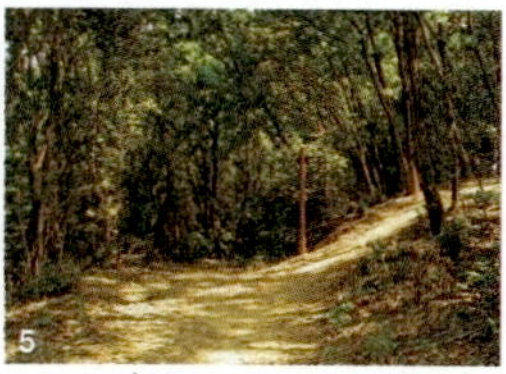

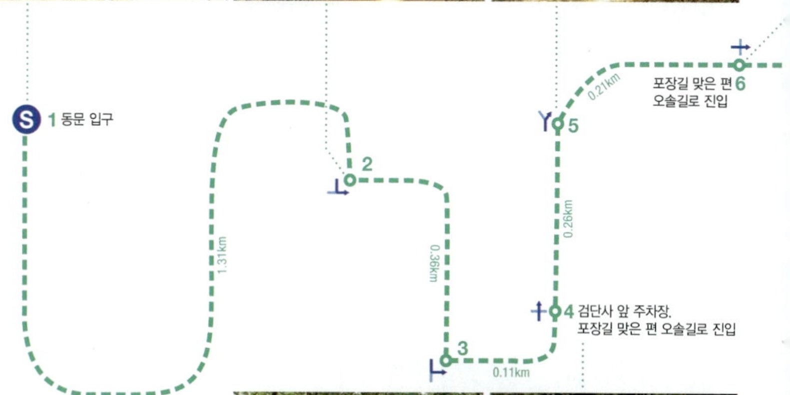

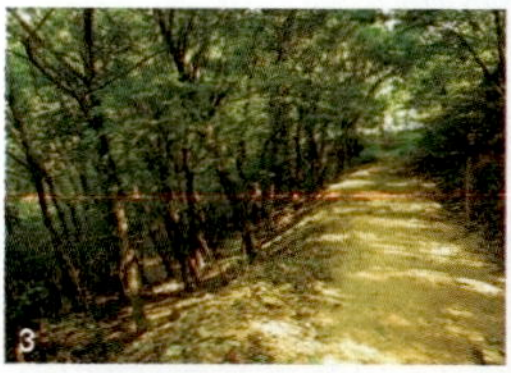

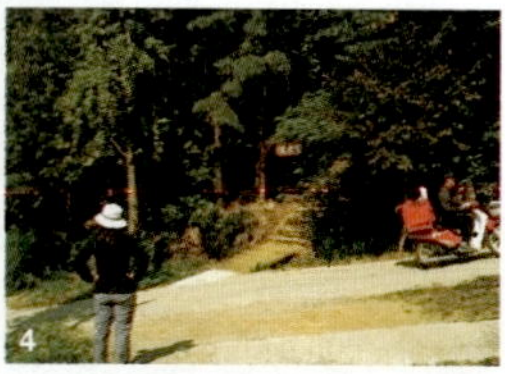

↑ 운산
↑ 웨이리·영어마을
대형마트
360
→ 금촌
통일동산 시범지구 먹거리촌
10 북문
전망대 8
9
자유로 자동차 전용극장
북문 삼거리
7
통일동산 카트랜드
숙박단지
동문 입구 1(11)
유승앙브와즈 아파트1단지
유승앙브와즈 아파트2단지
축구 국가대표팀 트레이닝센터 (NFC)
매점
통일초등학교
77
6
법흥리
오두산 통일전망대
경 기 도
고려역사관
파주시 탄현면
통일동산 우체국
검단산
5
검단사 앞 4 주차장
2
첼시프리미엄아울렛
24시 편의점
3
갈현리
N
0 200m
고양·서울 ↓

6
8 
10 삼척길 
누 4.69km
11(1) 동문 입구
F
0.37km
10 북문
0.05km
8 전망대
9 북문 삼거리
0.24km
0.96km
1.72km
7
9 북문 삼거리
7

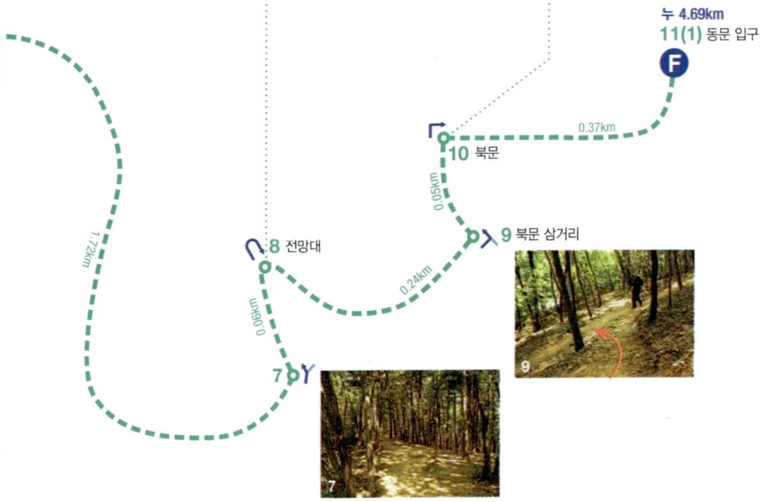

인천 강화 / 강화나들길

7코스 갯벌 보러 가는 길

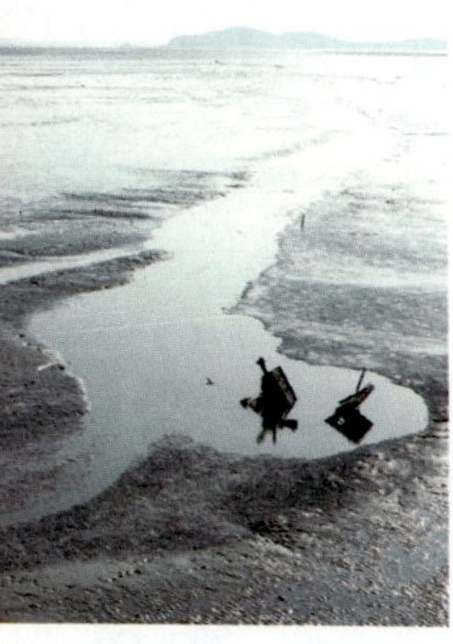

화도초교 ▶ 숲 산책로 ▶ 갯벌 산책로 ▶ 북일곶돈대 ▶ 마니산청소년수련원 ▶ 화도초교

- **걷는거리** 총 16.5㎞
- **걷는시간** 5시간 30분
- **출 발 점** 인천 강화군 화도면 상방리 화도초교(화도버스터미널)
- **종 착 점** 인천 강화군 화도면 상방리 화도초교(화도버스터미널)
- **난 이 도** 무난해요

추천 테마	아이들과	연인끼리	여럿이	숲	들	계곡	강	바다	문화유적	봄	여름	가을	겨울
	★	★★	★★★	★★★	★			★★★	★	★★★	★★	★★★	★★

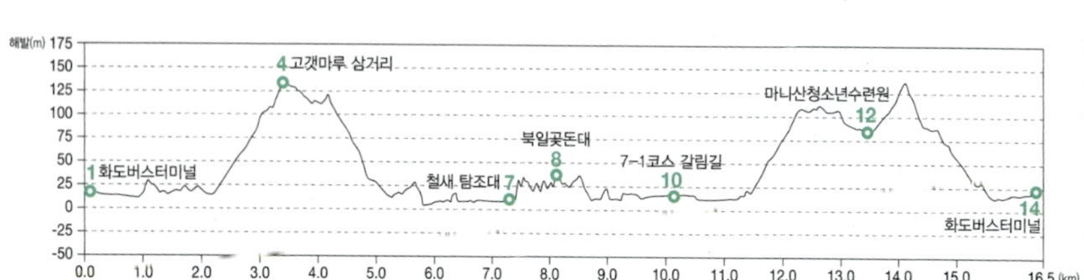

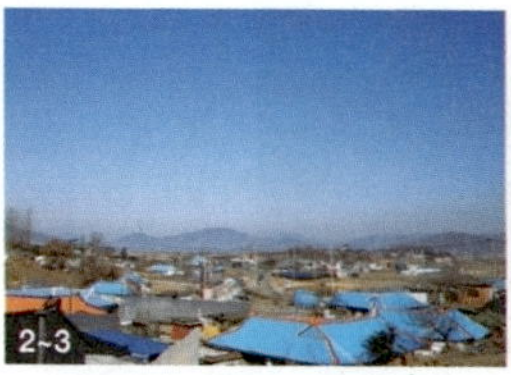

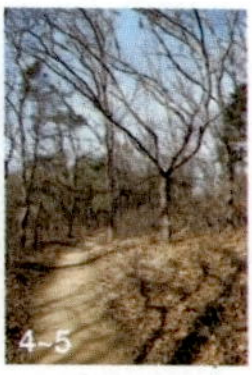

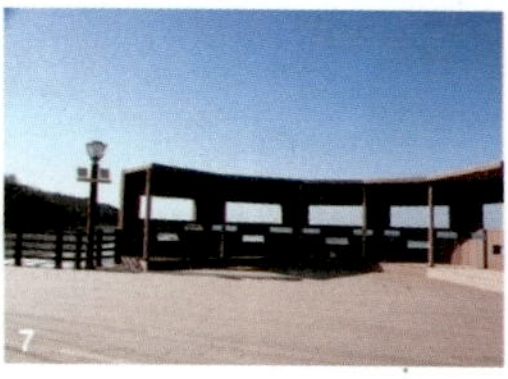

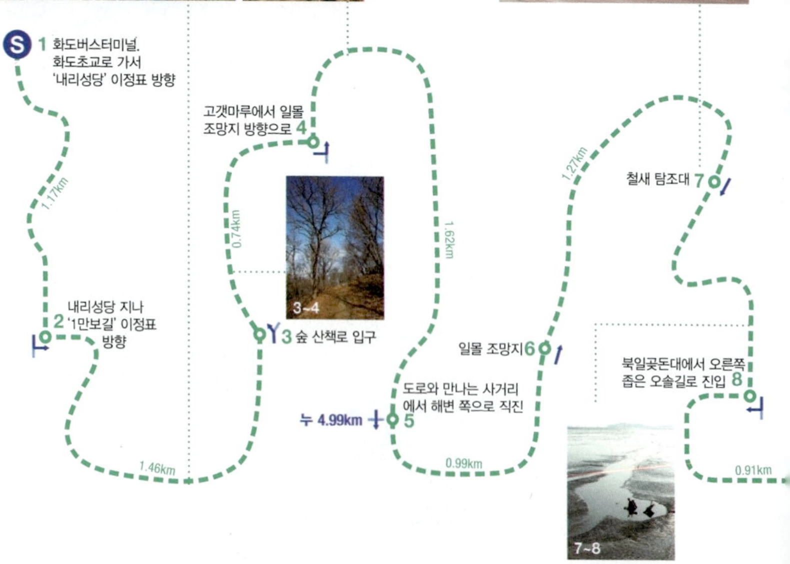

강화군청·김포
숲 산책로 입구 3
후포항
강화군청·김포
장곳돈대
고갯마루 삼거리 4
화도버스터미널 1(14)
길상면·김포
내리마을
숲 산책로
2(13) 내리성당
화도초교
화도면사무소
5
인 천 광 역 시
강화군
일몰 조망지 6
화도면
펜션촌
갯벌산책로
장화리마을
12 마니산청소년수련원
철새 탐조대 7
마니산
펜션촌
펜션촌
8 북일곶돈대
철새 탐조대 9
여차리마을 11
갯벌산책로
N
7-1코스 갈림길 10
0   400m
동막해수욕장·김포

10
12~13
7-1코스와 나뉘는
갈림길. 마니산청소년
수련원 방향으로 10
0.90km
1.84km
11
13(2)
여차리마을에서 길 건너
펜션촌 방향으로
갈림길에서 합류한
후 화도버스터미널
로 되돌아가기
1.19km
12 마니산청소년수련원
10
1.13km
12
9 철새 탐조대.
해안 방조제길 따라 직진
누 9.31km
2.13km
14(1) F 누 16.50km
화도버스터미널

경남 남해 / 남해 바래길

1코스 다랭이 지겟길

평산항 ▶ 몽돌해안 ▶ 사촌마을 ▶ 항촌해안 ▶ 가천마을 ▶ 가천마을 버스정류장

- **걷는거리** 총 14.4㎞
- **걷는시간** 6~7시간
- **출 발 점** 경남 남해군 남면 평산리 평산항
- **종 착 점** 경남 남해군 남면 홍현리 가천마을 버스정류장
- **난 이 도** 많이 힘들어요

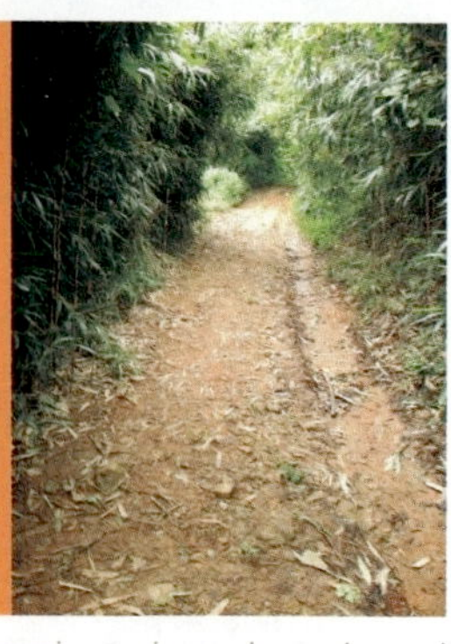

추천 테마	아이들과	연인끼리	여럿이	숲	들	계곡	강	바다	문화유적	봄	여름	가을	겨울
	★	★	★★	★★				★★★		★★	★★	★★★	★

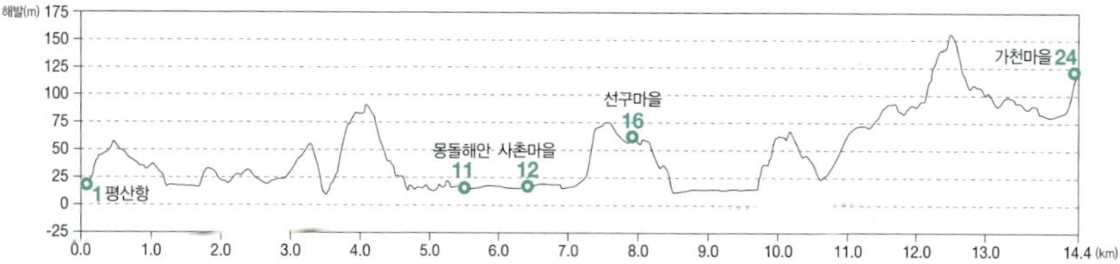

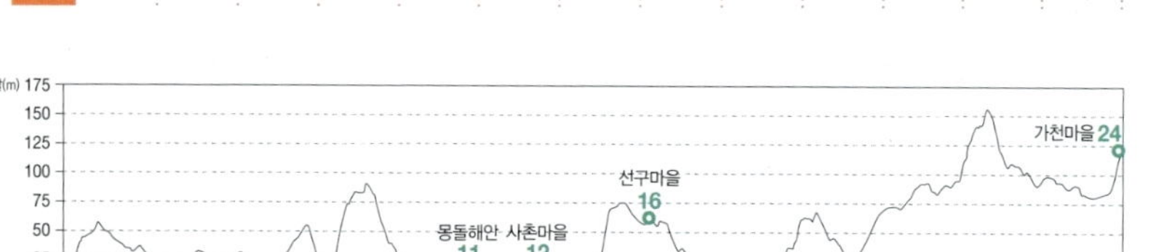

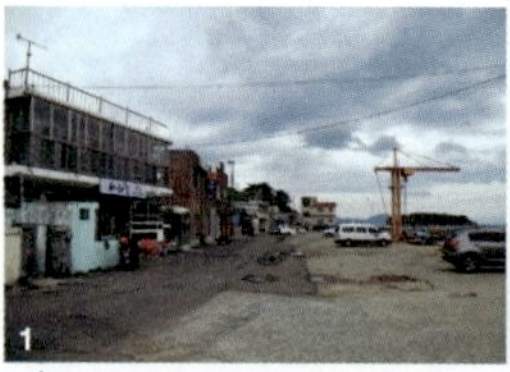

해발(m)
175
150
125
100
75
50
25
0
-25
1 평산항
몽돌해안 11
사촌마을 12
선구마을 16
가천마을 24
0.0
1.0
2.0
3.0
4.0
5.0
6.0
7.0
8.0
9.0
10.0
11.0
12.0
13.0
14.4 (km)

1

3

10

1 평산항
2 바닥에 그려진 노란색 화살표 따라 오른쪽 길로 진행
3 평산2항. 벤치와 화장실
4 포구를 지나 왼쪽 숲으로 진행
5 유구마을. 마을 지난 삼거리에서 바닷가(오른쪽)로 진행
6 숲 방향인 왼쪽으로 진행
누 2.86km
7 민가가 내려다보이는 곳으로 직진
8 민가 맞은편 숲으로 진행
9 시멘트도로로 나와 왼쪽으로 갔다가 반사경 옆 숲길로 진행
10 정면으로 길이 막히는 곳에서 왼쪽 대나무 숲으로 진행
11 계단으로 내려간 뒤 몽돌해안 따라서 진행
12 몽돌해안 끝. 사촌마을로 들어섬
13 사촌마을 입구 도로에서 우회전 후, 길 건너편 숲으로 진입
0.45km
0.75km
0.47km
0.71km
0.48km
0.43km
0.26km
0.73km
0.62km
0.54km
0.96km
0.77km
5
12

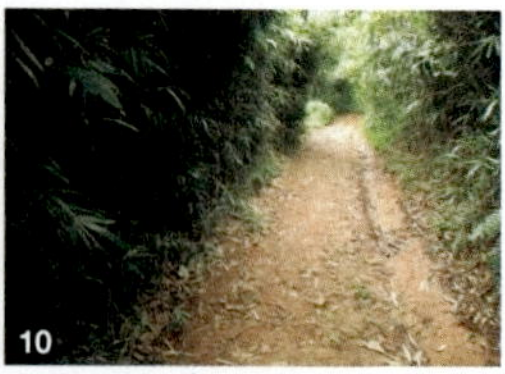

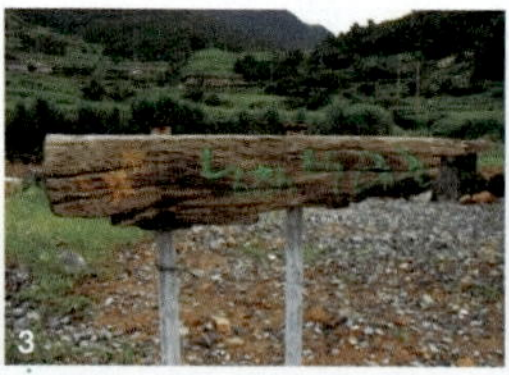

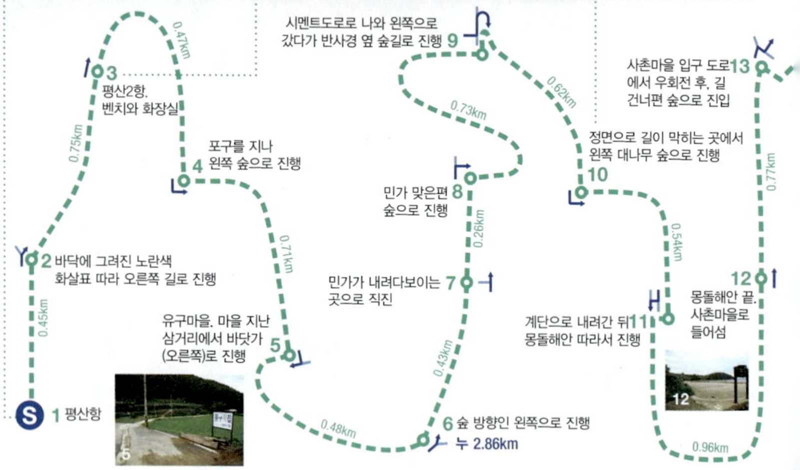

고현면·남해대교
1024
1024
평산항 1
2
평산2항 3
4
5
평산리
경 상 남 도
남해군
남면
7
6
8
대나무 숲
9
10
몽돌해안 11
1024
임포리
석교리
12
13
사촌해변
14
15
선구마을 16
17
선구리
홍현리
응봉산
18
20
가천마을 버스정류장 24
19
항촌마을
21
23
22 가천마을 입구
남 해
N
0   500m
1024

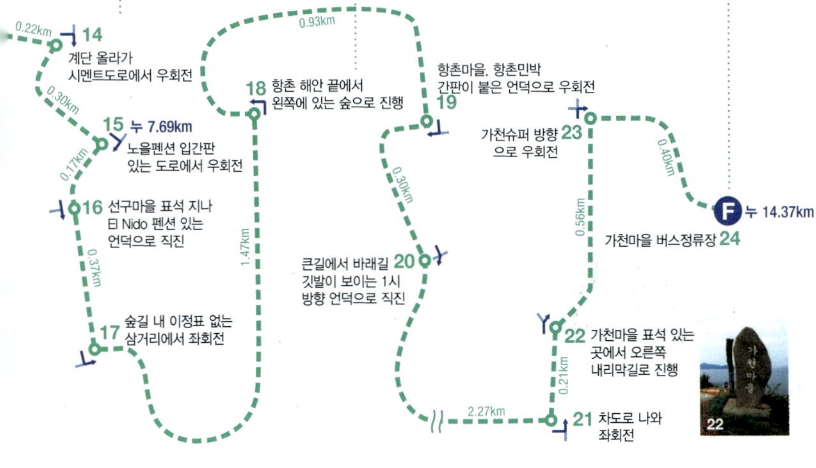

0.22km 14
계단 올라가
시멘트도로에서 우회전
0.93km
0.30km
18 항촌 해안 끝에서
왼쪽에 있는 숲으로 진행
항촌마을. 항촌민박
간판이 붙은 언덕으로 우회전
19
15 누 7.69km
노을펜션 입간판
있는 도로에서 우회전
가천슈퍼 방향 23
으로 우회전
0.17km
0.40km
16 선구마을 표석 지나
日 Nido 펜션 있는
언덕으로 직진
1.47km
0.56km
0.30km
F 누 14.37km
가천마을 버스정류장 24
0.37km
큰길에서 바래길 20
깃발이 보이는 1시
방향 언덕으로 직진
17 숲길 내 이정표 없는
삼거리에서 좌회전
22 가천마을 표석 있는
곳에서 오른쪽
내리막길로 진행
0.21km
2.27km
21 차도로 나와
좌회전
가천
마을
22

부산 해운대 / 갈맷길

동백섬~구덕포

동백섬 ▶ 해운대해수욕장 ▶ 미포 ▶ 문탠로드 ▶ 해송교 ▶ 구덕포

- **걷는거리** 총 8.2㎞
- **걷는시간** 3시간~3시간 30분
- **출 발 점** 부산 해운대구 우동 동백섬 입구
- **종 착 점** 부산 해운대구 송정동 구덕포 입구
- **난 이 도** 무난해요

추천 테마	아이들과	연인끼리	여럿이	숲	들	계곡	강	바다	문화유적	봄	여름	가을	겨울
	★★	★★★	★★	★★★				★★★		★★	★★	★★★	★★

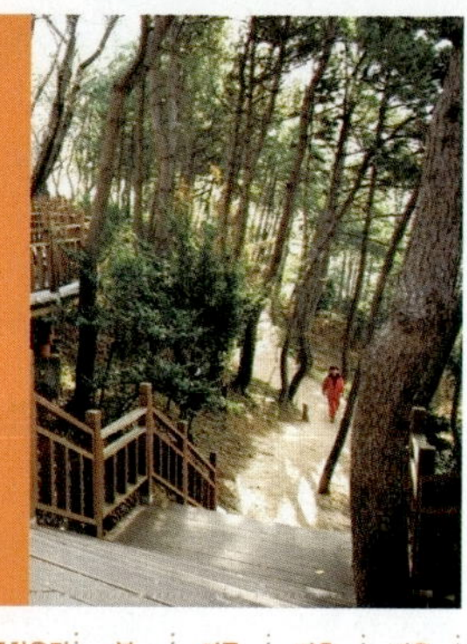

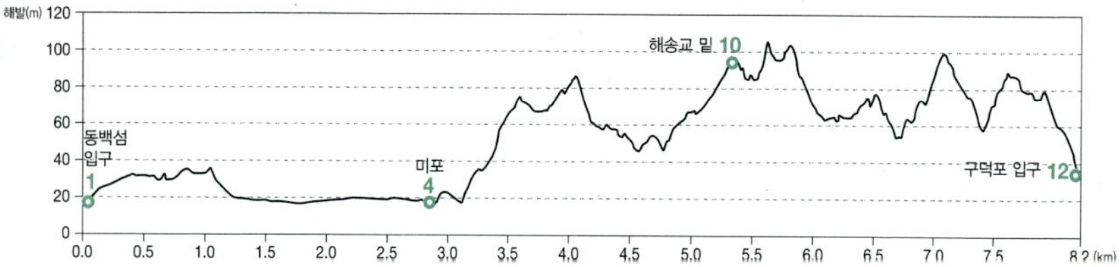

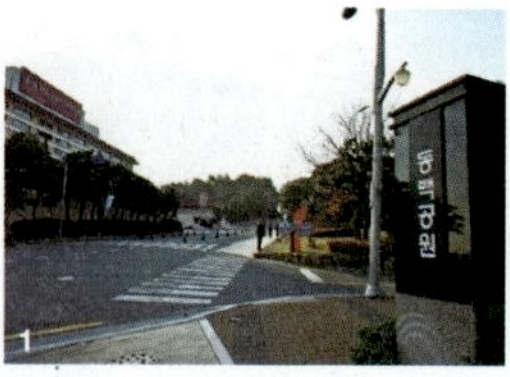
1

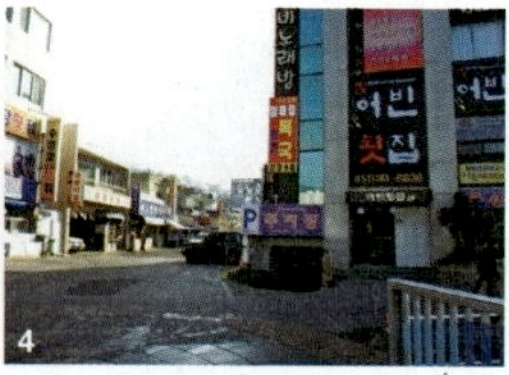

4

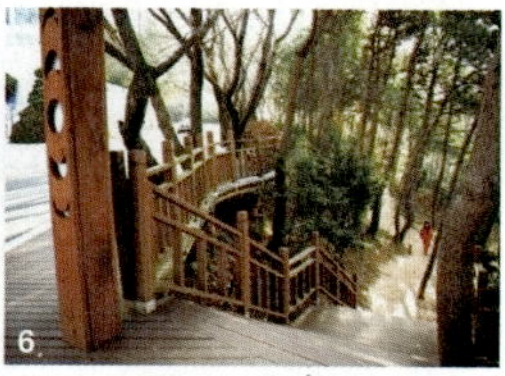
6

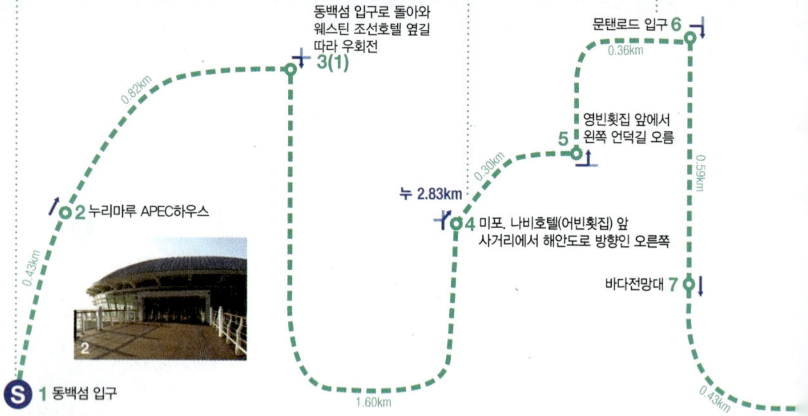

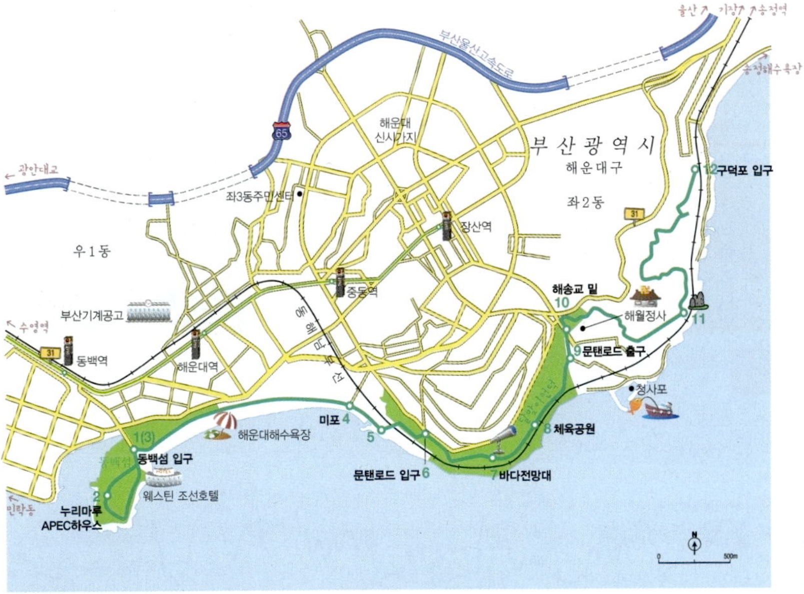

울산
기장
송정역
송정해수욕장
부산울산고속도로
65
광안대교
해운대
신시가지
부산광역시
해운대구
좌3동주민센터
좌2동
우1동
장산역
중동역
31
12 구덕포 입구
해송교 밑
10
해월정사
11
부산기계공고
수영역
동백역
해운대역
9 문탠로드 출구
청사포
동해남부선
미포 4
5
해운대해수욕장
1(3)
동백섬 입구
8 체육공원
문탠로드 입구 6
7 바다전망대
2
누리마루
APEC하우스
웨스틴 조선호텔
민락동
N
0
500m

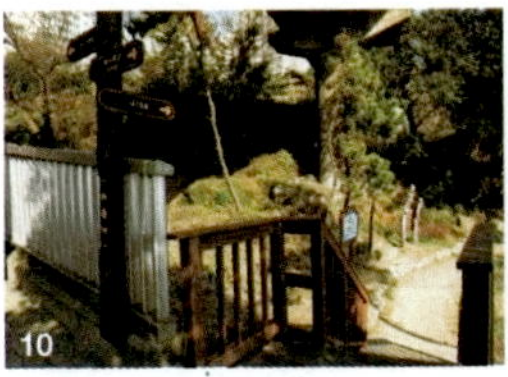

10

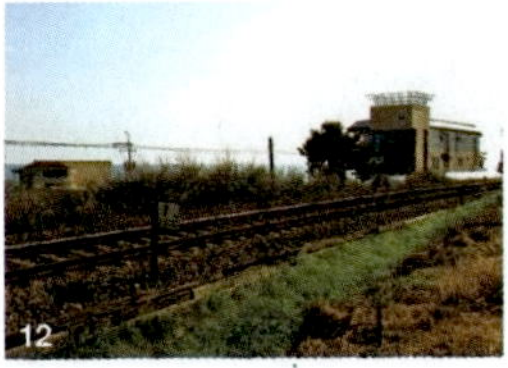

12

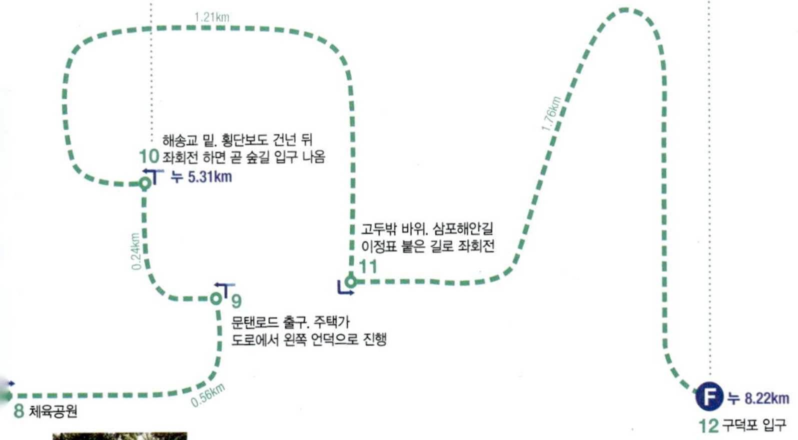

1.21km
해송교 밑. 횡단보도 건넌 뒤
10 좌회전 하면 곧 숲길 입구 나옴
누 5.31km
0.24km
9
문탠로드 출구. 주택가
도로에서 왼쪽 언덕으로 진행
0.56km
8 체육공원
고두밖 바위. 삼포해안길
이정표 붙은 길로 좌회전
11
1.76km
F 누 8.22km
12 구덕포 입구

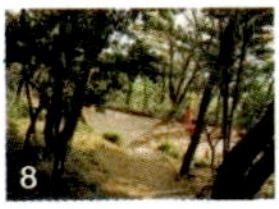

8

1구간 노을길 1~2코스

**새만금방조제 입구 ▶ 해양연구원 ▶ 변산해수욕장
▶ 고사포해수욕장 ▶ 성천마을**

- **걷는거리** 총 9.2km
- **걷는시간** 3시간~3시간 30분
- **출 발 점** 전북 부안군 변산면 대항리 새만금방조제
- **종 착 점** 전북 부안군 변산면 마포리 성천마을
- **난 이 도** 무난해요

추천 테마	아이들과	연인끼리	여럿이	숲	들	계곡	강	바다	문화유적	봄	여름	가을	겨울
	★	★★	★★★	★	★			★★★		★	★★	★★	★★

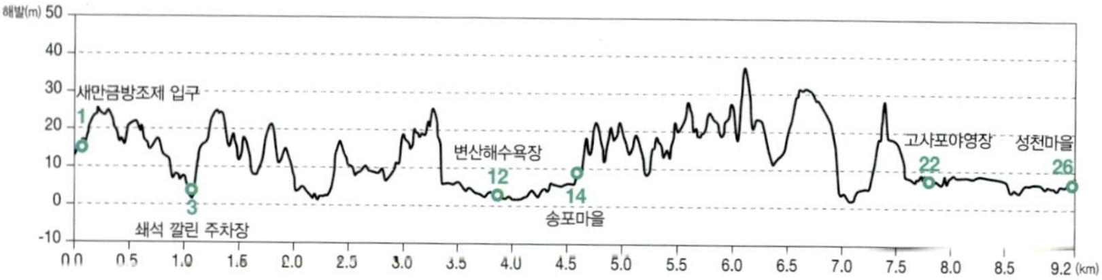

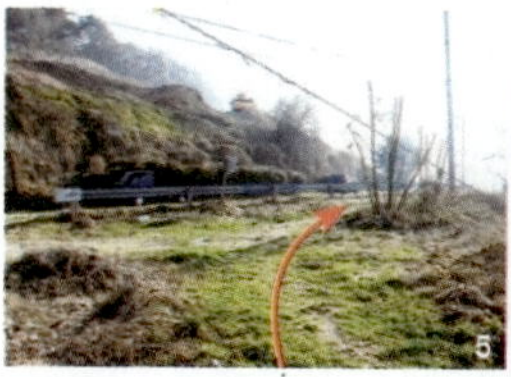

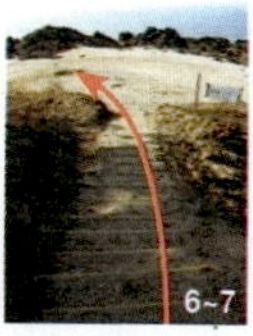

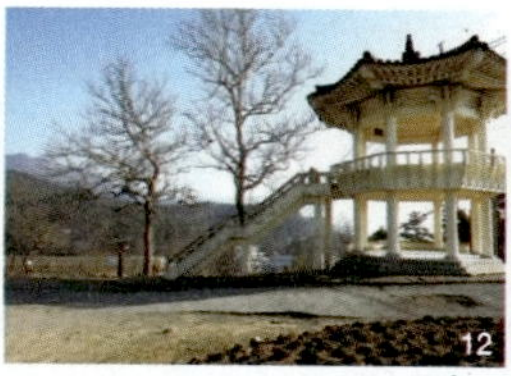

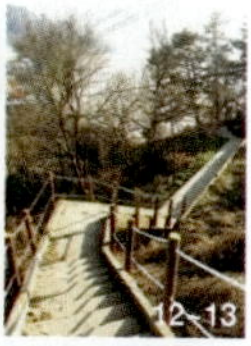

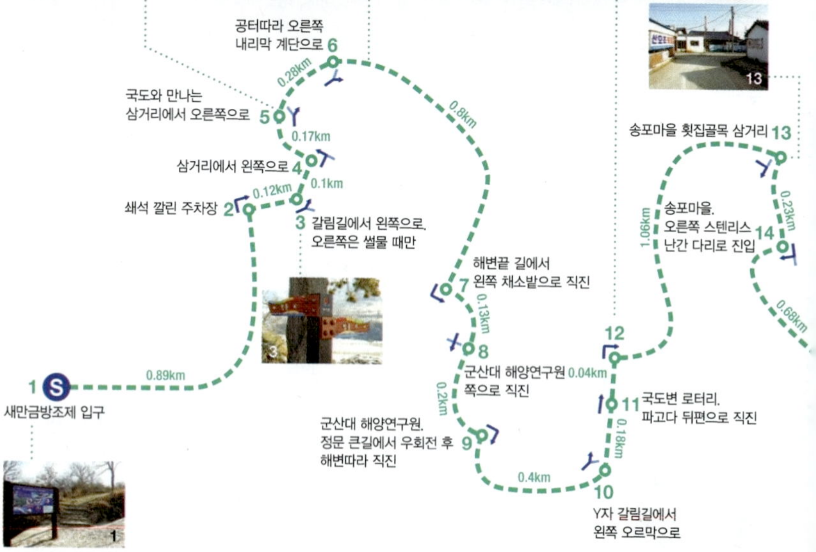

서 해
새만금방조제
신시도·군산산업단지
동진면-봉황교차로
1 새만금방조제 입구
합쳐지는 삼거리 4
국도와 만나는 삼거리 5
2 쇄석 깔린 주차장
3 갈림길
해변끝 7
6 공터
군산대 해양연구원 9
8 사거리
Y자 갈림길 10
국도변 로터리 11
변산해수욕장 계단 입구 12
방포제(저수지)
무덤 앞 갈림길 15
나무계단 16
13 송포마을 횟집골목 삼거리
양식장 삼거리 17
14 송포마을
내리막 삼거리 18
해변 진입로 21
19 굴다리 앞 삼거리
20 언덕삼거리
22 나무데크 입구
내리막 삼거리 24
23 고사포해수욕장 솔숲길
25 해상침투훈련장 앞
성천마을 26
백련리
변산온천리조탈
대항리
벼락폭포
부안호
전라북도
부안군
변산면
두호봉
지서리
중계리
운산리
격포해수욕장
운호리
도청리
하서면 사무소
N
0   700m

17
20 
24 
26 
굴다리 앞 삼거리에서 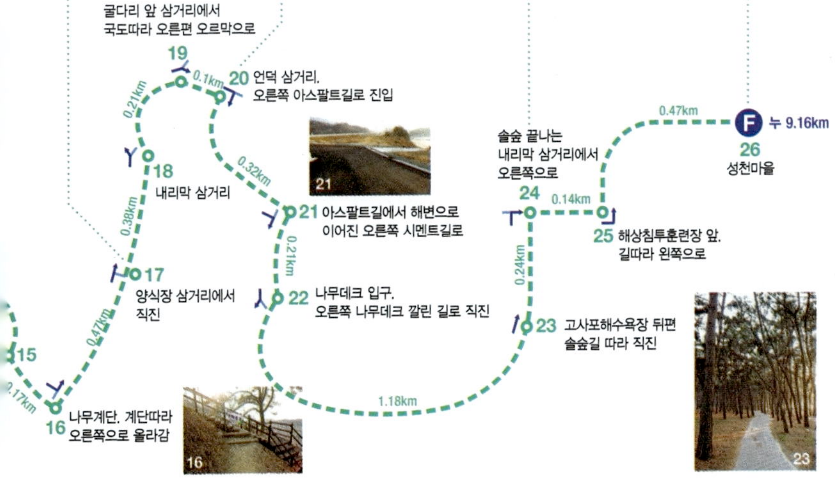
국도따라 오른편 오르막으로
19
0.1km
20 언덕 삼거리.
오른쪽 아스팔트길로 진입
0.21km
18
내리막 삼거리
0.32km
0.38km
21
0.47km
솔숲 끝나는
내리막 삼거리에서
오른쪽으로
F 누 9.16km
26
성천마을
24
0.14km
21 아스팔트길에서 해변으로
이어진 오른쪽 시멘트길로
25 해상침투훈련장 앞.
길따라 왼쪽으로
0.21km
0.24km
17
양식장 삼거리에서
직진
22 나무데크 입구.
오른쪽 나무데크 깔린 길로 직진
23 고사포해수욕장 뒤편
솔숲길 따라 직진
15
0.17km
1.18km
16 나무계단. 계단따라
오른쪽으로 올라감
16
23

경남 사천 / 이순신 바닷길

4코스 실안노을길

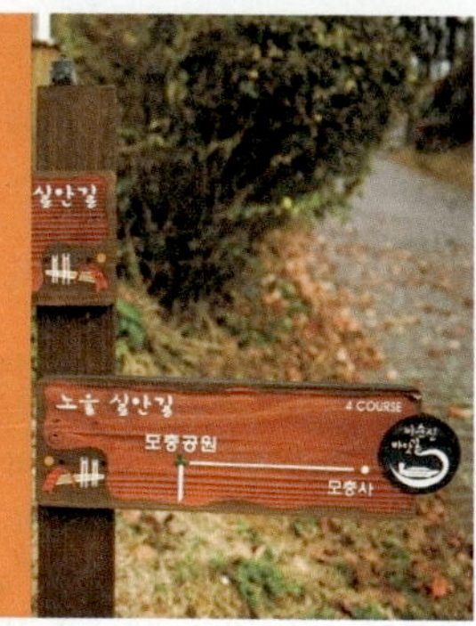

모충공원 ▶ 영복마을 ▶ 산분령 ▶ 선창마을 ▶ 삼천포대교 ▶ 늑도

- **걷는거리** 총 8.1㎞
- **걷는시간** 3시간~3시간 30분
- **출 발 점** 경남 사천시 송포동 모충공원
- **종 착 점** 경남 사천시 늑도동 늑도
- **난 이 도** 무난해요

추천 테마	아이들과	연인끼리	여럿이	숲	들	계곡	강	바다	문화유적	봄	여름	가을	겨울
	★★	★★	★★	★				★★★		★★	★★	★★★	★★

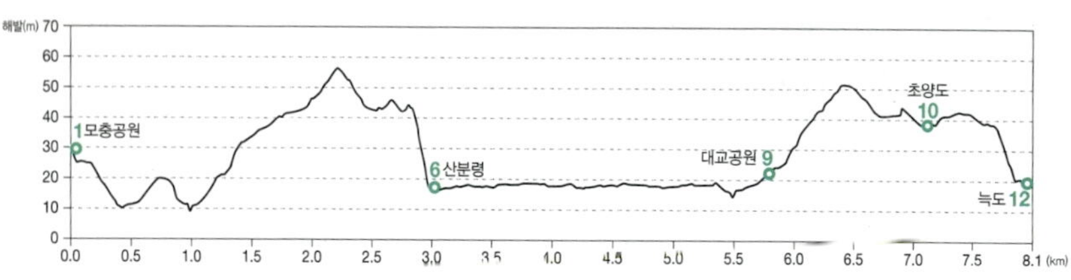

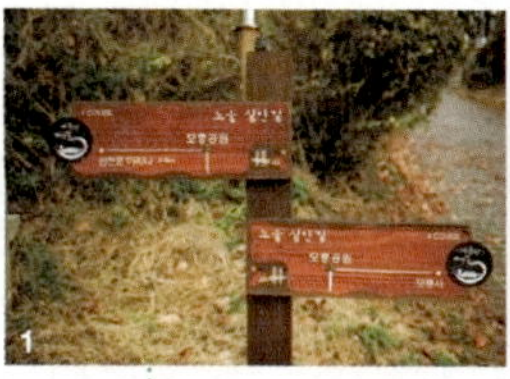

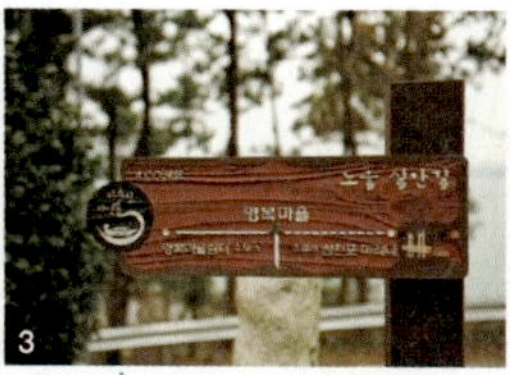

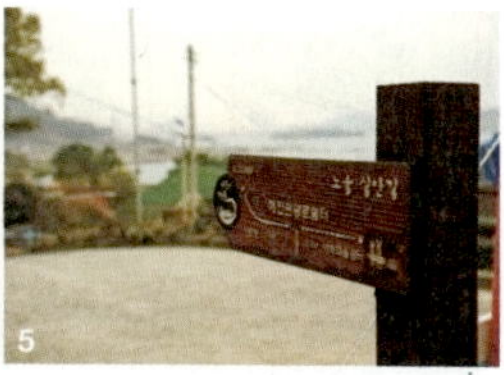

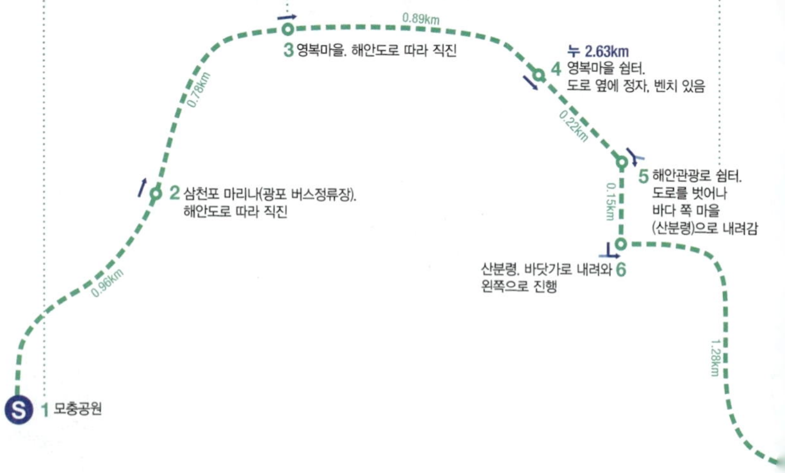

사천시청
남양동
1 모충공원
N
0   700m
삼천포 마리나
(광포 버스정류장) 2
3
영복마을 3
경 상 남 도
사 천 시
실 안 동
와룡저수지
영복마을 쉼터 4
해안관광로 쉼터 5
산분령 6
저도
각산
남 해
실안교(선창마을) 7
공설운동장
마도
마도분교
삼천포
시외버스터미널
BUS
대교공원 입구 8
9 대교공원
대 방 동
삼천포공고
77
하이면
초양도
삼천포대교
늑도 12
10 초양도
삼천포
유람선선착장
삼천포 항
3
11 늑도 입구
남해군

9
9 ✛ 누 5.77km
대교공원. 전방 대방교차로에서
우회전 해 삼천포대교로 오름
0.25km
↳ 8
대교공원 입구.
해안 쪽에서 큰 도로로
나와 우회전
1.38km
11
F COURSE
늑도 실안길
늑도원구
늑도   초양도
12
늑도 실안길
늑도원구
초양도
F
12 늑도
누 8.10km
0.33km
11 늑도 입구. 바닷가로 내려감
1.24km
0.53km
초양도. 오른쪽 식당 옆에 있는
데크로 오르면 유채꽃밭 있음
10
7 실안교(선창마을).
해안가 자전거도로로
따라 계속 걷는다

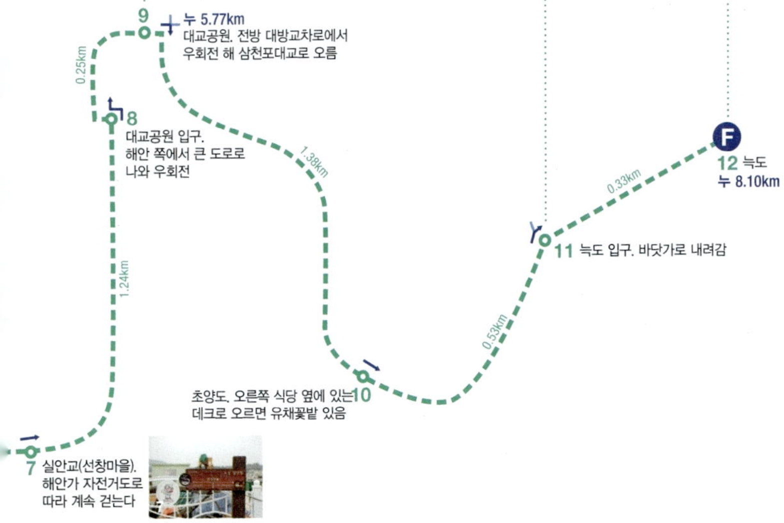

B코스

해맞이공원 ▶ 오보해수욕장 ▶ 석리마을 ▶ 경정해수욕장 ▶ 원조대게마을 ▶ 죽도산 ▶ 축산항

- **걷는거리** 총 11.8km
- **걷는시간** 4시간
- **출 발 점** 경북 영덕군 영덕읍 대탄리 해맞이공원
- **종 착 점** 경북 영덕군 축산면 축산리 축산항
- **난 이 도** 무난해요

추천 테마	아이들과	연인끼리	여럿이	숲	들	계곡	강	바다	문화유적	봄	여름	가을	겨울
	★	★★	★★★	★				★★★		★★★	★★	★★★	★★★

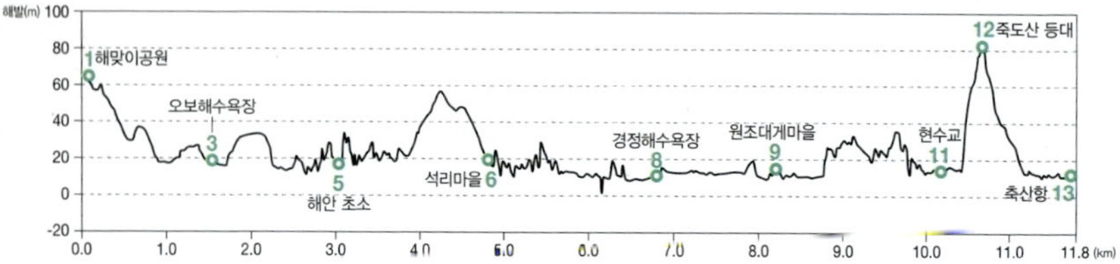

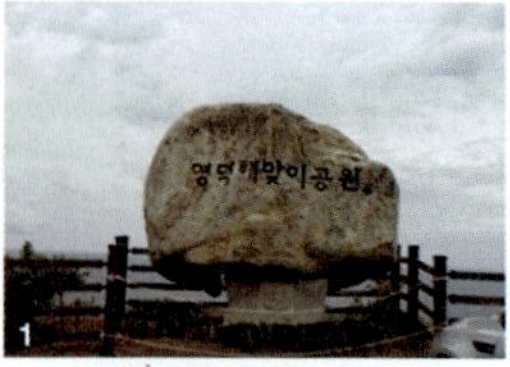

해발(m)

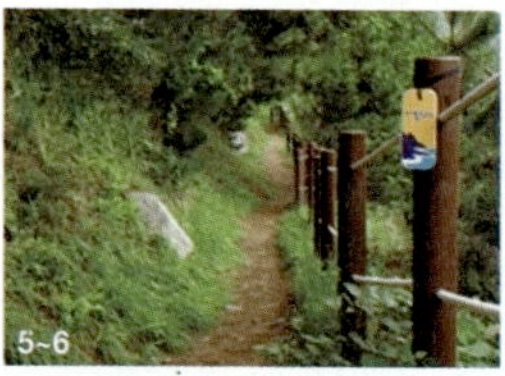

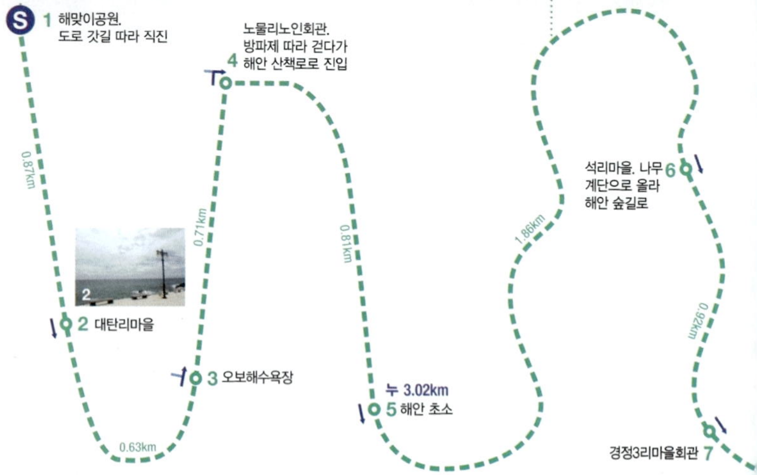

영양·울진
고래불해수욕장
축산면사무소
BUS 13 축산항
12 죽도산 등대
10
11 현수교
축산교차로
20
칠성리
9 원조대게마을
축산면
경정해수욕장 8
대곡리
경 상 북 도
영덕군
7 경정3리마을회관
6 석리마을
7
5 해안 초소
4 노물리마을
매정교차로
3 대탄리마을
영덕읍
오보해수욕장 3
2 대탄리마을
BUS 1 해맞이공원
풍력발전단지
N
0 500m
영덕군청
강구항

9

10

11~12

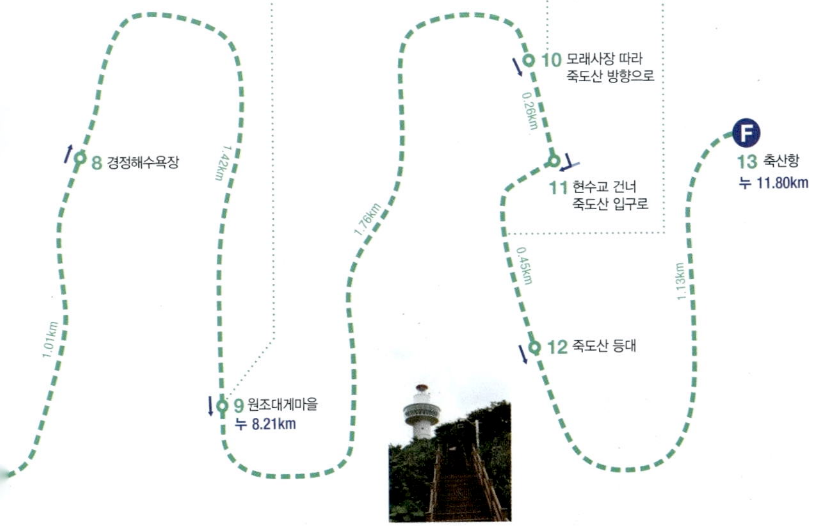

8 경정해수욕장
1.42km
10 모래사장 따라
죽도산 방향으로
0.26km
F 13 축산항
누 11.80km
1.76km
11 현수교 건너
죽도산 입구로
0.45km
1.01km
1.13km
12 죽도산 등대
9 원조대게마을
누 8.21km

충남 태안 / 솔향기길

1코스

만대항 ▶ 삼형제바위 ▶ 당봉 ▶ 여섬 전망대 ▶ 큰어리골해변 ▶ 꾸지나무골해수욕장

- **걷는거리** 총 9.6km
- **걷는시간** 4시간
- **출 발 점** 충남 태안군 이원면 내리 만대항
- **종 착 점** 충남 태안군 이원면 내리 꾸지나무골해수욕장
- **난 이 도** 조금 힘들어요

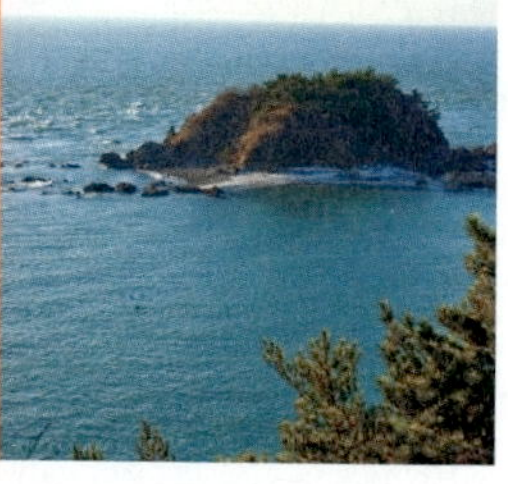

추천 테마	아이들과	연인끼리	여럿이	숲	들	계곡	강	바다	문화유적	봄	여름	가을	겨울
		★	★★★	★★★				★★★		★★★	★★★	★★★	★

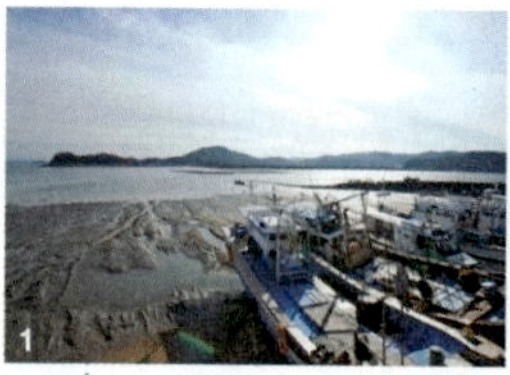

해발(m)
80
60
40
20
0
-20
당봉 전망대 4
여섬 전망대 6
별쌍금약수터 8
꾸지나무골해수욕장 10
1 만대항
9 큰어리골해변
내리마을 12
0.0 0.5 1.0 1.5 2.0 2.5 3.0 3.5 4.0 4.5 5.0 5.5 6.0 6.5 7.0 7.5 8.0 8.5 9.0 9.6 (km)

1

2

6

0.44km
2 삼형제바위 해변에서 소나무 숲으로 진입
0.74km
3 임도와 만나는 사거리에서 정면 숲길 방향으로
S 1 만대항
0.95km
4 당봉 전망대 지나 내리막길로
누 2.13km
0.81km
5 근욱골해변
1.45km
여섬 전망대 6
누 4.39km
4
2~3

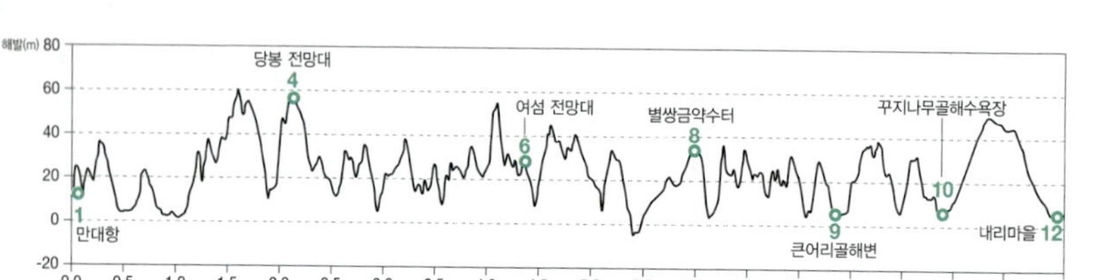

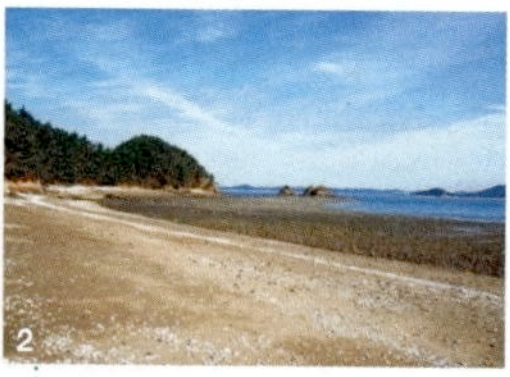

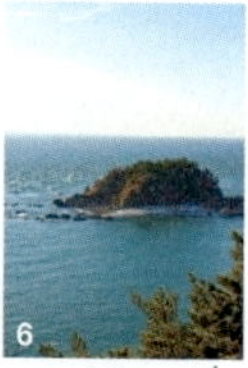

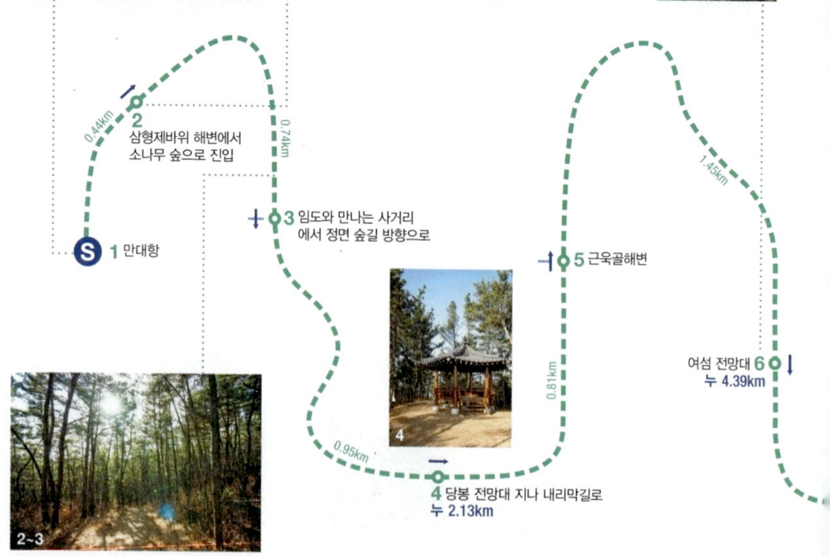

3 사거리 갈림길
당봉 전망대 4
근욱골해변 5
2 삼형제바위 해변
BUS
1 만대항
여섬 전망대 6
중막골해변 7
펜션촌
별쌍금약수터 8
충 청 남 도
태안군
이 원 면
603
큰어리골해변 9
꾸지나무골해수욕장 10
내리마을 12
11
↙ 태안시외버스터미널
N
0   700m

7
9~10
0.78km
꾸지나무골해수욕장 10
8 화장실, 별쌍금약수터. 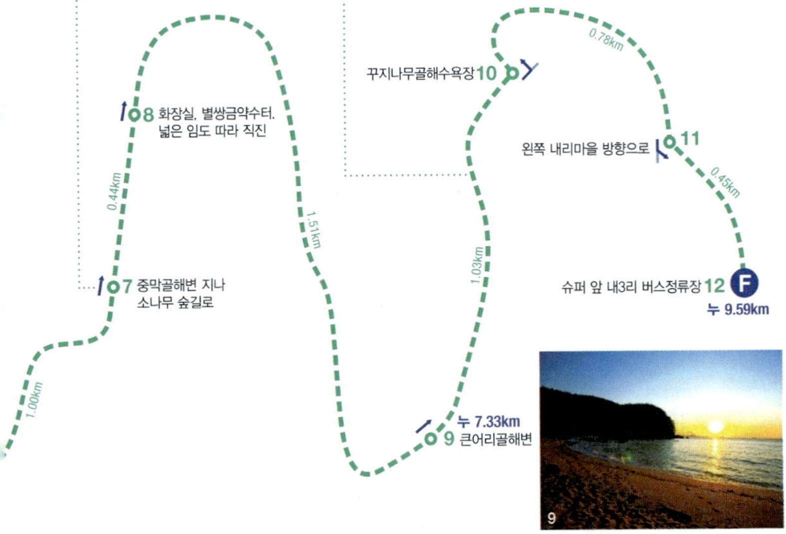
넓은 임도 따라 직진
왼쪽 내리마을 방향으로 11
0.45km
0.44km
1.51km
1.03km
7 중막골해변 지나
소나무 숲길로
슈퍼 앞 내3리 버스정류장 12 F
누 9.59km
1.00km
누 7.33km
9 큰어리골해변
9

충북 괴산

산막이옛길

주차장 ▶ 호박터널 ▶ 연리지 ▶ 데크 산책로 ▶ 앉은뱅이 약수터 ▶ 산막이 선착장 ▶ 주차장

- **걷는거리** 총 5.4㎞
- **걷는시간** 2시간 30분
- **출 발 점** 충북 괴산군 칠성면 사은리 산막이옛길 주차장
- **종 착 점** 충북 괴산군 칠성면 사은리 산막이옛길 주차장
- **난 이 도** 쉬워요

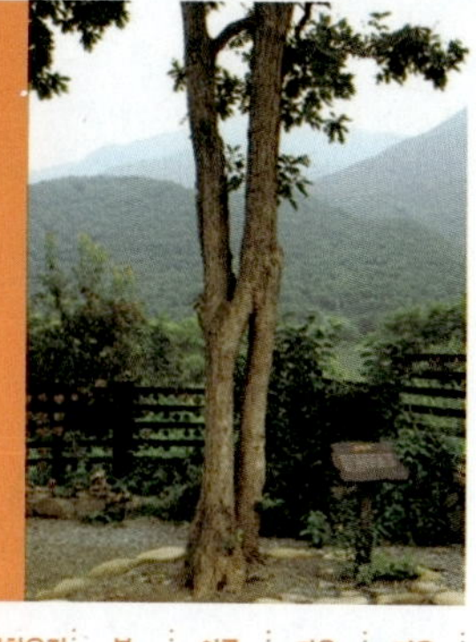

추천 테마	아이들과	연인끼리	여럿이	숲	들	계곡	강	바다	문화유적	봄	여름	가을	겨울
	★★★	★★★	★★★	★★★		★	★★★			★★★	★★★	★★★	★★★

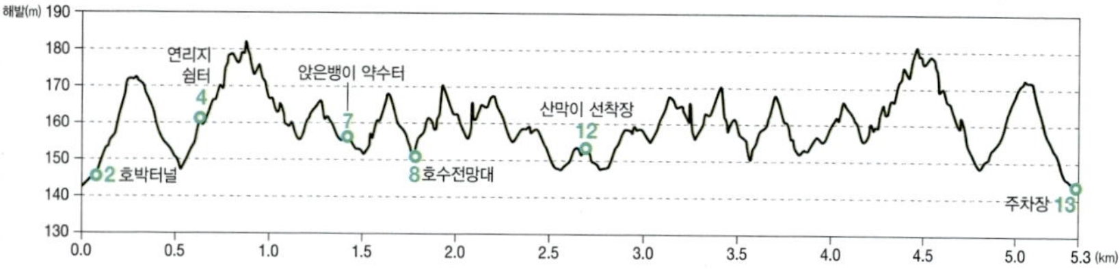
해발(m) 190
180
170
160
150
140
130
연리지 쉼터 4
앉은뱅이 약수터 7
산막이 선착장 12
2 호박터널
8 호수전망대
주차장 13
0.0
0.5
1.0
1.5
2.0
2.5
3.0
3.5
4.0
4.5
5.0
5.3 (km)

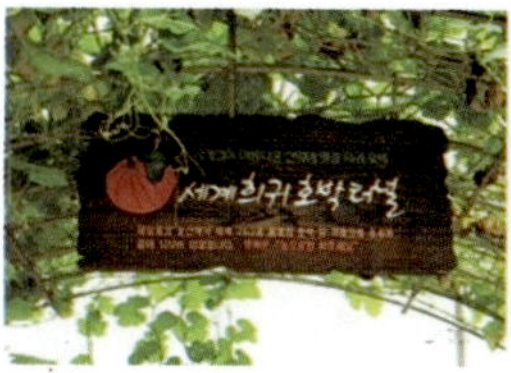
세계희귀호박터널

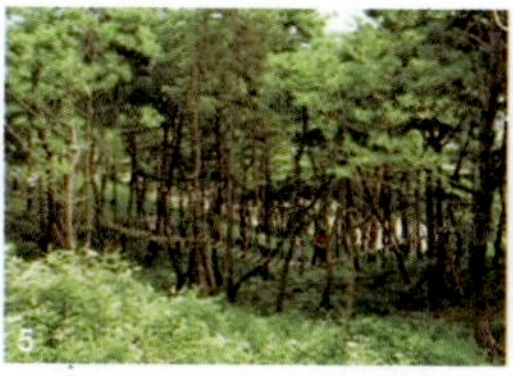
5

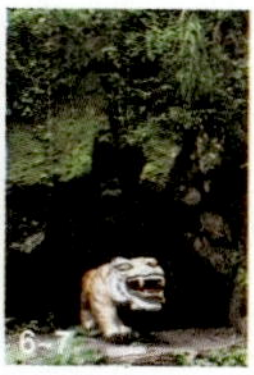
6-7

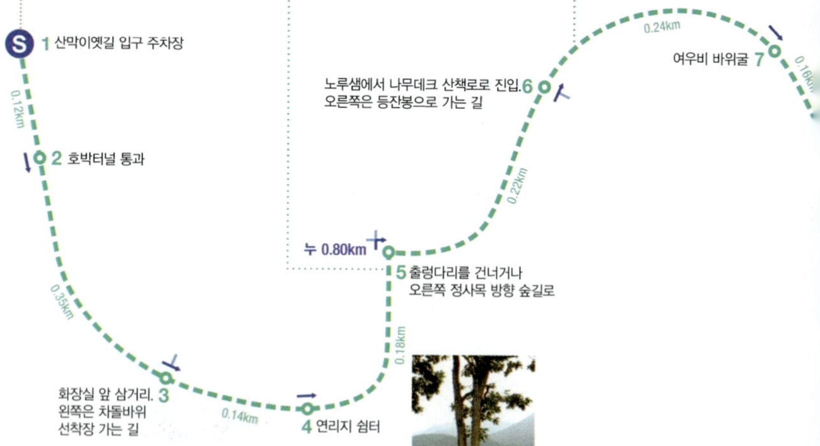
S 1 산막이옛길 입구 주차장
0.12km
2 호박터널 통과
0.35km
화장실 앞 삼거리. 왼쪽은 차돌바위 선착장 가는 길 3
0.14km
4 연리지 쉼터
0.18km
5 출렁다리를 건너거나 오른쪽 정사목 방향 숲길로
누 0.80km
0.22km
노루샘에서 나무데크 산책로로 진입. 6
오른쪽은 등잔봉으로 가는 길
0.24km
여우비 바위굴 7
0.16km

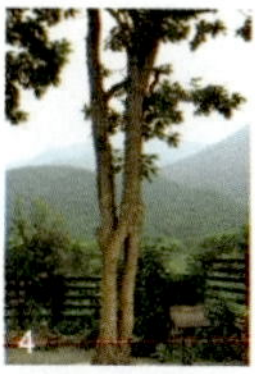
4

N
0   200m
↑ 송동리
↑ 칠성면사무소
호박터널 2
1(13) 주차장
괴산댐
외 사 리
3
차돌바위 선착장
연리지·고인돌 4
칠성면사무소
5 출렁다리
노루샘 6
여우비 바위굴 7
괴 산 호
앉은뱅이 약수터 8
충 청 북 도
괴산군
칠성면
사은리
호수전망대 9
고공전망대 10
감 천 (괴 강)
12 산막이 선착장
다래동굴터널 11
↓ 덕평리
↓ 갈론마을
8 
10 
12 
산막이옛길
13(1) 입구 주차장
F 누 5.34km
11 다래동굴터널 통과
0.59km
0.20km
8 앉은뱅이 약수터
10 고공전망대
0.35km
0.11km
2.67km
9 호수전망대
누 1.77km
12 산막이 선착장.
걸어서 되돌아가거나 유람선 타고 이동
누 2.67km

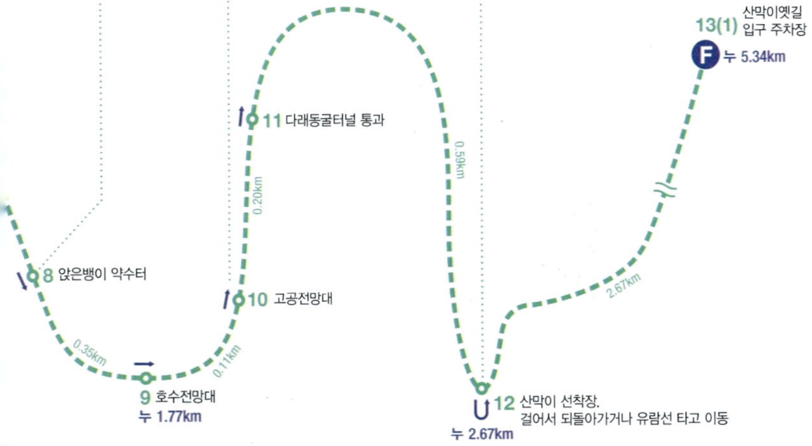

대전 대덕 / 대청호반길

1코스 금강 로하스 해피로드

대청문화전시관 ▶ 호반가든 ▶ 대청교 ▶ 대청댐 ▶ 주차장

- **걷는거리** 총 6.5㎞
- **걷는시간** 1시간 30분~2시간
- **출 발 점** 대전 대덕구 미호동 대청문화전시관
- **종 착 점** 대전 대덕구 미호동 금강 로하스 대청공원 주차장
- **난 이 도** 쉬워요

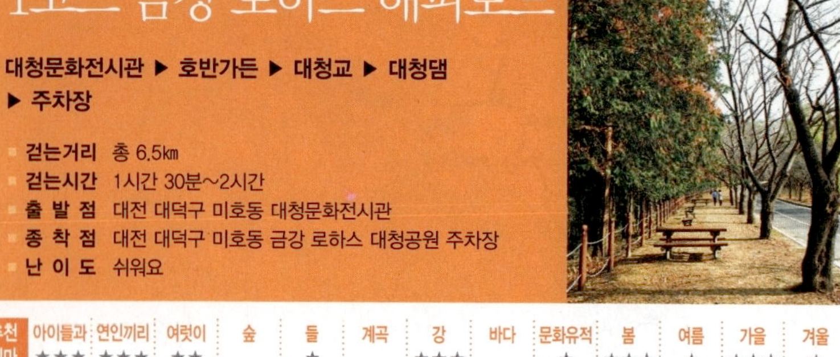

추천 테마	아이들과	연인끼리	여럿이	숲	들	계곡	강	바다	문화유적	봄	여름	가을	겨울
	★★★	★★★	★★		★		★★★		★	★★★	★	★★★	★

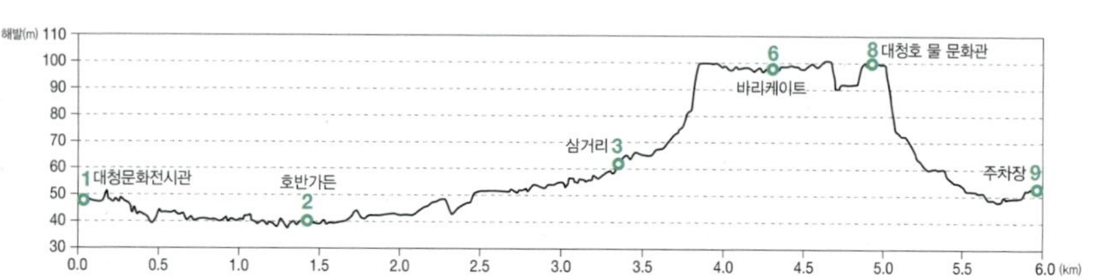

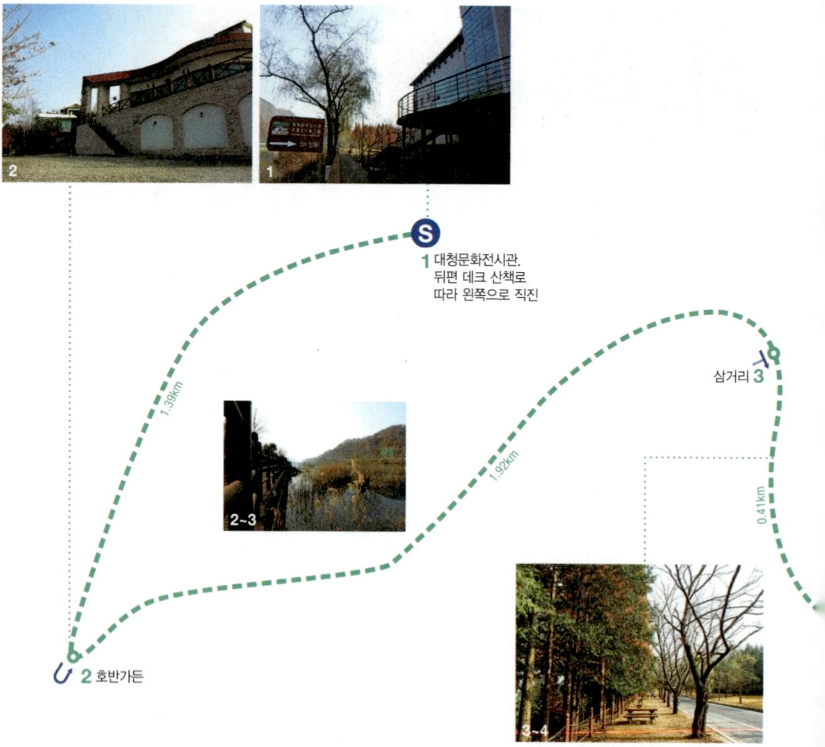

↑ 청원군 현도면
↑ 문의면
현암사
현암정휴게소
N
0 200m
바리케이드 6
대청댐
오가삼거리
3 삼거리
4 버스정류장 옆 계단
7 호수변 산책로
대청문화전시관 1
매점
대 전 광 역 시
대 덕 구
미 호 동
대청휴게소
8
대청호 물 문화관
5
넓은 광장 입구
주차장 9
금강 로하스
대청공원
대 청 호
← 청원군 현도면
591
대 덕 구
미 호 동
591
32
신 대 리
2 호반가든
청 남 대
↓ 노산리·신탄진
↓ 노산리·신탄진

5
6 
8 
6 바리케이드 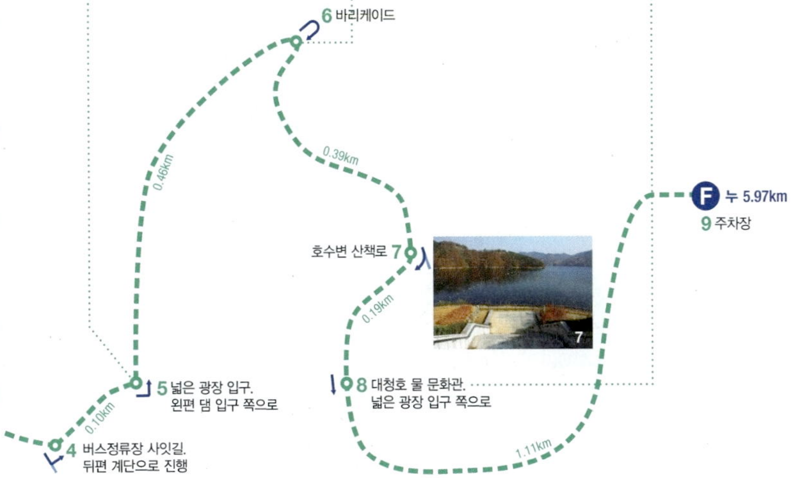
0.39km
0.46km
F 누 5.97km
9 주차장
호수변 산책로 7
0.19km
7
5 넓은 광장 입구.
왼편 댐 입구 쪽으로
8 대청호 물 문화관.
넓은 광장 입구 쪽으로
1.11km
0.10km
4 버스정류장 사잇길.
뒤편 계단으로 진행

4코스 숨소리길

낙동강변 먹거리촌 ▶ 나각산 정상 ▶ 출렁다리 ▶ 마귀할멈
굴 ▶ 낙동강변 먹거리촌

- 걷는거리 총 8.0km
- 걷는시간 2시간 30분~3시간
- 출 발 점 경북 상주시 낙동면 낙동리 낙동강변 먹거리촌
- 종 착 점 경북 상주시 낙동면 낙동리 낙동강변 먹거리촌
- 난 이 도 조금 힘들어요

추천 테마	아이들과	연인끼리	여럿이	숲	들	계곡	강	바다	문화유적	봄	여름	가을	겨울
	★	★★	★★	★★★	★★		★★★			★★	★	★★★	★

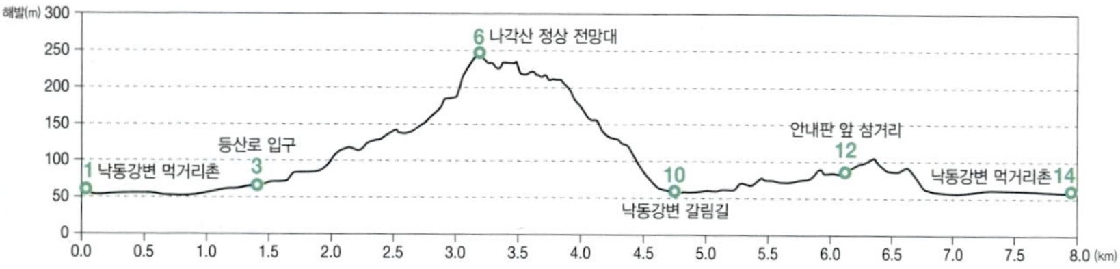

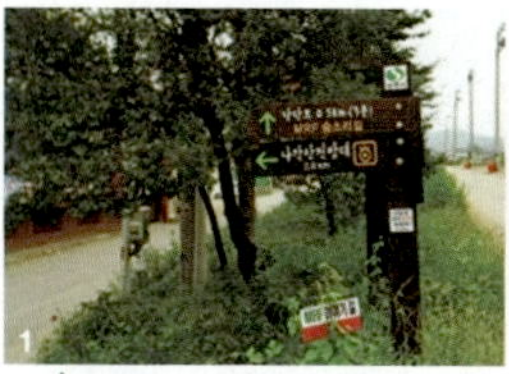

해발(m)

그래프: 1 낙동강변 먹거리촌, 3 등산로 입구, 6 나각산 정상 전망대, 10 낙동강변 갈림길, 12 안내판 앞 삼거리, 14 낙동강변 먹거리촌

약도:
- 4 간이 화장실
- 0.37km
- 3 등산로 입구
- 0.88km
- 1.20km
- 6 나각산 정상 전망대
- 둑방 삼거리 2
- 0.55km
- 목재계단 5
- 0.17km
- 출렁다리 7
- 0.11km
- 0.06km
- 8 마귀할멈굴
- 6 나각산 정상 전망대
- S 1 낙동강변 먹거리촌.
낙단교 앞에서 낙단보
방향으로 둑방길 따라 직진

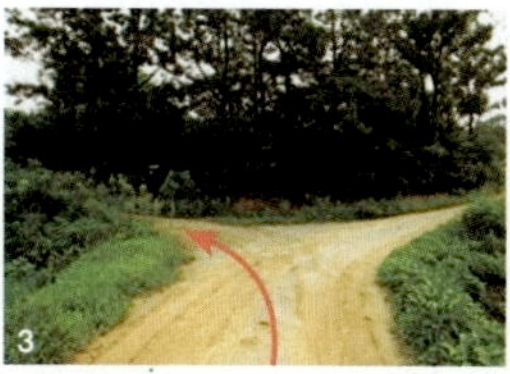

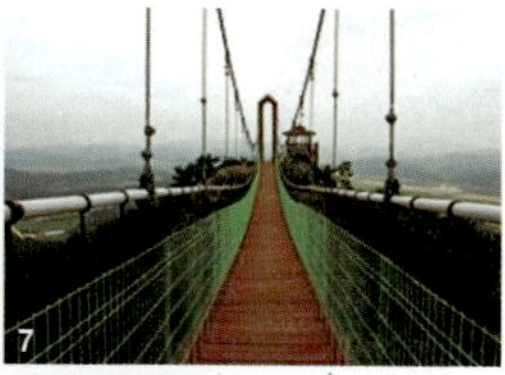

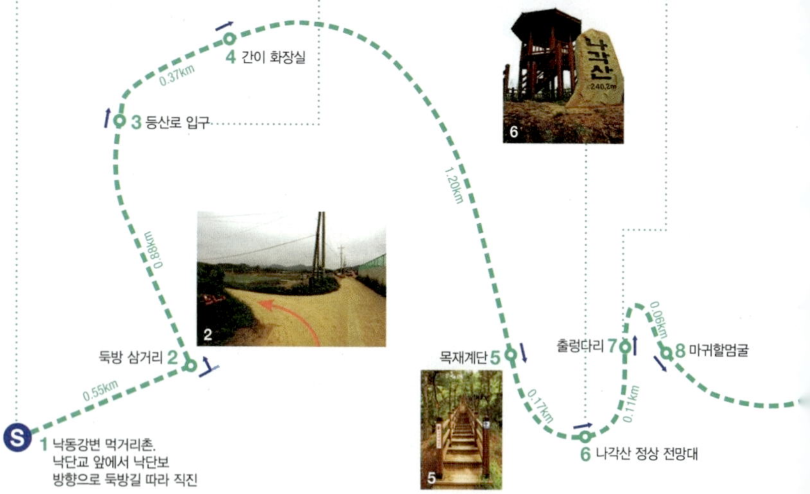

↑의성군 다인면
물량리
마귀할멈굴
9 무덤터
팔등리
출렁다리 7
8
10 낙동강변 갈림길
상주시 냉림동
구잠2리
나각산 정상 전망대 6
경상북도
상주시 낙동면
구잠교차로
한성농장
59
5 목재계단
N
0 300m
구잠1리
←상촌리
11 샛길
구잠삼거리
4 간이 화장실
12 안내판 앞 삼거리
의성군 안계면 →
25
3 등산로 입구
낙동리
생송교
생송리
낙풍농협
낙동파출소
낙동중학교
낙동동부초교
낙동우체국
912
낙동삼거리
2(13) 둑방 삼거리
수림산업
SK낙동주유소
낙단교차로
1(14) 낙동강변 먹거리촌
낙단보
낙정리
장곡리
낙단교
구미/옥성 ←
낙단대교
구미/도개 →

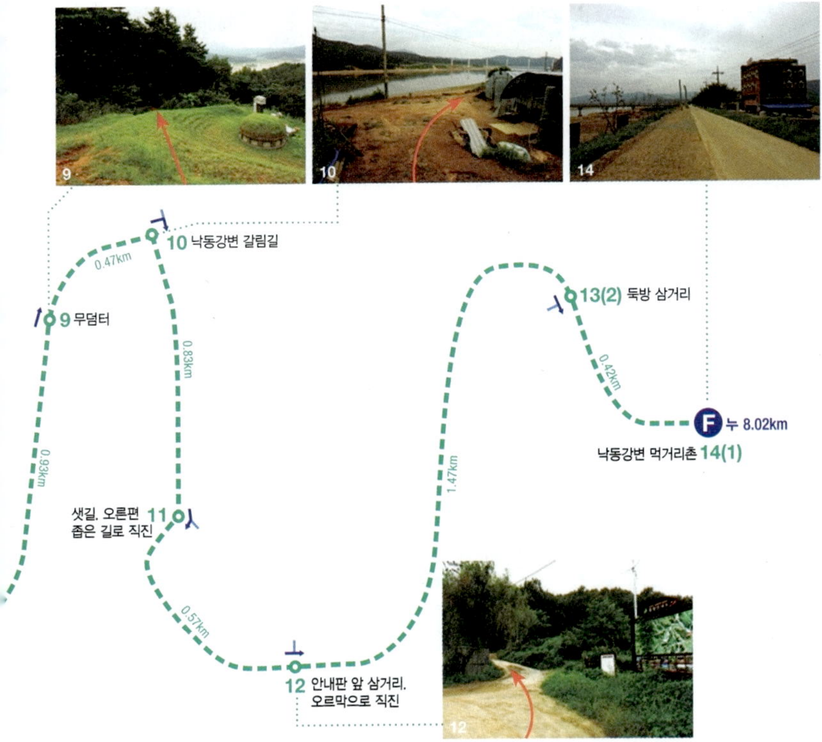

9
10
14
10 낙동강변 갈림길
0.47km
9 무덤터
0.83km
13(2) 둑방 삼거리
0.42km
0.93km
1.47km
F 누 8.02km
낙동강변 먹거리촌 14(1)
샛길. 오른편
좁은 길로 직진 11
0.57km
12 안내판 앞 삼거리.
오르막으로 직진
12

경남 진주 / 남부길

남부길

연암공업대 ▶ 망진산 ▶ 천수교 ▶ 남강 ▶ 남부산림연구소 ▶ 연암공업대

- **걷는거리** 총 12.2㎞
- **걷는시간** 3~4시간
- **출 발 점** 경남 진주시 가좌동 연암공업대
- **종 착 점** 경남 진주시 가좌동 연암공업대
- **난 이 도** 무난해요

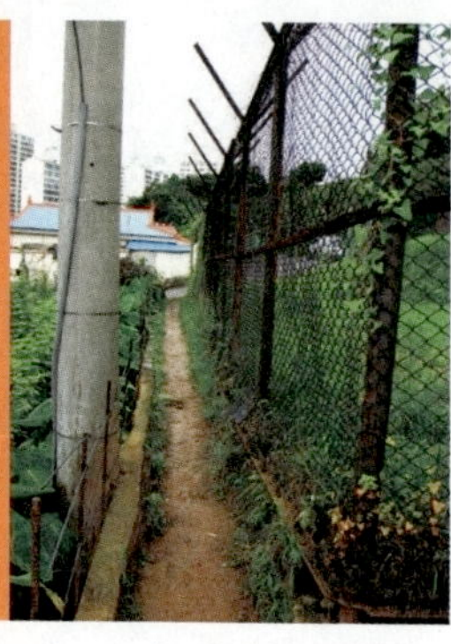

추천 테마	아이들과	연인끼리	여럿이	숲	들	계곡	강	바다	문화유적	봄	여름	가을	겨울
	★★	★★	★★★	★★★			★★★		★★	★★	★★	★★★	★★

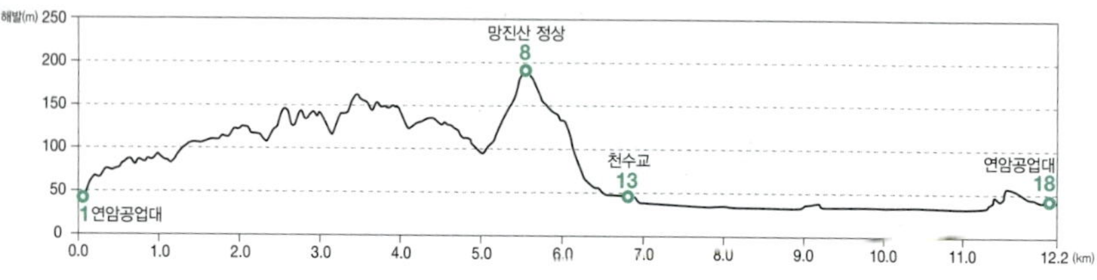

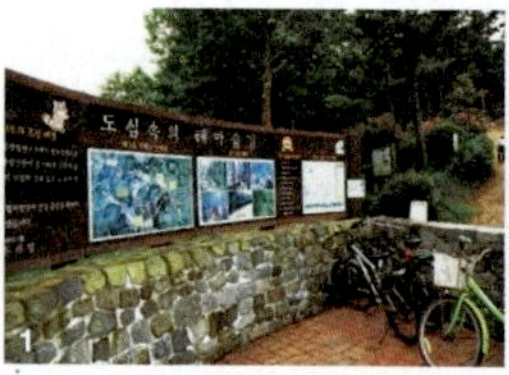

해발(m)
250
200
150
100
50
0
망진산 정상
8
천수교
13
연암공업대
18
1 연암공업대
0.0
1.0
2.0
3.0
4.0
5.0
6.0
7.0
8.0
9.0
10.0
11.0
12.2 (km)

1

3

7

S 1 연암공업대 내 등산로 입구
0.54km
2 어울림 숲길, 물소리 쉼터 방향으로 우회전
0.89km
3 전망대
0.30km
4 고사리 숲길 · 경상대 방향인 왼쪽
0.60km
5 망진산 방향인 오른쪽
5
0.80km
6 망진산 방향으로 직진
0.35km
7 망진산 정상인 왼쪽으로 진행
누 3.48km
2.05km
망진산 정상, 진주 시내와 남강 보임 8
0.25km
망진산 봉수대 9
0.49km

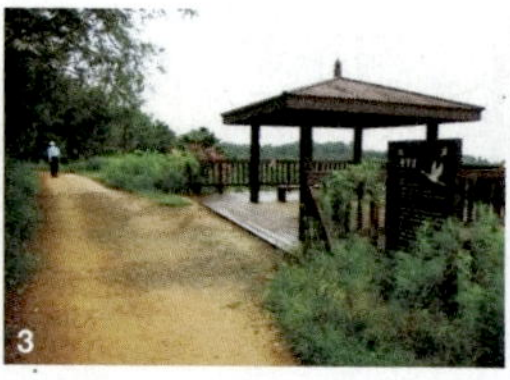

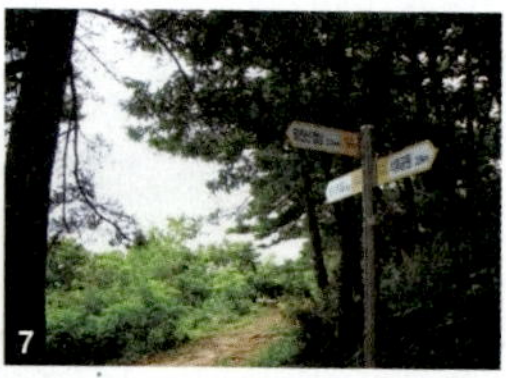

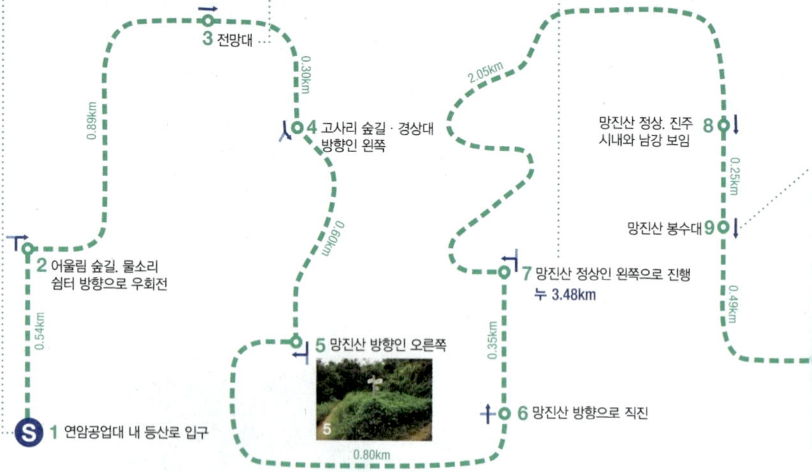

평안동
옥봉동
농업기술원
진주성
진주교대
13 천수교
망경동 사거리 12
11 철길
10
문화예술회관
14 대나무 숲 입구
15 대나무 숲 출구
고속버스 터미널
진주역
진주시청
9 망진산 봉수대
8 망진산 정상
경상대병원
상평동
경상남도
진주시
가좌동
경전선
16
평거동
서진주
35
남부산림연구소 앞 17
연암공업대 등산로 입구 1(18)
3 전망대
4
5
6
7
2 어울림 숲길
N
0   500m
내동
유수역 진주JC
남문산역
진주JC
함안군
문산교차로
남해고속도로
10
33
2
3
14 남강산책로 내 대나무 숲 입구
0.20km
15 남강산책로 내 대나무 숲 출구
누 9.18km
1.57km
2.04km
F 누 12.15km
18(1) 연암공업대학 내 등산로 입구
0.65km
텃밭으로 막힌 길에서
10 철망 옆 샛길로 나옴
금호아파트 104동과 골프연습장 보임. 강 옆 시멘트포장도로 따라 진행
13 천수교 앞에서 데크로 올랐다가 남강으로 내려감
16
17 남부산림연구소 앞으로 나와 연암공업대 방향으로 좌회전
0.24km
0.23km
0.7km
철길 건너 11
큰길에서 우회전
0.20km
12 망경동 사거리에서 좌회전

강원 철원 / 쇠둘레 평화누리길

1코스 한여울길

승일공원 ▶ 승일교 ▶ 고석정 ▶ 직탕폭포 ▶ 강변 산책로 ▶ 승일공원

- **걷는거리** 총 11.6km
- **걷는시간** 3시간
- **출 발 점** 강원도 철원군 갈말읍 문혜리 승일공원 주차장
- **종 착 점** 강원도 철원군 갈말읍 문혜리 승일공원 주차장
- **난 이 도** 쉬워요

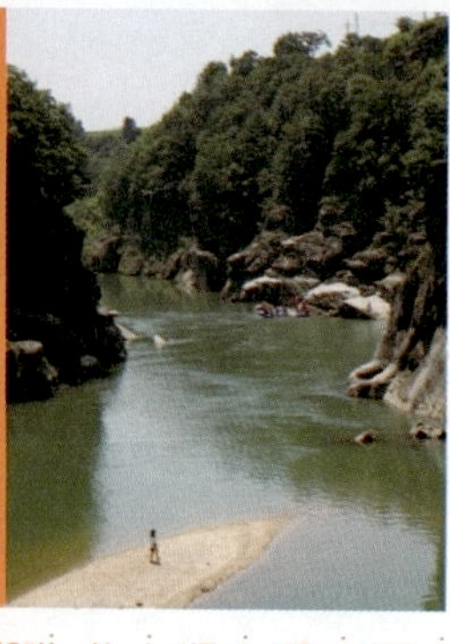

추천 테마	아이들과	연인끼리	여럿이	숲	들	계곡	강	바다	문화유적	봄	여름	가을	겨울
	★★★	★★★	★★★		★		★★★		★★	★★★	★★	★★★	★★★

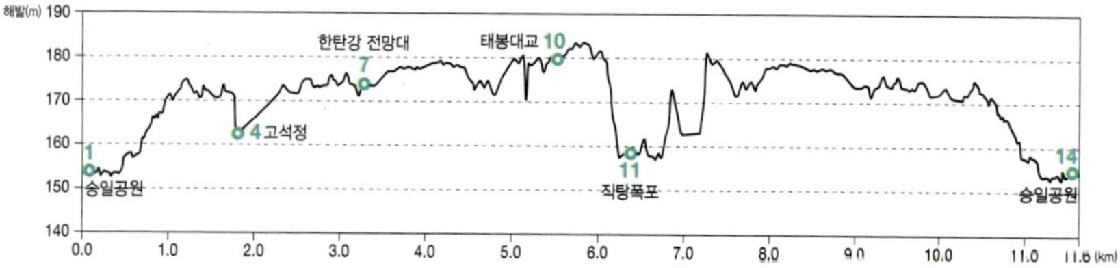

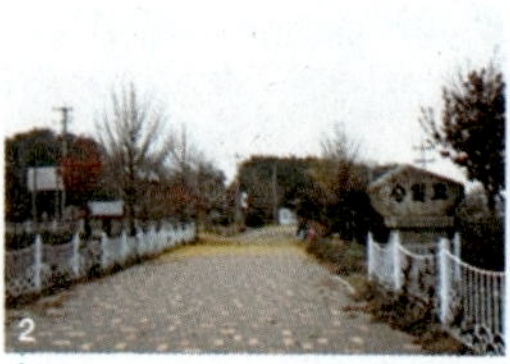

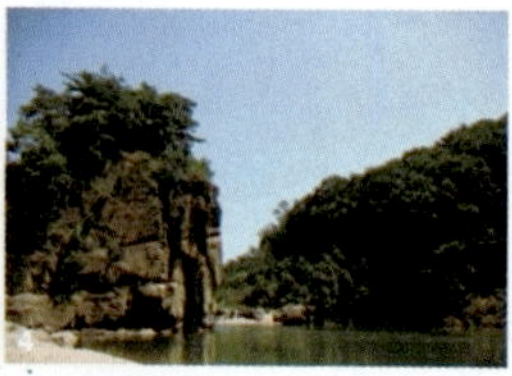

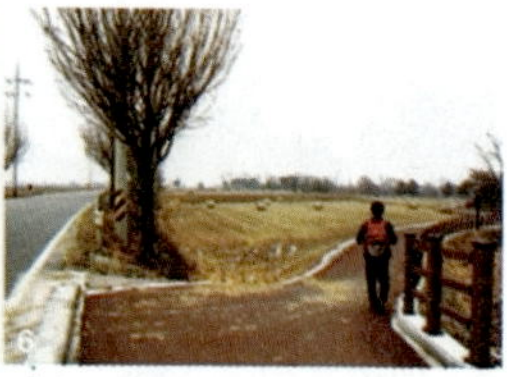

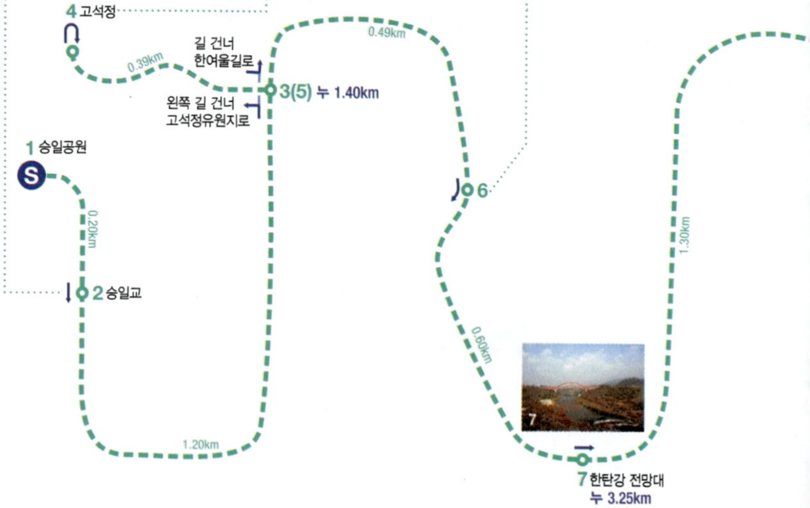

↑철원읍
↑양지리
상사리
11 직탕폭포
12 강변 산책로 입구
태봉대교 10
동송시외버스터미널
463
강 원 도
내대리
갈림길 9(13)
철원군
동송읍
구름다리 8
7 한탄강 전망대
한 탄 강
장흥리
갈림길 6
3(5)
승일교
2
1(14) 승일공원
고석정유원지
4 고석정
문혜리
고석바위
325
463
철원군청·문혜리
N
0 500m
갈말읍
↙관인면
↓관인면
↙철원군청

8
10 
11 
11 직탕폭포 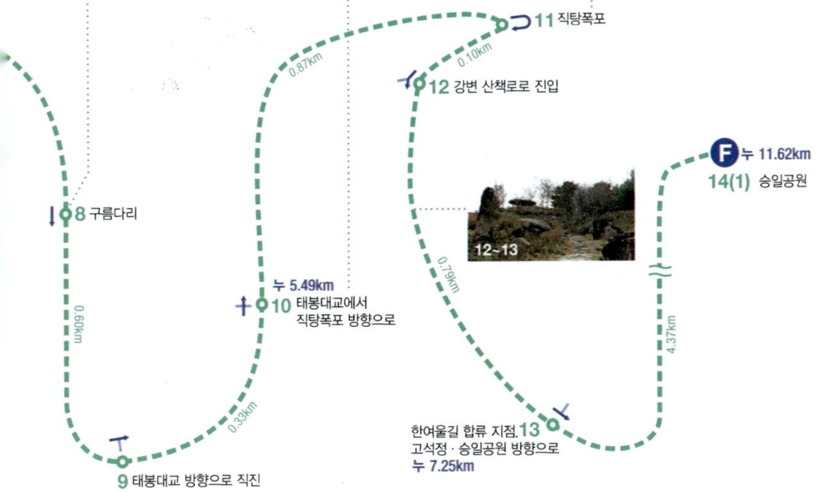
0.10km
0.87km
12 강변 산책로 진입
F 누 11.62km
14(1) 승일공원
8 구름다리
12~13
0.79km
누 5.49km
10 태봉대교에서
직탕폭포 방향으로
0.60km
4.37km
0.33km
한여울길 합류 지점.13
고석정·승일공원 방향으로
누 7.25km
9 태봉대교 방향으로 직진

강원 강릉 / 바우길

2코스 대관령 옛길

(구)대관령휴게소 ▶ 국사성황사 ▶ 대관령 주막 ▶ 어흘리 마을회관 ▶ 게스트하우스

- **걷는거리** 총 14.0㎞
- **걷는시간** 5~6시간
- **출 발 점** 강원도 평창군 대관령면 횡계리 (구)대관령휴게소
- **종 착 점** 강원도 강릉시 성산면 보광리 바우길 게스트하우스
- **난 이 도** 조금 힘들어요

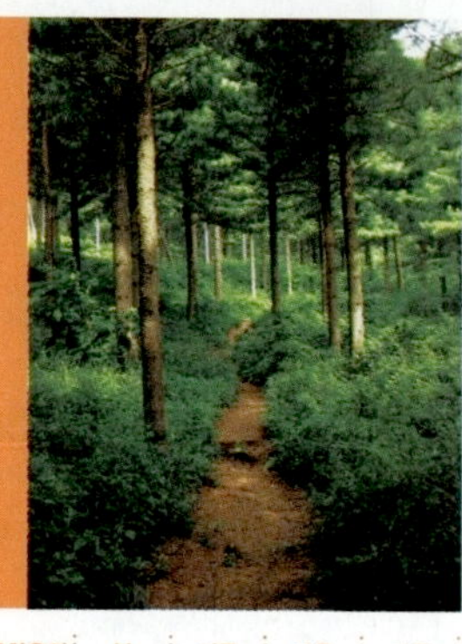

추천 테마	아이들과	연인끼리	여럿이	숲	들	계곡	강	바다	문화유적	봄	여름	가을	겨울
	★★	★★	★★	★★★	★	★★★			★	★★	★★	★★★	★★

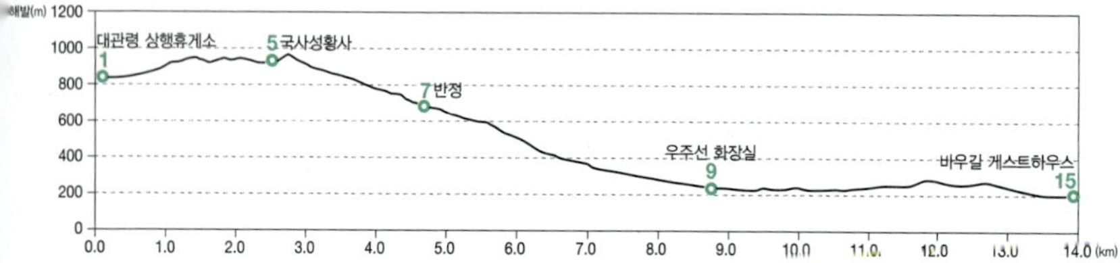
해발(m)
1200
1000
800
600
400
200
0
1 대관령 상행휴게소
5 국사성황사
7 반정
9 우주선 화장실
15 바우길 게스트하우스
0.0
1.0
2.0
3.0
4.0
5.0
6.0
7.0
8.0
9.0
10.0
11.0
12.0
13.0
14.0 (km)

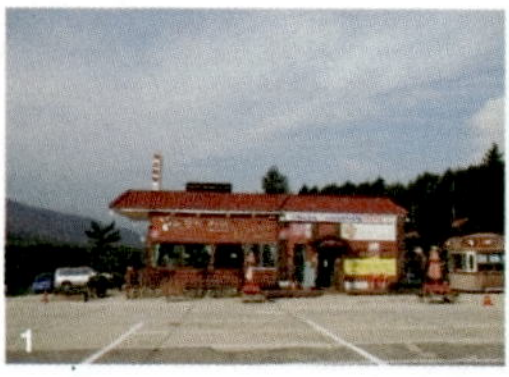
1

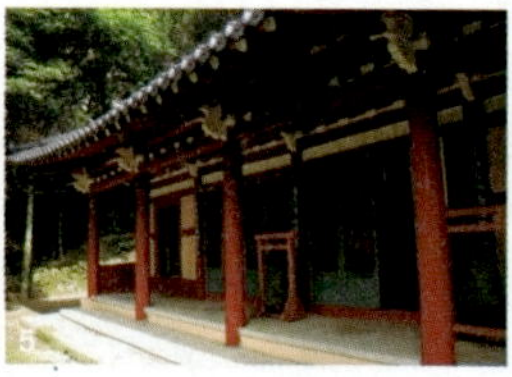
5

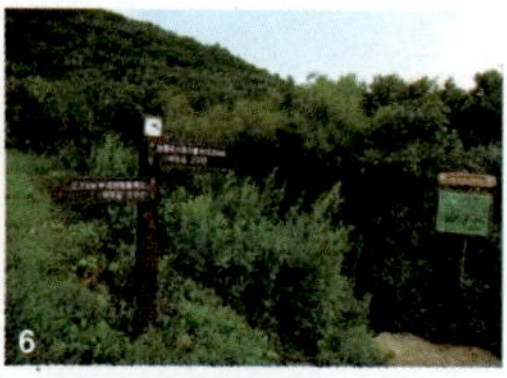
6

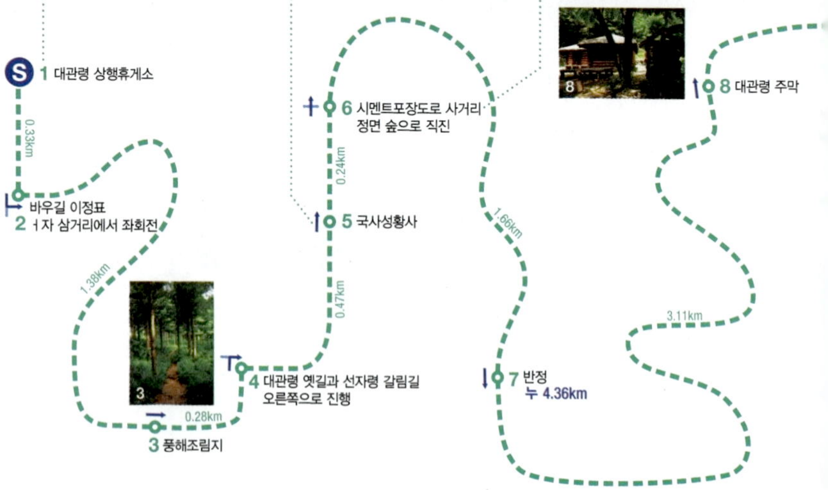
S
1 대관령 상행휴게소
0.33km
2 바우길 이정표
ㅓ자 삼거리에서 좌회전
1.38km
3
3 풍해조림지
0.28km
4 대관령 옛길과 선자령 갈림길
오른쪽으로 진행
0.47km
5 국사성황사
0.24km
6 시멘트포장도로 사거리
정면 숲으로 직진
1.66km
7 반정
4.36km
8
8 대관령 주막
3.11km

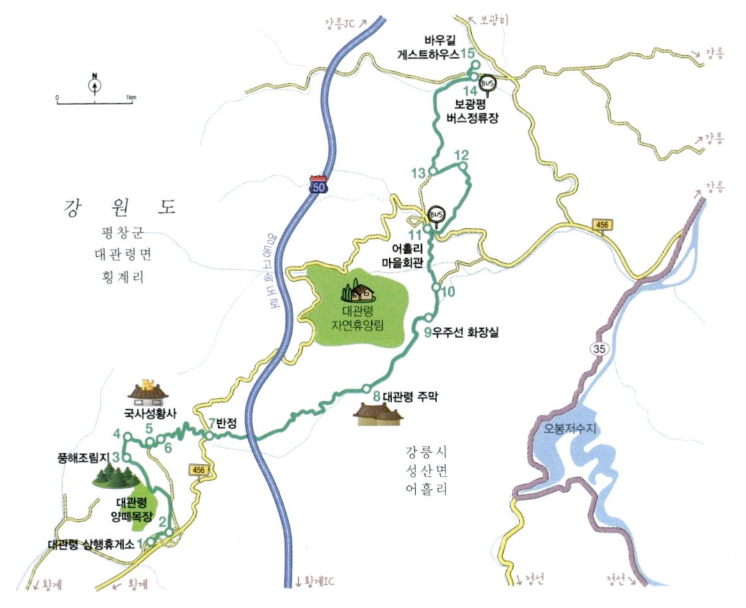

강릉JC
보광리
바우길
게스트하우스 15
강릉
14
보광평
버스정류장
강릉
13
12
50
강릉
강 원 도
평창군
대관령면
횡계리
456
11
어흘리
마을회관
영동고속도로
10
대관령
자연휴양림
9 우주선 화장실
35
8 대관령 주막
국사성황사
7 반정
4
5
6
오봉저수지
풍해조림지 3
강릉시
성산면
어흘리
456
대관령
양떼목장
2
대관령 상행휴게소 1
횡계
횡계
횡계IC
정선
정선

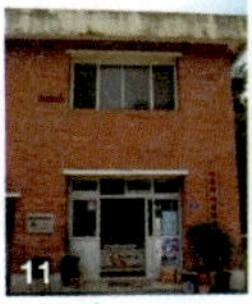

11

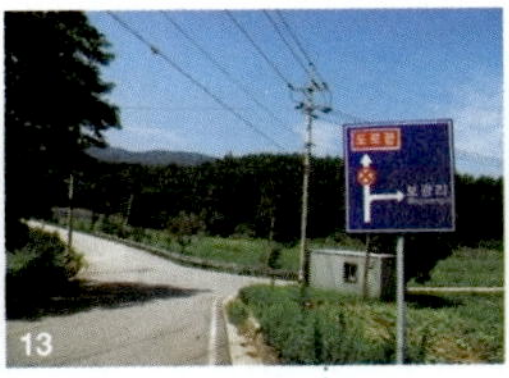

13

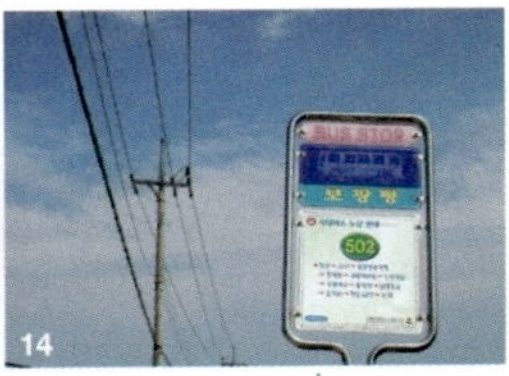

14

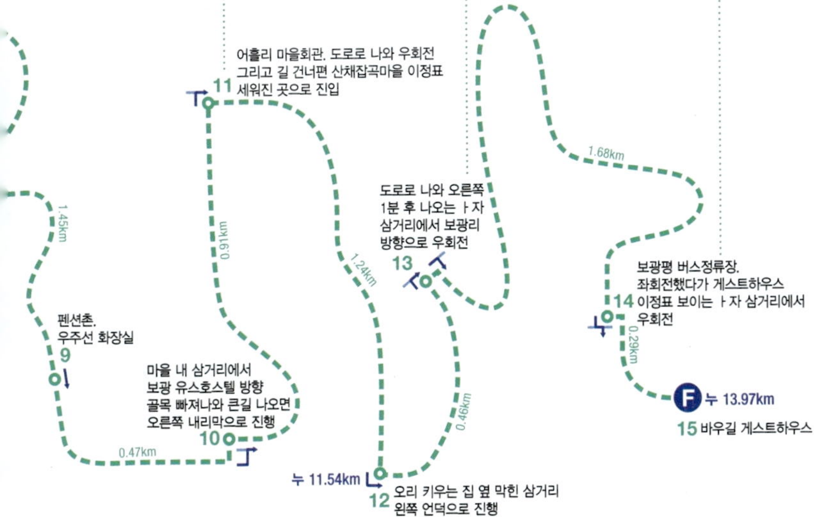
1.45km
펜션촌.
우주선 화장실
9
0.47km
마을 내 삼거리에서
보광 유스호스텔 방향
골목 빠져나와 큰길 나오면
오른쪽 내리막으로 진행
10
0.91km
11
어흘리 마을회관. 도로로 나와 우회전
그리고 길 건너편 산채잡곡마을 이정표
세워진 곳으로 진입
1.24km
누 11.54km
12 오리 키우는 집 옆 막힌 삼거리
왼쪽 언덕으로 진행
0.46km
13
도로로 나와 오른쪽
1분 후 나오는 ㅏ자
삼거리에서 보광리
방향으로 우회전
1.68km
14
보광평 버스정류장.
좌회전했다가 게스트하우스
이정표 보이는 ㅏ자 삼거리에서
우회전
0.29km
누 13.97km
15 바우길 게스트하우스

1코스 다산오솔길

다산수련원 ▶ 다산초당 ▶ 백련사 ▶ 남포마을 ▶ 영랑생가

- **걷는거리** 총 13.4km
- **걷는시간** 5시간~5시간 30분
- **출 발 점** 전남 강진군 도암면 다산수련원
- **종 착 점** 전남 강진군 강진읍 영랑생가
- **난 이 도** 조금 힘들어요

추천 테마	아이들과	연인끼리	여럿이	숲	들	계곡	강	바다	문화유적	봄	여름	가을	겨울
	★★	★★	★★	★★★		★★			★★	★★	★★	★★★	★★

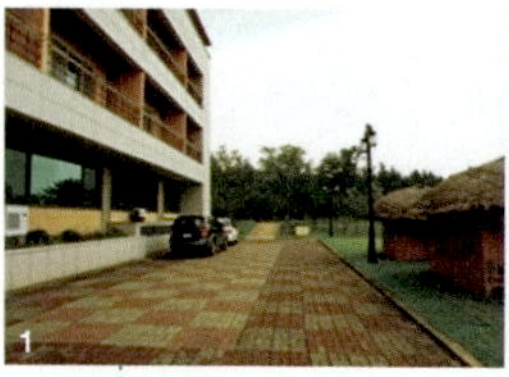

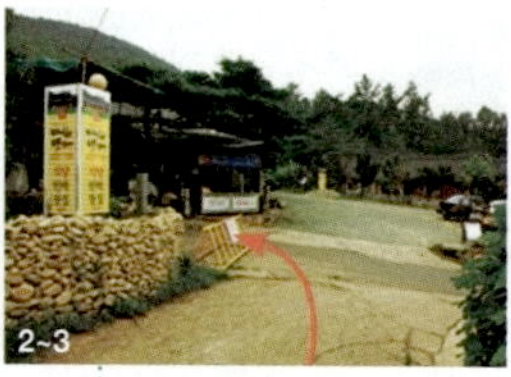

해발(m)

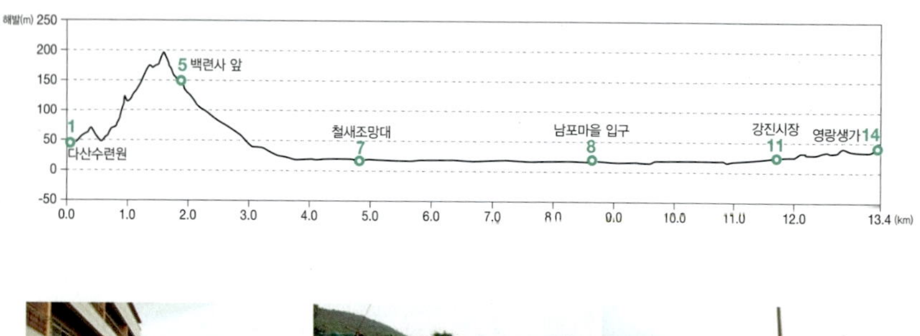

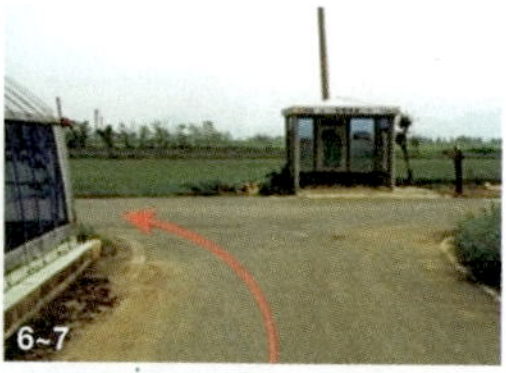

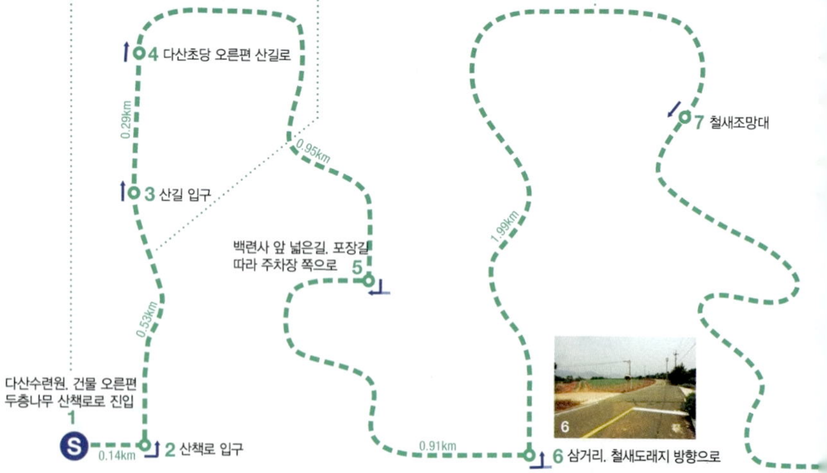

성전면
사의재
강진군청
12
강진중학교
계산초등학교
영랑생가 14
13
11 강진시장
군동면
37
강진의료원
탐진강
강진군보건소
강진고속버스터미널
강진읍사무소
10
성 요셉여고
9
강진교육지원청
강진읍
금사천
전 라 남 도
강진군
남포마을 입구 8
강진금강사
임천저수지
금사저수지
옥련사
강 진 만
금사봉
청자골휴게소
18
만덕산
철새조망대 7
강진외국어타운
5 백련사 앞
6
칠 량 면
다산초당 4
3
23
에쓰오일주유소
다산수련원 1 2
해남
대구면
N
0   1km

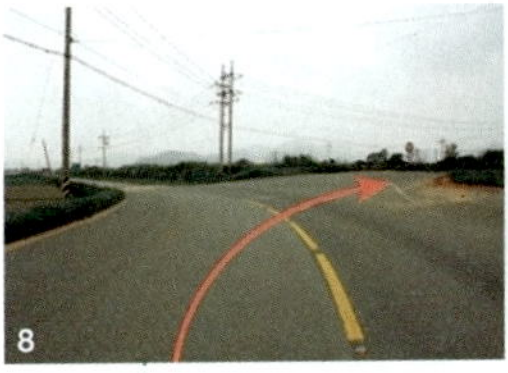

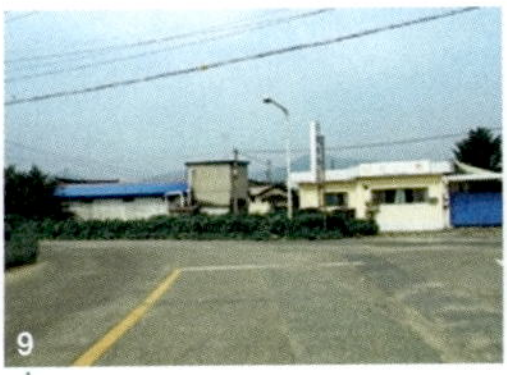

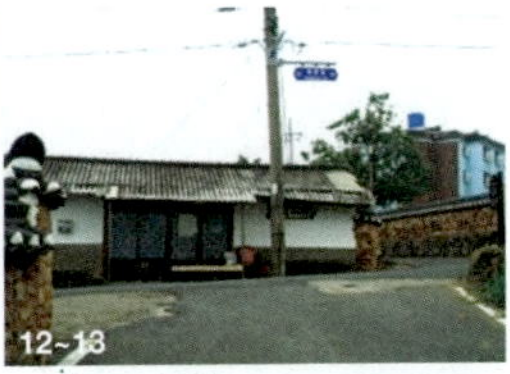

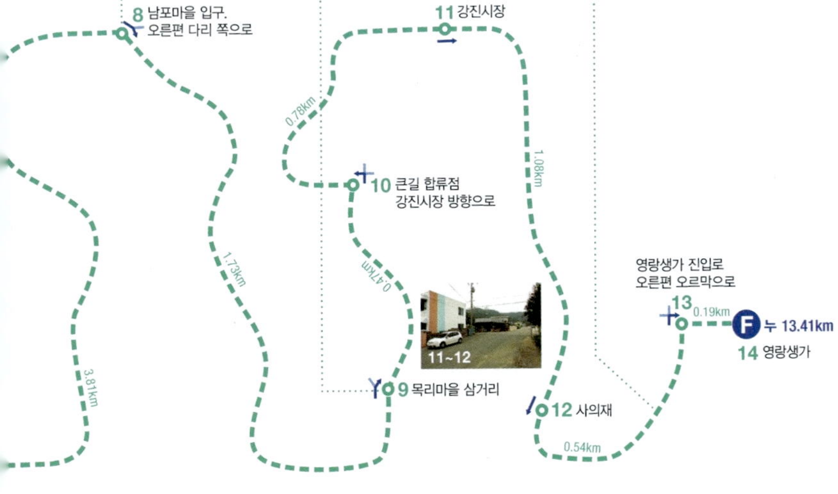

8 남포마을 입구.
오른편 다리 쪽으로
11 강진시장
0.78km
1.08km
10 큰길 합류점
강진시장 방향으로
1.73km
0.47km
영랑생가 진입로
오른편 오르막으로
13 0.19km
F 누 13.41km
14 영랑생가
3.81km
9 목리마을 삼거리
12 사의재
0.54km

2코스 호국돈대길

갑곶돈대 ▶ 용진진 ▶ 광성보 ▶ 덕진진 ▶ 초지진

- **걷는거리** 총 15.8km
- **걷는시간** 4시간 30분~5시간
- **출 발 점** 인천 강화군 강화읍 갑곶리 갑곶돈대
- **종 착 점** 인천 강화군 강화읍 길상면 초지진
- **난 이 도** 무난해요

추천 테마	아이들과	연인끼리	여럿이	숲	들	계곡	강	바다	문화유적	봄	여름	가을	겨울
	★	★★	★★	★	★		★★★	★	★★★	★★	★	★★★	★

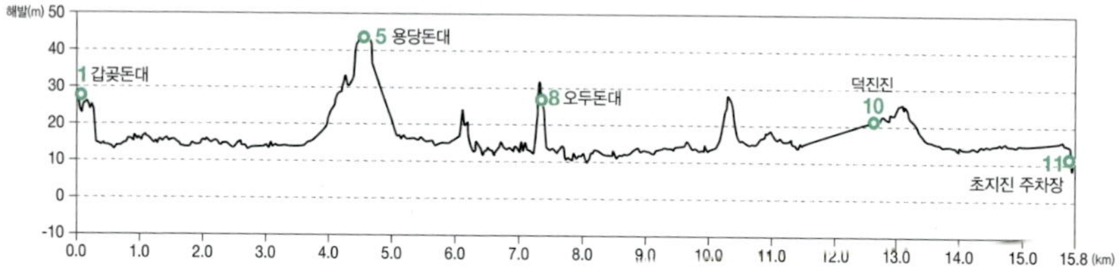

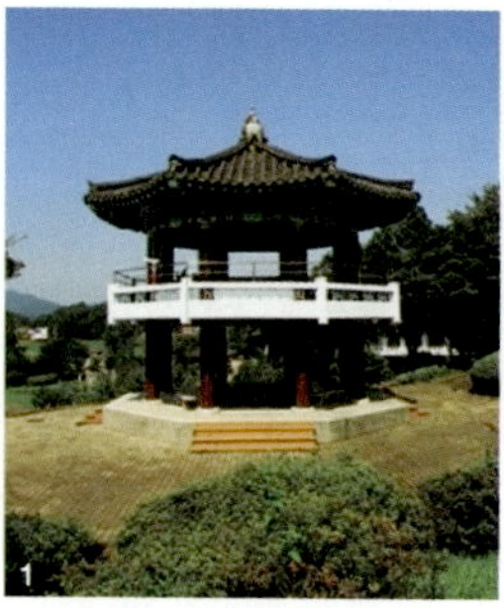

해발(m) 그래프:
- 1 갑곶돈대
- 5 용당돈대
- 8 오두돈대
- 덕진진 10
- 11 초지진 주차장

S 1 갑곶돈대. 정문으로 나와 국도에서 좌회전

2 더러미 포구

3 둑방길 입구. 난간지나 왼편 흙길로 진입

용진진 4

돈대 오른편 흙길6 삼거리에서 왼쪽길로

용당돈대 5

7 둑방길

8 오두돈대

2.25km
0.49km
0.71km
1.15km
0.08km
0.13km
2.53km

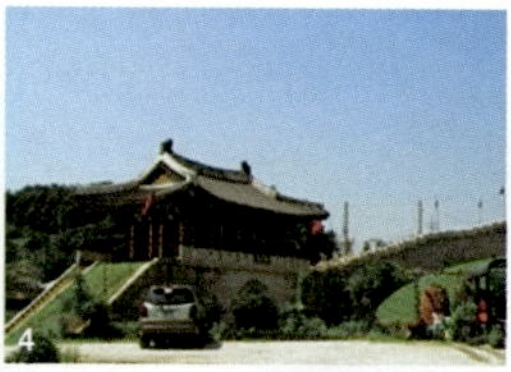

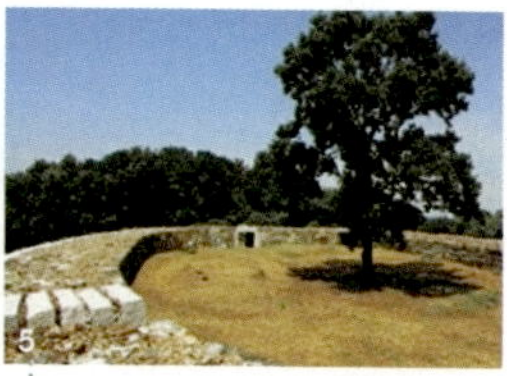

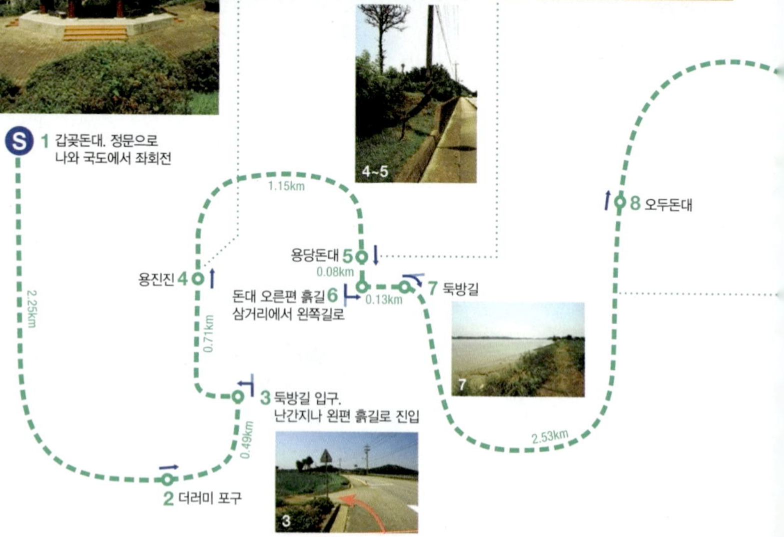

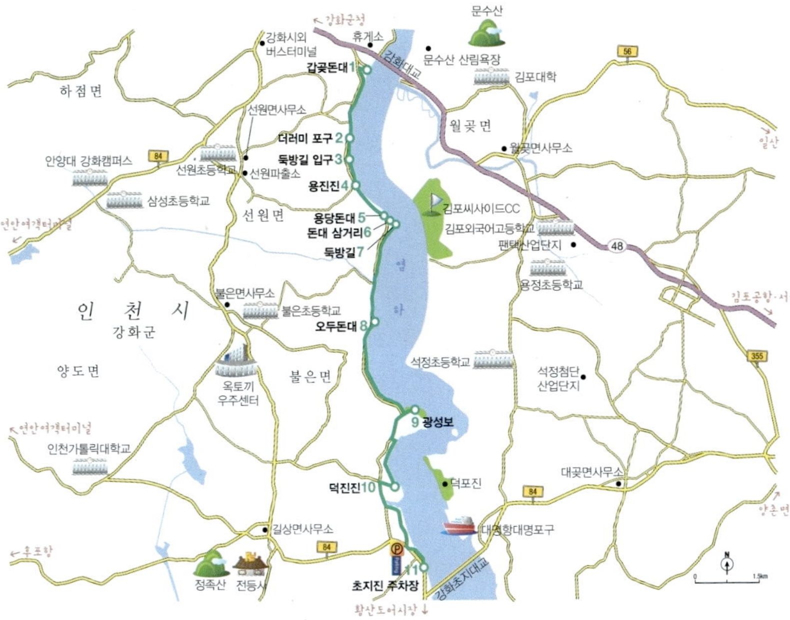
강화군청
문수산
강화시외 버스터미널
휴게소
갑곶돈대 1
강화대교
문수산 산림욕장
56
김포대학
하 점 면
선원면사무소
월 곶 면
일산
더러미 포구 2
월곶면사무소
둑방길 입구 3
84
안양대 강화캠퍼스
선원초등학교
선원파출소
용진진 4
삼성초등학교
김포씨사이드CC
용당돈대 5
선 원 면
돈대 삼거리 6
김포외국어고등학교
연안여객터미널
팬택산업단지
48
둑방길 7
염하
용정초등학교
불은면사무소
김포공항·서울
인 천 시
불은초등학교
강화군
오두돈대 8
355
석정초등학교
석정첨단 산업단지
양 도 면
불 은 면
옥토끼 우주센터
9 광성보
연안여객터미널
인천가톨릭대학교
대곶면사무소
덕진진 10
덕포진
84
양촌면
길상면사무소
대명항대명포구
84
후포항
정족산
전등사
11
초지진 주차장
강화초지대교
황산도어시장
N
0
1.5km

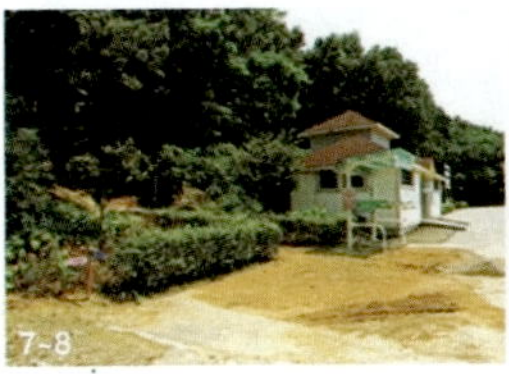
7-8

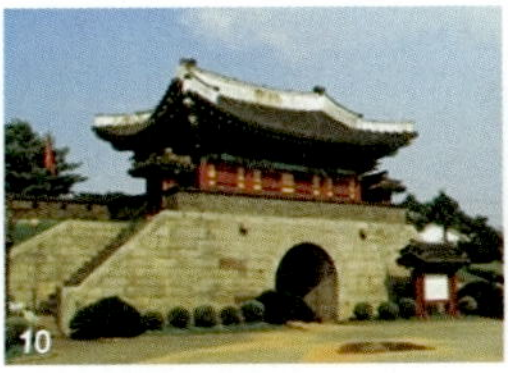
10

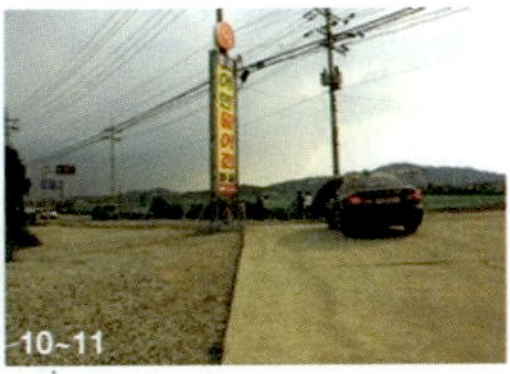
10~11

10 덕진진

3.14km

2.98km

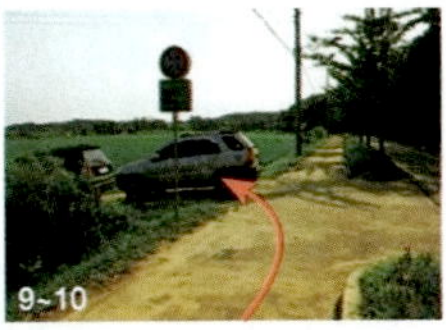
9~10

2.38km

F 누 15.81km

초지진 주차장 11

9 광성보

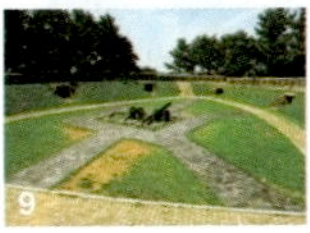
9

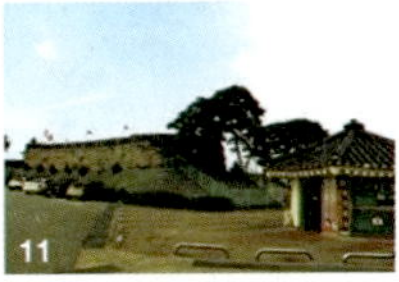
11

전북 고창 / 고인돌 질마재 따라 100리길

3코스 질마재길

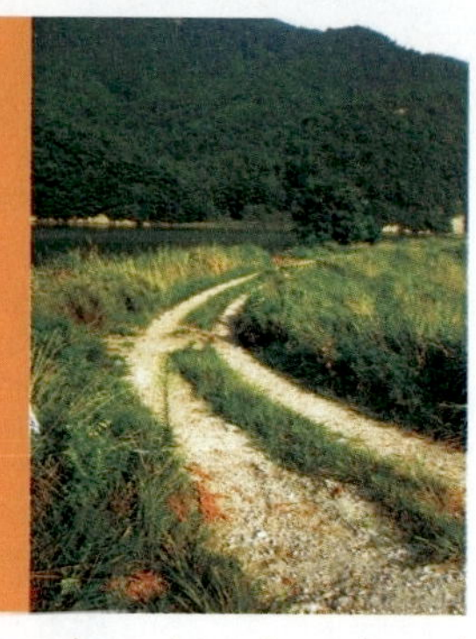

강나루 풍천식당 ▶ 연기제 ▶ 질마재 ▶ 미당 생가 ▶ 용선교 ▶ 강나루 풍천식당

- **걷는거리** 총 12.6㎞
- **걷는시간** 4~5시간
- **출 발 점** 전북 고창군 부안면 용산리 강나루 풍천식당
- **종 착 점** 전북 고창군 부안면 용산리 강나루 풍천식당
- **난 이 도** 무난해요

추천테마	아이들과	연인끼리	여럿이	숲	들	계곡	강	바다	문화유적	봄	여름	가을	겨울
	★★	★★	★★★	★★	★		★★		★	★★	★	★★★	★★

해발(m)
200
175
150
125
100
75
50
25
0
-2.5
0.0
1.0
2.0
3.0
4.0
5.0
6.0
7.0
8.0
9.0
10.0
11.0
11.0 (km)
1 강나루 풍천식당
4 꽃무릇 쉼터
6 질마재 입구
13 미당 생가
강나루 풍천식당 18

1

4

6

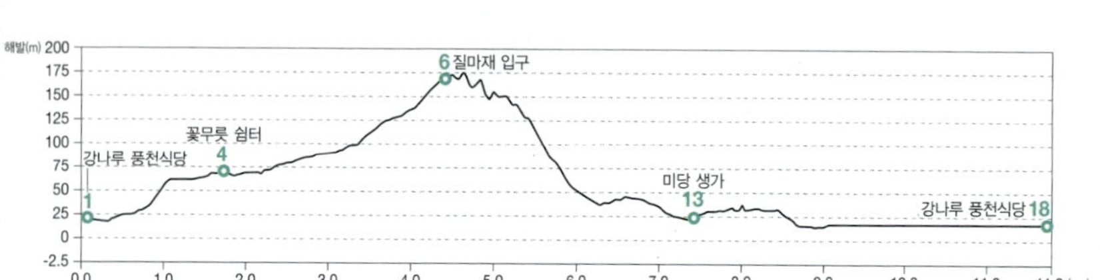

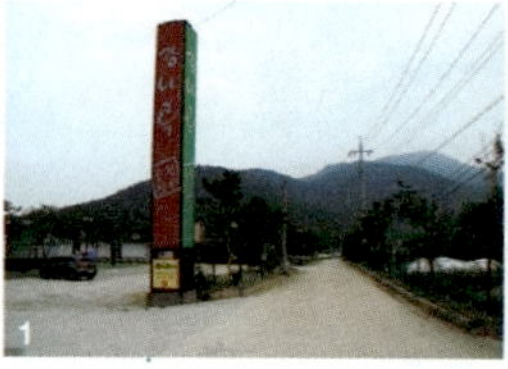

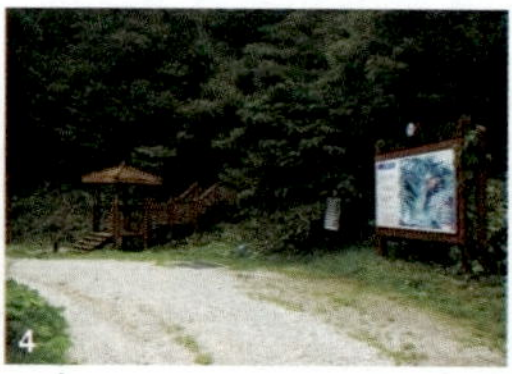

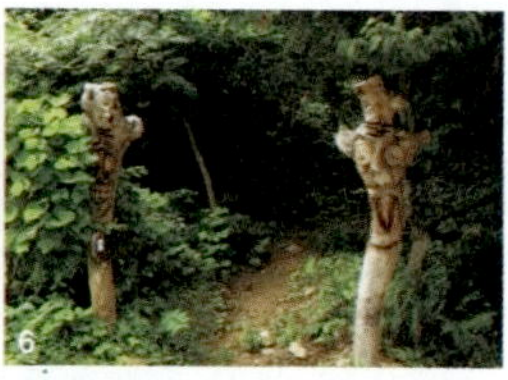

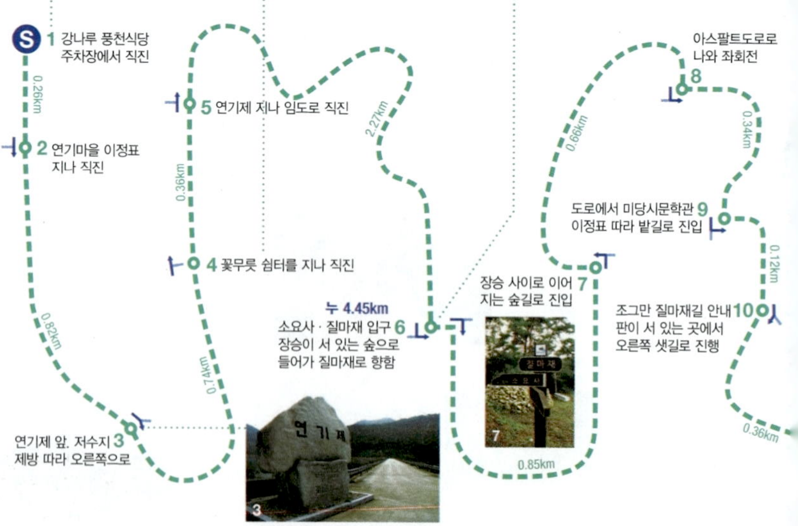

S 1 강나루 풍천식당
주차장에서 직진
0.26km
2 연기마을 이정표
지나 직진
0.82km
연기제 앞, 저수지 3
제방 따라 오른쪽으로
3
0.74km
4 꽃무릇 쉼터를 지나 직진
0.36km
5 연기제 지나 임도로 직진
2.27km
누 4.45km
소요사 · 질마재 입구 6
장승이 서 있는 숲으로
들어가 질마재로 향함
장승 사이로 이어 7
지는 숲길로 진입
7
0.85km
0.66km
아스팔트도로로
나와 좌회전
8
0.34km
도로에서 미당시문학관 9
이정표 따라 밭길로 진입
0.12km
조그만 질마재길 안내 10
판이 서 있는 곳에서
오른쪽 샛길로 진행
0.36km

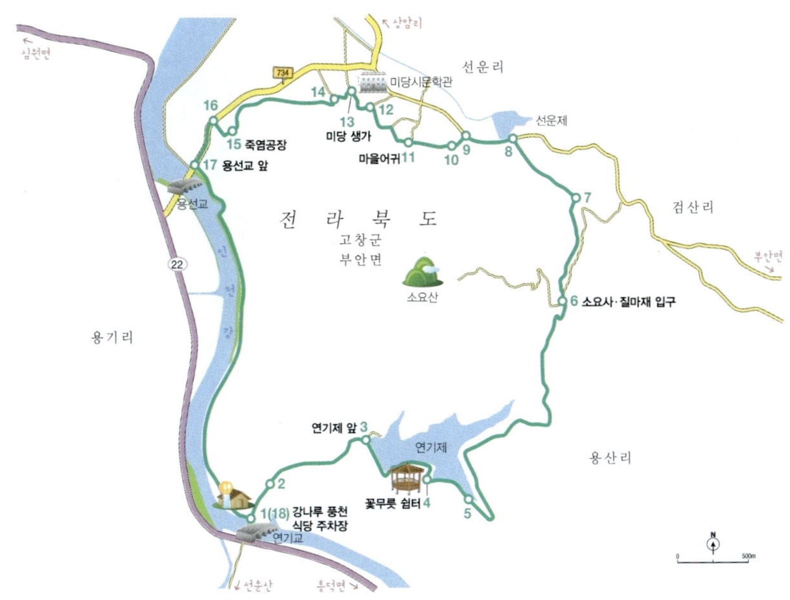

상암리
심원면
734
미당시문학관
선운리
14
13
12
16
15 죽염공장
미당 생가
선운제
17 용선교 앞
마을어귀 11
10
9
8
용선교
7
검산리
전 라 북 도
고창군
부안면
22
부안면
소요산
6 소요사 · 질마재 입구
용기리
연기제 앞 3
연기제
용산리
2
1(18) 강나루 풍천 식당 주차장
꽃무릇 쉼터 4
5
연기교
선운산
흥덕면
N
0
500m

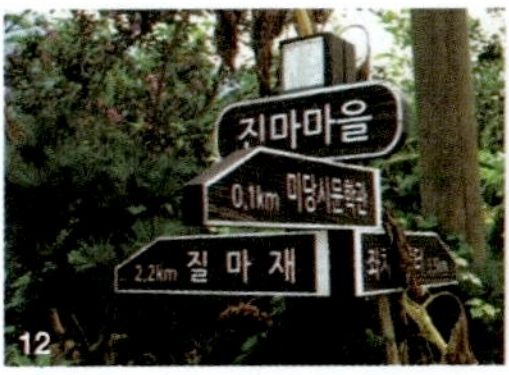

진마마을
0.1km 미당시문학관
2.2km 질 마 재
12

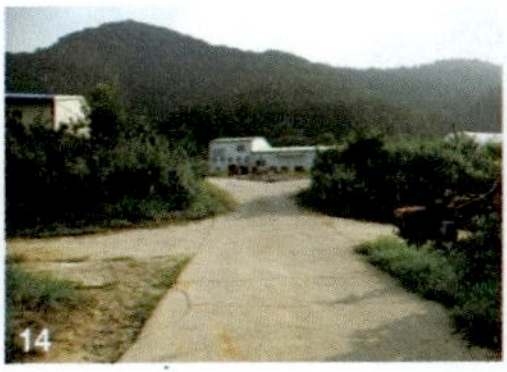

14

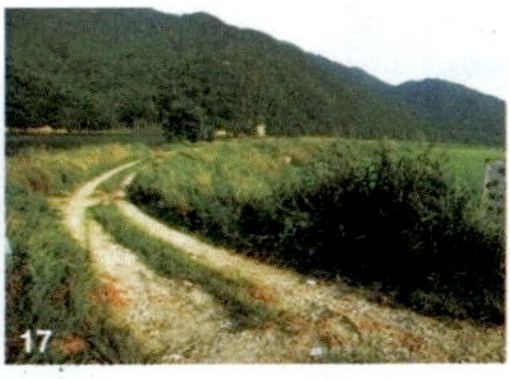

17

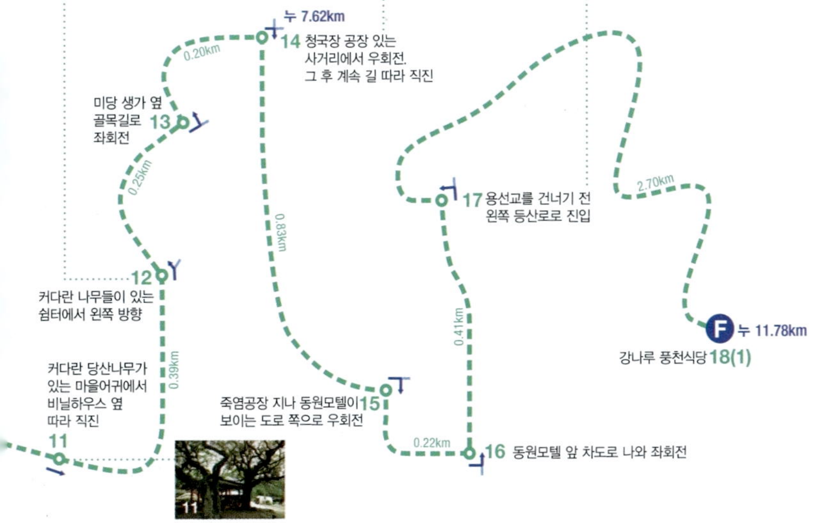

누 7.62km
14 청국장 공장 있는 사거리에서 우회전. 그 후 계속 길 따라 직진
0.20km
미당 생가 옆 골목길로 13 좌회전
0.25km
0.83km
17 용선교를 건너기 전 왼쪽 등산로로 진입
2.70km
12
커다란 나무들이 있는 쉼터에서 왼쪽 방향
0.41km
F 누 11.78km
강나루 풍천식당 18(1)
커다란 당산나무가 있는 마을어귀에서 비닐하우스 옆 따라 직진
11
0.39km
죽염공장 지나 동원모텔이 보이는 도로 쪽으로 우회전 15
0.22km
16 동원모텔 앞 차도로 나와 좌회전

경기 남양주 / 남양주 다산길

2코스 다산길

도심역 ▶ 연세대 덕소농장 ▶ 예봉산 등산로 ▶ 봉안터널 ▶ 다산유적지

- **걷는거리** 총 15.6㎞
- **걷는시간** 4시간 30분~5시간
- **출 발 점** 경기 남양주시 와부읍 도곡리 도심역
- **종 착 점** 경기 남양주시 조안면 능내리 다산유적지
- **난 이 도** 무난해요

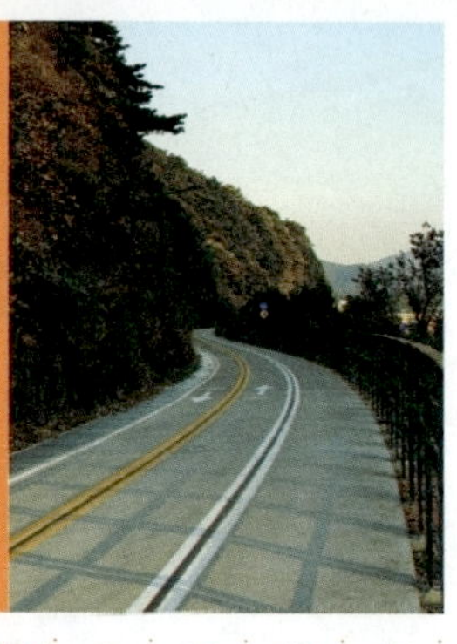

추천 테마	아이들과	연인끼리	여럿이	숲	들	계곡	강	바다	문화유적	봄	여름	가을	겨울
	★	★★	★★★	★	★		★★★		★★★	★★	★	★★★	★

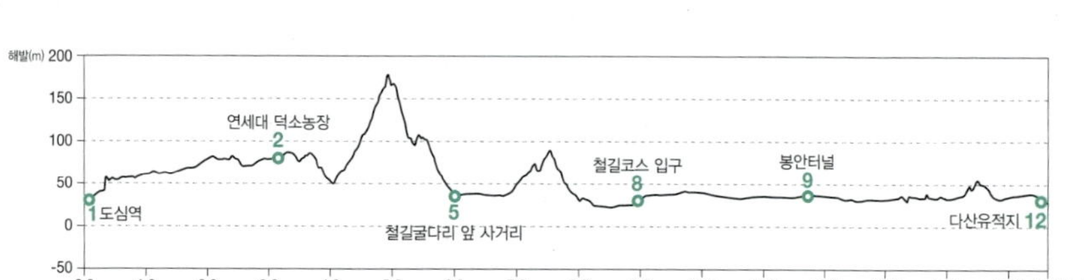

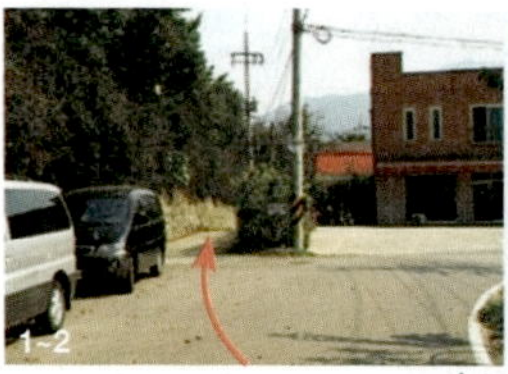

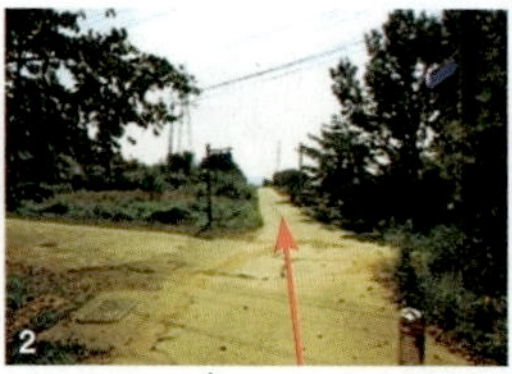

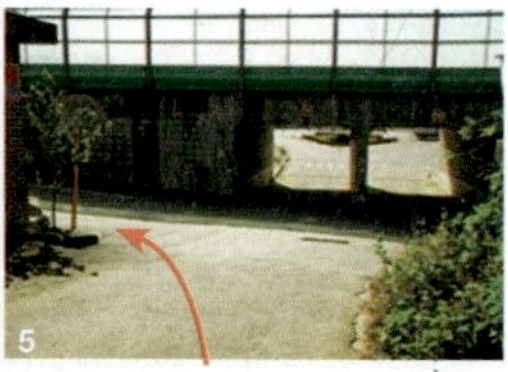

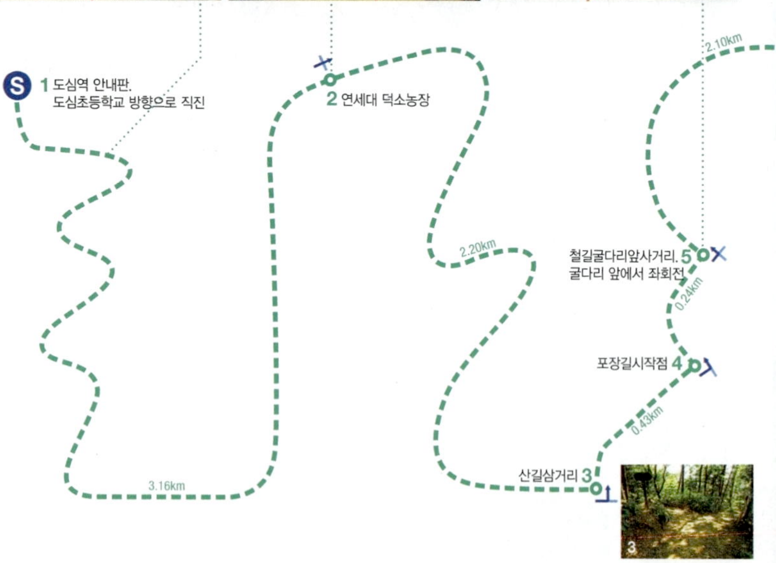

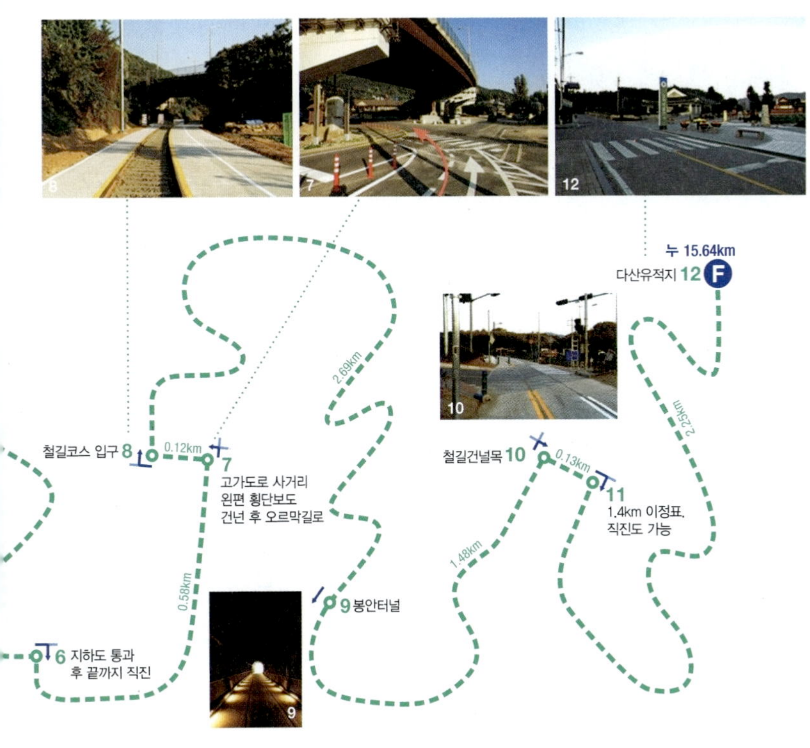

한강공원 삼패지구
도심역
와부읍
덕소중학교
덕소고등학교
도곡근린공원
1
2 연세대 덕소농장
6
미사리 조정 경기장
예봉산
경 기 도
남양주시
운길산
수종사
가평
45
운길산역
양수교
이마트
하남경찰서
하남시
3
4 포장길 시작점
5
43
창우초등학교
팔당대교
팔당역
6
중앙선
조안면
7
8 철길코스 입구
하남시청
하남중학교
서울 강동대교
성광학교
하남 만남의 광장 휴게소
봉안터널
9
조안면사무소
신양수대교
양평
6
남한강
천현동
검단산
팔당댐
10
11
12 다산유적지
경기도 광주
팔당호
경기도 광주
N
0 1km

8
7
12
2.69km
철길코스 입구 8
0.12km
7
고가도로 사거리
왼편 횡단보도
건넌 후 오르막길로
누 15.64km
다산유적지 12 F
10
2.25km
철길건널목 10
0.13km
11
1.4km 이정표,
직진도 가능
1.48km
0.58km
9 봉안터널
9
6 지하도 통과
후 끝까지 직진

추사유배길 1코스 집념의 길

**제주추사관 ▶ 동계정온유허비 ▶ 대정성지 ▶ 남문지못
▶ 대정향교 ▶ 제주추사관**

- 걷는거리 총 9.1km
- 걷는시간 3시간
- 출 발 점 제주도 서귀포시 대정읍 안성리 제주추사관
- 종 착 점 제주도 서귀포시 대정읍 안성리 제주추사관
- 난 이 도 쉬워요

추천 테마	아이들과	연인끼리	여럿이	숲	들	계곡	강	바다	문화유적	봄	여름	가을	겨울
	★★★	★★	★★★	★★★				★	★★★	★★★	★	★★★	★★

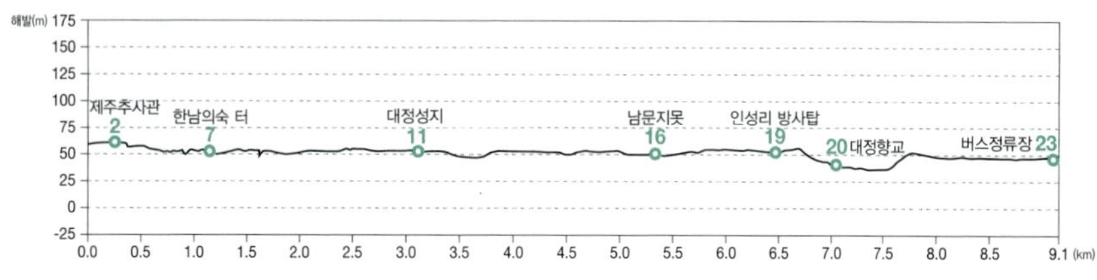

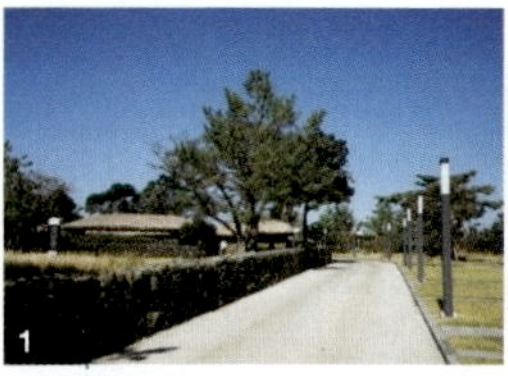

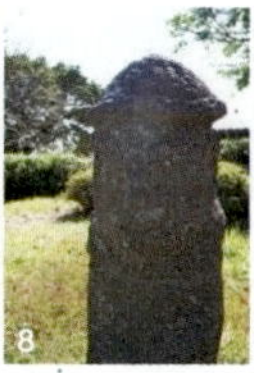

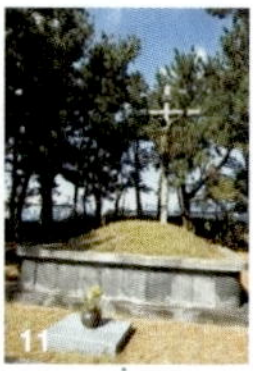

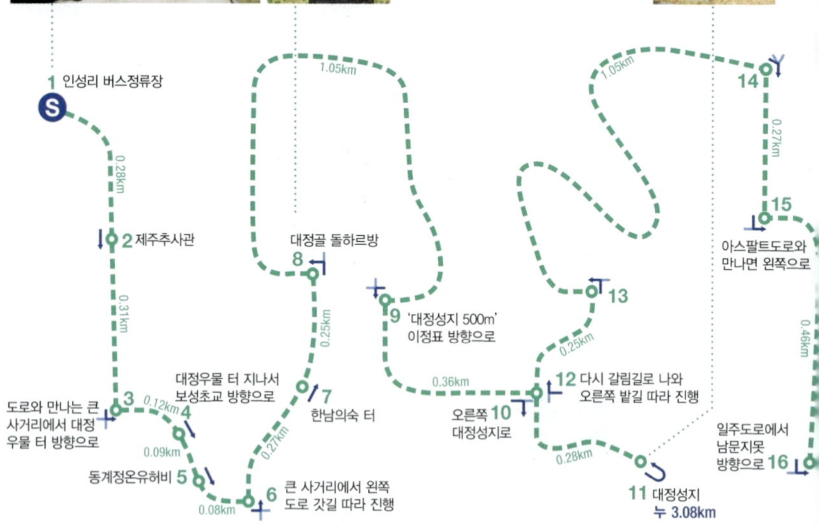

무릉리
무릉리
제주시
9
대정성지 11
10(12)
13
8
7 한남의숙 터
3(6)
2 제주추사관
제 주 도
서귀포시
대정읍
1135
N
300m
1132
서귀포시
갈림길 주의 14
보성초교
동계정온유허비 5
대정우물 터 4
BUS
15
남문지못 16
17
1(23)
오슬포
1132
모슬봉
18(22)
19 인성리 방사탑
단산
20 대정향교
21 추사 전각
모슬포
모슬포
오슬포
2코스 사색의 길

16
17~18 
20 
21 추사 전각. 되돌아가기 
F 누 9.15km
23(1)
인성리 버스정류장
17 대정모텔 지나
오른쪽 밭길 따라 진행
0.30km
20 세미물, 대정향교
0.88km
0.79km
0.89km
0.63km
0.95km
18
0.14km
인성리 방사탑 19
누 6.40km
21~22
22
인성리복지
회관 방향으로

강원 춘천 / 봄내길

1코스 실레이야기길

김유정역 ▶ 김유정문학촌 ▶ 잣나무 숲길 ▶ 금병산 산책로 ▶ 산신각 ▶ 김유정역

- **걷는거리** 총 5.2㎞
- **걷는시간** 2시간
- **출 발 점** 강원도 춘천시 신동면 증리 경춘선 김유정역
- **종 착 점** 강원도 춘천시 신동면 증리 경춘선 김유정역
- **난 이 도** 쉬워요

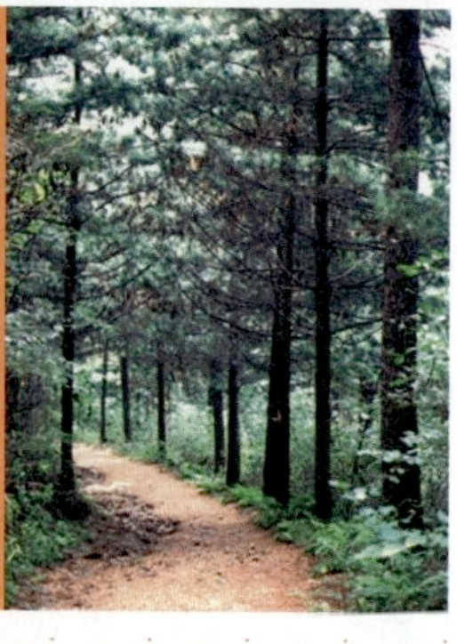

추천 테마	아이들과	연인끼리	여럿이	숲	들	계곡	강	바다	문화유적	봄	여름	가을	겨울
	★★★	★★★	★★★	★★★	★	★★			★★	★★★	★★	★★★	★

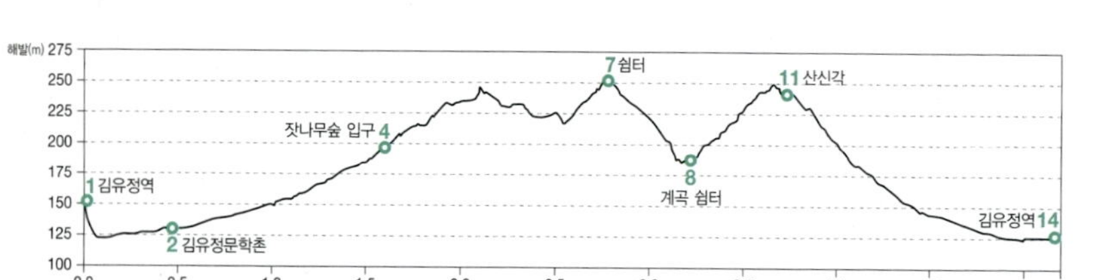

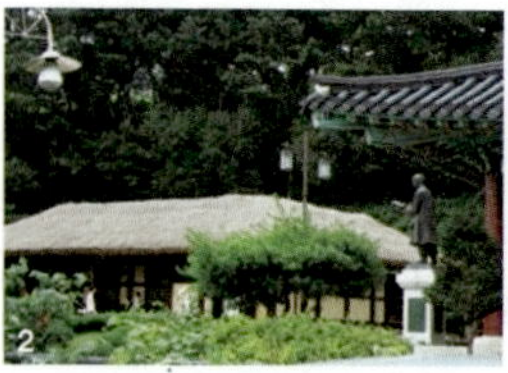

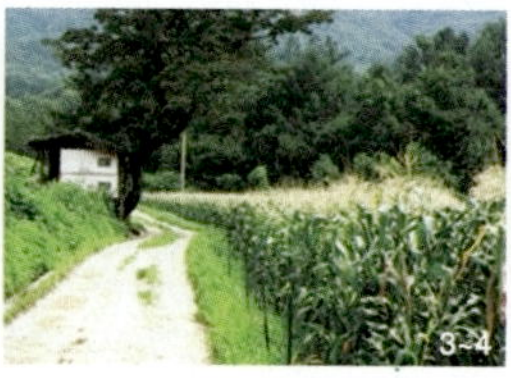

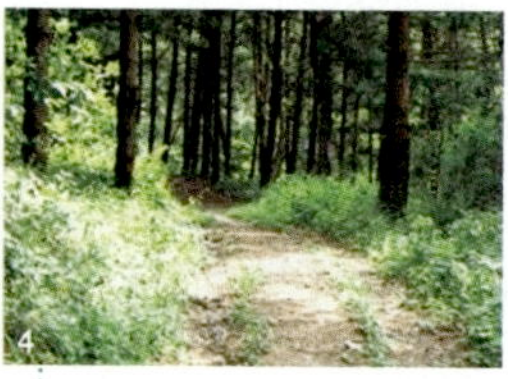

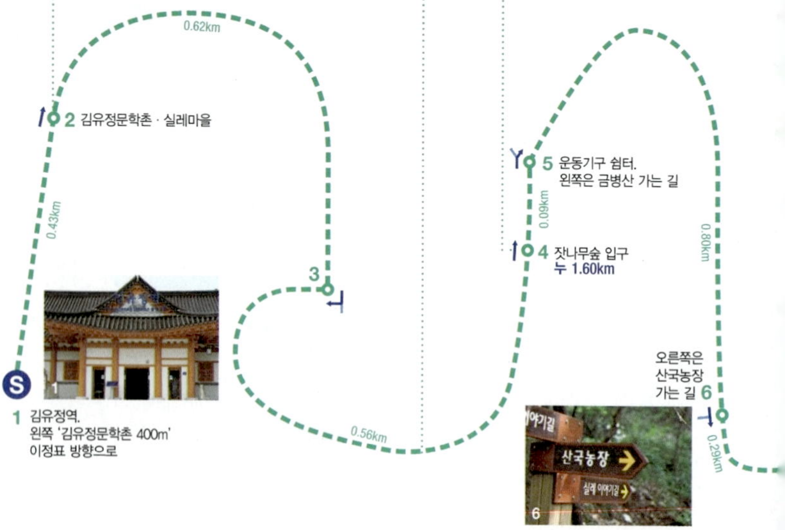

강촌
46
신남교
→ 춘천 시내
46
→ 춘천IC
경춘선
3
김유정역
4 잣나무숲 입구
5 쉼터
1(14) 김유정역
2 김유정문학촌 · 실레마을
신동면사무소
증리
강 원 도
춘천시
신동면
70
팔미리
13 금병의숙 터
(금병복지회관)
금병초교
6
7 쉼터
금병산
강촌역
12
8 계곡 쉼터
쉼터
10
9
11 산신각
N
0   200m
→ 증2리

실레 이야기길
(2.81km)
실레 이야기길
(1.3km)
김유정역
(1.59km)
금병산 정상
(2.89km)
9

13

0.41km
0.44km
9 '실레이야기길 2.39km'
이정표 방향으로
10 운동기구 쉼터
13 금병의숙 터
0.08km
0.07km
8 계곡
쉼터 
11 산신각
F 누 5.19km
14(1) 김유정역
0.51km
0.40km
0.49km
7 운동기구 있는 쉼터
11~12
12 숲 끝나고 포장길과 만남.
왼쪽 마을길로 진입
누 4.24km

경기 고양 / 고양누리길

서삼릉누리길

원당역 ▶배다리술박물관 ▶서삼릉 ▶종마공원 ▶삼송역

- **걷는거리** 총 11.0㎞
- **걷는시간** 2시간 30분~3시간
- **출 발 점** 경기도 고양시 덕양구 성사1동 원당역
- **종 착 점** 경기도 고양시 덕양구 삼송동 삼송역
- **난 이 도** 쉬워요

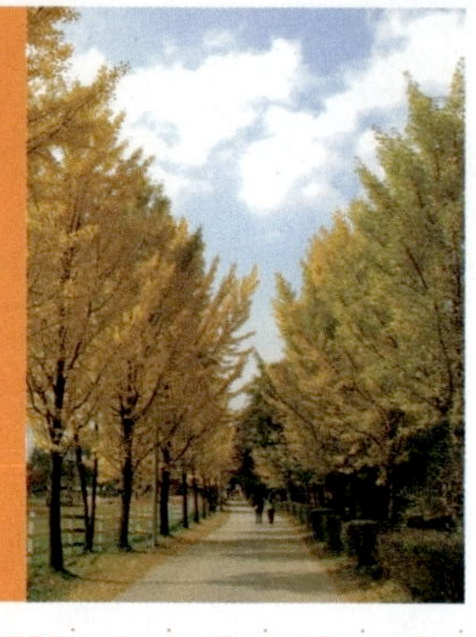

추천 테마	아이들과	연인끼리	여럿이	숲	들	계곡	강	바다	문화유적	봄	여름	가을	겨울
	★★★	★★★	★★	★★★	★★★				★★★	★★	★	★★★	★

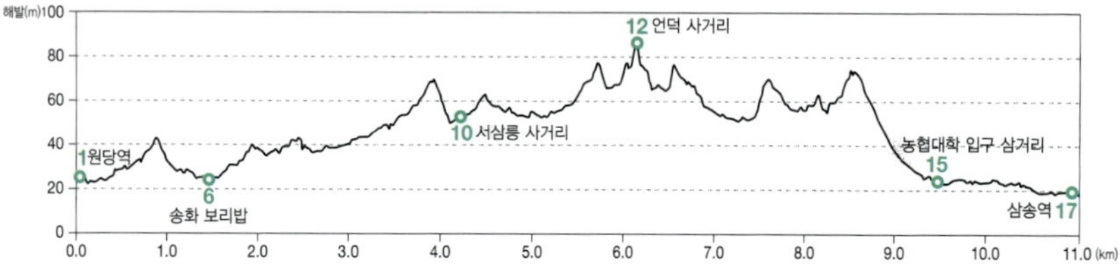

해발(m)
100
80
60
40
20
0
0.0
1.0
2.0
3.0
4.0
5.0
6.0
7.0
8.0
9.0
10.0
11.0 (km)
1 원당역
6 송화 보리밥
10 서삼릉 사거리
12 언덕 사거리
농협대학 입구 삼거리 15
삼송역 17

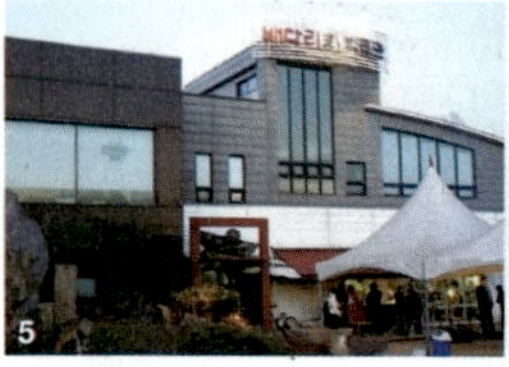
5

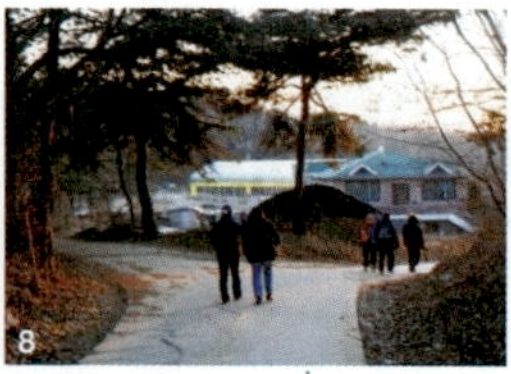
8

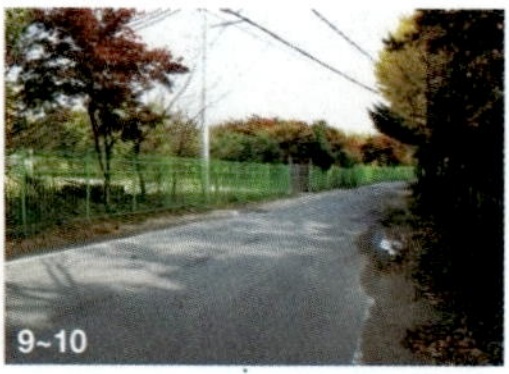
9~10

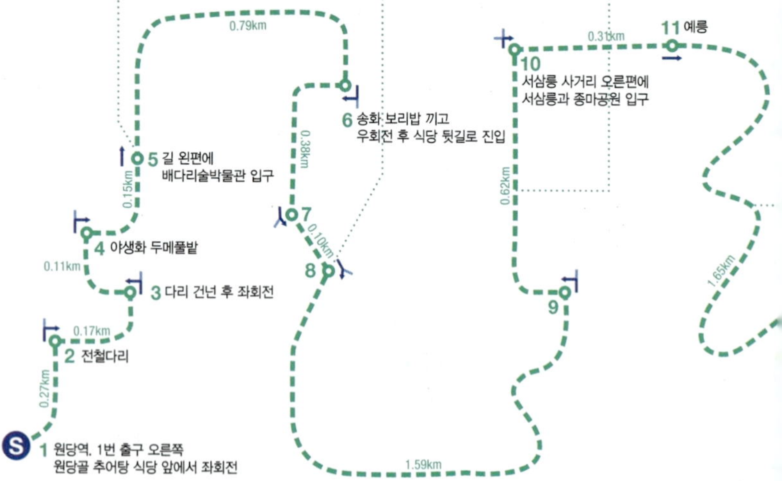

S
1 원당역, 1번 출구 오른쪽
원당골 추어탕 식당 앞에서 좌회전
0.27km
2 전철다리
0.17km
3 다리 건넌 후 좌회전
0.11km
4 야생화 두메풀밭
0.15km
5 길 왼편에
배다리술박물관 입구
0.79km
6 송화 보리밥 끼고
우회전 후 식당 뒷길로 진입
0.38km
7
0.10km
8
1.59km
9
0.62km
10
서삼릉 사거리 오른편에
서삼릉과 종마공원 입구
0.31km
11 예릉
1.65km

고려공양왕릉
벽제고삼거리↑
← 김포·부천
원 신 동
서울외곽순환고속도로
100
↑파주·문산
의정부·구리 →
뉴코아CC
신원초등학교
12 언덕 사거리
예릉 11
원당경마교육원
서삼릉, 종마
공원 입구
10(13)
한국스카우트연맹
중앙훈련원
39
6
8
7
한양CC
원당
허브랜드
9(14)
농협대학
경 기 도
고양시
덕양구
성사초등학교
5 배다리술박물관 입구
4
3
2
성사 1 동
홍 도 동
삼송초등학교
고양고등학교
삼송역 17
16
성사 동
주민센터
1 원당역
15
농협대 입구 삼거리
김포대교
GS칼텍스주유소
자비정사
356
신 도 동
↙ 서울 구파발 →
363
N
0   500m
↙ 화전역·항공대
↙ 서울 응암

11~12 
14~15

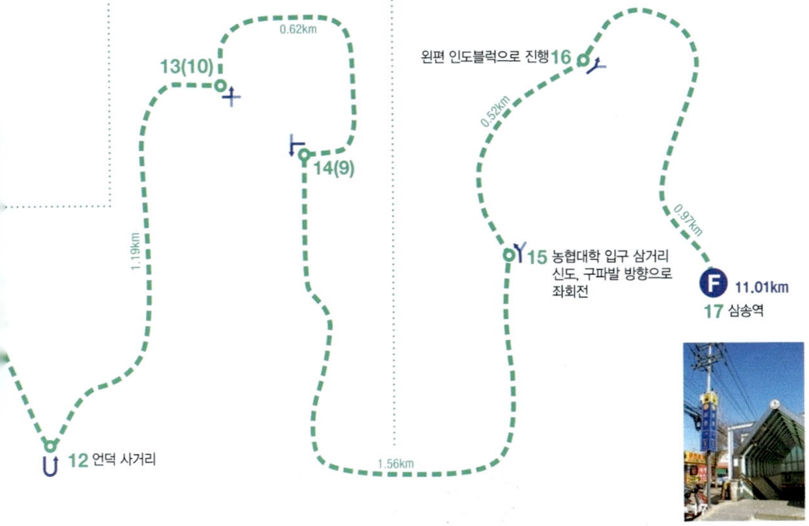

13(10)
0.62km
왼편 인도블럭으로 진행 16
0.52km
14(9)
1.19km
0.97km
Y 15 농협대학 입구 삼거리
신도, 구파발 방향으로
좌회전
F 11.01km
17 삼송역
U 12 언덕 사거리
1.56km

경북 봉화 / 외씨버선길

춘양목 솔향기길

춘양면사무소 ▶ 춘양시장 ▶ 만산고택 ▶ 삼층석탑 ▶ 운곡천 ▶ 금강소나무 숲 ▶ 춘양목산림체험관 ▶ 두내약수탕

- **걷는거리** 총 18.6㎞
- **걷는시간** 6~7시간
- **출 발 점** 경북 봉화군 춘양면 의양리 춘양시외버스터미널
- **종 착 점** 경북 봉화군 춘양면 서벽리 두내약수탕 버스정류장
- **난 이 도** 조금 힘들어요

추천 테마	아이들과	연인끼리	여럿이	숲	들	계곡	강	바다	문화유적	봄	여름	가을	겨울
	★	★	★★★	★★	★★★	★	★★		★★	★★★	★	★★★	★

3

4

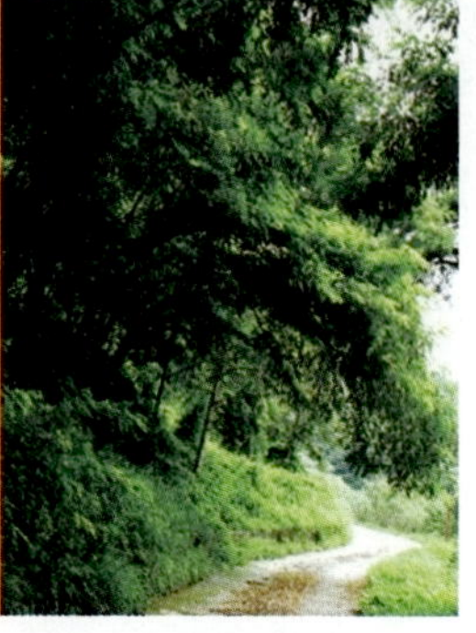

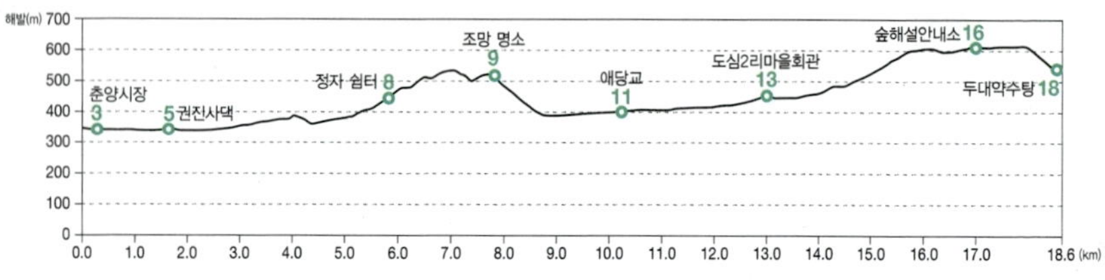

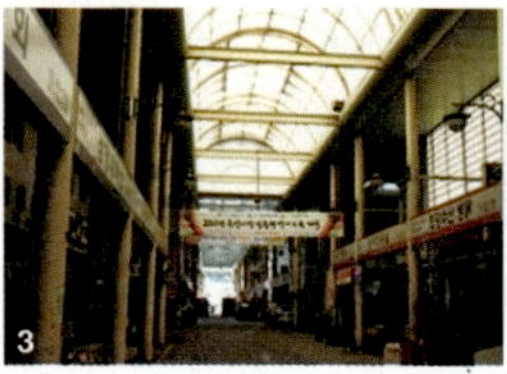

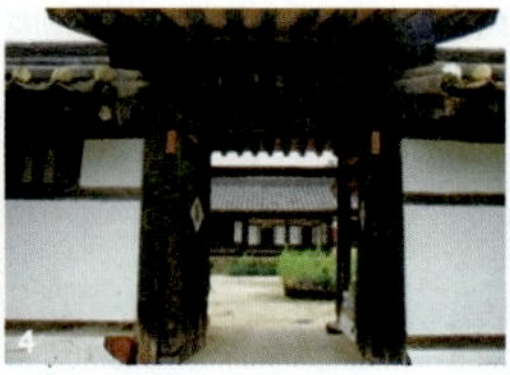

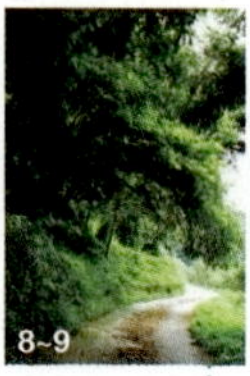

8~9

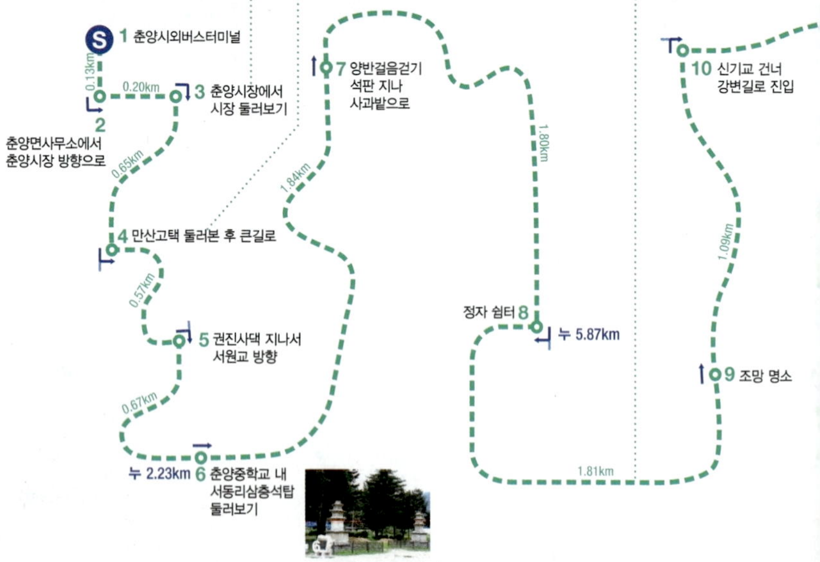

두내약수탕 18
915
영월
오전약수터
봉화군청
17 춘양목산림체험관
16 숲해설안내소
금강소나무 숲길 입구 15
도심3리
14 마을회관
도심2리마을회관 13
12
88
강변산책로
11 애당리마을
10 신기교
조망 명소 9
8 정자 쉼터
7
경 상 북 도
봉화군
춘양면
문수산
학산리
각화산
춘양중학교
6 서동리삼층석탑
4 만산고택
권진사댁 5
춘양시장 3
춘양시외버스터미널 1
2 춘양면사무소
춘양역
소로리
봉화군청·안동시
N
0   1km

12~13 
14~15 
16~17

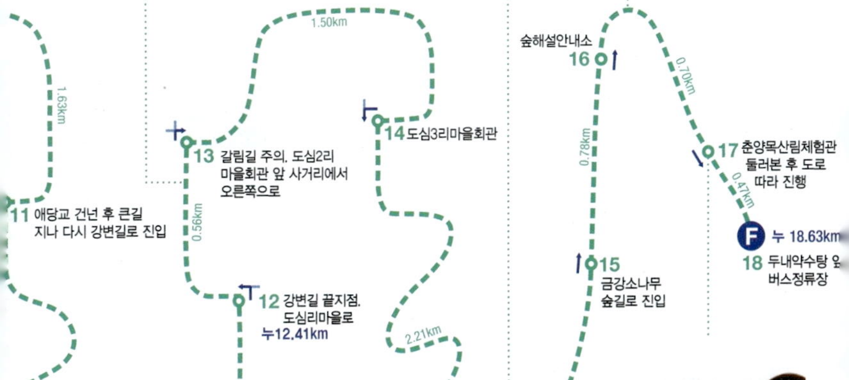

1.50km
숲해설안내소
16
0.70km
1.63km
0.78km
13 갈림길 주의. 도심2리
마을회관 앞 사거리에서
오른쪽으로
14 도심3리마을회관
17 춘양목산림체험관
둘러본 후 도로
따라 진행
0.47km
11 애당교 건넌 후 큰길
지나 다시 강변길로 진입
0.56km
F 누 18.63km
18 두내약수탕 앞
버스정류장 
12 강변길 끝지점.
도심리마을로
누12.41km
15
금강소나무
숲길로 진입
2.21km
2.01km
17

경남 사천 / 이순신 바닷길
1코스 사천희망길

대곡마을숲 ▶ 정동면사무소 ▶ 수청마을 ▶ 오인숲
▶ 사천산업단지 ▶ 선진리성

- **걷는거리** 총 14km
- **걷는시간** 4시간~4시간 30분
- **출 발 점** 경남 사천시 정동면 대곡리 대곡마을숲
- **종 착 점** 경남 사천시 용현면 선진리 선진리성
- **난 이 도** 무난해요

추천 테마	아이들과	연인끼리	여럿이	숲	들	계곡	강	바다	문화유적	봄	여름	가을	겨울
	★★	★★	★★★	★	★		★★★	★★★	★★	★★	★	★★★	★

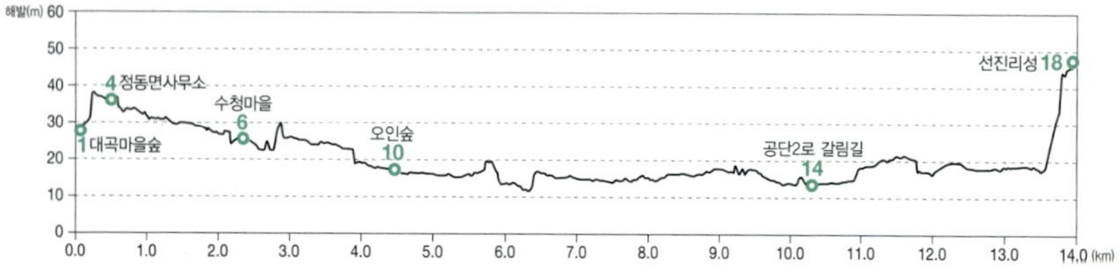

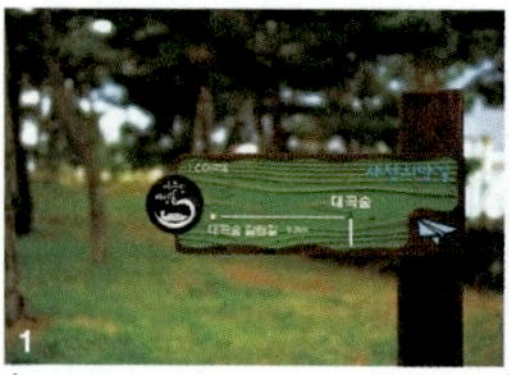

해발(m)

선진리성 **18**

4 정동면사무소

수청마을 **6**

1 대곡마을숲

오인숲 **10**

공단2로 갈림길 **14**

대곡숲 갈림길에서
초등학교 쪽으로 우회전

2

0.16km

0.19km

0.46km

3 정동초등학교에서
정동면사무소 방향으로 진행

0.16km

4

정동면사무소에서
길 건너 농협 옆
굴다리로 우회전

S

1 대곡마을숲

5 강둑에 도착해
우회전

1.08km

7 수청교 건넌 뒤
강둑 따라 우회전

0.10km

6 수청마을 앞에서
수청교 방향으로 좌회전

누 2.68km

8 죽담교 앞에서
대숲 보이는 길로 직진

0.53km

1.56km

9

9 예수교 앞을 지나쳐
전방 도로로 직진

0.24km

10 오인숲 지나쳐 직진

1.22km

사천교 건넌 뒤
강둑 아래
자전거도로로
내려감 **11**

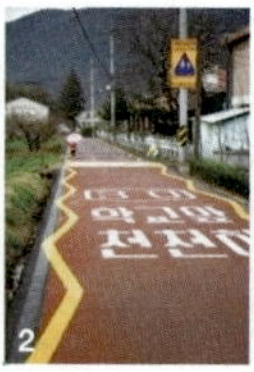

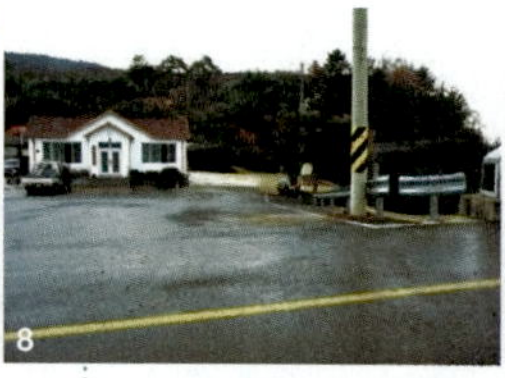

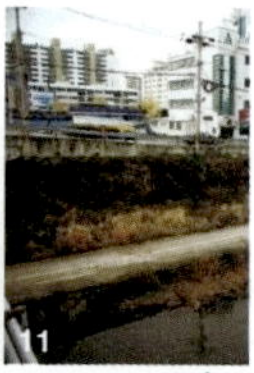

0.60km

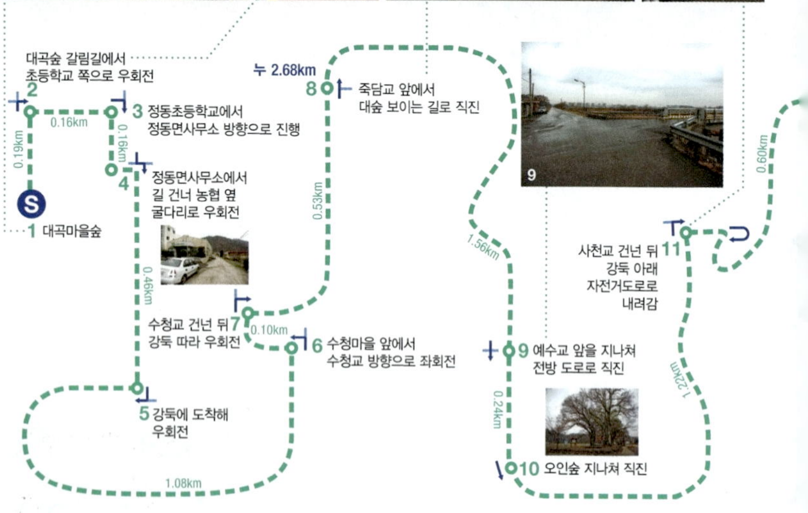

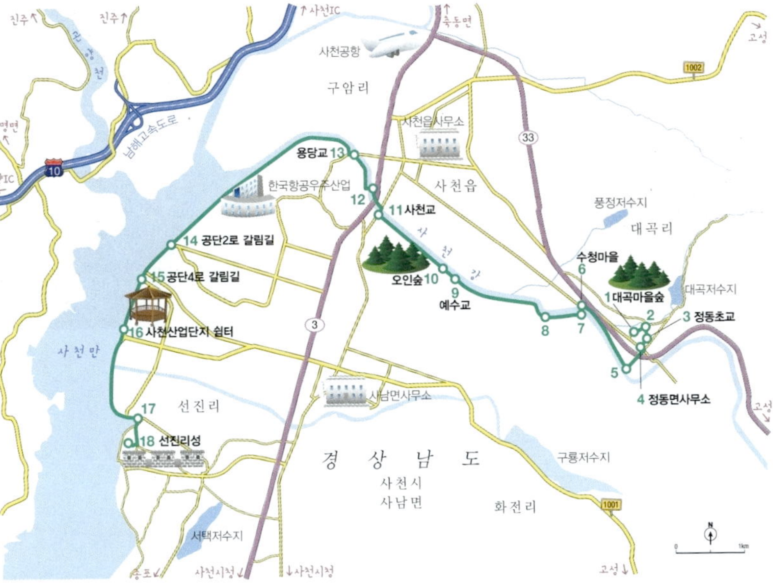

진주 진주
↑사천IC
↑축동면
고성 1002
사천공항
구암리
사천읍사무소
곤명면
33
남해고속도로
용당교 13
한국항공우주산업
12
11 사천교
곤양IC 10
풍정저수지
대곡리
14 공단2로 갈림길
수청마을
6
대곡저수지
15 공단4로 갈림길
오인숲 10
9 예수교
1 대곡마을숲
2
3 정동초교
16 사천산업단지 쉼터
8 7
사천만
5
4 정동면사무소
17
선진리
사남면사무소
18 선진리성
경상남도
사천시 사남면
구룡저수지
화전리
1001
서택저수지
N
0 1km
종포 사천시청 사천시청 고성

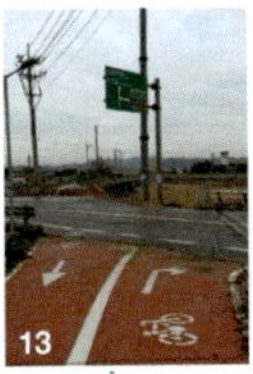

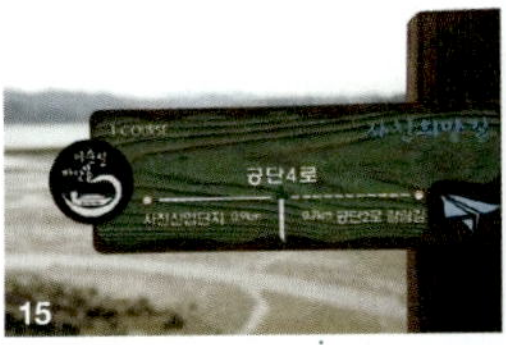

F 누 13.97km
18 선진리성
2 작은 다리 건너 우회전
0.60km
0.67km
공단2로 갈림길에서 직진
14 누 10.24km
공단4로 갈림길에서 직진
15
0.61km
17 선진리성 방향으로 우회전
0.78km
13 용당교 앞에서 선진리성 알리는 이정표 따라 우회전
16 사천산업단지 쉼터 지나 직진
3.34km
1.69km

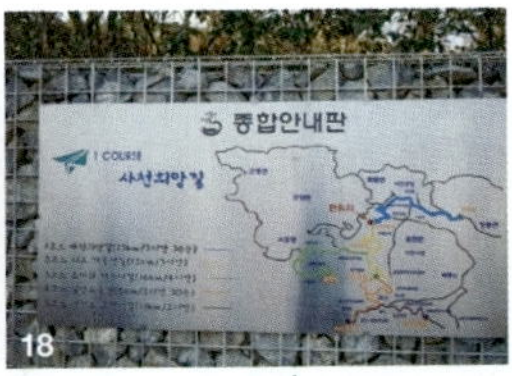

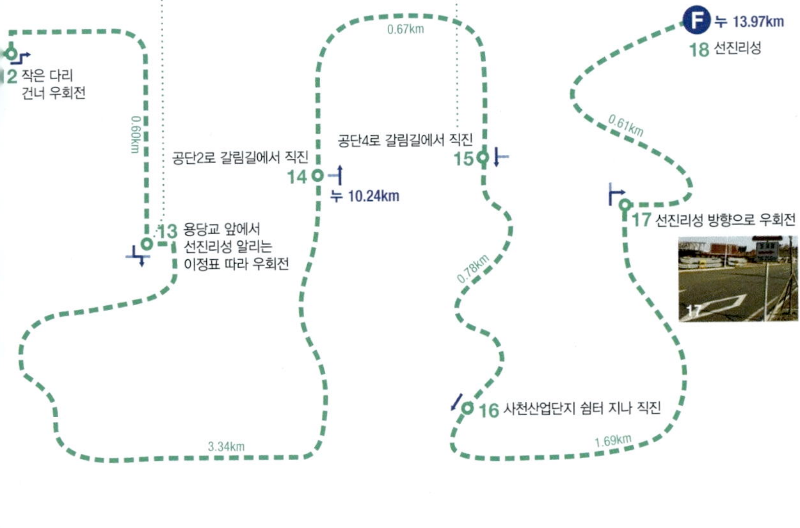

2코스 갯골길

시흥시청 ▶ 갯골생태공원 ▶ 방산대교 ▶ 배수갑문 ▶ 시흥시청

- **걷는거리** 총 15.7km
- **걷는시간** 5시간~5시간 30분
- **출 발 점** 경기도 시흥시 장현동 시흥시청
- **종 착 점** 경기도 시흥시 장현동 시흥시청
- **난 이 도** 조금 힘들어요

추천 테마	아이들과	연인끼리	여럿이	숲	들	계곡	강	바다	문화유적	봄	여름	가을	겨울
	★	★★	★★	★★★			★★	★	★	★★	★★★	★

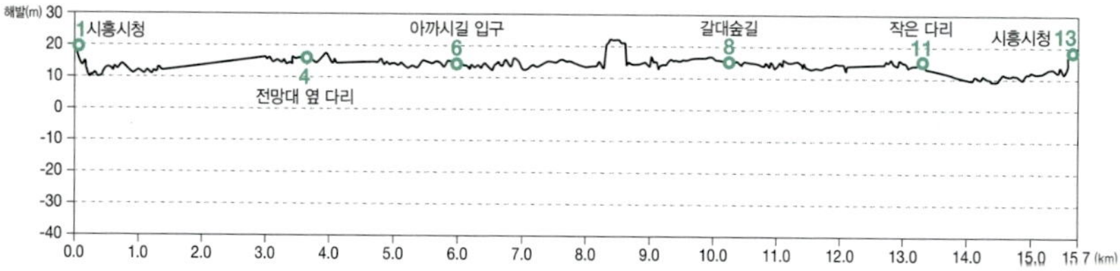

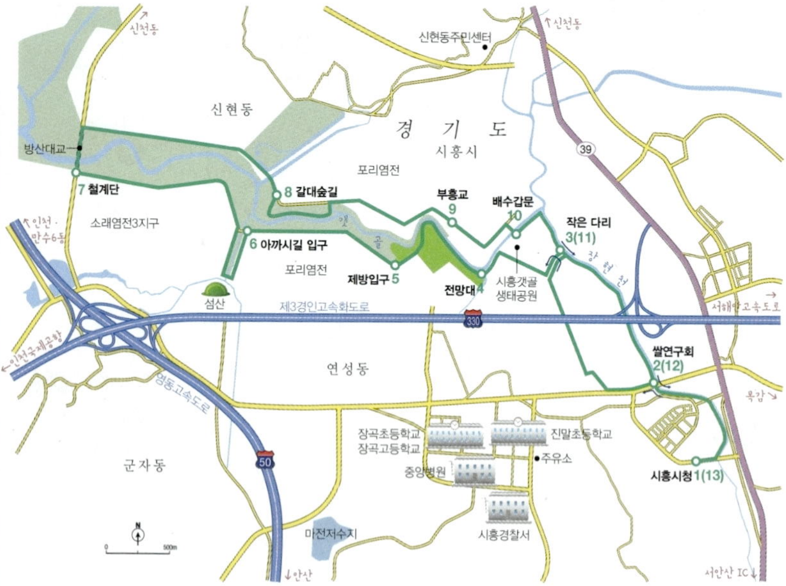

해발(m)

경기 파주 / 평화누리길

파주 4코스

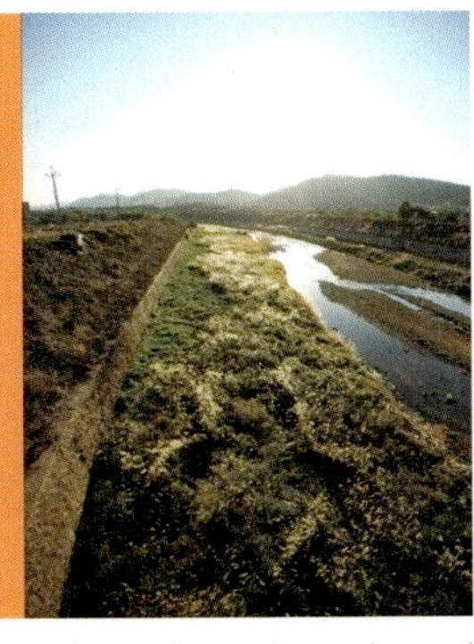

화석정 ▶ 파평중학교 ▶ 적벽산책로 ▶ 장파사거리 ▶ 황포돛배

- **걷는거리** 총 18.3㎞
- **걷는시간** 5시간~5시간 30분
- **출 발 점** 경기도 파주시 파평면 율곡리 화석정
- **종 착 점** 경기도 파주시 적성면 두지리 황포돛배 선착장
- **난 이 도** 조금 힘들어요

추천 테마	아이들과	연인끼리	여럿이	숲	들	계곡	강	바다	문화유적	봄	여름	가을	겨울
	★	★★	★★	★	★★★		★★★		★★	★★	★	★★★	★

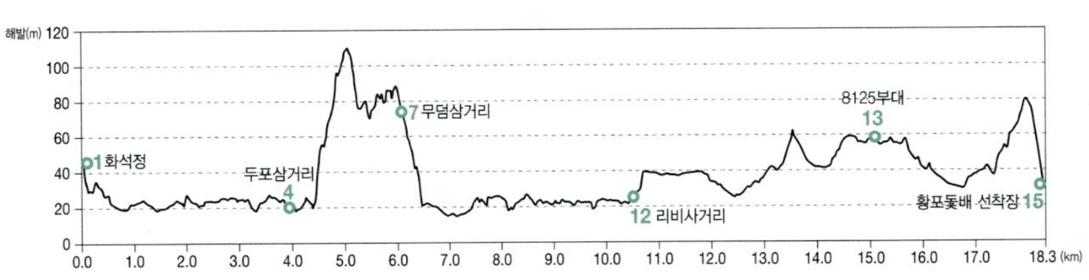

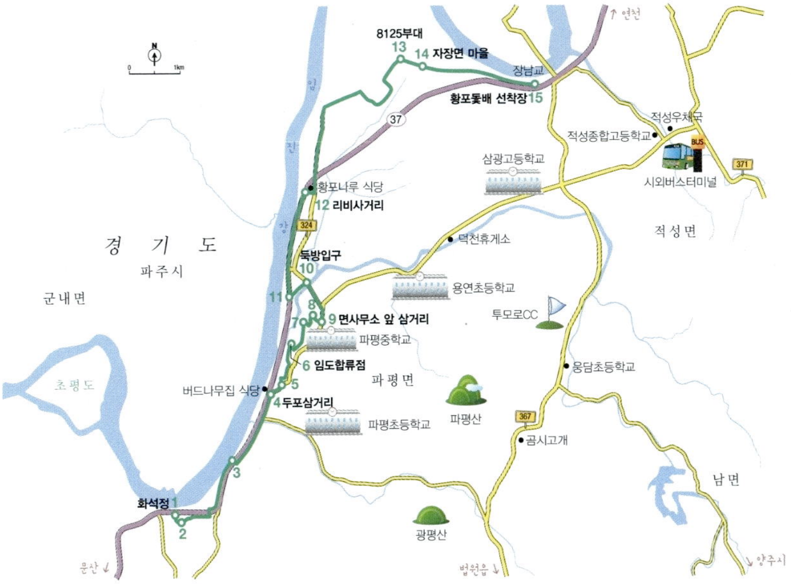

낯설고 아름다운 새길 여행
휴대용 코스 가이드북

지은이 김성중 노진수 정규찬
펴낸이 정규도
펴낸곳 황금시간

초판발행 2012년 4월 15일

편집 권명희 노진수 정규찬 김성중
디자인 정현석 김희정
지도 김주현

공급처 (주)다락원 (02)736-2031

주소 경기도 파주시 문발로 211
전화 (031)955-7272(대)
팩스 (031)955-7273
출판등록 제406-2007-00002호

Copyright ⓒ 2012, 황금시간

http://www.darakwon.co.kr